Zu diesem Buch

Wer hat eigentlich bei den «Schulversagern» versagt? Die vermeintlich schonende Umbenennung von «Hilfsschüler» in «Lernbehinderte» legt die offizielle Antwort nahe, daß die Ursache bei den Schülern liege. Aber neue Etikette verbessern keine alten Notstände. Isoliert von den «Normalen», die den Lern- und Verhaltenserwartungen des regulären Schulwesens entsprechen, werden soziokulturell Benachteiligte in Sonderschulen auf eine Beschäftigung am untersten Ende der Berufsskala vorbereitet. Pädagogische und institutionelle Isolierung verschärft jedoch eher das Problem der sozial deklassierten Schulversager, als daß es sie löst. Wer sich also für eine emanzipierende Lernbehindertenpädagogik einsetzt, hat sich mit den negativen Folgen der Isolierung genauso zu beschäftigen wie mit neuen didaktischen und methodischen Orientierungen. Am Beispiel Schweden läßt sich lernen, wie Integration der Lernbehinderten praktisch verwirklicht werden kann. An der Entstehungsgeschichte der deutschen Hilfsschulen läßt sich aufzeigen, wie vergeblich behütende Schonraum-Pädagogik die Behinderung lerngestörter Schüler betont, anstatt Entwicklungsmöglichkeiten zu unterstützen.

Die kritische Wertung unterschiedlicher unterrichtsorganisatorischer Modelle und ihrer pädagogischen Legitimierung stellt eine unerläßliche Grundlage dar für die Entwicklung methodischer und didaktischer Programme, die auf die psychische Stabilität und soziale Selbstbehauptung lerngestörter Schüler zielen.

Ingeborg Altstaedt, 1940 geboren, studierte Pädagogik, Germanistik und Psychologie an der Universität Hamburg, unterrichtete in der Volksschule und begann 1969 Sonderpädagogik zu studieren. Sie arbeitet in einer Sonderschule für Lernbehinderte und nimmt einen Lehrauftrag für praxisbezogene Einführungsveranstaltungen im Fachbereich Erziehungswissenschaft der Universität Hamburg wahr.

Erziehung und Schule

Ivan Illich
Entschulung der Gesellschaft
Entwurf eines demokratischen
Erziehungssystems [6828]

Everett Reimer
Schafft die Schule ab! Befreiung aus
der Lernmaschine [6795]

Hans-G. Rolff u. a.
Strategisches Lernen in der Gesamtschule. Gesellschaftliche Perspektiven der Schulreform [6854]

Helmut Klein
Bildung in der DDR. Grundlagen,
Entwicklungen, Probleme [6861]

Autorengruppe ASP/MV
Abenteuerspielplatz – Wo verbieten
verboten ist. Experiment und Erfahrung, Berlin Märkisches Viertel [6814]

Paulo Freire
Pädagogik der Unterdrückten
Bildung als Praxis der Freiheit [6830]

Lutz Schwäbisch, Martin Siems
Anleitung zum sozialen Lernen für
Paare, Gruppen und Erzieher
Kommunikations- und Verhaltens-
training [6846]

Erhard Meueler (Hg.)
Unterentwicklung. Arbeitsmaterial für
Schüler, Lehrer und Aktionsgruppen
[2 Bde., 6906, 6907]

Christoph Lindenberg
Waldorfschulen: angstfrei lernen,
selbstbewußt handeln. Praxis eines
verkannten Schulmodells [6904]

Sönke Bai u. a.
Die Rudolf Steiner Schule Ruhrgebiet
Leben, lehren, lernen in einer
Waldorf-Schule [6985]

Michael Charlton u. a.
Innovation im Schulalltag. Arbeitsbuch
für Lehrende und Lernende [6917]

Elke Nyssen (Hg.)
Unterrichtspraxis in der Hauptschule
Situationsanalysen und Unterrichts-
modelle [6938]

Wolfram Frommlet u. a.
Eltern Spielen Kinder Lernen
Handbuch für Spielaktionen [6896]

Heinrich Dauber / Etienne Verne (Hg.)
Freiheit zum Lernen. Alternativen
zur lebenslänglichen Verschulung
[6959]

Regine Lorenz / Rainer Molzahn /
Frauke Teegen
Verhaltensänderung in der Schule:
Systematisches Anleitungs-
programm für Lehrer [6983]

Modelle emanzipierter Erziehungspraxis

sachbuch

Politische Erziehung

Analysen, Modelle, Materialien
für Schüler, Lehrlinge, Studenten, Lehrer

Ingeborg Altstaedt

Lernbehinderte

**Kritische Entwicklungsgeschichte
eines Notstandes:
Sonderpädagogik in Deutschland
und Schweden**

Rowohlt

Diese Arbeit hat dem Promotionsausschuß Dr. phil. der Universität
Bremen vorgelegen. An dem Promotionsverfahren haben Herr Prof.
Dr. W. Jantzen und Herr Prof. Dr. W. Wagner als Gutachter mitge-
wirkt.

Redaktion Wolfgang Müller
Umschlagentwurf Jürgen Wulff

ORIGINALAUSGABE
Veröffentlicht im Rowohlt Taschenbuch Verlag GmbH
Reinbek bei Hamburg, August 1977
© Rowohlt Taschenbuch Verlag GmbH, Reinbek bei Hamburg, 1977
Satz Aldus (Linotron 505 C)
Gesamtherstellung Clausen & Bosse, Leck/Schleswig
Printed in Germany
880-ISBN 3 499 16944 4

Inhalt

Vorwort

In der Grundschule gibt es Kinder, die in der gegebenen Schulsituation die Durchschnittsleistungen nicht erreichen. Sie sind zu langsam; sie benötigen mehr individuelle Zuwendung als sie in den überfüllten Grundschulklassen bekommen; sie haben zu Hause keine Unterstützung bei den Schularbeiten; sie haben Schwierigkeiten, sich auf die einzelnen Lernschritte zu konzentrieren und die Sprache des Lehrers sowie seine didaktischen Vermittlungen zu verstehen. Diese Kinder werden in der Regel als «Lernbehinderte» der jeweils zuständigen Sonderschule gemeldet. Durch ein wissenschaftlich-pädagogisch durchaus zweifelhaftes Auswahlverfahren wird ihre «Sonderschulbedürftigkeit» fixiert, und sie werden der Sonderschule für Lernbehinderte zugewiesen.

Für die Kinder bedeutet dieser Eingriff in ihre Schullaufbahn Ausgestoßensein aus dem «normalen» Schulbetrieb. Die auf der Sonderschule teilweise günstigeren Lernbedingungen müssen die Schüler mit ihrer Diskriminierung als «Schulversager», «Lernbehinderte», «Dumme» bezahlen. Der Besuch der Sonderschule für Lernbehinderte dokumentiert den unterdurchschnittlichen Wert ihrer Arbeitskraft und verringert ihre Konkurrenzfähigkeit auf dem Arbeitsmarkt. «Lernbehinderte» Kinder erleben bereits während der Schulzeit auf Schritt und Tritt ihre «Minderwertigkeit», und es ist nicht erstaunlich, wenn als Folge dieser Erfahrung Verhaltensauffälligkeiten und -störungen auftreten. Sie beginnen mehr und mehr die ihnen von der Gesellschaft oktroyierte randständige Rolle anzunehmen und sich entsprechend zu verhalten.

«Lernbehindert» sind die jeweils leistungsschwächsten Schüler eines Jahrgangs in einem bestimmten Ort. Sie haben zunächst außer ihrem Versagen in der Grundschule keine weiteren gemeinsamen Merkmale, die es rechtfertigen würden, sie als besondere Schülerkategorie mit speziellen Eigenschaften herauszustellen. An einer individual-psychologischen Definition des lernbehinderten Schülers muß jeder wissenschaftliche Versuch scheitern. Dennoch haben biologistische und psychologische Definitionen dazu beigetragen, lernbehinderte Schüler als «andersartig», als Gegensatz zum Normalen herauszustellen.

Die vorliegende Arbeit weist nach, daß es lernbehinderte Schüler an sich nicht gibt, sondern daß die Zusammenfassung dieser Schüler zu einer Gruppe unter spezifischen Definitionskriterien in engem Zusammenhang steht mit der Institutionsgeschichte der Sonderschule für Lernbehinderte (früher: Hilfsschule). Insofern mag es den Leser nicht verwundern, wenn in diesem Buch nicht charakteristische Merkmale des lernbehinderten Schülers im Mittelpunkt der Betrachtung stehen, sondern die Institution «Hilfsschule», die für die Entstehung dieser Schülerkategorie verantwortlich ist. Es handelt sich also nicht um ein psychologisches oder pädagogisches Porträt des lernbehinderten Schülers, sondern um eine Institutionsgeschichte, die in erster Linie versucht, die gesellschaftlichen Beweggründe und institutionellen Voraussetzungen in den Griff zu bekommen, die das gegenwärtige Bild vom lernbehinderten Schüler beeinflußt und geprägt haben.

Daß der lernbehinderte Schüler nicht losgelöst von seiner Ausbildungssituation Gegenstand wissenschaftlicher Betrachtung und Analyse sein kann, wird durch einen Vergleich mit dem schwedischen Erziehungs- und Bildungswesen verdeutlicht. Auch in Schweden gab es vor dem Zweiten Weltkrieg Hilfsschuleinrichtungen, die wie in Deutschland dazu führten, daß leistungsschwache Schüler als «Hilfsklassenschüler» diskriminiert wurden. Grundlegende Schulreformen nach dem Zweiten Weltkrieg verhinderten allerdings, daß es hier zu einer ähnlichen Isolierung dieser Schülergruppe kam wie in der BRD. Schweden gilt daher als ein anschauliches Beispiel für die Möglichkeit, die gesellschaftliche Diskriminierung leistungsschwacher Schüler durch eine Veränderung und Verbesserung ihrer materiellen institutionellen Ausbildungsbedingungen abzubauen. Welche konkreten Schwierigkeiten und Probleme die Veränderung institutionell verfestigter Erziehung mit sich bringt, wird am Beispiel Schweden hinreichend deutlich. Diese Schwierigkeiten sollten allerdings den engagierten, an den Interessen des Schülers ausgerichteten Pädagogen in der BRD nicht davon abhalten, für eine Reform des Schulwesens einzutreten, die eine Aussonderung von Schulversagern nicht mehr zuläßt.

0. Einleitung

0.1. Ausgangspunkt, Fragestellung und Gegenstand dieser Arbeit

Anlaß und Motiv der vorliegenden Arbeit bildet die seit fünf Jahren in der Sonderpädagogik stattfindende und immer noch aktuelle Diskussion über die Möglichkeiten und Probleme einer schulorganisatorischen Integration lernbehinderter Schüler in das Regelschulwesen. In der Debatte, die unter der Parole «Integration versus Isolation der Sonderschule» mit viel Engagement geführt wird, haben die Kritiker der isolierten Sonderschule, die eine grundlegende strukturelle Neuordnung des Sonderschulwesens zum Beispiel durch seine Einbeziehung in das Gesamtschulkonzept fordern, allmählich an Boden gewonnen. 1971 hatte noch die Ständige Konferenz der Kultusminister ihr «Gutachten zur Ordnung des Sonderschulwesens» mit den Worten eingeleitet:

«Die Vereinbarung zielt auf die Vereinheitlichung und den Ausbau der bestehenden Einrichtungen sowie auf die Schaffung notwendiger neuer Einrichtungen im Sonderschulwesen. Sie geht dabei vom gegenwärtigen Stand aus und weist die in der augenblicklichen Situation gegebenen Möglichkeiten einer Weiterentwicklung auf.»[1]

1974 gab dann die Bildungskommission des Deutschen Bildungsrates eine Empfehlung heraus, die «sich nicht auf eine Weiterentwicklung und den weiteren Ausbau bestehender Formen des Sonderschulwesens» festlegte, sondern eine Konzeption «der weitmöglichen gemeinsamen Unterrichtung und Erziehung Behinderter und Nichtbehinderter und die stärkere Integrierung sonderschulischer Einrichtungen in das gesamte Schulsystem»[2] verfolgte.

Die Bedeutung dieser Debatte für die Entwicklung der Sonderpädagogik als einer Disziplin der Erziehungswissenschaft ist hoch zu veranschlagen. Sie stellte in einem wesentlichen Bereich pädagogischer Theorie und Praxis – der Analyse und Kritik der institutionellen Formen staatlich organisierter Erziehung – den Anschluß der Sonderschulpädagogik an die

---

1 Ständige Konferenz der Kultusminister der Länder in der Bundesrepublik Deutschland; Gutachten zur Ordnung des Sonderschulwesens, o. O., 1971, S. 3.
2 Deutscher Bildungsrat, Empfehlungen der Bildungskommission, Zur pädagogischen Förderung behinderter und von Behinderung bedrohter Kinder und Jugendlicher, Bonn 1973, S. 23.

allgemeine Erziehungswissenschaft und Didaktik her.

Zu Beginn der sechziger Jahre hatte sich in der westdeutschen Pädagogik ein Wandel vollzogen, der dahin führte, daß die Vorherrschaft geisteswissenschaftlicher Bildungstheorie durch empirische Forschungsansätze und sozialwissenschaftliche Fragestellungen abgelöst wurde. Im Rückblick wird dieser Wandel als «realistische Wendung»[3] begriffen. Den Kritikern erscheint die Pädagogik der geisteswissenschaftlichen, philosophischen Ausrichtung nunmehr wie eine «Primadonna, die es unter ihrer Würde fand, sich aus den Höhen der Reflexion über Menschenbildung, Erziehungsziele, Bildungsideale etc. in die Niederungen so profaner Dinge wie die Befriedigung materieller Bedürfnisse und die Distribution von gesellschaftlichem Reichtum und Mangel hinabzubegeben»[4]. An die Stelle der traditionellen Ausblendung politischer und ökonomischer Aspekte trat in den sechziger Jahren das Bemühen der Erziehungswissenschaft, «in größerem Ausmaß ein neues Verhältnis zu Politik und Gesellschaft, Berufsausbildung, Technik und Ökonomie zu gewinnen»[5].

Den Impulsen der Studentenbewegung ist es hauptsächlich zu danken, daß ein Teil der jüngeren Generation von Erziehungswissenschaftlern nicht bei der Rezeption einer positivistischen Methodologie und der Übernahme von Begriffsbildungen und Verfahren empirischer Sozialwissenschaft, meist behaviouristischer Provenienz, stehenblieb, sondern den Prozeß der «realistischen Wendung» selbst und seine gesellschaftlichen Bedingungen einer kritischen Analyse unterzog. Hier ist für den Bereich der Didaktik an erster Stelle die Dissertation von F. Huisken, «Zur Kritik bürgerlicher Didaktik und Bildungsökonomie», zu nennen.[6] Mit Recht hebt Huisken als ein charakteristisches Moment der veränderten didaktischen Diskussion in der Erziehungswissenschaft hervor, daß die in der traditionellen Pädagogik geübte «Beschränkung auf den ‹überschaubaren› Unterrichtsprozeß aufgegeben und die Schule als Institution selbst in die didaktische Reflexion mit einbezogen wird»[7]. Die Hinwendung erziehungswissenschaftlicher Diskussion und Forschung zum «organisatorisch-institutionellen Aspekt» von Unterricht und Schule findet ihre Erklärung in den Widersprüchen der realen Schulentwicklung, die

3 H. Roth: Die realistische Wendung in der pädagogischen Forschung, in: H. Röhrs (Hg.): Erziehungswissenschaft und Erziehungswirklichkeit, Frankfurt 1964.

4 F. Huisken: Zur Kritik bürgerlicher Didaktik und Bildungsökonomie, München 1972, S. 19.

5 H. Blankertz: Bildungstheorie und Ökonomie, in: K.-H. Rebel (Hg.): Texte zur Schulreform, Weinheim, Berlin 1966, S. 61.

6 Vgl. F. Huisken, a. a. O.

7 Ebd., S. 32.

dem Wandel «von der Pädagogik zur Erziehungswissenschaft»[8] zugrunde lagen.

Es leuchtet ein, daß diese Thematik das Eingreifen der Sonderpädagogik in die allgemeine pädagogische Erörterung von Fragen der Schul- und Unterrichtsreform geradezu provozieren mußte. Denn die institutionelle Separation der Sonderschule für Lernbehinderte vom Regelschulwesen, als ein zentrales Problem der Sonderpädagogik, das die Entwicklungsgeschichte dieser erziehungswissenschaftlichen Disziplin wesentlich mit geprägt hat, ist ja zunächst ein schulorganisatorisches Problem. Gleichwohl fand die Sonderpädagogik nur mit erheblicher Verzögerung und auch dann noch sehr schleppend den Anschluß an die Entwicklung der Erziehungswissenschaft, die mit der «realistischen Wendung» Anfang der sechziger Jahre eingeleitet worden war. Die Frage nach den Ursachen dieser zeitlichen Verzögerung, die bis heute erhebliche Nachwirkungen auf den wissenschaftlichen Forschungsstand der Sonderpädagogik zeitigt, wird in einem späteren Kapitel behandelt. Hier sei lediglich darauf hingewiesen, daß die institutionelle Isolierung der Lernbehindertenerziehung offenbar eine mehr oder weniger starke Abtrennung der Sonderpädagogik von der allgemeinen Erziehungswissenschaft begünstigt hat. Die wissenschaftliche Abgeschiedenheit der Sonderpädagogik ist keineswegs nur ein Phänomen neueren Datums. Seit der Konsolidierung der ersten Hilfsschulen bemühte sich die Hilfsschulpädagogik, das «Spezifische der neuen Institution herauszustellen»[9] und sich durch stärkere Anlehnung an Begriffsbildungen und Methoden der Medizin und Psychopathologie gegen die allgemeine Pädagogik abzugrenzen.

Neuerdings ist nun an einer Reihe von Anknüpfungspunkten (Rezeption der Begabungsforschung, der kritischen Theorie, des Emanzipationsbegriffs, Analyse der Sozialisationsbedingungen, Auseinandersetzung mit dem positivistischen Wissenschaftsbegriff etc.) das Bestreben der Sonderpädagogik zu erkennen, die Kommunikationsbeziehungen mit der allgemeinen Erziehungswissenschaft zu verstärken. Dieses Bestreben äußert sich auf Grund ihres unbestreitbaren wissenschaftlichen Rückstandes vorerst als «Nachholbedarf». Die vorliegende Arbeit spiegelt diese Situation. Sie möchte einen Beitrag leisten zur Aneignung von Fragestellungen und Methoden für den Bereich der Sonderpädagogik, die in politisch-ökonomischen und sozialgeschichtlichen Analysen zu Themenbereichen des Regelschulwesens entwickelt und erprobt wurden. Die schulorganisatorische Thematik der Arbeit zeichnet sich unter den übri-

8 Dies ist der Titel eines Buches von W. Brezinka: Von der Pädagogik zur Erziehungswissenschaft, Weinheim/Berlin/Basel 1971.
9 E. Begemann: Die Erziehung der sozio-kulturell benachteiligten Schüler, Hannover 1970.

gen Anknüpfungspunkten, an denen sich der zunächst recht einseitige Austausch der sonderpädagogischen mit der allgemeinen erziehungswissenschaftlichen Forschung vollzog und vollzieht, dadurch aus, daß sie auf das institutionelle Fundament der relativen wissenschaftlichen Abgeschiedenheit der Sonderpädagogik zielt. Es ist anzunehmen, daß die Perspektive einer umfassenden und stabilen Integration der Sonderpädagogik in die allgemeine Erziehungswissenschaft eng mit der institutionellen Zukunft der Lernbehindertenerziehung zusammenhängt.

Das Hauptinteresse der folgenden Darstellung gilt allerdings nicht primär der pädagogischen Debatte, sondern der institutionellen Entwicklung. Die Debatte selbst wird nur insoweit herangezogen, als sie ein Moment realer Schulentwicklung ist. Die besondere Schwierigkeit einer Analyse der gegenwärtigen schulorganisatorischen Entwicklung im Bereich der westdeutschen Lernbehindertenpädagogik liegt gerade darin, daß hier reale Veränderungen der Schulstruktur kaum festzustellen oder auch nur abzusehen sind, während gleichzeitig eine lebhafte pädagogische Diskussion über die Notwendigkeit der Sonderschulreform und die praktischen Alternativen des bestehenden Sonderschulwesens stattfindet. Der irritierende Kontrast zwischen der Bewegtheit der pädagogischen Debatte und dem Stillstand bzw. dem kontinuierlichen Ausbau der bestehenden Schulstruktur bildet einen wesentlichen Hintergrund für die spezifischen Fragestellungen der vorliegenden Arbeit.

Dieser Widerspruch kann offenbar nicht durch den Hinweis auf die zeitliche Verzögerung, mit der pädagogische Reformvorstellungen in die Praxis umgesetzt werden, aufgelöst werden. Die Geschichte der Pädagogik zeigt eine Fülle detailliert ausgearbeiteter und engagiert vertretener Reformvorschläge, die niemals verwirklicht wurden. Wer an der Reformbewegung der sechziger Jahre Anteil genommen hat, wird heute, wo auch die bescheidensten Reformvorhaben den Gesetzmäßigkeiten der zyklischen Wirtschaftskrise weichen müssen, gegenüber solchen simplifizierenden «Erklärungen» skeptisch sein. Die fundamentale Abhängigkeit der realen Entwicklungen im Ausbildungssektor von den Verhältnissen der materiellen Produktion und Verteilung liegt heute für jedermann offen – wenn auch unbegriffen – zutage. Diese Abhängigkeit gilt verstärkt im Bereich schulorganisatorischer Fragen. Wenn didaktische Innovationen unter günstigen Bedingungen noch durch die Anstrengung einzelner Lehrer auf lokaler Ebene in die Unterrichtspraxis umgesetzt werden können, bleiben schulorganisatorische Reformen den (u. a. ökonomisch) vermittelten Gesetzmäßigkeiten staatlicher Politik unterworfen.[10]

10 Überspitzt – und in dieser Pointierung nicht haltbar – bringt dies der Unterrichtsminister Machiavell in S. Bernfeld: Sisyphos oder die Grenzen der

Befragt man nun die Erziehungswissenschaft in der BRD nach den beherrschenden Tendenzen und entscheidenden Bestimmungsgründen der schulorganisatorischen Entwicklung, so stößt man auf ein Defizit an theoretisch-systematischer und historischer Forschung, an dessen Beseitigung bisher nur vereinzelte Wissenschaftler arbeiten, deren Untersuchungen noch dazu in jüngster Zeit begonnen haben. Diese wissenschaftliche Lücke ist nicht nur im Bereich der Sonderpädagogik spürbar, sie ist für die strukturelle Entwicklung des gesamten Schulwesens zu konstatieren. Der Mangel an gesellschaftlich-historischen Analysen der realen Schulentwicklung ist selbst für die schulorganisatorischen Bereiche kennzeichnend, für welche doch seit der Reformbewegung der sechziger Jahre so mannigfache programmatische Entwürfe, pädagogische Begründungen und gesellschaftspolitische Zielsetzungen vorgelegt wurden. Er gilt sogar noch für die Kritik an diesen Entwürfen. Wenn zum Beispiel die Studentenbewegung die Empfehlungen des Deutschen Bildungsrates zur Einrichtung von Gesamtschulen [11] als Manifestation einer «technokratischen Schulreform» kritisierte, so war dies vielleicht auf konzeptioneller Ebene berechtigt und richtig; heute aber erscheint es durchaus als fraglich, ob damit ein relevanter Aspekt der *realen* Entwicklung getroffen wurde.

Die Ungewißheit hinsichtlich der Perspektive der realen Schulentwicklung in der BRD hängt sicherlich mit den Produktionsverhältnissen ihrer «freien Marktwirtschaft» zusammen. Wieweit die wissenschaftliche Analyse hier zu verläßlichen Aussagen gelangen kann, ist ein komplexes Problem. Der Grund für die verbreitete wissenschaftliche Hilflosigkeit der Pädagogen gegenüber den realen Entwicklungen im Ausbildungssektor liegt jedoch entschieden dichter an der Oberfläche. Sie beruht auf dem oben angedeuteten Forschungsdefizit, dem – gemessen am vorhandenen Forschungspotential zu konstatierenden – Mangel an wissenschaftlicher Anstrengung, die Zusammenhänge der realen Schulentwicklung mit den

Erziehung, Frankfurt/M. 1967, 1. Aufl. Leipzig 1925, zum Ausdruck, wenn er seinen Räten einschärft: «Dieses, unser Ziel, zu erreichen, schlage ich Ihnen folgende organisatorische Maßnahmen vor. Sie müssen nämlich verstehen, daß die Organisation des Erziehungswesens das entscheidende Problem ist, das wir konsequent und unerbittlich unserem Einfluß restlos vorbehalten müssen, während wir die Lehrplan- und Unterrichts-, selbst Erziehungsfragen beruhigt den Pädagogen, Ideologen, ja selbst den Sozialdemokraten überlassen können. Doch werde ich auch in dieser Zulassung taktisch vorgehen. Sie wird gefordert werden, wir lassen lange um sie kämpfen und gewähren sie in Form von Konzessionen immer dann, wenn wir eine Ablenkung der Aufmerksamkeit in der Öffentlichkeit für nötig halten.» (Ebd., S. 98)

11 Vgl. Deutscher Bildungsrat. Empfehlungen der Bildungskommission: Zur Einrichtung von Schulversuchen mit Gesamtschulen, Stuttgart 1969.

grundlegenden gesellschaftlichen Prozessen systematisch und historisch zu untersuchen bzw. die vorhandenen Untersuchunqen zu rezipieren und in eigener Forschung zu verarbeiten. Dieser Mangel ist im Bereich der Sonderpädagogik besonders stark spürbar und beeinträchtigt hier erheblich die wissenschaftliche und die praktische Relevanz der aktuellen Diskussion um schulorganisatorische Alternativen der Lernbehindertenausbildung. Während für den Bereich des Regelschulwesens seit 1967 einige Autoren in der Bundesrepublik mit der systematischen[12] und neuerdings auch historischen[13] Untersuchung jener Zusammenhänge begonnen haben, liegen entsprechende Analysen für den Bereich der Sonderschule bisher kaum vor.[14]

Damit ist zugleich die leitende Fragestellung und die schwierige Ausgangssituation der vorliegenden Arbeit bezeichnet. Sie versucht bei der Analyse zweier verschiedener institutioneller Formen der Lernbehindertenerziehung, der westdeutschen und der schwedischen, wesentliche gesellschaftliche Bestimmungsgründe zu ermitteln, welche zur historischen Herausbildung dieser Formen geführt haben. Auf einschlägige Vorarbeiten aus dem Bereich der Sonderpädagogik (in beiden Ländern) kann sie dabei nicht zurückgreifen. Statt dessen wird versucht, Katego-

12 Vgl. etwa: E. Altvater/F. Huisken: Materialien zur Politischen Ökonomie des Ausbildungssektors, Erlangen 1971;

E. Altvater: Perspektiven jenseits des Wirtschaftswunders: «Stabilisierte Wirtschaft», «Formierte Gesellschaft» I; II, in: neue kritik, 7. Jg. 1966, H. 38/39, S. 12 ff u. 8. Jg. 1967, H. 40, S. 13 ff;

M. Baethge: Ausbildung und Herrschaft, Frankfurt/M. 1970;

F. Nyssen: Schule im Kapitalismus. Der Einfluß wirtschaftlicher Interessenverbände im Felde der Schule, Köln 1970;

F. E. Schrader/U. Schrader-Wälke: Schulreform in den Westzonen. Überlegungen zu einer Kritik des Qualifikationsbegriffs in der politischen Ökonomie des Ausbildungssektors, Gießen 1974;

M. Masuch: Politische Ökonomie der Ausbildung. Lernarbeit und Lohnarbeit im Kapitalismus, Reinbek 1972.

13 Vgl. etwa: K. Hartmann/F. Nyssen/H. Waldeyer (Hg.): Schule und Staat im 18. und 19. Jahrhundert. Zur Sozialgeschichte der Schule in Deutschland, Frankfurt/M. 1974.

14 In jüngster Zeit werden allerdings einige Anstrengungen unternommen, auch diesen Rückstand der Sonderpädagogik zu verringern. Vgl. dazu: W. Jantzen: Sozialisation und Behinderung. Studien zu sozialwissenschaftlichen Grundfragen der Behindertenpädagogik, Gießen 1974;

S. Graf: Zur politischen und ökonomischen Funktion der Sonderschule für Lernbehinderte, in: edition 2000, Kritik der Sonderpädagogik, Gießen 1973, S. 11 ff;

J. Aab/T. Pfeifer/H. Reiser/H. G. Rockemer: Sonderschule zwischen Ideologie und Wirklichkeit. Für eine Revision der Sonderpädagogik, München 1974.

rien und Methoden, die im Bereich der allgemeinen Erziehungswissenschaft in Analysen zur politischen Ökonomie des Ausbildungssektors und zur historischen Genese institutioneller Formen des Regelschulwesens entwickelt wurden, für die Untersuchung der Hilfsschule zu adaptieren und anzuwenden. Gelingt es hier eine Brücke zu schlagen, so ist bereits ein wesentliches Ziel der Arbeit erreicht. Dabei muß allerdings betont werden, daß für eine gesellschaftswissenschaftlich fundierte Analyse schulorganisatorischer Entwicklungsprozesse noch keineswegs ein ausgearbeiteter kategorialer Bezugsrahmen oder gar eine fertige Methodologie vorliegen. Deshalb wäre es in der gegebenen Forschungssituation ganz unangemessen, vorab eine abstrakte Darlegung bzw. Rechtfertigung der methodischen Prämissen, abgehoben von der inhaltlichen Darstellung, zu geben oder zu verlangen.[15] *Die verwendeten Kategorien und Fragestellungen müssen sich am Gang der Untersuchung, am Stoff durch ihre explikative Leistung bewähren; ihr eventuelles Versagen in der begrifflichen Verarbeitung der historischen Tatsachen sollte auch der maßgebende Gesichtspunkt ihrer Kritik sein.*

0.2. Die historische Dimension der Untersuchung – Das Verhältnis von historischer und systematischer Darstellung

Ein gravierender Mangel der aktuellen Diskussion über integrative oder isolierende Formen der Lernbehindertenerziehung ist die Vernachlässigung der historischen Dimension des Problems. Ohne deren Berücksichtigung ist jedoch eine zulängliche systematische Analyse der Beziehung zwischen der schulorganisatorischen Form und ihren ökonomischen, sozialen und politischen Rahmenbedingungen aus mehreren Gründen nicht möglich:

1. Die gesellschaftlichen Bestimmungsgründe einer Schulform können durchaus in der Vergangenheit liegen. Die Schulform wird sich dann im allgemeinen solange erhalten, bis sie zu den sie umgebenden ökonomischen, sozialen und politischen Verhältnissen in einen eklatanten Widerspruch gerät, der ihre gesellschaftliche Abschaffung bzw. ihre Veränderung erforderlich macht. Die Beurteilung der gesellschaftlichen Bedingungszusammenhänge einer Schulform und ihrer künftigen Perspektive kann aber nicht nach der statischen Analyse einer Momentaufnahme, sondern nur nach einer historischen Untersu-

15 Vgl. dazu auch F. Huisken, a. a. O., S. 10 f.

chung der Herausbildung und Entwicklung dieser Schulform im gesellschaftlichen Kontext geschehen.

2. Das Studium der historisch-gesellschaftlichen Zusammenhänge und Entwicklungen ist außerdem unerläßlich für die systematische Analyse: Begrifflichkeit und Methode der systematischen Darstellung werden im Verlauf der historischen Analyse entwickelt, und ihre ständige Konfrontation mit den historischen Fakten dient der Selbstüberprüfung und der Vermeidung eines dogmatischen Schematismus.[16] Eine gewisse ökonomistische Einseitigkeit in den Abhandlungen zur politischen Ökonomie des Ausbildungssektors Ende der sechziger Jahre ist vermutlich auf die nicht ausreichende historische Forschungsarbeit zurückzuführen.

Die systematische Analyse bedarf der Konkretisierung durch die geschichtliche Darstellung, um Handlungsperspektiven zu gewinnen.

Im Mittelpunkt der vorliegenden Arbeit steht daher die historische Herausbildung von institutionellen Formen der Lernbehindertenpädagogik, die für die aktuelle Diskussion von Bedeutung sind. Die Intention ist allerdings nicht, einen neuen Abriß der Historie des deutschen bzw. schwedischen Hilfsschulwesens im Sinn einer gleichmäßigen Schilderung ihrer zeitlichen Entwicklung zu geben. Im Hinblick auf die schulorganisatorische Thematik konzentriert sich die Darstellung auf jene Zeiträume, in denen die institutionellen Formen der Lernbehindertenerziehung entstanden sind bzw. sich durchgreifende Strukturveränderungen vollzogen oder angebahnt haben. Dabei stehen nicht die immanenten institutionellen Entwicklungen, sondern die gesellschaftlichen Bestimmungsgründe dieser Entwicklung im Vordergrund. Die Rechtfertigung dieses methodischen Ansatzes soll gleichzeitig ein Ergebnis der konkreten historischen Untersuchung sein. Das heißt, mit der geschichtlichen Darstellung wird implizit zugleich der Nachweis für die methodische These zu erbringen versucht, daß die Entstehung und Entwicklung der Hilfsschule ohne eine systematische Einbeziehung der grundlegenden ökonomischen, sozialen und politischen Bedingungen gar nicht wissenschaftlich analysiert werden könne, sofern nämlich die wissenschaftliche Analyse eines historischen Prozesses bedeutet: Erkenntnis seiner Dynamik, seiner Bewegungsgesetze, Aufdeckung der materiellen Ursachen und realen Wechselbeziehungen und nicht nur Schilderung von Ereignissen und subjektive Interpretation. Auch die isolierte Sonderschule für Lernbehinderte ist kein geschlossenes System, ihre – nicht zu leugnende – interne Dynamik ist von begrenzter Wirksamkeit für die reale Entwicklung; die entscheidenden Anstöße kamen und kommen «von außen».

16 Vgl. K. Marx: Grundrisse der Kritik der politischen Ökonomie (Rohentwurf), 2. Auflage, Berlin 1974, besonders S. 21 ff.

So selbstverständlich und überflüssig diese allgemeinen Bemerkungen erscheinen mögen, sie sind es nicht in Anbetracht der vorhandenen Literatur zur Hilfsschulgeschichte. Eine Darstellung, die sich an diesen Selbstverständlichkeiten orientiert, gerät vielmehr dadurch in große Schwierigkeiten, daß sie nicht auf nötige Vorarbeiten zum Beispiel über spezifische Zusammenhänge der Schul- und der Wirtschaftsgeschichte, der Entfaltung der Staatsfunktionen und der Schulpolitik etc. zurückgreifen kann. Dies gilt auf Grund der komplexen Themenstellung leider in besonderem Maße für die folgende Arbeit und mag einen Teil der Schwächen erklären, die darin bestehen, daß an einigen Stellen zwischen methodischem Anspruch und inhaltlicher Einlösung eine Lücke klafft.

Die Frage nach den «externen» Bestimmungsgründen der Schulentwicklung im Bereich der Lernbehindertenerziehung wird in der folgenden Darstellung unter vier systematischen Gesichtspunkten behandelt:

1. Trotz seiner institutionellen Selbständigkeit darf das Sonderschulwesen nicht abgetrennt von den «Normalschulen» analysiert werden. Strukturreformen im Bereich der Lernbehindertenpädagogik reflektieren Strukturveränderungen im Regelschulwesen und sind insofern auf denselben gesellschaftlichen Bedingungskomplex zurückzuführen. Diese vermittelte Beziehung ist bei der historischen Analyse des Sonderschulwesens methodisch zu berücksichtigen. Umgekehrt stellen die Entwicklungen in diesem Bereich einen relevanten Aspekt der Geschichte des «Normalschulwesens» dar.

2. Mit der Entfaltung der Produktivkräfte verändert sich die technische Basis der Produktions- und Distributionsverhältnisse. Daraus resultieren in differenzierter Weise veränderte Qualifikationserfordernisse, die sich in neuen gesellschaftlichen Ansprüchen an das Ausbildungssystem niederschlagen und dort u. a. zu schulorganisatorischen Maßnahmen führen können. Dieser Zusammenhang zwischen technologischer Entwicklung, Berufs- und Qualifikationsstruktur und dem Ausbildungssystem einer Gesellschaft übt direkt und vermittelt über die Regelschule einen Einfluß auf die Gestaltung der Lernbehindertenerziehung aus, der historisch jeweils konkret untersucht werden muß.

3. Seit jeher ist die Schule Gegenstand und Ort von sozialen und ideologischen[17] Auseinandersetzungen. Inhalte und organisatorische Formen der staatlich veranstalteten Erziehung reflektieren die Entwicklung der offen oder verdeckt geführten Klassenkämpfe. Die junge Generation zur Anerkennung der bestehenden Produktionsverhältnisse zu disziplinieren, sie zur Loyalität gegenüber der gesellschaftlichen und staatlichen Ordnung zu erziehen, ist eine zentrale gesellschaftliche Funktion des gesamten Schulwesens. Diese Funktion kann – wie die Schul-

17 Ideologie wird hier nach dem Begriff von Karl Marx als *notwendig* falsches

geschichte zeigt – zeitweilig derart in den Vordergrund treten, daß schulorganisatorische und didaktische Entscheidungen getroffen werden, die den Ausbildungserfordernissen offen widersprechen. Bei einer Analyse der schulorganisatorischen Entwicklung in der Lernbehindertenerziehung darf dieser Aspekt staatlicher Schulpolitik und gesellschaftlicher Einwirkung in den pädagogischen Bereich nicht ausgeklammert werden.

4. Die staatlich veranstaltete Erziehung verursacht Kosten, die aus dem Ertrag der produktiven Sektoren der Volkswirtschaft zu bestreiten sind. Sie bilden einen Abzug vom nationalen Mehrprodukt, der für Zwecke der Kapitalakkumulation nicht zur Verfügung steht, das heißt in der marxistischen Terminologie: Ausbildungskosten sind «faux frais» der kapitalistischen Produktion.[18] Aus diesem ökonomischen Faktum ergeben sich einschneidende Restriktionen für die Entwicklung des Ausbildungssystems, die gerade in Zeiten konjunktureller Krisen manifest werden. Sie haben ebenfalls die schulorganisatorische Entwicklung der Hilfsschule direkt und vermittelt über die Volksschule nachhaltig beeinflußt und werden, jedenfalls in der näheren Zukunft, sicherlich der entscheidende Faktor für die weitere Entwicklung sein.

Diese vier Punkte markieren sehr allgemeine Gesichtspunkte, die im jeweiligen Untersuchungszusammenhang konkretisiert und miteinander verbunden werden müssen. Sie bezeichnen komplexe Problemzusammenhänge, die sowohl theoretisch-systematische wie historische Fragen aufwerfen.

Bewußtsein verstanden, «in welchem gesellschaftliche Verhältnisse sich spiegeln und ihre Rechtfertigung finden» (K. P. Wallraven/E. Dietrich: Politische Pädagogik aus dem Vokabular der Anpassung, München 1970, S. 52). Zum Marxschen Ideologiebegriff vgl. K. Marx: Die deutsche Ideologie, Marx-Engels-Werke, Bd. 3, Berlin (DDR) 1969, S. 26:
«Das Bewußtsein kann nie etwas Anderes sein als das bewußte Sein, und das Sein der Menschen ist ihr wirklicher Lebensprozeß. Wenn in der ganzen Ideologie die Menschen und ihre Verhältnisse wie in einer Camera obscura auf den Kopf gestellt erscheinen, so geht dies Phänomen ebensosehr aus ihrem historischen Lebensprozeß hervor, wie die Umdrehung der Gegenstände auf der Netzhaut aus ihrem unmittelbar physischen.»
Vgl. ferner ebd., S. 18 ff.
18 Zum Begriff «faux frais» vgl. Anmerkung 35, S. 60.

0.3. Der vergleichende Ansatz der Darstellung

Mit der «realistischen Wendung» der westdeutschen Erziehungswissenschaft verstärkte sich sprunghaft ihr Interesse an der erziehungswissenschaftlichen Methode und den Ausbildungssystemen anderer Länder. Es sei daran erinnert, daß ein wesentliches Motiv der einsetzenden Reformdiskussion in der BRD aus der Sorge um die wirtschaftliche, technologische und wissenschaftliche Konkurrenzfähigkeit, vor allem mit den technologisch fortgeschrittenen USA, resultierte. Dementsprechend spielte in der Reformdebatte der Vergleich der westdeutschen mit ausländischen Bildungssystemen hinsichtlich der staatlichen Aufwendungen für Bildungsinvestitionen und ihre Bedeutung für das Wirtschaftswachstum (cost-benefit-Analysen), hinsichtlich der schulorganisatorischen Gliederung und ihren sozialpolitischen Implikationen etc. eine große Rolle. Die vergleichende Erziehungswissenschaft übernahm mit ihren Analysen schulpolitischer Entwicklungen im Ausland eine Mittlerfunktion in dieser Diskussion.

Daß man den internationalen Vergleich nutzte, um Informationen zur Orientierung für die Bildungsplanung zu gewinnen, war naheliegend, wenn man bedenkt, daß eigene historische Erfahrungen zur Bewältigung der anstehenden Probleme (Schülerexplosion auf der einen, technologische Lücke auf der anderen Seite) nicht vorlagen und genausowenig verläßliche systematische Analysen zur Bildungsökonomie.

Der Zusammenhang zwischen der wachsenden Bedeutung der vergleichenden Methode in der Erziehungswissenschaft und dem Wandel ihrer Fragestellungen im Zuge der Reformdiskussion zeigt sich negativ in der Sonderpädagogik. Auf Grund ihrer «geringen Neigung zur Kooperation mit der Normalpädagogik» und ihrer weitgehenden Ausklammerung aus der Reformbewegung der sechziger Jahre blieb sie auch bei der Aufarbeitung internationaler Erfahrungen, Ausbildungsmodelle und Schulpolitik hinter der allgemeinen Erziehungswissenschaft zurück. Noch heute fehlt es ihr an vergleichenden Untersuchungen, die auch nur auf der Ebene struktureller Beschreibung hinreichend vollständig und zuverlässig sind.[19] Auch diese Forschungssituation beeinträchtigt die aktuelle Diskussion zum Thema «Integration oder Separierung Behinderter». Zwar kommt in ihr ein verstärktes Interesse an ausländischen Erfahrungen zum Ausdruck, aber es fehlt an präzisen Informationen über integrative Schulmodelle der Lernbehindertenerziehung und an vergleichenden empirischen Untersuchungen über die gesellschaftlichen Auswirkungen dieser Erziehungsmodelle für die Betroffenen, die zu einer realistischen

19 Die einzige dem Verfasser bekannte vergleichende Arbeit, die diesen Anspruch in Ansätzen erfüllt, ist das Buch von A. Sander: Die Sonderschule im geteilten Deutschland, Berlin 1968.

Einschätzung der Möglichkeiten von Reformen in diesem Bereich beitragen könnten.

Diese Erwägung war auch der Anlaß für den vergleichenden Ansatz dieser Arbeit. Als Gegenmodell zur isolierenden Lernbehindertenausbildung in der BRD bot sich das schwedische Erziehungssystem an, das im Hinblick auf die Integration von Behinderten, auch an internationalem Maßstab gemessen, relativ weit fortgeschritten ist. In Schweden besuchen lernbehinderte Kinder die reguläre neunjährige Elementarschule (grundskolan) und erhalten in diesem Rahmen einen abgestuften Förderunterricht. Der Sonderunterricht wird entweder über längere Zeit in Hilfsklassen oder stundenweise in sogenannten «Kliniken» erteilt. Gemäß den proklamierten Absichten der schwedischen Schulreform sollen dabei die lernbehinderten Schüler soweit wie möglich in Normalklassen unterrichtet werden. Nun hat sich allerdings im Bereich der allgemeinen Erziehungswissenschaft gezeigt, daß vergleichende Beschreibungen von Ausbildungssystemen und Schulformen anderer Länder, so unerläßlich sie sind, für sich allein nur von sehr begrenztem Aussagewert sind. Deshalb habe ich mich bemüht, bei der Darstellung des schwedischen Systems der Lernbehindertenerziehung, soweit es die mir zugängliche Literatur zur Wirtschafts-, Sozial- und Schulgeschichte erlaubte, die historische Entwicklung und die gesellschaftlichen Bestimmungsgründe dieser Entwicklung in den Mittelpunkt zu stellen. Dabei muß im Interesse einer genaueren Information über die schwedischen Verhältnisse der Lernbehindertenerziehung das beschreibende Element im Vergleich mit der Darstellung der deutschen Hilfsschulentwicklung breiteren Raum einnehmen.

Im Laufe der Untersuchungen erwies sich die vergleichende Darstellung auch in systematischer Hinsicht als lehrreich. Bei der Beschränkung auf die Entwicklung eines Landes fällt es schwer, zwischen gesellschaftlichen Bestimmungsgründen zu unterscheiden, die auf Besonderheiten nationaler Entwicklung beruhen, und solchen, die mit allgemeinen Grundstrukturen in der historischen Entwicklung der kapitalistischen Produktionsweise zusammenhängen. So kann die vergleichende Untersuchung als Korrektiv einer schematischen Ableitung dienen und insofern ein wesentliches Komplement der historischen Analyse bilden. Allgemeiner: Der systematischen Forschung zur politischen Ökonomie des Ausbildungssektors – die zunächst die historische Untersuchung vernachlässigt hat und dabei teilweise zu einseitigen, ökonomistischen Betrachtungsweisen gelangt ist – wäre eine stärkere Einbeziehung vergleichender Analyse sicherlich zuträglich.

Unbestreitbar aber gilt die umgekehrte Feststellung: Ohne adäquate Kategorien zur politischen Ökonomie des Ausbildungssektors und ohne eine historische Analyse, welche die gesellschaftlichen Zusammenhänge von Ausbildung und Erziehung aufdeckt, ist ein wissenschaftlicher Vergleich der Entwicklungsprozesse nationaler Ausbildungssysteme und Schulformen nicht möglich. Schon für die Bestimmung der Gegenstände des historischen Vergleichs ist es unerläßlich, die einander entsprechenden Epochen der sozioökonomischen Entwicklung der betrachteten Länder zu ermitteln.

0.4. Der Aufbau der Arbeit

Durch ihre historische und vergleichende Anlage ist der vorliegenden Arbeit eine zweidimensionale Gliederung vorgezeichnet. Horizontal zerfällt sie in zwei Teile von ungefähr gleichem Umfang: einen ersten Teil, dessen zwei Kapitel die geschichtliche Herausbildung der deutschen Hilfsschule und des schwedischen Hilfsklassensystems in ihrem jeweiligen ökonomisch-politischen Kontext vergleichend darstellen, und einen zweiten Teil, dessen zwei Kapitel die gegenwärtige Situation der Lernbehindertenausbildung, ihre Vorgeschichte und etwaige absehbare Entwicklungstendenzen in Westdeutschland und in Schweden vergleichen und auf ihre gesellschaftlichen Bestimmungsgründe hin analysieren. Quer zu dieser horizontalen Gliederung verlaufen die beiden historischen Entwicklungsstränge: Kapitel 1. und 3. geben einen selektiven, auf den Gesichtspunkt der schulorganisatorischen Entwicklung konzentrierten Abriß der deutschen Hilfsschulgeschichte mit Schwerpunkten in der 2. Hälfte des 19. Jahrhunderts und der Zeit nach dem Zweiten Weltkrieg; die Kapitel 2. und 4. leisten entsprechendes für die Geschichte der schwedischen Lernbehindertenerziehung, wobei im 4. Kapitel wesentlich mehr als im 3. die gesellschaftlichen Bestimmungsgründe der Schulreform zugunsten der ausführlicheren Information über schulorganisatorische Veränderungen in der Lernbehindertenerziehung zurücktreten, die für die sonderpädagogische Debatte in der BRD von besonderem Interesse ist. Jedes der vier Kapitel beginnt mit einer Einleitung, welche seine Aufgabenstellung präzisiert, seinen Aufbau erläutert und einige Hinweise über die einschlägige Literatur gibt.

Generell ist zu sagen, daß bei der weitgespannten Anlage dieser Arbeit die Untersuchung an vielen Stellen nicht mit der wünschenswerten Gründlichkeit und Detailliertheit geführt werden konnte, zumal entsprechende Vorarbeiten oftmals nicht vorlagen. Es bestanden die Alternativen: 1. die Themenstellung entschieden einzugrenzen, um spezielle, insbesondere historische Fragestellungen eingehender behandeln zu können oder 2. unter Verzicht auf vertiefende Analysen die Breite der Themenstellung zu wahren, die aus einer Kombination vergleichender und historischer Darstellung resultierte. Angesichts der gegebenen Forschungssituation in der Sonderpädagogik und der Relevanz genauerer Informationen über praktizierte Modelle integrierter Lernbehindertenpädagogik für die aktuelle Reformdiskussion, habe ich mich für die zweite Alternative entschieden. Nicht nur fertige Untersuchungsergebnisse, die hier wohl an vielen Stellen vergeblich erwartet wurden, sondern auch die Abgrenzung eines Problembereiches sowie die Formulierung weiterführender Fragestellungen sind legitime Produkte wissenschaftlicher Arbeit.

1. Kapitel: Die Entstehung der Hilfsschule in Deutschland

1.0. Einleitung

Wer die Entstehung der Hilfsschule als einer eigenständigen, von der Volksschule abgetrennten Institution historisch verstehen will, darf sie gerade nicht in ihrer Isolation betrachten.

Die Absonderung der Hilfsschule von den übrigen Einrichtungen des Bildungssystems, die bis heute das Sonderschulwesen und seine Pädagogik in der BRD entscheidend prägt, hat dazu geführt, daß in geschichtlichen Darstellungen ihrer Entwicklung der fundamentale Zusammenhang mit dem Konstituierungsprozeß der Volksschule und den ihm zugrunde liegenden gesellschaftlichen Entwicklungen nicht genügend berücksichtigt wurde. Damit tritt in der Geschichtsschreibung der Sonderpädagogik verstärkt eine Tendenz zutage, die auch in der allgemeinen Geschichte der Pädagogik in Westdeutschland bis vor wenigen Jahren konkurrenzlos dominierte: die Herauslösung des Bildungswesens aus dem umfassenden historischen Prozeß, die Abstraktion von den grundlegenden ökonomischen, sozialen und politischen Entwicklungsbedingungen, der Verzicht auf eine systematische Analyse der Einwirkung der Gesellschaft auf die Erziehung. Dieser Verzicht hatte und hat zur Folge, daß in geschichtlichen Darstellungen der Sonderschulpädagogik die Realgeschichte gegenüber der Ideengeschichte zu kurz kommt bzw. Realgeschichte als Aufzählung von Fakten erscheint, deren Bewegung und deren Zusammenhänge unbegriffen bleiben.

Demgegenüber sind in den letzten Jahren im Bereich der allgemeinen Erziehungswissenschaften eine Reihe verdienstvoller systematischer und historischer Untersuchungen zum Thema «Schule und Gesellschaft» erschienen.[1] Das vorliegende Kapitel versucht, bei der Darstellung der Entstehung der Hilfsschule in Deutschland den Anschluß an diese Analysen herzustellen. Anlage und Aufbau des Kapitels erklären sich aus der zentralen These, daß die Entstehung der Hilfsschule als ein Moment der Konstituierung der Volksschule in Deutschland analysiert werden muß

---

1 Verwiesen sei insbesondere auf die Sammelbände Altvater/Huisken (Hg.): Materialien zur politischen Ökonomie des Ausbildungssektors, Erlangen 1972; F. Huisken: Zur Kritik bürgerlicher Didaktik und Bildungsökonomie, München 1972; Hartmann/Nyssen/Waldeyer (Hg.): Schule und Staat im 18. und 19. Jahrhundert, Frankfurt/Main 1974.

und daß *dieselben* gesellschaftlichen Triebkräfte, welche die präzisere Funktionalisierung der Volksschule vorantrieben, zugleich die entscheidenden Bedingungsfaktoren für die Entstehung der Hilfsschule bildeten. Das hat zur Folge, daß die Frühgeschichte der isolierten Hilfsschule in engstem Zusammenhang mit der Frühgeschichte der Volksschule entwickelt werden muß.

Die ersten beiden Abschnitte beschreiben den Zustand des Elementarschulwesens in den deutschen Kleinstaaten der ersten Jahrhunderthälfte. Unter den ökonomischen und politischen Bedingungen dieser frühkapitalistischen Epoche war das Elementarschulwesen noch in mannigfache Einrichtungen zersplittert, die formell bestehende allgemeine Schulpflicht wurde nicht verwirklicht, die Volksschule als staatlich organisierte, verbindliche Institution der allgemeinen Elementarausbildung war noch nicht konstituiert (Abschnitt 1.1.). Demgemäß existierte auch noch kein staatlich organisiertes Hilfsschulwesen. Kinder mit Lern- und Verhaltensstörungen wurden – sofern sie überhaupt eine Schule besuchten – in denselben Einrichtungen des Elementarschulwesens wie die übrigen Kinder erzogen (vgl. Abschnitt 1.2.). Man kann hier jedoch nicht von einer *Integration* der Lernbehindertenausbildung sprechen, da das Problem der intellektuell retardierten Schüler wegen des niedrigen Entwicklungsstandes der Volksschule gesellschaftlich noch gar nicht in Erscheinung getreten war. Die historische Analyse muß von dieser Situation ihren Ausgang nehmen und hat zu erklären, durch welche ökonomischen, politischen und sozialen Entwicklungen dieses Problem gesellschaftlich in dem Maße relevant wurde, daß es institutionelle Lösungen erheischte.

Das wird in den folgenden beiden Abschnitten versucht. Abschnitt 1.3. skizziert die Entwicklung der staatlichen Regelung der Kinderarbeit als einer fundamentalen gesellschaftlichen Voraussetzung für die Realisierung der allgemeinen Schulpflicht. Abschnitt 1.4. umreißt sodann die grundlegenden ökonomischen, politischen und sozialen Prozesse, die in der zweiten Jahrhunderthälfte die Einrichtung eines umfassenden, staatlich geregelten Volksschulwesens als allgemeiner Produktionsbedingung notwendig machten. Zugleich werden einige für die Entstehung und Institutionalisierung der Hilfsschule entscheidenden Aspekte der Volksschulentwicklung in Deutschland geschildert.

Darauf aufbauend, beschreiben die letzten drei Abschnitte dann die Entstehung und Konsolidierung des Hilfsschulwesens als eigenständiger und relativ isolierter Abteilung des gesamten Ausbildungssystems. Wegen der schon vorhandenen Literatur war es nicht nötig, die Geschichte der Institutionalisierung im Detail nachzuzeichnen.[2] Die Darstellung

2 Vgl. hierzu vor allem die Bücher von F. Frenzel: Geschichte und Literatur des Hilfsschulwesens, 3. Aufl. Halle/S. 1925, sowie Handbuch des Hilfsschulwissens,

konzentriert sich auf einige Momente des Konstituierungsprozesses der Hilfsschule, die für das zentrale Thema dieser Arbeit und den Vergleich mit den schwedischen Verhältnissen wichtig sind. Im Mittelpunkt steht die Abspaltung der Hilfsschule von der Volksschule (Abschnitt 1.5.). Da sich die Hilfsschule in Deutschland als Einrichtung zur Erziehung «schwachsinniger» Kinder verstand, bildeten die Idiotenanstalten den zweiten wichtigen institutionellen Bezugspunkt für die Entstehung des Hilfsschulwesens. Das Verhältnis zu den Idiotenanstalten, das sich zum Konkurrenzverhältnis entwickelte, wird im Abschnitt 1.6. erläutert. Der abschließende Abschnitt beschreibt das ideologische Selbstverständnis der Hilfsschule in der zweiten Hälfte des 19. Jahrhunderts, das sich in der Abgrenzung gegen die Volksschule zunehmend der Kategorien der Psychopathologie bediente und die sozialen Determinanten des «Schwachsinns» aus dem Auge verlor. Mit der Ausbildung dieses Selbstverständnisses hatte sich die Hilfsschule auch ideologisch von dem übrigen, «normalen» Ausbildungswesen abgesondert.

1.1. Die Entwicklung des Elementarschulwesens in der ersten Hälfte des 19. Jahrhunderts

Die erste Hälfte des 19. Jahrhunderts war für die Entwicklung des deutschen Elementarschulwesens eine Zeit des Übergangs. Die hochfliegenden theoretischen Konzepte fortschrittlicher bürgerlicher Pädagogen standen in scharfem Kontrast zur Schulwirklichkeit, die durch die ökonomischen und politischen Verhältnisse der deutschen Kleinstaaten[1] in der Epoche des industriellen Frühkapitalismus geprägt wurde. Ein kurzer Abriß[2] dieser Verhältnisse ist unumgänglich, wenn der Zustand des

2. Aufl. H. 1–4, Halle/S. 1921.
   Weitere Arbeiten zur Entstehungsgeschichte der Hilfsschule liegen vor von B. Maennel: Vom Hilfsschulwesen, Leipzig 1905 und E. Beschel: Der Eigencharakter der Hilfsschule, in: G. Geissler (Hg.): Pädagogische Studien, Heft 3, Weinheim 1960.

1 Der Funktion dieses und der folgenden Abschnitte gemäß werden die ökonomischen, politischen und Schulverhältnisse nicht differenziert für die einzelnen deutschen Kleinstaaten behandelt. Die Darstellung orientiert sich an Preußen, beschränkt sich aber weitgehend auf solche Bestimmungen, die für den «Durchschnitt» der deutschen Kleinstaaten zutreffen.

2 Ausführliche Darstellungen finden sich in H. Mottek: Wirtschaftsgeschichte Deutschlands, 3 Bände, Berlin (DDR) 1972–1974 und J. Kuczynski: Die Bewegung der deutschen Wirtschaft von 1800 bis 1946, in: W. Heise: Wissen und Forschen, Berlin/Leipzig o. Jg.

Elementarschulwesens in dieser Zeit begriffen werden soll.

Bereits vor der Jahrhundertwende war die feudalistische Gesellschaftsstruktur in den deutschen Kleinstaaten weitgehend durch die sich ausbreitende kapitalistische Produktionsweise zersetzt. Die Eroberung durch die napoleonischen Truppen beschleunigte diesen Prozeß. Obwohl der Staatsapparat weiterhin in den Händen des Adels verblieb, wurden nach und nach die noch dem Feudalismus entstammenden Schranken der kapitalistischen Produktion abgebaut. 1807 wurde durch ein Edikt die Leibeigenschaft aufgehoben und damit die Kapitalisierung der Landwirtschaft, des noch bei weitem wichtigsten Wirtschaftszweiges, eingeleitet. «Im folgenden Jahr wurde mit der Geschäftsinstruktion vom 26. 12. 1808 der Grundstein zur Gewerbefreiheit gelegt.»[2a] Wenig später fielen auch die ersten Handelsschranken in den einzelnen Kleinstaaten, die internen Zollgrenzen schwanden, Zollvereine bildeten sich. Mit der Gründung des Allgemeinen Deutschen Zollvereins wurde Deutschland schließlich – über 30 Jahre vor der Reichsgründung – ein einheitliches Handelsgebiet.

Im Bereich der industriellen Produktion ist diese Epoche durch den Übergang von der Manufaktur zur maschinellen Produktion im Fabrikbetrieb gekennzeichnet. Dieser Übergang bedeutete eine Revolutionierung der Arbeitsprozesse. Während «das Handwerksgeschick die Grundlage der Manufaktur» blieb[3], ging in der Fabrik «mit dem Handwerkszeug . . . auch die Virtuosität in seiner Führung vom Arbeiter auf die Maschine über».

«Die Leistungsfähigkeit des Werkzeugs ist emanzipiert von den persönlichen Schranken menschlicher Arbeitskraft. Damit ist die technische Grundlage aufgehoben, worauf die Teilung der Arbeit in der Manufaktur beruht. An die Stelle der sie charakterisierenden Hierarchie der spezialisierten Arbeiter tritt daher in der automatischen Fabrik die Tendenz der Gleichmachung oder Nivellierung der Arbeiten, welche die Gehilfen der Maschinerie zu verrichten haben».[4]

Die Umwälzung der industriellen Arbeitsprozesse durch die maschinelle Produktion gestattete eine enorme Ausweitung der Frauen- und Kinderarbeit:

«Sofern die Maschinerie Muskelkraft entbehrlich macht, wird sie zum Mittel, Arbeiter ohne Muskelkraft oder von unreifer Körperentwicklung, aber größerer Geschmeidigkeit der Glieder anzuwenden. Weiber- und Kinderarbeit war daher das erste Wort der kapitalistischen Anwendung der Maschinerie! Dies gewaltige Ersatzmittel von Arbeit und Arbeitern verwandelte sich damit sofort in ein Mittel,

2a J. Kurzynski, Die Bewegung . . ., a. a. O., S. 32.
3 K. Marx: Das Kapital, Bd. I, Marx-Engels-Werke, Bd. 23, Berlin (DDR) 1973, nach der 4. Aufl., Hamburg 1890, S. 389.
4 Ebd., S. 442.

die Zahl der Lohnarbeiter zu vermehren durch Einreihung aller Mitglieder der Arbeiterfamilie, ohne Unterschied von Geschlecht und Alter . . .»[5]

Zugleich mit dieser Einbeziehung aller Mitglieder der Arbeiterfamilie in den Produktionsprozeß, verlängerte sich der Arbeitstag des einzelnen Industriearbeiters.

«Wenn die Maschinerie das gewaltigste Mittel ist, die Produktivität der Arbeit zu steigern, d. h. die zur Produktion einer Ware nötige Arbeitszeit zu verkürzen, wird sie als Träger des Kapitals zunächst in den unmittelbar von ihr ergriffenen Industrien zum gewaltigsten Mittel, den Arbeitstag über jede naturgemäße Schranke hinaus zu verlängern.»[6]

Kennzeichnend für diese frühkapitalistische Epoche war es, daß staatliche Organe noch nicht (mit Schutzbestimmungen etc.) effektiv regelnd in die Gestaltung der Arbeitsprozesse eingriffen, obwohl das durch die Methoden extensiver Ausbeutung verursachte Elend der proletarischen Familien zunehmend das langfristige gemeinsame Interesse der Einzelkapitalien an gesunder und für die Zwecke der Produktion ausgebildeter Arbeitskraft gefährdete. Am Beispiel der Gesetze gegen die Kinderarbeit werden diese Problematik und der langwierige Prozeß bis zur wirksamen staatlichen Kontrolle im Interesse der Erhaltung allgemeiner Produktionsbedingungen im übernächsten Abschnitt dargestellt. Hier interessiert vor allem ein Charakteristikum frühkapitalistischer Industrieproduktion, das für den Zustand und die Entwicklung des Elementarschulwesens der deutschen Kleinstaaten in der ersten Hälfte des 19. Jahrhunderts von größter Bedeutung war.

Die Rate des Mehrwerts[7], durch dessen produktive Anlage die Kapitalakkumulation und damit die Ausweitung der kapitalistischen Produktionsweise voranschreitet, kann in der Fabrik auf zweierlei Art erhöht werden. Bei unveränderter Technologie kann durch den Einsatz billiger Lohnarbeiter (Frauen- und Kinderarbeit)[8] die zur Reproduktion der Ar-

---

5 Ebd., S. 416.
6 Ebd., S. 424.
7 Die Rate des Mehrwerts bestimmt sich nach folgenden Formeln:

$$\frac{\text{Mehrwert}}{\text{Variables Kapital}} \left(\frac{m}{v}\right) = \frac{\text{Mehrwert}}{\text{Wert der Arbeitskraft}} = \frac{\text{Mehrarbeit}}{\text{Notwendige Arbeit}}$$

Vgl. K. Marx, a. a. O., S. 553 ff.
8 Die Einbeziehung der gesamten Arbeiterfamilie in den Produktionsprozeß, also die Einstellung von Kindern und Frauen als billige Arbeitskräfte, ist indirekt

beitskraft notwendige Arbeitszeit, die sich im Reallohn spiegelt, gesenkt und die Mehrarbeit zusätzlich durch die Verlängerung des Arbeitstages ausgedehnt werden. Andererseits kann durch den Einsatz neuer Technologie die Produktivität der menschlichen Arbeit erhöht und so – bei gleichbleibendem Reallohn und unverändertem Arbeitstag – die notwendige Arbeit verringert und die Mehrarbeit, also der pro Arbeitstag erzeugte Mehrwert, vergrößert werden. K. Marx unterscheidet diese beiden Methoden zur Erhöhung der Mehrwertproduktion als die Produktion des absoluten bzw. des relativen Mehrwerts.

«Die Produktion des absoluten Mehrwerts dreht sich nur um die Länge des Arbeitstags[8]; die Produktion des relativen Mehrwerts revolutioniert durch und durch die technischen Prozesse der Arbeit . . .»[9]

Der Übergang von der Manufaktur, der Hausarbeit, der handwerklichen Produktion zum Fabriksystem, der sich in den deutschen Kleinstaaten, zumal in den Industriegebieten des Rheinlands und Sachsens, vollzog und sukzessive alle wichtigen Industriezweige ergriff, bedeutete eine beträchtliche Steigerung der Arbeitsproduktivität und dementsprechend der Produktion des relativen Mehrwerts. Setzt man diesen Übergang aber einmal voraus, so zeigt die Ausdehnung der Frauen- und Kinderarbeit, daß in der ersten Hälfte des 19. Jahrhunderts die absolute Mehrwertproduktion die Hauptquelle der Akkumulation des Kapitals auf der Basis des Fabriksystems bildete. Dies wird auch durch die deutsche Wirtschaftsgeschichte bestätigt. Nach dem «Produktivitätsschub», der durch den Übergang zur fabrikmäßigen Fertigung verursacht wurde, stieg die Arbeitsproduktivität während dieser Periode in den meisten Industriezweigen

einer Verlängerung des Arbeitstages äquivalent. Vgl. K. Marx, a. a. O., S. 417: «Der 'Wert der Arbeitskraft war bestimmt nicht nur durch die zur Erhaltung des individuellen erwachsenen Arbeiters, sondern durch die zur Erhaltung der Arbeiterfamilie nötige Arbeitszeit. Indem die Maschinerie alle Glieder der Arbeiterfamilie auf den Arbeitsmarkt wirft, verteilt sie den Wert der Arbeitskraft des Mannes über seine ganze Familie. Sie entwertet daher seine Arbeitskraft. Der Ankauf der in 4 Arbeitskräfte z. B. parzellierten Familie kostet vielleicht mehr als früher der Ankauf der Arbeitskraft des Familienhaupts, aber dafür treten 4 Arbeitstage an die Stelle von einem, und ihr Preis fällt im Verhältnis zum Überschuß der Mehrarbeit der vier über die Mehrarbeit des einen.»
9 K. Marx, a. a. O., S. 532 f. Synonym für die Marxschen Begriffe «relative» bzw. «absolute Mehrwertproduktion» finden sich in materialistischen Darstellungen der Wirtschaftsgeschichte auch die Bezeichnungen «intensive» bzw. «extensive Produktionsmethode». Vgl. etwa J. Kuczynski: Die Bewegung, a. a. O., besonders S. 67 ff.

durchaus nur in mäßigem Tempo an. Die Steigerungsraten sind nicht mit dem sprunghaften Anstieg der pro Arbeitsstunde erbrachten Produktionsleistung nach dem Ende der fünfziger Jahre zu vergleichen.[10] Dem entspricht es auch, daß sich die fabrikmäßige Produktion in der ersten Hälfte des 19. Jahrhunderts hauptsächlich auf die Leichtindustrie, die Produktion von Konsumgütern, insbesondere die Textilindustrie konzentrierte, während der für die Steigerung der Arbeitsproduktivität entscheidende Produktionsmittelsektor erst in der zweiten Jahrhunderthälfte zum Zentrum des kapitalistischen Akkumulationsprozesses wurde.[11]

Die Revolutionierung der Produktionsprozesse durch Maschinerie und Fabrikbetrieb mußte über kurz oder lang eine entsprechende Umwälzung im Schulwesen nach sich ziehen. Man darf sich diesen Zusammenhang aber nicht als einen mechanischen Kausalnexus in der Art vorstellen, daß die neue Produktionsform sogleich die ihr auf den Leib geschneiderte Schulorganisation erzeugt. Zunächst einmal war ja trotz des Vordringens der großen Industrie die Wirtschaft der deutschen Kleinstaaten noch geprägt durch ein starkes Übergewicht der Landwirtschaft und durch ein Nebeneinander handwerklicher, manufktureller und fabrikmäßiger Produktion in den nicht zur Landwirtschaft gehörigen Wirtschaftszweigen. Die Ausbildungs- und Erziehungserfordernisse der großen Industrie wurden zunächst nur von wenigen weitsichtigen Pädagogen und Staatsbeamten – dazu noch verbunden mit idealistischen Illusionen und Fehleinschätzungen – erkannt. Mit dem Vorherrschen der Methoden absoluter Mehrwertproduktion in den Fabriken hatte die kapitalistische Produktion selbst noch nicht den Entwicklungsstand erreicht, auf dem die Anpassung der Arbeiter an die permanente technische Umwälzung der Arbeitsprozesse dem Staat die Organisation eines einheitlichen Elementarschulwesens als allgemeiner Produktionsbedingung aufherrscht (vgl. Abschnitt 4.).

Die Verwirklichung der allgemeinen Schulpflicht und die Volksschule als Basis eines staatlich kontrollierten allgemeinbildenden Schulwesens, das von der Produktionssphäre systematisch abgetrennt ist, kann nur im Zusammenhang des verwickelten historischen Prozesses begriffen werden, in dem sich der Staat zum «ideellen Gesamtkapitalisten»[12] und Garanten der allgemeinen Produktionsbedingungen herausbildet, der die infrastrukturellen Voraussetzungen der Kapitalakkumulation notfalls auch gegen widerstrebende Einzelkapitale sichert. Dieser Prozeß verkomplizierte sich in den deutschen Kleinstaaten noch durch die staatliche

10 Vgl. die Entwicklung der Indexzahlen in: J. Kuczynski, a. a. O., S. 79 ff und H. Mottek, a. a. O., Bd. II, S. 212 ff.

11 Vgl. J. Kuczynski, a. a. O., S. 46 ff und S. 79 ff.

12 Vgl. F. Engels: Die Entwicklung des Sozialismus von der Utopie zur Wissenschaft, in: MEW, Bd. 19, S. 177–228.

Zersplitterung sowie durch die Verteilung der ökonomischen und politischen Macht auf zwei Klassen, die Bourgeoisie bzw. den Adel, zwischen denen sich die Auseinandersetzung gegen die Jahrhundertmitte immer mehr zuspitzte. Das Scheitern der Revolution von 1848 verhinderte die Schaffung einer bürgerlichen, der entfalteten kapitalistischen Produktionsweise entsprechenden Staatsform.

Die Auswirkungen des Übergangs von der Manufaktur zur großen Industrie auf das «niedere Schulwesen» lassen sich am Beispiel der Industrieschulen[13] illustrieren. Der Kern der in der Industrieschule vermittelten Kenntnisse und Fähigkeiten war handwerklicher Art. Zugleich disziplinierte sie ihre Schüler durch produktive Tätigkeit im Auftrag eines Verlegers zur Lohnarbeit. Mit der Entwertung des handwerklichen Geschicks durch die Maschine und mit dem Rückgang der dezentralisierten Produktion (Verlagssystem) mußte diese typische Schulform der Manufakturperiode an Bedeutung verlieren.

«Die Ausbeutung der Kinder wurde aus den Schulen herausgenommen und erfolgte jetzt in bisher ungekanntem Ausmaß in den zentralisierten Fabriken, unter dem direkten Komando des Kapitalisten. Zwar kam es noch zu Beginn des 19. Jahrhunderts zu Gesetzen, die den Industrieunterricht obligatorisch machten – in Baden (1803), in Bayern (1804) und in Württemberg (1806) –, doch verschwanden die Industrieschulen immer mehr. Nur in Gebieten, in denen die dezentralisierte Verlagsproduktion andauerte, wie z. B. im Erzgebirge, konnten sie sich länger halten.»[14]

Es ist wohl kein Zufall, daß die fortschrittlichen Entwürfe der preußischen Schulreformer, die ein staatlich-organisiertes Erziehungs- und Bildungswesen forderten, welches jeden zukünftigen Staatsbürger nach seinen Fähigkeiten fördern sollte, in polemischer Abgrenzung gegen die Industrieschule formuliert wurden. Der Fixierung auf eine spezialisierte handwerkliche Geschicklichkeit in der Industrieschule stellten sie den Gedanken einer Ausbildung «im Allgemeinen» gegenüber. So schreibt Altenstein in seiner Denkschrift von 1807:

«Es kommt nicht auf vielerlei der Jugend beizubringende Kenntnisse, sondern auf die gehörige Ausbildung des Geistes und der Gefühle im Allgemeinen an. Der (Erziehungs-)Plan muß dafür sorgen, daß Industrieschulen nicht den Körper verkrüppeln und Handfertigkeit zur Hauptsache machen.»[15]

13 Vgl. die instruktive, materialreiche Arbeit von U. Aumüller: Industrieschule und ursprüngliche Akkumulation in Deutschland. Die Qualifizierung der Arbeitskraft im Übergang von der feudalen in die kapitalistische Produktionsweise, in: Schule und Staat im 18. und 19. Jahrhundert, hg. von K. L. Hartmann, F. Nyssen, H. Waldeyer, Frankfurt/M. 1974, S. 9–145.

14 U. Aumüller, a. a. O., S. 142.

15 Altenstein: Über die Leitung des preußischen Staates . . ., zitiert bei: K. L.

In den Begründungen der preußischen Schulreformer für ihre Entwürfe zu einer «allgemeinen Menschenbildung» überlagerten sich politische und ideologische Konzepte des aufstrebenden Bürgertums mit ökonomischen Überlegungen und Einsichten. Dem politischen Interesse des Bürgertums als aufstrebender, gegen die Fesseln der alten Gesellschaftsordnung aufbegehrender Klasse entsprach es, wenn sie – in der Sprache und in den Begriffen der klassischen deutschen Philosophie – der Schule die Aufgabe zudachten, «in der Zerschlagung ständischer Hindernisse die bürgerliche Gesellschaft als Gesellschaft freier, gleicher und selbsttätiger Menschen überhaupt erst herzustellen» [16].

Es finden sich in den Schriften der preußischen Reformatoren aber auch antizipatorische Einsichten in die Qualifikationserfordernisse der entfalteten großen Industrie, die mit der permanenten technischen Revolutionierung der Produktionsprozesse beständigen «Wechsel der Arbeit, Fluß der Funktion, allseitige Beweglichkeit des Arbeiters» bedingt. [17] W. v. Humboldts Kritik an der Industrieschule läßt zum Beispiel eine Ahnung von der Notwendigkeit des technischen Wandels erkennen, die mit der vergleichsweisen Stagnation der Herstellungsverfahren im Handwerk und in der Manufaktur scharf kontrastiert:

«Fängt man aber (in der Schule) von dem besonderen Berufe an, so macht man ihn (den Menschen) einseitig, und er erlangt nie die Geschicklichkeit und Freiheit, die notwendig ist, um auch in seinem Berufe nicht bloß mechanisch, was andere vor ihm gethan, nachzuahmen, sondern auch selbst Erweiterungen und Verbesserungen vorzunehmen.» [18]

In seinem «Bericht der Sektion des Kultus und Unterrichts an den König» vom Dezember 1809, dem dieses Zitat entnommen ist, hebt W. von Humboldt auch die Zweckmäßigkeit der *Allgemeinen* Bildung hervor, um den Menschen für «wechselnde Arbeitserfordernisse» [19] disponibel zu machen:

«Es giebt schlechterdings gewisse Kenntnisse, die allgemein sein müssen, und noch mehr eine gewisse Bildung der Gesinnungen und des Charakters, die keinem fehlen darf. Jeder ist offenbar nur dann ein guter Handwerker, Kaufmann, Soldat

---

Hartmann: Schule und ‹Fabrikgeschäft›. Zum historischen Zusammenhang von Kinderarbeit, Kinderschutzgesetz und allgemeiner Elementarbildung, in: Schule und Staat . . ., a. a. O., S. 184.

16 Ebd., S. 184.

17 Vgl. K. Marx, a. a. O., S. 511.

18 W. v. Humboldt, Bericht der Sektion des Kulturs und Unterrichts an den König, Dez. 1809, zitiert bei: K. L. Hartmann, a. a. O., S. 182.

19 K. Marx, a. a. O., S. 512.

und Geschäftsmann, wenn er an sich und ohne Hinsicht auf seinen besonderen Beruf ein guter, anständiger, und seinem Stande nach aufgeklärter Mensch und Bürger ist. Gibt ihm der Schulunterricht, was hiezu erforderlich ist, so erwirbt er die besondere Fähigkeit seines Berufs nachher sehr leicht und behält immer die Freiheit, die im Leben so oft geschiehet, von einem zum andern überzugehen.»[20]

Dieser zentrale Gedanke, daß die Schule als Ort der allgemeinen Menschenbildung die «Disponibilität des Menschen für wechselnde Arbeitserfordernisse» sichern helfen müsse, findet sich in verschiedenen Formulierungen auch bei anderen preußischen Schulreformern. Er fehlt auch nicht in Süverns Entwurf zu einem Unterrichtsgesetz im Jahre 1819.

Mit ihren Entwürfen eines allgemeinbildenden Schulwesens, bzw. ihren Forderungen nach
– einheitlicher staatlicher Organisation des Schulwesens,
– Verwirklichung der seit der Jahrhundertwende in den meisten deutschen Kleinstaaten bestehenden gesetzlichen Schulpflicht,
– Verbesserung des Ausbildungsniveaus durch Einbeziehung neuer Lehrinhalte
waren die preußischen Schulreformer und die Vertreter der Nationalerziehung den tatsächlichen gesellschaftlichen Verhältnissen ihrer Zeit weit voraus.

Während sie die Industrieschule kritisierten, weil diese ihre Schüler nur für eine einzige berufliche Tätigkeit ausbildete, breitete sich in den Fabriken die Kinderarbeit aus, welche die Kinder ohne jegliche Ausbildung für ihr Leben an eine Detailfunktion im maschinisierten Produktionsprozeß kettete (vgl. Abschnitt 3.).

«Obgleich nun die Maschinerie das alte System der Teilung der Arbeit technisch über den Haufen wirft, schleppt es sich zunächst als Tradition der Manufaktur gewohnheitsmäßig in der Fabrik fort, um dann systematisch vom Kapital als Exploitationsmittel der Arbeitskraft in noch ekelhafterer Form reproduziert und befestigt zu werden. Aus der lebenslangen Spezialität, ein Teilwerkzeug zu führen, wird die lebenslange Spezialität, einer Teilmaschine zu dienen. Die Maschinerie wird mißbraucht, um den Arbeiter selbst von Kindesbeinen in den Teil einer Teilmaschine zu verwandeln.»[21]

Schulreformer wie Altenstein und Süvern waren weit davon entfernt, eine ihren inhaltlichen Entwürfen entsprechende allgemeine Elementarausbildung per staatlicher Zwangsgesetzgebung gegen die Interessen der Fabrikanten durchzusetzen. Liberalen Auffassungen verpflichtet, wollten sie durch Überzeugung und «öffentlichen Diskurs» erreichen, daß

---

20 W. v. Humboldt, a. a. O., zitiert bei: K. L. Hartmann, a. a. O., S. 180 f.
21 Ebd., S. 444 f.

«aufgeklärte örtliche Schulkollegien und wohlberatene Bürger den vernünftigen Vorstellungen des Staates folgen und für die arbeitende Jugend einen Elementarunterricht organisieren würden»[22]. So wagte Süvern es in seinem Unterrichtsgesetzentwurf von 1819 nicht, die Methoden der absoluten Mehrwertproduktion der frühkapitalistischen großen Industrie anzutasten und regte deshalb an, den Elementarunterricht in die Lücken des Arbeitstages zu verlegen.[23]

Der Appell an *lokale* Instanzen, den Elementarunterricht zu sichern, konnte kaum die langfristig für die Entwicklung der großen Industrie erforderliche *Vereinheitlichung* des Schulwesens herbeiführen. Nach wie vor blieb in der ersten Jahrhunderthälfte das niedere Schulwesen der deutschen Kleinstaaten in eine Vielzahl kommunaler, kirchlicher und privater Einrichtungen zersplittert. Neben den eigentlichen kommunalen Elementar- bzw. Volksschulen gab es Armen-, Frei- und Stiftungsschulen, Industrie-, Fabrik- und Sonntagsschulen.

Genausowenig wie die von fortschrittlichen bürgerlichen Pädagogen ersehnte einheitliche Nationalerziehung verwirklichte sich in der Epoche der frühkapitalistischen großen Industrie ihre zentrale Forderung nach konsequenter Durchführung der allgemeinen Schulpflicht. Aus einer statistischen Untersuchung des Jahres 1837 geht hervor, daß zum Beispiel in Berlin von 10 000 schulpflichtigen Kindern nur 5936 die Volksschule besuchten.[24] Auch wenn die Schulpflicht in dieser Zeit noch nicht an die Volksschule als fest umrissener Institution gebunden war und aus der statistischen Angabe nicht klar hervorgeht, ob mit den 5936 Volksschülern bereits alle Kinder erfaßt sind, die zu jener Zeit irgendeine Einrichtung des «niederen Schulwesens» besuchten, dürfte dieses Zahlenbeispiel einen deutlichen Eindruck vermitteln von den Schulversäumnissen, die zur Zeit des Frühkapitalismus in Deutschland üblich waren.

Charakteristisch für die Epoche ist es, daß die in den meisten Kleinstaa-

22 Ebd., S. 188.

23 Vgl. dazu die Darstellung von K. L. Hartmann, insbesondere das folgende Zitat aus dem Unterrichtsgesetzentwurf von Süvern: «In Fabrikgegenden, wo die Jugend größtenteils schon früh in den Werkstätten beschäftigt wird, sollen Anstalten getroffen werden, daß sie des allgemeinen Elementarunterrichts dadurch nicht verlustig gehen. Es sind daselbst entweder die öffentlichen Schulen mit den Fabriken und Manufakturen in ein solches Verhältnis zu bringen, daß die Arbeit in diesen mit dem Unterricht der Kinder in gewissen Abteilungen wechsele, oder es ist den letztern der nöthigste Elementar-Unterricht in der Religion, dem Lesen, Schreiben, Rechnen und im Gesang, in einigen von Arbeit freien Stunden zu ertheilen.» Zitiert bei K. L. Hartmann, a. a. O., S. 188.

24 Vgl. C. Müller: Grundriß der Geschichte des preußischen Volksschulwesens für Seminaristen, Lehrer und Schulaufsichtsbeamte, 5. u. 6. Auflage, Osterwieck/Harz und Leipzig 1914, S. 156.

ten bis zur Jahrhundertwende gesetzlich verankerte allgemeine Schulpflicht weder durch die Unterbindung der Kinderarbeit in den Fabriken gegen das Einzelkapital geltend gemacht, noch als praktische Verpflichtung des Staates begriffen wurde, ein kostenloses, materiell und personell hinreichend ausgestattetes Elementarschulwesen als gesellschaftliche Voraussetzung einer Verwirklichung der allgemeinen Schulpflicht zu errichten. Vielmehr wurde sie durch ständig wiederholte Verordnungen und Strafandrohungen der Schulbehörden einseitig als staatsbürgerliche Pflicht der Eltern definiert:

«Eltern oder deren gesetzliche Stellvertreter, welche nicht nachweisen können, daß sie für den nötigen Unterricht der Kinder in ihrem Hause sorgen, sollen erforderlichen Falles durch Zwangsmittel und Strafen angehalten werden, jedes Kind nach zurückgelegtem 5. Jahre zur Schule zu schicken.»[25]

Die Eltern hatten auch für das Schulgeld, das meistens für den Besuch einer Elementarschule entrichtet werden mußte, aufzukommen. Die Regierungen der deutschen Kleinstaaten stellten die materiellen Mittel, die zur Erweiterung und Verbesserung des Volksschulwesens notwendig waren, nicht zur Verfügung. So gab Preußen im Jahre 1838 von «einer Gesamteinnahme von 52 Millionen Talern 23 Millionen für das Heer – aber nur 3–4 Millionen für sein Schulwesen aus.»[26] Obwohl das niedere Schulwesen 16mal mehr Schüler umfaßte als die höheren Schulen, erhielten beide etwa gleichhohe staatliche Zuwendungen. In Aachen mußten 1841 5247 Kinder ohne Unterricht bleiben, weil die notwendigen Räume nicht zur Verfügung standen.[27] Der Mangel an Schulgebäuden und Räumen zwang die Lehrer in gemieteten Räumen oder auch «im wöchentlichen Wechsel der Reihe nach in den Häusern der Einwohner, den Unterricht abzuhalten.»[28] Auf die besonderen Mißstände im Landschulwesen weist Kuczynski hin:

«Gewissermaßen selbstverständlich gab es in großen Gebieten des Staates, vor allem auf dem Lande, überhaupt keine Schulen. In manchen Gegenden kam erst auf 5 oder 10 oder gar 20 Dörfer eine einzige Schule!»[29]

25 Allerhöchste Kabinetts-Ordre vom 14. Mai 1825, zitiert bei: H. J. Witte: Volksschule und Hülfsschule. Über Förderung der Schwachen im Rahmen der normalen Volksschule und die mehrfach bedenkliche Einrichtung von Hülfsschulen als Schulen für schwachbegabte Kinder. Eine schulmännische Erwägung, Thorn 1901, S. 34.

26 K. H. Günther u. a. (Hg.): Geschichte der Erziehung, 9. Aufl. Berlin (DDR) 1966, S. 238.

27 Vgl. ebd., S. 236.

28 Ebd., S. 237.

29 J. Kuczynski: Studien zur Geschichte des arbeitenden Kindes in Deutsch-

Dem mangelhaften Zustand des Volksschulwesens entsprach der dürftige Inhalt der Lehrpläne, der in keiner Weise mit den emphatischen Bildungsbegriffen der fortschrittlichen bürgerlichen Pädagogen übereinstimmte. Im wesentlichen beschränkte sich das «niedere Schulwesen» auf die Vermittlung der Grundkenntnisse im Lesen, Schreiben, Rechnen und rückte im übrigen den Religionsunterricht in den Mittelpunkt des Unterrichtsgeschehens.

Eine Erhöhung des Ausbildungsniveaus hätte eine beträchtliche Aufstockung der staatlichen Aufwendungen für das Elementarschulwesen erfordert. Eine Bereitschaft des Staates zu diesen Ausgaben wurde durch die ökonomischen Verhältnisse bis zur Jahrhundertmitte bei dem erreichten Stand der Industrialisierung und den weiterhin vorherrschenden Methoden der absoluten Mehrwertproduktion noch keineswegs erzwungen. Als Voraussetzung für die ökonomische Verwertbarkeit der Arbeitskraft genügten weiterhin – unter der Bedingung ihrer Anlernung im jugendlichen Alter und einer noch relativ langsam voranschreitenden Entwicklung der technischen Basis der Fabrikarbeit – allgemeine Arbeitstugenden wie Disziplin, Sparsamkeit, Pünktlichkeit, Durchhaltevermögen. Die Folgen, die aus der Immobilität und Inflexibilität der Arbeitskraft resultierten, konnten noch ohne größeren Widerstand dem einzelnen Arbeiter aufgebürdet werden. Zwar hatte das städtische Proletariat mit dem Übergang der Landwirtschaft zur kapitalistischen Produktionsweise und mit der Kapitalakkumulation in den Städten rasch zugenommen, aber auf Grund seines geringen Organisationsgrades war es nicht in der Lage, seinen Ausbildungsinteressen größeren Nachdruck zu verleihen. Die wachsende Verelendung und Not der Massen erzeugten allerdings eine zunehmende soziale Unruhe.

«Die Armut hat sich zur epidemischen Krankheit entwickelt und erweckt durch die Symptome ihres Auftretens fast aller Orten Besorgnisse: denn nicht selten zeigt sich bei den Massen ein peinliches Mißbehagen an der bestehenden Ordnung der Dinge und die Begierde, alles zu zertrümmern, um desto leichter im Trüben zu fischen.»[30]

In dieser Situation schien es nicht geraten zu sein, durch eine erweiterte Ausbildung die Arbeiterkinder zu befähigen, über ihren engen Lebenskreis hinauszusehen, die eigene Lage zu erkennen und auf Abhilfe zu sinnen. Die Hauptaufgabe des «niederen Schulwesens» war, trotz des

land von 1700 bis zur Gegenwart, Berlin (DDR) 1968, in: J. Kuczynski: Die Geschichte der Lage der Arbeiter unter dem Kapitalismus, Bd. 19, Berlin (DDR) 1968.

30 J. K. Zellweger: Die schweizerischen Armenschulen nach Fellenberg'schen Grundsätzen, Trogen 1845, S. 13.

wachsenden Elends der Arbeiterfamilien in dieser Epoche extensivster Ausbeutung, trotz der eklatanten sozialen Ungerechtigkeit die Disziplin und Loyalität der Massen zu sichern. Wie schon in früheren Zeiten sozialer Unruhe, wenn die bestehende gesellschaftliche Ordnung bedroht war, wurde der Religionsunterricht zum wirksamsten Mittel ihrer Rechtfertigung.

Diese Entwicklung des Elementarschulwesens mußte auch für die fortschrittlichen Repräsentanten des Bürgertums ein Ärgernis sein, war doch die inhaltliche Ausrichtung der Elementarerziehung zugleich auch ein Mittel in der ideologischen Auseinandersetzung des halbfeudalen Staatsapparates mit dem liberalen Bürgertum, das immer selbstbewußter eine Ausweitung seiner politischen Rechte und Einflußmöglichkeiten verlangte. Besorgt betrachteten auch die Volksschullehrer die Entwicklung des Elementarschulwesens. Ein beredtes Beispiel für den Kampf liberaler Volksschullehrer gegen die Bevormundung des öffentlichen Schulwesens durch die Kirche lieferte Karl Friedrich Wilhelm Wander. Immer wieder kritisierte er mit den schärfsten Worten den Einfluß des «verpriesterten Protestantismus» auf die heranwachsende Jugend:

«Solange unsere Jugend unter geistlicher Aufsicht aufwächst und sich mit einer Masse vernunftwidrigen Ballastes beladen und ausstopfen lassen muß, wird nie etwas aus der Menschheit werden. Es gibt keine wichtigere Frage als die, wie unsere Jugend erzogen werde, ob unter dem geistknechtenden Einfluß des Priestertums oder unter dem das Menschenbewußtsein weckenden und nährenden der Freiheit der Vernunft. Alles andere ist Nebensache! *Lehrt Eure Jugend, wie es unter dem Einfluß der Kirche geschieht, blind glauben, und Ihr pflegt und pflanzt die Knechtschaft! Lehrt Eure Jugend denken, und Ihr pflegt und pflanzt die Freiheit!* Wer will wahrhaft frei sein, muß geistig frei sein, geistig frei macht nur die freie Schule!»[31]

Vergeblich bemühten sich die Volksschullehrer, die sich schließlich im Revolutionsjahr 1848 nach einem Aufruf Wanders zum «Allgemeinen Deutschen Lehrerverein» zusammenschlossen, das Niveau ihrer Schule zu heben. Das Scheitern der bürgerlichen Revolution setzte allen politischen Aktivitäten der Lehrerschaft, die sich auf eine Reformierung der Schule richteten, ein vorläufiges Ende.

Standen die Lehrpläne vor 1848 bereits in einem krassen Gegensatz zu den fortschrittlichen pädagogischen Ideen eines Humboldt oder Schleiermacher, Diesterweg oder Wander, so wurde die Schule durch die Stiehlschen Regulative[32] ausdrücklich zu einer ideologischen Bastion der alten

31 K. F. W. Wander, zitiert bei: F. Thiele: Der «rote» Wander und seine Zeit, in: Material- und Nachrichtendienst («Mund») der Arbeitsgemeinschaft deutscher Lehrerverbände, 4. Jg. 1953, Nr. 50, S. 43.

32 Vgl. dazu: F. Nyssen: Das Sozialisationskonzept der Stiehlschen Regulative

Gesellschaftsordnung ausgebaut, die alle auf gesellschaftliche Veränderungen dringenden Kräfte liberaler oder gar proletarischer Provenienz von der Erziehung der Jugend fernhalten sollte. In einer Rede vor dem Preußischen Herrenhaus formulierte dies der Justizrat Stahl mit aller wünschenswerten Offenheit:

«Die Regulative wollen, daß gegebene Wahrheiten, gegebene Pflichten, gegebene Zustände begriffen werden. Das entgegenstehende System (die liberale Pädagogik Diesterwegs) dagegen will, daß alle Wahrheiten, alle Pflichten, alle Zustände nicht als gegebene angesehen werden, sondern erst aus dem Denken des Zöglings entwickelt werden sollen, daher auch in Frage gestellt werden sollen, wenn dieses Denken sie nicht ergibt. Man will den Zögling von vornherein auf den Standpunkt stellen, alles nur ‹aus seinen Vorstellungen und Gedanken› abzuleiten, alles zu untersuchen, ob es sich aus ihnen ergibt. Deswegen wollen die Regulative den Jüngling erziehen zum Glauben an gegebene Wahrheiten, zur Liebe für gegebene Zustände. Dagegen ist die Aufgabe des entgegenstehenden Systems, ihn zu erziehen zur Kritik, zum Verlangen nach Umändern des Bestehenden.»[33]

Im Sinne dieser Zielsetzung verfügten die Stiehlschen Regulative einen weiteren Ausbau der religiösen Erziehung und eine «weitgehende Beschränkung der Unterrichtsinhalte auf das, was für die Bildung und Festigung der evangelisch-christlichen Lebensgemeinschaft nützlich erscheint»[34]. Sie erklärten die einklassige Schule zur Regelschule. Der Lehrstoff beschränkte sich auf Religion, Lesen, Schreiben, Rechnen und Singen. Der gesamte Sachunterricht wurde ins Lesebuch gezwängt. «Formale Bildung im Sinne Pestalozzis wurde ausdrücklich abgelehnt, dagegen festes Können ‹gegebener Wahrheiten› durch Auswendiglernen verlangt.»[35]

Die Regulative waren die pädagogische Reaktion auf das Scheitern der bürgerlichen Revolution und die Fortsetzung der halbfeudalen Herrschaftsstrukturen in Deutschland. Eine Demokratisierung des Schulwesens, die sich politisch engagierte Volksschullehrer wie Wander, Diesterweg u. a. von der Revolution erhofft hatten, war nicht eingetreten. Die Enttäuschung darüber äußert Diesterweg in seiner Kritik an den Regulativen:

«Die Regulative entsprechen nach Inhalt und Form, Tendenz und Geist weder den

und sein historischer Hintergrund. Zur historisch-materialistischen Analyse der Schulpolitik in den fünfziger und sechziger Jahren des 19. Jahrhunderts, in: Schule und Staat . . ., a. a. O., S. 292–322.

33 Dieser Redeausschnitt wird zitiert bei: C. Müller, a. a. O., S. 223.

34 F. Nyssen, a. a. O., S. 300.

35 H. Weimer/H. Weimer: Geschichte der Pädagogik, in: Sammlung Göschen, 15. Aufl., Bd. 145, Berlin 1962.

Forderungen der Vernunft in betreff allgemein-menschlicher, religiöser Entwikkelung und Bildung, noch dem in dieser Beziehung bereits erreichten Standpunkt der Kulturvölker, . . .; weder den Ansprüchen des einzelnen Menschen auf individuelle Berücksichtigung, noch denen der deutschen Nation auf deutschnationale Erziehung seiner Jugend; weder dem Bedürfnis und dem Streben der Menschennatur nach Ausbildung aller Anlagen und freier Entfaltung der Kräfte, noch den gesteigerten Anforderungen des Lebens àn die Glieder aller Stände in betreff erhöhter Intelligenz, vermehrter Kenntnisse und lebendig strebender Kräfte überhaupt; . . .; weder den Grundsätzen der pädagogischen Theorie, noch den bereits vorliegenden Leistungen der pädagogisch-didaktischen Praxis; . . . weder der geschichtlichen Vergangenheit noch der gegenwärtigen und darum gewiß auch nicht den künftigen Zuständen des preußischen Volks.»[36]

Die Stiehlschen Regulative liefern ein deutliches Beispiel dafür, wie in Zeiten verschärfter Klassenauseinandersetzungen die Erfordernisse des ideologischen «Klassenkampfs von oben» langfristige ökonomische Qualifikationserfordernisse temporär neutralisieren können, die aus der stofflichen Entwicklung der Produktionsprozesse resultieren. Dies wurde im vorliegenden Fall dadurch erleichtert, daß der Anteil der landwirtschaftlichen Bevölkerung an der preußischen Gesamtbevölkerung nach wie vor hoch war (64 % [1849] gegenüber 78 % [1816]) und in der großen Industrie noch immer die Methoden absoluter Mehrwertproduktion vorherrschten.[37] Aber langfristig setzte sich mit der weiteren Entfaltung der kapitalistischen Produktionsweise ein einheitliches, staatlich organisiertes Elementarschulwesen mit einem um «Realien» bereicherten Lehrplan als allgemeine Produktionsbedingung durch (vgl. Abschnitt 4). F. Stiehl selbst, der Verfasser der Stiehlschen Regulative, trat 20 Jahre nach ihrer Verabschiedung für die Erweiterung der Lehrpläne ein.

1.2. Die Armenschule – ein Beispiel für eine frühkapitalistische Schulform des «niederen Schulwesens»

Nachdem im vorangehenden Abschnitt die Entwicklung des «niederen Schulwesens» im allgemeinen vor dem Hintergrund seiner gesellschaftlichen Voraussetzungen umrissen wurde, soll nun eine typische Schulform des frühen 19. Jahrhunderts etwas konkreter beschrieben werden, an der sich der Übergangscharakter der Epoche verdeutlichen läßt.
Eine nähere Betrachtung der Armenschule ist im Zusammenhang der Themenstellung dieser Arbeit deshalb besonders interessant, weil die

36 F. A. W. Diesterweg, zitiert bei: C. Müller, a. a. O., S. 222.
37 Vgl. J. Kuczynski, Die Bewegung . . ., a. a. O., S. 74 f.

Armenschule im Hinblick auf die soziale Herkunft ihrer Schüler und das unterdurchschnittliche Niveau des Wissens sowie der Kenntnisvermittlung deutliche Parallelen zur späteren Hilfsschulinstitution zeigt. Gleichwohl wird sich ergeben, daß sie keineswegs als Vorläufer[1] der Hilfsschule interpretiert werden kann.

Die Kinder der ärmsten Volksschichten besuchten – sofern sie nicht selbst im Lohnverhältnis standen – die Armen- bzw. Freischulen, da ihre Eltern das für die kommunale Elementarschule erhobene Schulgeld nicht aufbringen konnten. Dementsprechend war die Anzahl der Armenschüler in den Großstädten besonders hoch. «In Berlin zum Beispiel bestand in den dreißiger Jahren mehr als die Hälfte aller Schulkinder aus Armen- oder Freischülern.»[2]

Der Besuch der Armenschule war unentgeltlich. Er war in erster Linie bestimmt für Kinder, deren Eltern Armenunterstützung erhielten. So mußten sich beispielsweise in Hamburg Eltern, die durch die Armenverwaltung unterstützt wurden, gleichzeitig verpflichten, ihre Kinder in die Armenschulen zu schicken und sie bis zur Konfirmation dort zu belassen. Der Staat benutzte die Armenunterstützung als Hebel, um die allgemeine Schulpflicht durchzusetzen. Bei Vernachlässigung dieser Pflicht wurde den Eltern die Armenunterstützung entzogen oder die Kinder wurden in Strafschulen geschickt, wo sie mehrere Wochen lang unter strengster Aufsicht standen.[3]

Die Armenschulen wurden weniger durch ein einheitliches charakteristisches Ausbildungsmodell als durch ihren sozialen Bezug definiert. In wechselnden Verhältnissen mischten sich in ihnen Elemente der Arbeitserziehung nach dem Muster der Industrieschule mit den Elementen allgemeiner Ausbildung nach dem Muster der kommunalen Volksschule.

In den Hamburger Armenschulen zum Beispiel wurden für Knaben und Mädchen verschiedene Ausbildungsmodelle gewählt. Die Knaben besuchten sogenannte «Lehrschulen», in denen sie wöchentlich 30 Stunden einen Elementarunterricht erhielten.

«Der Unterricht war ganz auf die Vorbereitung für das praktische Leben eingestellt, und zwar in erster Linie auf den zukünftigen Arbeiter . . . Natürlich galt in

1 Zur grundsätzlichen Problematik der pädagogisch-historischen Forschung, die es als ihre Aufgabe ansieht, nach «Vorformen» bzw. «Vorläufern» bestehender Schulinstitutionen zu suchen, vgl. die Arbeit von H. Zander: Zur Methodenproblematik in der Analyse der Volksschulentwicklung, in: Schule und Staat . . ., a. a. O., S. 254–291.

2 R. Alt u. a. (Autorenkollektiv): Zur Geschichte der Arbeitserziehung in Deutschland, Teil 1: Von den Anfängen bis 1900, Berlin (DDR) 1970, S. 98.

3 Vgl. T. Blinckmann: Die öffentliche Volksschule in Hamburg in ihrer geschichtlichen Entwicklung, Hamburg 1930, S. 26 ff.

der Armenschule der Religionsunterricht als das Hauptfach. Doch sind ihm hier nicht so viele Stunden eingeräumt worden, wie in den preußischen niederen Schulen in den Jahren 1850 bis 1860, wo wöchentlich mindestens 7, sehr häufig aber mehr, und zwar bis zu 10 Stunden Religionsunterricht erteilt wurden, während in Hamburg immer nur 3 bis 5 Stunden angesetzt waren. Für Rechnen waren 8 bis 10, für Schreiben 6 bis 8, und für Realien 1 bis 2 Stunden angesetzt. Die übrigen von den 30 Wochenstunden fielen dem Deutschunterricht zu.»[4]

Die Mädchen erhielten diesen Elementarunterricht nur während eines Teils ihrer Schulzeit (16 Stunden wöchentlich), den Rest ihrer 32 Unterrichtsstunden verbrachten sie in sogenannten «Industrieschulen», die als «Strickschulen für die Mädchen bis zum 11., als Nähschulen für die vom 11. bis 14. Lebensjahre» eingerichtet waren.[5] Diese «Industrieschulen» wurden jedoch «nach und nach aufgehoben».[6]

Die mit den Armenschulen verbundenen Arbeitseinrichtungen hatten nichts gemeinsam mit der von Marx und Engels geforderten «polytechnischen Arbeitserziehung», in der produktive Arbeit und geistige Erziehung in der Weise miteinander verbunden sind, daß für den zukünftigen Arbeiter die «allgemeinen Prinzipien der Produktionsprozesse» durchschaubar werden.[7] Die in den Armenschulen vermittelte Arbeitserziehung hatte überhaupt keine Ausbildungsfunktion, sondern bezweckte lediglich eine frühzeitige Gewöhnung der Kinder an monotone mechanische Arbeitsabläufe.

«Einerseits bedurfte die mechanische, körperliche, eintönige Arbeit keines besonderen Wissens, andererseits waren Umfang und Inhalt des in der Schule Gelehrten so beschränkt, daß höchstens der im Vordergrund stehende Religionsunterricht durch Beeinflussung der Arbeitshaltung und weltanschaulichen Einstellung mittelbaren Bezug zur produktiven Arbeit der Schüler hatte.»[8]

Im Vergleich zu der weit verbreiteten unmittelbaren Ausnutzung der kindlichen Arbeitskraft durch einzelne Kapitalisten bedeutete die Ausbildung in den Armenschulen – wie spärlich sie auch ausfiel – für viele Proletarierkinder eine Verbesserung ihrer Sozialisations- und Erziehungssituation. Der durch die Armenverwaltung erzwungene Besuch der Armenschule schränkte in gewissem Maße die für die Epoche der absoluten Mehrwertproduktion charakteristische Ausbeutung der kindlichen Arbeitskraft durch das Einzelkapital ein.

So lehnte beispielsweise der Schulkonvent in Hamburg das Anerbieten

4 T. Blinckmann, a. a. O., S. 33.
5 Vgl. ebd., S. 30.
6 Vgl. ebd., S. 33.
7 Vgl. K. Marx, Das Kapital, Bd. 1, zitiert bei: R. Alt u. a., a. a. O., S. 174.
8 R. Alt u. a., a. a. O., S. 100.

eines Fabrikanten ab, der sich der Armenverwaltung gegenüber erbot, «die Kinder, die in seinen Fabriken arbeiteten, auf seine Kosten unterrichten zu lassen, wenn ihm die Armenverwaltung die nötige Anzahl der Kinder zur Verfügung stellen wolle»[9].

Zu den wesentlichen Aufgaben des «niederen Schulwesens» überhaupt und besonders auch der Armenschulen gehörte es, die ärmsten Proletarierkinder der Verwahrlosung zu entreißen und ihre Subsumtion unter das Lohnarbeitsverhältnis zu erzwingen. Dabei spielte u. a. auch das ökonomische Interesse der Kommunen an einer langfristigen Einschränkung ihrer Aufwendungen im Bereich der Armenfürsorge eine Rolle, wie das folgende Plädoyer eines Zeitgenossen zeigt:

«Die notwendige Fortdauer der Armenschulen muß jeder Mensch einsehen, besonders die Staatsbehörden, die doch wohl erkennen, daß je ungeschickter der große Haufen ist, desto mehr der Armenanstalt zur Last fallen.»[10]

Die Armenschule schuf insofern bei ihren Schülern die Sozialisationsvoraussetzungen für die Einordnung in die kapitalistische Produktion. Andererseits war und blieb die Armenschule, wie bereits der Name sagt, ständischer Gesellschaftsstruktur ideologisch verbunden: Im Widerspruch zur Ideologie des liberalen Bürgertums, daß allein die persönliche Leistung über die soziale Lage eines Individuums entscheidet, war es die Aufgabe der Armenschule, ihre Schüler frühzeitig an die Lebensweise und Ansprüche des «niederen Volkes» zu fixieren und ihnen jede Hoffnung auf sozialen Aufstieg unmöglich zu machen. Die Kinder des niederen Standes sollten auch in den Erziehungsanstalten von den Bürgerkindern getrennt werden. So heißt es beispielsweise in einer Schrift von C. C. Schmiederer «Über die Einrichtung höherer Bürgerschulen»:

«Der niedere Stand . . . ist immer Mittel zu den Zwecken anderer, die ihn leiten und bevormunden und die er unweigerlich als Höhere, als seine Herren anerkennt, wenn sie nur seine augenblicklichen Bedürfnisse befriedigen; . . . Furcht vor Strafe und frühe Gewöhnung an blinden Gehorsam müssen ihn in Schranken halten und dafür sorgen, daß er seine Pflicht erfüllt.»[11]

In diesem Zusammenhang ist es auch zu verstehen, wenn die Revisionskommission, die zur Begutachtung der Armenverwaltung in Hamburg eingesetzt war, die pädagogischen Forderungen nach einer Verstärkung des naturwissenschaftlichen Unterrichts als «gefährlich» und «unnötig» zurückwies. Sie bedauerte es als Gebrechen der Zeit, «wenn man glaubt,

9 Vgl. T. Blinckmann, a. a. O., S. 18.
10 Rentzel, zitiert bei: Blinckmann, a. a. O., S. 30.
11 C. C. Schmiederer, zitiert bei: R. Alt u. a., a. a. O., S. 97.

mit Naturgeschichte, Geographie, Himmelskunde und Hochdeutsch-
sprechen die arme Jugend zu beglücken». Sie meint, «so mache man die in
körperlicher Untätigkeit groß werdende Jugend körperlich schwach und
geistig eingebildet und gebe ihr bei unersetzlichem Zeitverlust Ideen, die
zu ihrem künftigen Stande nicht passen, verleide ihnen denselben und
verführe die Eltern zu der schändlichen Torheit, ihre Kinder für einen
anderen Stand zu erziehen, als in dem sie selbst sich ihr Brot verdienen.»[12]

Da die Armenschule als typische Schulform des Übergangs von der
Manufakturperiode zum entwickelten Kapitalismus noch deutlich die
Züge ständischer Politik und Ideologie trug, wurde sie von den Vertretern der bürgerlichen Pädagogik bekämpft. Der ständischen Erziehung
mit ihrem Bestreben, jedes Individuum auf die seinem Stand spezifischen
Tätigkeiten festzulegen, setzten die fortschrittlichen bürgerlichen Pädagogen das Konzept einer allgemeinbildenden Schule entgegen, die jedem Kind unabhängig von seiner sozialen Herkunft ein Mindestmaß an
Wissen gewährte und die freie Entfaltung aller Fähigkeiten garantieren
sollte. So schrieb Roßmäßler, der die fortschrittlichen Ideen der Nationalerziehung auch noch nach Einführung der Stiehlschen Regulative
verteidigte, im Hinblick auf die Armenschulen:

«Es ist eine tiefe Versündigung am Rechte der Kindheit und eine Beeinträchtigung seiner Zukunft, schon in der Schule ihm einzuimpfen: du bist ein armes
Kind; und doppelt groß ist die Versündigung, . . . wenn man ihm obendrein in
seiner Armenschule das Wissen mit kleinerem Maße zumißt:
Fürchte man nicht *Selbstüberhebung* des armen Kindes von einer Beseitigung des
häßlichen Namens Armenschule, hoffen wir aber davon *Selbsterhebung* von ihm
und wir dürfen es! Und was die Maaßstufenleiter des in unseren Volksschulen
gebotenen Wissens betrifft, so vergesse man Eins nicht. Unsere fortgeschrittene
Zeit fordert im Einklang mit ihrem vermehrten Schatz an Wissen und Bildung
naturnothwendig und folgerichtig auch ein unerläßliches Minimum von Schul-
wissen von höherem Umfang als ehemals von unserer Jugend überhaupt. *Dieses
Minimum ist jedem Kinde zu gewähren, welchem Stande es auch angehören
mag*, und dieses geringste Wissensmaß muß im richtigen Verhältnis stehen mit
den allgemeinen Wissensanforderungen unserer fortgeschrittenen Zeit. An diesem Maaß hat das arme Kind sogar ein größeres Antheilsrecht als das Kind des
Reichen, weil es mehr als letzteres darauf hingewiesen ist, sich mit diesem Wissen
einmal aus dem Stande der Armuth emporzuarbeiten.»[13]

Es ist interessant, die Kritik fortschrittlicher bürgerlicher Pädagogen an
der Armenschule mit ihrer Kritik an der Industrieschule (s. Abschnitt

12 Zitiert bei: T. Blinckmann, a. a. O., S. 31.
13 E. A. Roßmäßler: Volksbildung, Leipzig 1865, S. 69 f. Hervorhebungen im
Original gesperrt gedruckt.

1.1) zu vergleichen. Ihr gemeinsamer Grundzug ist die Betonung einer Allgemeinheit gegenüber einer vorgefundenen Beschränkung. Die Kritik an der Industrieschule richtete sich gegen die spezielle Ausbildung einer Handfertigkeit, weil diese den Menschen sein Leben lang an eine bestimmte Tätigkeit fesselte, und erhob dagegen die Forderung nach einer «allgemeinen Menschenbildung». Die Kritik an der Armenschule richtete sich hauptsächlich gegen deren ständischen Charakter, allgemeiner gegen die Konzeption eines Schulsystems, dessen Einrichtungen sich ausdrücklich und formell den einzelnen Ständen bzw. Klassen der Gesellschaft zuordneten und den einzelnen durch eine spezielle Ausbildung für sein Leben an diesen Stand ketteten. Sie erhob demgegenüber die Forderung nach einem Schulsystem, das jedem Staatsbürger ein gemeinsames «zeitgemäßes» Mindestmaß an allgemeinen Kenntnissen vermitteln und darüber hinaus nach Gesichtspunkten der Fähigkeit und der Leistung gestaffelt sein sollte. Tüchtige Kinder aus den unteren Volksklassen sollten also durch die Schule gerade nicht an ihren Stand fixiert, sondern in die Lage versetzt werden, sich «aus dem Stand der Armut emporzuarbeiten». Wurde in der bürgerlichen Kritik an der Industrieschule die *Disponibilität für wechselnde Arbeitserfordernisse* als Qualifikationsziel betont, so trat in der Kritik an der Armenschule also der Gesichtspunkt der *sozialen Mobilität* in den Mittelpunkt. Nicht zufällig erhielten diese Gedanken gesellschaftliche Bedeutung in einer Zeit, in der sich die Klassenauseinandersetzungen im Zuge der Revolution von 1848 erheblich verschärft hatten. Roßmäßler, wie andere fortschrittliche Pädagogen seiner Zeit, verknüpfte mit der Idee einer einheitlichen Nationalerziehung die Hoffnung auf eine Versöhnung der Klassengegensätze durch die Schule.

«Unsere Zeit drängt mit der Gewalt des sie beseelenden Geistes dahin, daß die sogenannten unteren Volksschichten durch Bildung und Wissen gehoben werden, um so den in dieser Hinsicht bestehenden tiefen Zwiespalt zwischen ihnen und den höheren Volksklassen zu heilen, ja man kann sagen: die feindliche Stellung zu beseitigen, welche sich an das Wort ‹Proletariat› knüpft.» [14]

Obwohl sich diese Hoffnung nicht erfüllen konnte, setzten sich wesentliche Forderungen der bürgerlichen Schulkonzeption in der Folge doch auf formeller Ebene durch. An die Stelle ständischer Zuordnung traten offiziell Befähigungsnachweise. Die soziokulturelle Benachteiligung der unteren Volksklassen im Verein mit materiellen und gesellschaftlichen Schranken sorgten dafür, daß die formelle Öffnung des Bildungswesens die Bildungsprivilegien der herrschenden Klassen nicht gefährdete. Die

14 E. A. Roßmäßler, a. a. O., S. 69.

Wirklichkeit der Klassengesellschaft ließ sich durch das neue bürgerliche Konstruktionsprinzip des Schulwesens nicht aufheben, sondern prägte umgekehrt dessen Einrichtungen. An die unterste Stelle des öffentlichen Bildungswesens trat nunmehr die Hilfsschule, die formell nicht mehr durch die niedere soziale Stellung, sondern durch die mangelnde intellektuelle Befähigung ihrer Schüler definiert wurde.[15] Erhielten vorher die Kinder der ärmsten Volksschichten in den Armenschulen eine geringere Bildung, so vermittelten später die Hilfsschulen vor allem den Kindern dieser Schichten die für sie charakteristische reduzierte Elementarausbildung.[16]

Trotz dieser vorhandenen Analogien besteht jedoch keine unmittelbare geschichtliche Verbindung zwischen Armen- und Hilfsschule. Die Armenschule war ein wichtiger Schultyp innerhalb des zersplitterten Elementarschulwesens der ersten Jahrhunderthälfte, das dann unter der Einwirkung ökonomischer, sozialer und politischer Verhältnisse in der zweiten Jahrhunderthälfte zur staatlichen Organisation eines einheitlichen Volksschulwesens führte. Die Hilfsschule ihrerseits war ein historisches Produkt dieses Konstituierungsprozesses der Volksschule. Sie setzte das neue bürgerliche Konstruktionsprinzip des Schulwesens voraus, dem die Armenschule definitionsgemäß widersprach. Es ist bezeichnend für die Widersprüchlichkeit der Übergangsperiode, daß gerade die feudalistische Armenschule zum Vehikel der staatlichen Durchsetzung der allgemeinen Schulpflicht und damit zur Grundlage des neuen, bürgerlich konzipierten Schulsystems wurde.

1.3. Widerstände gegen die staatliche Organisation der Volksschule, dargestellt an der Entwicklung der Fabrikgesetzgebung zum Schutze der Kinder

Die Fabrikgesetzgebung zum Schutze der Kinder stellte eine wesentliche Voraussetzung dar für die Durchführung der Schulpflicht und die Konstituierung der Volksschule als verbindlicher Institution der allgemeinen Elementarausbildung. An der Entwicklung der Schutzbestimmungen für die in Fabriken arbeitenden Kinder läßt sich exemplarisch aufzeigen, in welchem Maße die kurzfristigen Interessen der miteinander konkurrierenden Einzelkapitale den staatlichen Organisationsprozeß der Volks-

15 Einen Versuch, den Hilfsschüler im Zusammenhang mit seinem soziokulturellen Herkunftsmilieu neu zu definieren, unternahm E. Begemann a. a. O.

16 Der Lehrplan der Hilfsschule unterscheidet sich von dem Lehrplan der Volksschule wesentlich durch eine Reduzierung der Bildungsinhalte. Vgl. dazu K. J. Klauer: Lernbehindertenpädagogik, 3. Aufl. Berlin 1970, insbesondere S. 41 ff.

schule erschwerten und hinauszögerten. Zugleich liefert die folgende Beschreibung ein Beispiel für den langwierigen, aber notwendigen [1] Prozeß, in dem der Staat seine Funktion als Garant der allgemeinen Produktionsbedingungen mit Entschiedenheit auch gegen die Interessen der Einzelkapitale wahrnimmt.

K. L. Hartmann hat in einem für die Thematik dieses Abschnitts grundlegenden Artikel [2] darauf hingewiesen, daß preußische Reformpolitiker schon sehr frühzeitig die Gefahren erkannten, die sich aus einer schrankenlosen Ausdehnung der Kinderarbeit in den Fabriken für die «höheren Staatszwecke» [3] ergeben könnten. 1817 untersuchten der liberale Gewerbepolitiker Hoffmann und Staatskanzler von Hardenberg aus Anlaß der derzeitigen Wirtschaftskrise verschiedene Aspekte der Fabrikarbeit. In ihrer scharfsinnigen Analyse wiesen sie auf drei Hauptgefahren hin, die in der Diskussion der folgenden Jahre eine beherrschende Rolle spielten:

1. Das für die gedeihliche Fortentwicklung der Industrie unerläßliche Maß an Disponibilität der arbeitenden Bevölkerung, ihre Fähigkeit, gegebenenfalls «zu anderen Verrichtungen überzugehen», werde durch die frühzeitige Fixierung der Kinder an eine Detailarbeit gefährdet. [4]

2. Der Mangel an allgemeiner Bildung und die Unfähigkeit, «wechselnden Arbeitserfordernissen» nachzukommen, förderten den moralischen Verderb der Jugend. [5]

3. Mit dem physischen Verfall der Jugend in den Fabriken werde das

1 Vgl. K. Marx, a. a. O., S. 504: «Die Fabrikgesetzgebung, diese erste bewußte und planmäßige Rückwirkung der Gesellschaft auf die naturwüchsige Gestalt ihres Produktionsprozesses, ist, wie man gesehen, ebensosehr *ein notwendiges Produkt der großen Industrie* als Baumwollgarn, Selfactors und der elektrische Telegraph.» (Hervorhebungen von mir)

2 K. L. Hartmann, a. a. O., S. 171–253.

3 Ebd., S. 197.

4 Vgl. Der Staatskanzler Fürst von Hardenberg an die Oberpräsidenten in Breslau, Berlin, Magdeburg, Münster, Köln und Koblenz, 5. September 1817, zitiert bei: K. L. Hartmann, a. a. O., S. 195.

«Die ausschließlich frühe Gewöhnung der Menschen an die unaufhörliche Wiederholung eines einzelnen Handgriffes gibt ihnen zwar in diesem eine unglaubliche Fertigkeit; aber sie macht dieselben auch in gleichem Maße unfähig, zu irgendeiner anderen Verrichtung überzugehen, und es ist bekannt, daß die Fabrikunternehmer selbst die größte Schwierigkeit, Verbesserungen einzuführen, in der Gewöhnung ihrer Arbeiter an das von Jugend auf geübte Verfahren finden.»

Sehr anschaulich schildert Marx im ersten Band des «Kapital» die spätere Immobilität der in Fabriken arbeitenden Jugendlichen. Er bezieht sich dabei allerdings auf die Verhältnisse in den Buchdruckereien Englands:

Militärpotential des Landes, die Fähigkeit «zur Verteidigung des Eigentums nach außen»[6] gemindert.[7]

Diese Warnungen aus der preußischen Staatskanzlei, die von anderen preußischen Reformpolitikern (zumal des Kultusministeriums) aufgegriffen wurden, hatten jedoch zunächst noch keine gesetzlichen Bestimmungen zur Einschränkung der Kinderarbeit zur Folge. Selbst als Generalleutnant von Horn im Jahre 1828 in einem Bericht an Friedrich Wilhelm III. hervorhob, daß in Fabrikgegenden die vorgeschriebene Anzahl an Rekruten nicht mehr gestellt werden könnte, da zu viele gesundheitlich geschädigt seien, löste diese Meldung lediglich eine Reihe von «Untersuchungen und Beratungen der Staatszentrale»[8] aus.

Angesichts der bereits bei maßgeblichen Staatsmännern vorhandenen Einsicht, daß die Interessen einzelner Fabrikbesitzer der «Verwirklichung des gemeinschaftlichen Interesses»[9] entgegenstanden, stellt sich die Frage, welche Ursachen eine staatliche Regelung der Kinderarbeit in den Fabriken verhinderten.

«Ein großer Teil von ihnen kann nicht lesen, und sie sind in der Regel ganz verwilderte, abnorme Geschöpfe.

‹Um sie zu ihrem Werk zu befähigen, ist keine intellektuelle Ziehung irgendeiner Art nötig; sie haben wenig Gelegenheit für Geschick und noch weniger für Urteil: ihr Lohn, obgleich gewissermaßen hoch für Jungen, wächst nicht verhältnismäßig, wie sie selbst heranwachsen, und die große Mehrzahl hat keine Aussicht auf den einträglicheren und verantwortlicheren Posten des Maschinenaufsehers, weil auf jede Maschine nur ein Aufseher und oft 4 Junge kommen.›

Sobald sie zu alt für ihre kindische Arbeit werden, also wenigstens im 17. Jahr, entläßt man sie aus der Druckerei. Sie werden Rekruten des Verbrechens. Einige Versuche, ihnen anderswo Beschäftigung zu verschaffen, scheiterten an ihrer Unwissenheit, Roheit, körperlichen und geistigen Verkommenheit.»

K. Marx, a. a. O., S. 509

5 Vgl. Der Staatskanzler Fürst von Hardenberg an die . . ., a. a. O., S. 196.

«Der durch die Fabrikarbeit erzogene ‹Mensch wird hierdurch in dem Maße abhängig von gewissen Verhältnissen und Umgebungen, daß er einen großen Teil seiner moralischen Freiheit verliert und lieber in das tiefste Elend versinkt, und endlich in der äußersten Not zu Verbrechen seine Zuflucht nimmt als eine Lage ändert, die ihm durch Erziehung von der frühesten Kindheit an zur anderen Natur geworden ist.›»

6 Ebd., S. 197.

7 Vgl. Der Staatskanzler Fürst von Hardenberg an die . . ., a. a. O., S. 197: «Wie wenig endlich Menschen, welche in der Werkstätte bei der unaufhörlichen Wiederholung eines Handgriffs erzogen wurden, geschickt sind, das Vaterland in der Stunde der Gefahr zu verteidigen, wo nicht guter Wille allein sondern Körperkraft, Geistesgegenwart, Abhärtung gegen die Einflüsse der Witterung, und Leichtigkeit, sich in die ungewohntesten Lagen zu finden, über den Erfolg entscheidet, kann auch keinem Zweifel unterliegen.»

8 K. L. Hartmann, a. a. O., S. 235.

Hier ist zunächst das ökonomische Eigeninteresse der preußischen Monarchie als Manufakturbesitzer an der Kinderarbeit zu erwähnen. Weiter scheuten die Vertreter des preußischen Staates davor zurück, durch einen Eingriff in die Verwertungsbedingungen des Einzelkapitals das bürgerliche Privateigentum zu verletzen und die wirtschaftliche Entwicklung empfindlich zu beeinträchtigen. So wandte sich Altenstein gegen einen Gesetzentwurf zur Beschränkung der Kinderarbeit in Fabriken, weil dadurch die «zureichende Zahl von Arbeitern» sich verringere und «so die Produktionskosten» erhöht «bzw. die Fabrikation» vermindert werde.[10] In dieser Epoche absoluter Mehrwertproduktion galt es als ein unbestreitbarer Satz, daß die Großindustrie ohne Kinderarbeit nicht möglich sei. Erst allmählich wurde diese Überzeugung durch die Erfahrungen der englischen Fabrikanten mit ihrer Fabrikgesetzgebung aufgeweicht.[11]

Während die Staatsbürokratie nur zögernd und unentschieden eine Gesetzgebung zur Eindämmung der Kinderarbeit in Fabriken erwog, setzten sich einzelne Fabrikanten – zum Teil aus Konkurrenzgründen, zum Teil aus sozialpolitischen Gründen in Anlehnung an die englischen Erfahrungen – aktiv für eine gesetzliche Regelung der Kinderarbeit ein.[12] Als am 20. Juli 1837 der Rheinische Provinziallandtag auf Initiative des Fabrikanten Schuchard einen Entwurf zur Einschränkung der Kinderarbeit herausbrachte, wurde dieser 1839 in etwas veränderter Form als «Regulativ über die Beschäftigung jugendlicher Arbeiter in Fabriken» für ganz Preußen zum Gesetz.[13] Das Gesetz verbot die Nachtarbeit für Kinder und begrenzte ihren Arbeitstag auf 10 Stunden. Da es jedoch keine Aufsichtsorgane gab, die über die Durchführung dieses Gesetzes wachten, wurde die faktische Ausbeutung der kindlichen Arbeiter kaum eingeschränkt.[14]

Erst nach den Revolutionsjahren 1848/49 zeigte die Regierung ein stärkeres Interesse an den Arbeitsverhältnissen der Kinder in den Fabriken: «Als die Revolution niedergeschlagen und die politische Herrschaft von Adel und Bürokratie wieder gefestigt war, setzten sich die Staatsbeamten zum Ziel, den Tendenzen entgegenzuwirken, die im Fabrikgeschäft zur Auflösung sittlicher Ordnung beitrugen.»[15] Sie traten für eine Weiterentwicklung des Regulativs von 1839 und verstärkte Kontrollmaßnahmen ein. Mit der Unterstützung des preußischen Kultusmini-

9 Ebd., S. 199.
10 Altenstein, zitiert bei: K. L. Hartmann, a. a. O., S. 239.
11 In England war im Jahre 1833 ein Fabrikgesetz erlassen worden, das die Fabrikarbeit von Kindern unter 9 Jahren verboten hatte.
12 Es sind hier vor allem Harkort, Mevissen und Schuchard zu nennen.
13 Vgl. H. Mottek, a. a. O., Bd. II, S. 240.
14 Vgl. ebd., S. 240.

sters Eichhorn kam im Jahre 1853 ein Gesetz heraus, das die Einstellung von Fabrikinspektoren vorsah und das Minimalalter für die Fabrikarbeit auf 12 Jahre heraufsetzte.[16] Zudem sollte die Maximalarbeitszeit der 12–14jährigen auf 7 Stunden beschränkt werden.[17] Aber die Verwirklichung dieses Gesetzes scheiterte zunächst wiederum an den Widerständen der einzelnen Unternehmer. Kuczinsky gibt hierfür ein Beispiel:

«Über drei volle Jahre hinaus war in der Haupt- und Residenzstadt die Durchführung des Gesetzes vom 16. Mai 1853 verzögert worden, und es bedurfte erst einer besonderen Ministerialverfügung, um das Polizeipräsidium zu energischem Vorgehen anzuspornen . . . (Eine) nach dem 1. Oktober 1856 stattgefundene Revision der Berliner Fabriken (lieferte) kein anderes Ergebnis als den Beweis, daß die früheren Unterlassungssünden des Polizeipräsidiums den Egoismus der Arbeitgeber zu schönster Blüte gebracht hatten. Nur in der kleineren Hälfte der Fabriken war die Arbeitszeit der jugendlichen Arbeiter bereits nach dem Gesetz geregelt vorgefunden worden, in den übrigen war sie eine willkürliche und oft weit über das gesetzliche Maximum hinaus verlängerte gewesen, so daß die Bestrafung von 109 Fabrikanten wegen Übertretung der §§ 3 und 4 des Gesetzes durch Überbürdung von zusammen 456 jugendlichen Arbeitern beiderlei Geschlechtes hatte beantragt werden müssen.»[18]

Der wirtschaftliche Aufschwung nach der Reichseinigung von 1871 sowie die Vereinheitlichung des Elementarschulwesens zur Volksschule schränkten zwar die Kinderarbeit weiter ein, hoben sie jedoch noch keineswegs auf. Daß selbst die zunehmende Durchführung der Schulpflicht keine absolute Sicherheit bot gegen den Mißbrauch der kindlichen Arbeitskraft durch einzelne Fabrikanten, offenbart der Bericht eines westfälischen Fabrikinspektors aus dem Jahre 1876:

«Die Dauer der Arbeitszeit schulpflichtiger Kinder in den Zigarrenfabriken entzieht sich fast gänzlich der Kontrolle . . . Die Kinder gehen oft früh vor der Schule und in der Mittagspause sowie nach der Schule an die Arbeit und bringen daher sozusagen jede freie Minute in der Fabrik zu.»[19]

Ein vom Abgeordneten Hertling 1885 im Reichstag eingebrachter Antrag auf Erweiterung der Schutzbestimmungen wurde noch 1888 vom Bundesrat mit der Begründung abgelehnt, daß die Kinderarbeit «im Interesse der Industrie» unentbehrlich sei.[20]

15 K. L. Hartmann, a. a. O., S. 245.
16 Vgl. ebd., S. 249 f.
17 Vgl. ebd., S. 250.
18 J. Kuczynski, Die Geschichte der Lage der Arbeiter . . ., a. a. O., Bd. 19, S. 107.
19 Jahresbericht der Fabrikinspektoren für das Jahr 1876, zitiert bei: J. Kuczynski: Die Geschichte der Lage der Arbeiter . . ., a. a. O., Bd. 19, S. 146.
20 Vgl. K. Agahd: Kinderarbeit und Gesetz, betr. Regelung der Kinderarbeit in

Mit der Entwicklung der Methoden relativer Mehrwertproduktion (vgl. den nächsten Abschnitt) geriet allerdings das Profitinteresse einzelner Unternehmer gegen Ende des 19. Jahrhunderts in immer deutlicheren Widerspruch zu dem allgemeinen Interesse an der Sicherung eines leidlich gut ausgebildeten und gesunden Arbeiternachwuchses. Nachdrücklich warnte Hertling, «daß keine Industrie sich auf die Dauer halten könne, deren scheinbare Blüte zum düsteren Untergrunde verkümmerte Kinder hat, die niemals eine Jugend besessen haben»[21].

Dieser Widerspruch genauso wie der Kampf der deutschen Arbeiterklasse, die sich in der zweiten Hälfte des 19. Jahrhunderts in überregionalen gewerkschaftlichen Vereinigungen zusammenschloß, führten 1891 dazu, daß durch das Arbeiterschutzgesetz und die Novelle zur Reichsgewerbeordnung die Kinderarbeit in den Fabriken abgeschafft wurde.[22]

Obwohl damit die Kinderarbeit noch nicht gänzlich beseitigt war, da viele Kinder jetzt in die Heimindustrie abwanderten, war dieses Gesetz für die weitere Entwicklung der Volksschule von grundlegender Bedeutung. Mit dem Verbot der Fabrikarbeit für Kinder mußten auch die Fabrik- und Arbeitsschulen als pädagogische Einrichtungen endgültig verschwinden. Sie wurden in Preußen 1894 verboten.[23] Ebenso wurden die Armen-, Frei- und Ersatzschulen zu dieser Zeit aufgelöst. Die Schulgeldfreiheit, die in Preußen seit 1888, in Berlin sogar seit 1869 bestand[24], und der Fortfall pädagogischer Ersatzeinrichtungen öffnete die Volksschule auch für solche Kinder, deren Familie ihnen bisher kaum eine solche Ausbildung ermöglichen konnte.

gewerblichen Betrieben – Kinderarbeit in der Landwirtschaft, in: W. Rein: Enzyklopädisches Handbuch der Pädagogik, 2. Aufl., Bd. 4, Langensalza 1906, S. 840.
21 Hertling, zitiert bei: K. Agahd, a. a. O., S. 839.
22 Vgl. K. Agahd, a. a. O., S. 840.
23 Vgl. E. Begemann, a. a. O., S. 87.
24 Vgl. ebd., S. 87.

1.4. Gesellschaftliche Voraussetzungen für die Entwicklung des Bildungswesens und der Organisationsprozeß der Volksschule in der 2. Hälfte des 19. Jahrhunderts

Es leuchtet ein, daß sich auf dem Hintergrund des zersplitterten Elementarschulwesens der deutschen Kleinstaaten in der ersten Hälfte des 19. Jahrhunderts, in dem die einklassige Volksschule die Regel war und die hauptsächliche Lernleistung im Memorieren religiöser Texte bestand, das Problem der lernbehinderten Schüler nicht deutlich genug abzeichnen konnte, um institutionelle Lösungen zu erfordern. Die Entstehung der Hilfsschule war mit der «Besserung der Schulverhältnisse in Deutschland»[1] in der zweiten Jahrhunderthälfte verknüpft, die sich trotz der eindeutigen Vorrangstellung des höheren Schulwesens auch auf die Volksschule auswirkte und hier einen schrittweisen Prozeß der institutionellen Vereinheitlichung, sukzessiven Erfassung aller Schulpflichtigen und allmählichen Erhöhung des Ausbildungsniveaus herbeiführte. Die grundlegenden ökonomischen Prozesse und die sozialen Auseinandersetzungen, welche die Entwicklung der Volksschule in der zweiten Jahrhunderthälfte prägten, schufen zugleich die Voraussetzung für die Abspaltung der Hilfsschule von der Volksschule (vgl. den nächsten Abschnitt). Hier sollen zunächst einige für die Entwicklung des Bildungswesens insgesamt entscheidende Momente der ökonomischen Entwicklung in der zweiten Jahrhunderthälfte hervorgehoben werden.

Mit der sprunghaften Ausdehnung des Eisenbahnbaus in den vierziger Jahren erhielt die deutsche Schwerindustrie erste kräftige Wachstumsimpulse.[2] Der für die Entwicklung der Produktionsmittel besonders wichtige Maschinenbau wies zum erstenmal höhere Produktionssteigerungen auf als die Industriezweige der Leichtindustrie.[3] Allmählich – und in beschleunigtem Tempo von der deutschen Einigung 1871 an – verschob sich der Schwerpunkt der wirtschaftlichen Dynamik auf den Produktionsmittelsektor.[4] In den beiden Aufschwüngen der vierziger und der fünfziger Jahre kam es zur «Massenanlage von konstantem fixem Kapital»[5], vor allem in der Form von Neugründungen, welche das Gewicht der großen Industrie in der Gesamtwirtschaft – zum Teil auf Kosten vorindustrieller Produktionsformen – rasch vermehrten.

Das «eilige Voranschreiten der Schwerindustrie» schuf die materielle

1 J. Kuczynski: Die Bewegung . . ., a. a. O., S. 85.
2 Vgl. H. Mottek, a. a. O., Bd. II, S. 161 ff.
3 Vgl. ebd., S. 174. Der Rückstand des deutschen Maschinenbaus gegenüber der ausländischen, besonders der englischen Konkurrenz, wird daran sichtbar, daß zunächst 5/6 der benötigten Lokomotiven eingeführt werden mußte.
4 Vgl. J. Kuczynski, Die Bewegung . . ., a. a. O., S. 79 ff.
5 Vgl. H. Mottek, a. a. O., Bd. II, S. 30.

Basis für die Einführung neuer Maschinerie und neuer Produktionsmethoden in den anderen Industriezweigen. Nach J. Kuczynski stieg bereits in den sechziger Jahren in einigen Industriezweigen die Arbeitsproduktivität «mit geradezu plötzlicher Heftigkeit»[6] an. Dieser rapide Produktivitätsanstieg breitete sich nach der deutschen Einigung 1871 auf alle Industriezweige aus.[7] Er erfaßte sogar die Landwirtschaft (Beginn der Mechanisierung und Chemisierung).[8] Das Produktionsvolumen der Gesamtwirtschaft stieg beträchtlich schneller als die Gesamtarbeitszeit. Zugleich verbesserte sich die Qualität der Industrieproduktion in den siebziger Jahren soweit, daß sie international konkurrenzfähig wurde.[9]

Der Sprung in der Produktivitätsentwicklung zeigt an, daß in den sechziger Jahren ein Übergang von Methoden der absoluten zu Methoden der relativen Mehrwertproduktion stattfand. In der Tat waren um die Jahrhundertmitte die Grenzen der absoluten Mehrwertproduktion sichtbar geworden. 1848 war es in den deutschen Kleinstaaten zum erstenmal zu proletarischen Bewegungen gekommen, die sich auf eine *Beschränkung der Arbeitszeit* richteten.[10]

«Der Kampf um die Beschränkung des sich bisher teilweise über 12, 14 und sogar 16 Stunden erstreckenden Arbeitstages hat in Deutschland im Jahre 1848 zu einer Wende hinsichtlich der tatsächlichen Ausdehnung der Arbeitszeit geführt, die bisher eine Tendenz zur Zunahme gezeigt hatte.»[11]

Das gesetzliche Verbot der Kinderarbeit in den Fabriken und seine effektivere staatliche Kontrolle förderte ebenfalls den Übergang zu Methoden der relativen Mehrwertproduktion.[12] Der vermehrte Einsatz der Maschi-

6 J. Kuczynski, Die Bewegung . . ., a. a. O., S. 89.
7 Vgl. ebd., S. 91 ff.
8 Vgl. H. Mottek, a. a. O., Bd. II, S. 205 ff.
9 Vgl. J. Kuczynski, die Bewegung . . ., a. a. O., S. 91: «Wie ein letzter Schatten aus vergangener Zeit fiel nach der Weltausstellung von Philadelphia (1876, I. A.) das nicht unberechtigte Wort von Reuleaux über die deutschen Industrieerzeugnisse: ‹Billig und schlecht›.»
10 Vgl. H. Mottek, a. a. O., Bd. II, S. 243.
11 Ebd.
12 Diesen Zusammenhang konstatiert K. Marx für die kapitalistische Produktion im allgemeinen am Beispiel der englischen Wirtschaft: «Sobald die allmählich anschwellende Empörung der Arbeiterklasse den Staat zwang, die Arbeitszeit gewaltsam zu verkürzen und zunächst der eigentlichen Fabrik einen Normalarbeitstag zu diktieren, von diesem Augenblick also, wo gesteigerte Produktion von Mehrwert durch Verlängerung des Arbeitstages ein für allemal abgeschnitten war, warf sich das Kapital mit aller Macht und vollem Bewußtsein auf die Produktion von relativem Mehrwert durch beschleunigte Entwicklung des Maschinensystems.» K. Marx, a. a. O., S. 432.

nerie, die Anwendung neuer Produktionstechniken auf ständig erweiterter Stufenleiter erforderten immer größere Mengen an Kapital, die teils durch Kredite des rasch expandierenden Bankwesens,[13] teils durch die Zentralisierung verstreuter Kapitale in der Form der Aktiengesellschaften[14] beschafft wurden. «. . . am Ende des Jahrhunderts ist es der Großbetrieb, der der deutschen Wirtschaft ihren Charakter gibt.»[15] Die Konzentration und Zentralisation des Kapitals beschleunigten ihrerseits die permanente Umwälzung der Maschinerie und die «Verwissenschaftlichung der Produktion»[16].

Im letzten Drittel des 19. Jahrhunderts ließ die Anwendung von Erkenntnissen und Entdeckungen der Naturwissenschaft[17] zwei neue mächtige Industrien entstehen: die elektrotechnische und die chemische Industrie,[18] die bald im Hinblick auf ihr Wachstumstempo und das Tempo ihrer Monopolisierung an der Spitze der deutschen Wirtschaft standen.[19]

13 1870 Gründung der Deutschen Bank und der Commerzbank, 1871 Gründung des Berliner Bankvereins, 1872 Gründung der Dresdner Bank.

14 1870 wurde der die Gründung von Aktiengesellschaften erschwerende Konzessionszwang aufgehoben. Vgl. H. Mottek, a. a. O., Bd. II, S. 128. Allein 1871 wurden 207 Aktiengesellschaften mit einem Kapital von 759 Millionen Mark, 1872 479 Aktiengesellschaften mit einem Kapital von 1478 Millionen Mark gegründet. Dies war die höchste Zahl, die vor 1914 erreicht worden ist. Vgl. auch J. Kuczynski: Die Bewegung . . ., a. a. O., S. 97.

15 J. Kuczynski: Die Bewegung . . ., a. a. O., S. 96.

16 Vgl. F. Wenzel: Sicherung von Massenloyalität und Qualifikation der Arbeitskraft als Aufgabe der Volksschule, in: Staat und Schule . . ., a. a. O., S. 352.

17 Vgl. J. D. Bernal: Wissenschaft. Science in History, Bd. 2, Reinbek bei Hamburg 1970.

18 Näheres darüber in H. Mottek, a. a. O., Bd. III, S. 33 ff und S. 36 ff.

19 Vgl. ebd., S. 59: «In Deutschland erlebte die Wissenschaft einen bis dahin nicht gekannten Aufschwung. Die Universitäten und die neugegründeten technischen Hochschulen, die Vielzahl der neu erscheinenden Zeitschriften, Handbücher und Lehrbücher beeinflußten durch die bessere Informationstechnik auf naturwissenschaftlichem Gebiet, aber auch in einigen Bereichen der bürgerlichen ökonomischen Wissenschaft den internationalen Standard. Das junkerlich-bourgeoise Deutschland verfügte zum Zeitpunkt der Reichsgründung über das größte Potential an Universitäten, Hochschulen und anderen Schulen. In 34 Universitäten waren 2031 Professoren und Dozenten tätig, die durchschnittlich 20000 Studenten jährlich ausbildeten. Mit Hilfe dieses Potentials sowie der rasch ansteigenden Bildungsinvestitionen – sie verdoppelten sich damals alle 10 Jahre – gelang es, einen bedeutenden Vorsprung auf dem Gebiet der Ausbildung naturwissenschaftlicher Kader sowie in der Entwicklung der Grundlagenforschung zu erzielen.»

Es leuchtet ein, daß ein nach den Ausbildungsnormen und dem Soziali-
sationsmodell der Stiehlschen Regulative[20] ausgerichtetes Schulwesen in
zunehmenden Widerspruch zu den beschriebenen ökonomischen Entwicklungen geraten mußte. Das gab schließlich (1872) sogar der vortra-
gende Rat im Kultusministerium F. Stiehl selbst zu.

«Es ist keine Frage, daß in den letzten Dezennien das gewerbliche Leben und die
Agrikultur Fortschritte gemacht und die Resultate der Wissenschaft, namentlich
der Mathematik und der Naturwissenschaften, derart in ihren Bereich gezogen
hat, daß wenigstens die gehobene Elementarschule auf die Beachtung dieser
Entwicklung hingewiesen ist, und das Recht hat, auf Lehrer zu reflektieren,
welche über die im Regulativ gesteckten Grenzen der realistischen Bildung hinausgehen, . . .».[21]

Allerdings machte die zunehmende Technisierung und Verwissenschaftlichung der Produktion keineswegs eine gleichmäßige Hebung des Ausbildungsniveaus auf allen Stufen des Schulsystems notwendig. K. Marx
unterscheidet in der Fabrik zwischen zwei Hauptklassen von Arbeitern:
den *Maschinenarbeitern*, die wirklich an der (Werkzeug-)Maschine beschäftigt sind, und den *bloßen Handlangern*.[22]
    In der frühkapitalistischen Industrie war die Arbeit der Handlanger
zum größten Teil von Kindern wahrgenommen worden. Mit der Reduzierung der Kinderarbeit in den Fabriken mußten diese Funktionen von
erwachsenen Arbeitern übernommen werden. Hierzu wurden natürlich
die am wenigsten qualifizierten Arbeiter mit der geringsten Entlohnung
herangezogen.
    Die «Tendenz der Gleichmachung oder Nivellierung der Arbeiten», die

Ihre beherrschende Stellung auf dem europäischen Markt verdankten die deutschen Großbetriebe dieser Branchen nicht zuletzt den staatlichen Investitionen im
Bereich des höheren Bildungswesens, deren Effekt ihnen «sozusagen als Natur-
kraft» nahezu kostenlos zur Verfügung stand.
20 Die Stiehlschen Regulative waren schon 1859 und 1861 durch Erlasse
modifiziert worden. Die Schulpraxis in den Industriegebieten überschritt zunehmend die in ihnen fixierten Schranken des Unterrichts, so daß die vom Minister
Falk 1872 verordneten «Allgemeinen Bestimmungen» in dieser Hinsicht im
wesentlichen nur den inzwischen erreichten Zustand bestätigten. Vgl. F. Wenzel:
Sicherung von Massenloyalität . . ., in: Schule und Staat, a. a. O., S. 324 f.
21 F. Stiehl: Meine Stellung zu den 3 preußischen Regulativen, Berlin 1872,
zitiert nach F. Wenzel, a. a. O., S. 323.
22 Vgl. K. Marx, Das Kapital, Bd. 1, a. a. O., S. 442 ff: «Neben diese Hauptklassen tritt ein numerisch unbedeutendes Personal, das mit der Kontrolle der
gesamten Maschinerie und ihrer beständigen Reparatur beschäftigt ist, wie Ingenieure, Mechaniker, Schreiner usw. Es ist eine höhere, teils wissenschaftlich
gebildete, teils handwerksmäßige Arbeiterklasse, außerhalb des Kreises der Fa-
brikarbeiter und ihnen nur aggregiert.» Ebd., S. 443.

der Maschinisierung der Produktionsprozesse in der Fabrik immanent ist, betraf vor allem die Hauptklasse der Maschinenarbeiter. In der mechanisierten Großfertigung des Maschinenbaus bildete sich zuerst der Typ des angelernten Arbeiters heraus.[23] Diese Entwicklung bedeutete einerseits eine Entwertung eventuell vorhandener spezieller (z. B. handwerklicher) Qualifikationen, sie bedingte andererseits eine erhöhte Flexibilität der Arbeitskraft, deren Sicherstellung zu einer Hauptfunktion der Volksschule wurde. Zugleich entstand mit der Verwissenschaftlichung der Produktionsprozesse ein vermehrter Bedarf an wissenschaftlich bzw. handwerksmäßig qualifiziertem Personal teils für Funktionen der Einrichtung, Kontrolle und Reparatur der Maschinerie, teils für Funktionen der Aufsicht und Überwachung der Arbeitsprozesse. Der Mangel an qualifizierten Facharbeitern war zumal in den technisch hochentwickelten Zweigen der Maschinenbauindustrie, des Verkehrswesens, der Elektrotechnik und der Chemie spürbar, so daß hier eine Reihe von Großbetrieben «zur eigenen Ausbildung von Facharbeitern gezwungen» war.[24] Auch außerhalb der Produktionssphäre erhöhte sich der Bedarf an qualifiziertem Fachpersonal in den Bereichen des Handels, der Banken und der Verwaltung.

Die ökonomische Entwicklung führte damit nicht zu einer gleichmäßigen Anhebung der Qualifikationsanforderungen an alle Lohnabhängigen, sondern zu einer stärkeren Differenzierung der Beschäftigten nach ihrem Ausbildungsstand. Die Ausbildung des einzelnen Arbeiters legte nicht mehr wie in der vorindustriellen Periode die stoffliche Beschaffenheit seiner Arbeit fest, entschied aber in zunehmendem Maße über seine Zuordnung zu den verschiedenen Klassen von Lohnarbeitern und damit auch über seine materiellen Lebensbedingungen und seine gesellschaftliche Stellung.[25] Ein Resultat dieses Differenzierungsprozesses war die allmähliche Herausbildung einer von der Masse der Durchschnittsarbeiter durch besondere Qualifikation abgehobenen «Arbeiteraristokratie».

Entsprechend dem vermehrten Bedarf an höher qualifizierten, insbesondere auch naturwissenschaftlich-technisch ausgebildeten Arbeitskräften, konzentrierten sich die intensivierten staatlichen Anstrengungen im Bereich des Bildungswesens auf die höheren Bildungsanstalten und den Auf- bzw. Ausbau mittlerer Fach-, Real- und Fortbildungsschu-

23 Vgl. H. Mottek, a. a. O., Bd. III, S. 58.
24 Vgl. ebd.
25 Vgl. G. Kerschensteiner: Staatsbürgerliche Erziehung der deutschen Jugend (Preisschrift von 1900), Paderborn 1966, S. 36: «Gefährlich wird eine große gleichartige Masse Unzufriedener nur dann, wenn die staatlichen und gesellschaftlichen Einrichtungen auch den Tüchtigen an die Galeeren schmieden; ein kluger Stratege aber weiß, daß er feindliche Massen am ehesten bezwingt, wenn es ihm gelingt, sie auseinander zu ziehen.»

len, die nach 1871 «einen bedeutenden quantitativen und qualitativen Aufschwung erfuhren»[26]. Die Volksschule konnte von diesem Prozeß nicht gänzlich abgekoppelt werden, bildete sie doch die Basis des Schulsystems: Fortbildungsschulen zur Qualifikation von Facharbeitern setzten eine Volksschule voraus, die nicht nach der Norm der einklassigen Landschule ausgerichtet war. Der beständige Wechsel der Produktionstechniken, die wechselhafte Entwicklung der einzelnen Produktionszweige und die mit der Masse des fixen Kapitals zunehmenden zyklischen Krisen erzwangen ökonomisch ein Mindestmaß an Disponibilität der durchschnittlichen Arbeitskraft, dessen Sicherung eine Hauptaufgabe der Volksschule wurde.[27]

1872 setzten unter dem nationalliberalen Kultusminister Falk in Preußen die «Allgemeinen Bestimmungen betreffend das Volksschul-, Präparanden- und Seminarwesen» die Regulative außer Kraft. Die mehrklassige Volksschule wurde nunmehr neben der bisher vorherrschenden einklassigen als normale Volksschule anerkannt. Das zersplitterte niedere Schulwesen fing an, sich unter der zunehmenden Kontrolle des Staates zu *einer* Schulform zu vereinheitlichen. Die interne Organisation der einzelnen Schulen verbesserte sich, die Lehrinhalte wurden erweitert.

«Nach den Richtlinien der Allgemeinen Bestimmungen sollte die Volksschule, auch die einklassige, in Unter-, Mittel- und Oberstufe eingeteilt werden, um den verschiedenen Alters- und Entwicklungsstufen der Schüler besser zu entsprechen. Zu den verbindlichen Lehrgegenständen, deren Verteilung auf die einzelnen Stufen genau festgelegt war, zählen Religion, Deutsch, Rechnen, Raumlehre, Zeichnen, Singen, . . . Die entscheidende Neuerung gegenüber den Stiehlschen Regulativen ist jedoch die Einführung der Realien in den Unterricht. Zu den Realien zählen: Geschichte, Geographie, Naturbeschreibung und Naturlehre.»[28]

26 H. Mottek, a. a. O., Bd. III, S. 58.
27 Die sozialen Gefahren, die entstehen konnten, wenn ein Mangel an Grundkenntnissen die Disponibilität und ökonomisch erzwungene Mobilität der Bevölkerung verhinderte, verdeutlichte der Unterrichtsminister Falk in einer Rede, die er 1879 vor dem preußischen Landtag hielt:
«Die Lebensbedürfnisse unseres Volkes, die Entwicklung der Industrie, die starke Bewegung in der Bevölkerung, welche ja in ganzen weiten Distrikten den Unterschied zwischen Dorf und Stadt vollständig verwischt hat, haben es meiner Meinung nach dem Staate zur Pflicht gemacht, für ausreichend gebildete Lehrer der Volksschule zu sorgen. Je stärker erkannt worden ist, welche Gefahr der Gesellschaft aus dem Zuge erwerbsunfähiger und urteilsloser Menschen nach den großen Städten erwächst, desto ernster ist für die Staatsregierung und insbesondere für mich die Mahnung gewesen, Erziehung und Ausbildung erwerbs- und urteilsfähiger Männer und Frauen zu fordern.» Rede Falks im Haus der Abgeordneten am 15. 1. 1879, zitiert bei: F. Wenzel, a. a. O., S. 324.
28 Ebd., S. 326f.

Insbesondere die Naturbeschreibung und die Naturlehre sollten dazu dienen, die Schüler zu befähigen, «die gewöhnlicheren Naturerscheinungen und die gebräuchlichsten Maschinen erklären zu können»[29]. Die Konkretisierung der inhaltlichen Richtlinien, der «Allgemeinen Bestimmungen» wurde den Provinzialbehörden unter der Maßgabe anheimgestellt, daß sie «mit Rücksicht auf den gegenwärtigen Entwicklungsstand der allgemeinen Bildung, auf die dermalige Entwicklung der Industrie und des Ackerbaus, auf die Verhältnisse des öffentlichen Lebens überhaupt» erfolgte.[30]

Trotz dieser relativen Verbesserungen blieben – im Vergleich mit dem gut organisierten höheren Schulwesen – die Ausbildungsbedingungen für die Kinder der Volksmassen, zumal auf dem Lande, auch in der zweiten Jahrhunderthälfte schlecht. Wenn sich von 1872 bis 1877 der Etat für das Volksschulwesen vervierfachte, so war das eher ein Indiz für die geringen Aufwendungen vorher, als ein Anzeichen grundlegender Änderung. Die folgenden chronischen Mißstände wurden dadurch nicht behoben:[31]

– empfindlicher Lehrermangel, zumal auf dem Lande,
– niedriges Qualifikationsniveau der Lehrer, insbesondere der 14–17jährigen Präparanden, die zur Kompensation des Lehrermangels eingesetzt wurden,
– Unterbezahlung der Lehrer, die dadurch zu berufsfremden Nebentätigkeiten gezwungen wurden,
– unzureichende Ausstattung und oft miserabler Zustand der Schulgebäude,
– Überfüllung der Klassen und damit verbundene Überbeanspruchung der Lehrer (in Schlesien entfielen noch um 1900 in 51,6 % der Volksschulen auf einen Lehrer mehr als 80 Schüler, in 14 Schulen waren es mehr als 150!).

29 Ebd., S. 327, vgl. auch S. 328ff.
30 Aus den «Allgemeinen Bestimmungen» zitiert bei F. Wenzel, a. a. O., S. 325f.
Auch die Lehrerbildung verbesserte sich relativ zur Epoche der Stiehlschen Regulative. Vgl. K. H. Günther u. a. (Hg.): Geschichte der Erziehung, 9. Aufl., Berlin (DDR) 1966:
«Die Tendenz der Allgemeinen Bestimmungen, Bedürfnissen der gesellschaftlichen Entwicklung vorsichtig nachzukommen, zeigt sich auch in der Lehrordnung und dem Lehrplan der Seminare. Hier ist die Ausweitung des Bildungsgutes am deutlichsten erkennbar.»
31 Vgl. F. Wenzel, a. a. O., S. 366ff u. A. Bebel, Stenographische Berichte über die Verhandlungen des Reichstages, 221. Sitzung am 24. November 1902, S. 6565–6572, abgedruckt in: Quellen zur Geschichte der Erziehung, ausgew. von K. H. Günther u. a., 6. Aufl., Berlin 1971, S. 334ff.

August Bebel illustrierte in einer Rede vor dem Reichstag (1902) die «Schulzustände im Kulturstaat Preußen» durch die Beschreibung eines Schulgebäudes in dem Dorf Vorfelde im Warthebruch:

«. . . das Haus ist mit Stroh bedeckt, es sind nur 2 Schulstuben mit knapp 2 m Höhe vorhanden, die mit Steinen gepflastert sind. Auf einem Raum von etwa 50 qm werden 130 Kinder untergebracht. Für diese ist aber nur ein einziger Lehrer vorhanden; um die Kinder unterrichten zu können, muß der Lehrer sich auf den mit Steinen gepflasterten Hausflur stellen und von dort aus auf beide Schulzimmer acht haben, wobei er immer nur einen Teil der Kinder sehen kann.»[32]

Nicht nur sozialdemokratische Abgeordnete, sondern auch nationalliberale Vertreter des Industrie- und Handelsbürgertums übten Kritik am Ausbildungsniveau der preußischen Elementarschule. «In zunehmendem Maße wird seit Mitte der 70er Jahre ein über den Lehrplan der allgemeinen Bestimmungen hinausgehender Unterricht gefordert, obwohl noch nicht einmal die in den Allgemeinen Bestimmungen festgesetzten Lernziele bisher in größerem Umfang verwirklicht worden waren.»[33] Einer grundlegenden Verbesserung stand ein schlagendes Argument entgegen, das auch heutigen Schulreformern bekannt ist: Die Knappheit der Mittel, die für die Volksschule zur Verfügung standen. Bei der rasch anwachsenden Bevölkerung und der zunehmenden Erfassung aller Schulpflichtigen reichten sie oft kaum aus, das Elementarschulwesen den wachsenden Schülerzahlen anzupassen und die in den «Allgemeinen Bestimmungen» vorgesehenen bescheidenen Fortschritte zu realisieren. Die Regel, daß drei Viertel der Bildungskosten von den Kommunen zu erbringen waren, führte darüber hinaus zu ausgeprägten lokalen Unterschieden in den Schulverhältnissen. Die qualifiziertesten Lehrer konzentrierten sich in den Industriestädten, denen ein hohes Steueraufkommen eine bessere Bezahlung der Lehrer ermöglichte, während die Landgemeinden oft große Schwierigkeiten hatten, überhaupt Lehrer für ihre Schule zu finden. Noch 1906 besuchten nur 7 % aller Volksschüler in Preußen vollausgebaute achtklassige Schulen, 29 % hingegen ein- und zweiklassige Schulen.[34] Von den örtlichen Initiativen einzelner Städte abgesehen, stagnierte die Entwicklung der Volksschule in den letzten zwei Dezennien des Jahrhunderts. Offenbar hatte sie trotz vielfältiger Kritik engagierter Lehrer, sozialdemokratischer Abgeordneter und schulpolitischer Vertreter der hochtechnisierten Großindustrie eine den gesellschaftlichen Bedingungen gemäße Form gefunden. Der Bedarf an

32 A. Bebel, a. a. O., S. 335.
33 F. Wenzel, a. a. O., S. 335.
34 Vgl. K. H. Günter, u. a. (Hg.), Geschichte der Erziehung, a. a. O., S. 413.

besser qualifizierten Lohnarbeitern für die kapitalistische Produktion der zweiten Jahrhunderthälfte war nicht *zwingend und allgemein* genug, um eine allgemeine grundlegende Verbesserung des Volksschulwesens zu erwirken. Der ökonomische Tatbestand, daß Ausbildungskosten «faux frais»[35] der kapitalistischen Produktion bilden, die als solche nach Möglichkeit auf das unerläßliche Minimum reduziert werden müssen («knappe Mittel»), setzte sich gegen die vorhandenen Interessen an einer besseren Durchschnittsqualifikation der Arbeiter durch.

In dieselbe Richtung wirkte der zweite grundlegende gesellschaftliche Bedingungszusammenhang des Schulwesens, der auch in einem notwendig verkürzenden Überblick wie dem vorliegenden bei Strafe ökonomistischer Einseitigkeit nicht ausgeklammert werden darf: die Entwicklung der Klassenauseinandersetzungen in Deutschland. Bestimmt wurden diese Klassenauseinandersetzungen in der zweiten Jahrhunderthälfte durch die stärker werdende Arbeiterbewegung. Seit dem Vereinigungsparteitag von Gotha (1875) wurde sie von einer einheitlichen Partei (Sozialistische Arbeiter Partei Deutschland) geführt, deren zunehmender Einfluß auf die Volksmassen – ablesbar an ihren rapide wachsenden Wählerzahlen – auch durch das Sozialistengesetz (1878) nicht zu brechen war. Seither stand ein Zusammengehen des Bürgertums mit dem Proletariat auch im kulturpolitischen Bereich nicht mehr zur Debatte. Die Auseinandersetzungen zwischen liberalen Vertretern des Bürgertums und den konservativen Auffassungen des Adels, der Kirche und ihren bürgerlichen Alliierten beschränkten sich jetzt auf die Frage, *wie* der ideologische Kampf gegen den Sozialismus in den Volksschulen am besten zu führen sei. So wurden die Allgemeinen Bestimmungen des nationalliberalen Ministers Falk von konservativer Seite gerade unter diesem Gesichtspunkt als Gefahr für das «sittliche Bewußtsein der Nation» kritisiert. Der Adel sorgte in seinem Einflußbereich auf dem Lande dafür, daß der Volksschulunterricht hinter den bescheidenen Forderungen der Allgemeinen Bestimmungen zurückblieb. Der große Erfolg der sozialistischen Arbeiterpartei bei den Reichstagswahlen 1877 wurde der staatsgefährdenden «Schulkonzeption der Nationalliberalen» angelastet.[36] Mit Recht konnten die Vertreter dieser Schulkonzeption jedoch darauf hinweisen, daß die Wähler von 1877 zur Zeit der Stiehlschen Regulative oder vorher zur Schule gegangen waren und daß das damals übliche forcierte Auswendiglernen religiöser Texte gerade nicht dazu

35 Zu dem Begriff «faux frais» vgl. K. Marx: Theorien über den Mehrwert, MEW, Bd. 26, S. 122 ff u. S. 365 ff. Im Rahmen dieser Arbeit wird «faux frais» verstanden als «unproduktive Kosten» bzw. «Nebenkosten der Produktion». Vgl. ebd., S. 135.

36 Vgl. F. Wenzel, a. a. O., S. 33.

geeignet gewesen war, «die Religiosität in der Familie und Gemeinde mehr und mehr, fester und fester zu begründen»[37].

Die von Falk gegen Adel und Kirche verfochtene Erziehungsstrategie setzte sich schließlich mit der «Allerhöchsten Order» Wilhelms II. vom 1. Mai 1889 durch, nachdem in den achtziger Jahren die Erfolglosigkeit einer frontalen Unterdrückungspolitik gegen die Sozialisten immer deutlicher geworden war. In dieser Situation erhielt die Schule als Mittel ideologischer Einflußnahme auf die Arbeiterjugend eine zentrale Bedeutung. Die Bekämpfung sozialistischer und kommunistischer Ideen wurde ihr vordringlichster Erziehungsauftrag:

«Schon längere Zeit hat mich der Gedanke beschäftigt, die Schule in ihren einzelnen Abstufungen nutzbar zu machen, um der Ausbreitung sozialistischer und kommunistischer Ideen entgegen zu wirken. In erster Linie wird die Schule durch die Pflege der Gottesfurcht und der Liebe zum Vaterlande die Grundlage für eine gesunde Auffassung auch der staatlichen und gesellschaftlichen Verhältnisse zu legen haben. Aber ich kann mich der Erkenntnis nicht verschließen, daß in einer Zeit, in welcher die sozialdemokratischen Irrtümer und Entstellungen mit vermehrtem Eifer verbreitet werden, die Schule zur Förderung der Erkenntnis dessen, was wahr ist, was wirklich und was in der Welt möglich ist, erhöhte Anstrengungen zu machen hat. Sie muß bestrebt sein, schon der Jugend die Überzeugung zu verschaffen, daß die Lehren der Sozialdemokratie nicht nur den göttlichen Geboten und der christlichen Sittenlehre widersprechen, sondern in der Wirklichkeit unausführbar und ihren Konsequenzen dem Einzelnen und dem ganzen gleich verderblich sind.»[38]

Um diese Erziehungsziele, «deren Verwirklichung . . . für das Wohl des Vaterlandes von hervorragender Bedeutung ist», durchzusetzen, sollte

37 Aus der Rede Falks vom 15. Januar 1879, zitiert bei: F. Wenzel, S. 334. Daß nach dem Erlaß der «Allgemeinen Bestimmungen» keineswegs ein grundlegender Wandel der Erziehungsziele, sondern nur ein Wechsel der Erziehungsstrategie stattfand, ist schon daraus zu ersehen, daß nach wie vor der Religionsunterricht das zentrale Unterrichtsfach in der Volksschule blieb und nur durch eine veränderte Didaktik seine «Handlungsrelevanz» (F. Wenzel) verstärkt werden sollte. Eine durchgreifende Anhebung des Ausbildungsniveaus war keineswegs beabsichtigt. Die bis zum Ende des Jahrhunderts über die «Allgemeinen Bestimmungen» hinaus erzielten Fortschritte beschränkten sich weitgehend auf die Industrie- und Handelsstädte und waren dort vor allem den Anstrengungen engagierter Volksschullehrer zu verdanken. Die Konzepte bürgerlicher Politiker für das Elementarschulwesen hatten nunmehr, nachdem sich das Bürgertum im Bündnis mit den Großgrundbesitzern als herrschende Klasse in Deutschland etabliert hatten und sich die Auseinandersetzungen mit dem Proletariat verschärften, nichts mehr zu tun mit den humanistischen Entwürfen einer allgemeinen Menschenbildung durch die großen preußischen Schulreformer.

38 Allerhöchste Order an das Staatsministerium vom 1. Mai 1889, abgedruckt in: Quellen zur Geschichte der Erziehung, a. a. O., S. 307f.

neben dem Religionsunterricht verstärkt auch der Geschichtsunterricht eingespannt werden:

«1. Um den Religionsunterricht in dem angedeuteten Sinne fruchtbarer zu machen, wird es erforderlich sein, die ethische Seite desselben mehr in den Vordergrund treten zu lassen, dagegen den Memorierstoff auf das Notwendige zu beschränken.
2. Die vaterländische Geschichte wird in Sonderheit auch die Geschichte unserer sozialen und wirtschaftlichen Gesetzgebung und Entwicklung seit dem Beginn dieses Jahrhunderts bis zu der gegenwärtigen sozialpolitischen Gesetzgebung zu behandeln haben, um zu zeigen, wie die Monarchen Preußens es von jeher als ihre besondere Aufgabe betrachtet haben, der auf die Arbeit ihrer Hände angewiesenen Bevölkerung den landesväterlichen Schutz angedeihen zu lassen und leibliches und geistliches Wohl zu heben, wie auch in Zukunft die Arbeiter Gerechtigkeit und Sicherheit ihres Erwerbes nur unter dem Schutze und der Fürsorge des Königs an der Spitze eines geordneten Staates zu erwarten haben.»[39]

Die Konsequenzen des in der «Allerhöchsten Order» erteilten Erziehungsauftrags für die Lehrinhalte der Schulen lassen sich an Hand der Lehrbücher bis in den Ersten Weltkrieg hinein verfolgen.[40]

Betrachtet man dazu noch die Erziehungsmethoden der Epoche,[41] so wird deutlich, daß zumal für die «Zöglinge» der Alltag der Volksschule trotz der vorsichtig angehobenen Ausbildungsanforderungen primär durch ihre Erziehungsfunktion bestimmt gewesen sein muß. Eine strenge Schulzucht ergänzte die ideologische Beeinflussung und erzog die Volksschüler zur Unterordnung und zum Gehorsam. Prügelstrafen waren an der Tagesordnung. In der Disziplinierung der Kinder und Jugendlichen arbeiteten Volksschule und Militärdienst einander in die Hände. Der Sozialdemokrat W. Liebknecht brachte diesen Zusammenhang 1888 auf die Formel:

«Der Schulmeister und der Unteroffizier ergänzen sich gegenseitig. Der dressierende Schulmeister und der drillende Unteroffizier sind die beiden Hauptpfeiler des heutigen Staates . . .»[42]

39 Ebd., S. 307f. Der Kaiser vergaß dabei nicht, die Unterschiede zwischen den verschiedenen Schulstufen hervorzuheben:
«Es versteht sich von selbst, daß die hiernach der Schule zufallende Aufgabe nach Umfang und Ziel für die verschiedenen Stufen der Schulen angemessen zu begrenzen ist, daß daher den Kindern in den Volksschulen nur die einfachsten und leicht faßlichen Verhältnisse dargeboten werden dürfen.» Ebd., S. 308.
40 Vgl. die in den «Quellen zur Geschichte der Erziehung», a. a. O., S. 329–333 aufgeführten Zitate.
41 Vgl. die ausführliche Darstellung von F. Wenzel, a. a. O., S. 377–386, auf die ich mich im folgenden stütze.
42 W. Liebknecht: Wissen ist Macht – Macht ist Wissen, Hottingen-Zürich

F. Wenzel gibt zahlreiche Belege für die rigide Disziplinierung der Volksschüler im letzten Drittel des 19. Jahrhunderts an Hand des zeitgenössischen «pädagogischen» Schrifttums. Die Überfüllung der Klassen förderte dabei die Tendenzen zur Errichtung einer kasernenmäßigen Disziplin.
Zur Illustration möge etwa das folgende für die zeitgenössische Methodik
keineswegs untypische Zitat aus dem «Wegweiser zur Führung einer
geregelten Schuldisziplin» des Schulrats und Seminardirektors von Er-
furt, C. Kehr, dienen, das sich mit der «Heraufnahme von Büchern und
Schultafeln» beschäftigt.

«Um dies zu ermöglichen, haben die Kinder die betreffenden Lernmittel in 3
Zeiten heraufzunehmen und hinweg zu tun. Gibt der Lehrer z. B. zum Herauf-
nehmen des Lesebuches durch eine nicht zu starke Aussprache das Zeichen eins,
dann erfassen die Kinder das unter der Schultafel liegende Buch; beim Zeichen
zwei erheben sie das Buch über die Schultafel; beim Zeichen drei legen sie es
geräuschlos auf die Schultafel nieder, schließen die Hände und blicken den Lehrer
an.»[43]

Jede Schule nimmt Aufgaben der Ausbildung und der Erziehung wahr.
Wie sich ihre Aktivitäten auf diese beiden komplexen Funktionen vertei-
len, hängt unter anderem auch von der Schulart ab. Es leuchtet ein, daß in
einer Zeit verschärfter sozialer Spannungen die Erziehungsaufgabe gerade in der Volksschule, als Schule des «niederen Volkes», dessen Empörung über die sozialen Zustände eingedämmt werden soll, besonders
betont wird. In einer solchen Situation muß es schwierig sein, die von
liberalen Schulpolitikern vertretene Konzeption der Einheit von Ausbildung und Erziehung nach der Maxime «Wir erziehen, indem wir lehren»[44] in die Wirklichkeit umzusetzen. Die mit äußeren Zwangsmitteln
durchgesetzte rigide Schulzucht und die recht krude religiöse und sozialpolitische Indoktrination im Religions- und Geschichtsunterricht weisen
darauf hin, daß Ausbildungs- und Erziehungsaufgaben im deutschen
Volksschulunterricht der zweiten Hälfte des 19. Jahrhunderts zum Teil
stark auseinanderfielen und die Erziehung sich zu äußerer Disziplinierung verselbständigte.

   Wenn es richtig ist, daß die Hilfsschule als Form der Erziehung intellektuell behinderter Kinder aus dem Konstituierungsprozeß der einheitlichen, staatlich organisierten Volksschule zu erklären ist, dann müssen

1887/88, S. 21.
   43 C. Kehr: Praxis der Volksschule, Gotha 1903, S. 66, zitiert bei: F. Wenzel,
a. a. O., S. 379.
   44 Rede im Haus der Abgeordneten vom 15. 3. 1876, zitiert bei: F. Wenzel,
a. a. O., S. 332.

bei der Analyse ihrer Abspaltung die oben beschriebenen Hauptfunktionen der Volksschule in ihrer historischen Gestaltung zugrunde gelegt werden.

1.5. Die Abspaltung der Hilfsschule von der Volksschule

Die Volksschule bildete sich in der zweiten Jahrhunderthälfte als Institution heraus, in der das für die Leistung gesellschaftlicher Durchschnittsarbeit notwendige Mindestmaß an allgemeinen Fähigkeiten und Fertigkeiten vermittelt wurde. Je präziser dieses Mindestmaß durch schulorganisatorische Maßnahmen, durch Lehrpläne und Erziehungsaufträge definiert wurde, desto schärfer mußte sich das Problem der «Schulversager» abzeichnen, deren Schulleistungen dieses Mindestmaß aus verschiedenen Gründen nicht erreichten.

Das galt zumal für die Volksschule in den Städten, in denen die Schulentwicklung größere Fortschritte gemacht hatte. So nimmt es nicht wunder, daß die ersten Hilfsschulen in Industriestädten gegründet wurden. Hier war, wie oben beschrieben, das Ausbildungsniveau in der Regel erheblich höher als auf dem Lande. Die Gliederung nach Alters- und Entwicklungsstufen der Schüler war bis zur Jahrgangsklasse verfeinert und so der Typus der achtklassigen Volksschule entstanden. Durch die Einführung der Jahresklassen wurden die Leistungen der einzelnen Schüler überprüfbarer und außerdem vergleichbarer. Schüler, deren Leistungen unter dem Durchschnittsniveau der Klasse lagen, fielen stärker auf. Sie wurden als «Ballast» und «Hemmnis» für das Ausbildungsniveau der Volksschule empfunden:

«Die Volksschule hat andere Aufgaben zu lösen als sich mit geistig Schwachen und Stumpfsinnigen herumzumühen. Diese hindern und hemmen nur. Wieviel Höheres würde sie erreichen können, wenn sie von der Sorge um diese befreit würde? Man nehme die Schwächsten aus der Volksschule heraus, und man wird letztlichere instand setzen, umso eher den Forderungen der Gegenwart nachzukommen.»[1]

Potenziert wurde das Problem der Lernbehinderten im Hinblick auf die Ausbildungsfunktion der Volksschule durch die mangelhaften materiellen und personellen Bedingungen des Elementarschulwesens (vgl. S. 58 f). Diese Bedingungen gestatteten keine kompensierende individuelle Zuwendung des Lehrers zu dem einzelnen Schüler, den Lernstörungen am Erfüllen der Mindestleistung hinderten. Hinzu kam, daß die Methode

1 H. Stötzner, Schulen für schwachbefähigte Kinder, Leipzig und Heidelberg 1864, 2. Aufl. Berlin 1963, S. 7.

des Massenunterrichts den im vorigen Abschnitt beschriebenen Zielen der Erziehung und Disziplinierung entgegenkam und daher oft über das durch die materiellen Bedingungen erzwungene Maß hinaus im Unterricht angewandt wurde. Ein beredter Anwalt dieser Methode war zum Beispiel der Seminardirektor F. Jaeger, der in seiner schon zitierten Schrift «Mittel zur Erreichung einer guten Schulzucht» (1894) betonte und durch viele Beispiele illustrierte, «daß in der Schule die Unterrichts- wie die Erziehungssache stets nach der Methode des Massenunterrichts vermittelt werden muß; denn durch Zuwendung übergroßer Sorgfalt, unmäßiger Zeit und Kraft an einzelne schwer zu erziehende Kinder leidet stets der Unterricht, die Erziehung und die Schuldisziplin in der ganzen Schulklasse»[2].

Aus diesem Zitat wird deutlich, daß die Schüler mit Lernstörungen oder Anpassungsschwierigkeiten unter den gegebenen Bedingungen nicht nur die Ausbildungsfunktion, sondern zugleich die Erziehungs- und Disziplinierungsfunktionen der Volksschule empfindlich beeinträchtigten. Gerade die kasernenmäßige Schulzucht, die ja ein an Regeln gebundenes und insofern einheitliches Verhalten der Kinder erzielen wollte, konnte Ausnahmen nicht zulassen. Im Interesse der Erziehung zur Disziplin mußte der Volksschule daran gelegen sein, Schüler, die auf Grund von Behinderungen die Schuldisziplin störten und damit deren Erziehungsfunktion gefährdeten, aus ihren Klassen zu entfernen.

So überrascht es nicht, daß mit der präziseren Funktionalisierung der Volksschule die Klagen über «schwierige» und «dumme» Schüler immer häufiger wurden. In einer Zeit wachsender gesellschaftlicher Ansprüche an die Ausbildungs-, Erziehungs- und Disziplinierungsleistung der Volksschule – bei oft unzureichenden materiellen und personellen Bedingungen – rückten in pädagogischen Kreisen die Lernschwierigkeiten einzelner Schüler als Erklärung für die Unzulänglichkeiten der Volksschule immer stärker in den Vordergrund. Die Kinder, die der individuellen Zuwendung des Lehrers bedurften, wurden als Störquellen empfunden, die der Weiterentwicklung des Volksschulwesens hindernd im Wege standen. Als Beispiel für viele vertritt O. Mayer diese Auffassung in Reins Enzyklopädischem Handbuch der Pädagogik:

«Eine besondere Berücksichtigung der Schwachbefähigten durch die Lehrenden hätte zur Folge, daß für die normalen und bildungsfähigen Schüler viel Zeit ungenützt verloren ginge, daß diese nicht zu der Höhe geistiger Entwicklung gebracht werden würden, zu der sie ohne jenen Ballast und jede Überbürdung zu bringen wären, ganz abgesehen von den durch Zeitüberfluß entstehenden moralisch schlechten Angewohnheiten. So würde Volksbildung in einer Zeit gesteiger-

2 F. Jaeger: Mittel zur Erreichung einer guten Schulzucht, Wien 1894, zitiert bei F. Wenzel, a. a. O., S. 379 f.

ter Anforderungen durch Verringerung des Unterrichtsstoffes entgegen dem Interesse der Gesamtheit wie des einzelnen herabgedrückt und mindestens zurückgehalten zugunsten einiger weniger Schwachbefähigter, die zudem dadurch nichts oder doch nicht viel gewinnen würden.»[3]

Das Bemühen der Volksschule, «die gesteigerten Anforderungen der Zeit» zu erfüllen, führte zur Herausnahme der schwächsten Schüler aus den Volksschulklassen und zu ihrer gesonderten Betreuung in Hilfsklassen bzw. Hilfsschulen. Diese Absonderung bildete nur die Kehrseite der Etablierung präziserer und differenzierterer Ausbildungs- und Erziehungsnormen im städtischen Elementarschulwesen. Die Hilfsschule entstand als Abspaltungsprodukt aus dem Konstituierungsprozeß der Volksschule.

Jedoch auch der dazu komplementäre Gesichtspunkt ist wichtig. Indem die Volksschule ihre gesellschaftlichen Funktionen, die Vermittlung von Mindestqualifikationen und passenden Einstellungen für die gesellschaftliche Durchschnittsarbeit, präziser erfüllte, versagte sie zugleich gegenüber den schwächsten Schülern, die bei den unzureichenden personellen und materiellen Voraussetzungen mit der Methode des Massenunterrichts nicht für diese gesellschaftliche Durchschnittsarbeit zu qualifizieren waren. Auch dieser Gesichtspunkt wurde von zeitgenössischen Pädagogen, die für die Einrichtung von Hilfsklassen bzw. Hilfsschulen plädierten, hervorgehoben:

«Bei dem unvermeidlichen Jagen und Drängen in der meist viel zu stark besetzten Normalschule, die unter dem Einfluß eines scharf abgegrenzten und in der Regel recht überfüllten Stoffverteilungsplans steht und auf die alljährlichen Versetzungsziele hinarbeiten muß, kann kaum der im Durchschnitt gut begabte Schüler individuell berücksichtigt werden, am allerwenigsten jene Schwachen.»[4]

In der Arbeitsteilung der großen Industrie wie in den fortbestehenden vorindustriellen Produktionsformen fielen inferiore Arbeitsfunktionen an (vgl. Abschnitt 1.4.), für deren Durchführung durchaus nicht das Ausbildungsniveau einer achtklassigen Volksschule erforderlich war. Die gesetzlich verankerte Reduktion der Kinderarbeit verstärkte den Bedarf an Hilfsarbeitern für Handlangerdienste. Arbeitsmöglichkeiten für unterdurchschnittlich qualifizierte Arbeiter waren also durchaus vorhanden, wenngleich diese in Zeiten zyklischer Krisen verstärkt dem Risiko ausgesetzt waren, in die «Reservearmee»[5] der Arbeitslosen entlassen zu

3 O. Mayer: Hilfsschulen für Schwachbefähigte, in: Rein, Enz. Handbuch der Pädagogik, 2. Aufl., Bd. IV, Langensalza 1906, S. 387.

4 Dieses Zitat ist der Schrift von H. J. Witte: Volksschule und Hülfsschule, Thorn 1901, entnommen. Witte zitiert hier den Leiter der Hilfsschule Görlitz, Hanke, gibt jedoch nicht an, welchem Text er das Zitat entnimmt.

5 Vgl. zu diesem Begriff K. Marx: Das Kapital, a. a. O., Bd. 1, S. 657 ff.

werden. Es lag auf der Linie der schon beschriebenen Tendenz zu einer stärkeren Differenzierung der Beschäftigten nach ihrem Ausbildungsstand (S. 55 f), dem schwachbefähigten Schüler mit der Berufsperspektive des Hilfsarbeiters eine eigene Erziehungs- und Ausbildungsinstitution unterhalb der Volksschule anzubieten. Dies um so mehr, da die Sozialisation dieser Kinder, die in der Regel den ärmsten Volksschichten angehörten, ein besonderes sozialpolitisches Problem darstellte. Die Lebenslage der untersten Schichten der Arbeiterklasse, der Pauperisierten und des Subproletariats, die elenden Wohnverhältnisse, die extreme ökonomische Unsicherheit und die gesellschaftliche Marginalisierung dieser Familien stempelten auch ihre Kinder zu «Außenseitern» und «Störenfrieden» in der Volksschule. W. Stötzner, der wichtigste zeitgenössische Propagandist der Hilfsschule in Deutschland, wies in seiner 1864 erschienenen Schrift «Schulen für schwachbefähigte Kinder» auf den engen Zusammenhang von Armut und Schulversagen bzw. «Schwachsinn» hin:

«Gerade in den unteren Volksschichten, wo es oft an zweckmäßiger Ernährung, gesunder Wohnung, sorgfältiger Erziehung der Kinder fehlt, stellt sich die Zahl der Schwachsinnigen als eine wahrhaft schreckenerregende heraus.»[6]

Die schulischen Einrichtungen, die noch in der ersten Hälfte des 19. Jahrhunderts die Sozialisation dieser Kinder des Proletariats bzw. Subproletariats übernommen hatten (Arbeits-, Fabrik- und Armenschulen), lösten sich mit der Konsolidierung der Volksschule allmählich auf. Andererseits konnte die immer stärker auf Durchschnittsleistungen abzielende Volksschule die Sozialisationsfunktion dieser in Auflösung begriffenen Einrichtungen nicht übernehmen:

«Ein Unterricht, der eingerichtet ist für die Durchschnittsbegabung einer Klasse ist für Schwachbefähigte wertlos, weil er Dinge voraussetzt und voraussetzen muß, die bei diesen eben nicht vorhanden sind. Daher sind diese Kinder gar bald unbeschäftigt und teilnahmslos. Ihre tiefer stehenden Interessen finden keine Förderung, sie werden vielmehr mit Rücksicht auf die Mehrheit unterdrückt, ihre geistige Entwicklung also verhindert . . . Kein Wunder, wenn sie der Ausbeutung und dem Laster zum Opfer fallen und im Arbeitshaus, Gefängnis oder gar Zuchthaus enden. Sie werden dank ihrer vernachlässigten Erziehung zu einer Gefahr für den einzelnen und fallen der Gesamtheit zur Last.»[7]

So führte die präzisere Funktionalisierung des Elementarschulwesens zur Notwendigkeit, vernachlässigte Sozialisationsfunktionen durch eine

6 H. Stötzner, a. a. O., S. 7.
7 O. Mayer, a. a. O., S. 387.

neue Institution abzusichern, um spätere Fürsorgelasten einzusparen und unterdurchschnittlich qualifizierte, aber für Hilfsarbeiten noch brauchbare Arbeitskräfte zu erhalten.

Neben karitativen Motivationen, die den Initiatoren des «Hilfsschulgedankens» nicht abzusprechen sind,[8] spielten also handfeste ökonomische und gesellschaftliche Interessen als Bedingungsfaktoren für die Aussonderung der Hilfsschüler aus der Volksschule eine wesentliche Rolle.

1. sollte die Hilfsschule die Volksschule entlasten, indem sie sich der «störenden» Schüler annahm, die das Unterrichtsniveau oder die Schuldisziplin gefährdeten,
2. sollte sie dazu beitragen, spätere Fürsorgelasten zu vermeiden und gefährdete Kinder pauperisierter Familien vor der Marginalisierung bewahren,
3. sollte sie die Ausbildungs- und Erziehungsfunktion für Arbeitskräfte übernehmen, die untergeordnete Tätigkeiten im Produktionsbereich zu verrichten hatten.

Diese drei Funktionen der Hilfsschule wurden auch von ihren Vertretern immer wieder hervorgehoben, um die gesellschaftliche Bedeutung der neuen Institution gegenüber Staat und Gemeinde ins rechte Licht zu rücken. So faßte O. Mayer die Notwendigkeit der Hilfsschulinstitution mit den folgenden Worten zusammen:

8 In der Zeit der Entstehungsphase der Hilfsschule spielte bei Stötzner, Kielhorn und anderen Hilfsschulvertretern das subjektive Interesse, den in der Volksschule vernachlässigten Schülern zu helfen, eine bedeutende Rolle. Jedoch reichte dieses subjektive Interesse für die Gründung der ersten Hilfsschulen keineswegs aus. So liefert Stötzners Konzeption einer Hilfsschulerziehung ein Beispiel dafür, daß die subjektiven Vorstellungen der Initiatoren des «Hilfsschulgedankens» geradezu der objektiven realen Entwicklung der Hilfsschule entgegenstehen konnten:
«Wohl aber meine ich, in meinem Schriftchen ‹Schulen für schwachbefähigte Kinder› (besser gesagt Schulen für schwachsinnige Kinder) nachgewiesen zu haben, wie diese Idee praktisch durchzuführen wäre. In betreff zweckmäßiger Einrichtung, des Lehrgangs etc. solcher Schulen, die ich ‹Nachhilfeschulen› genannt wissen möchte, muß ich auf das Schriftchen selbst verweisen.
In der Gegenwart wird diese Angelegenheit immer dringlicher, man denkt ernstlich daran, etwas für diese Armen zu thun. Leider scheint man aber hierbei besonders daran zu denken, wie man am billigsten wegkommen kann. Man hat gefragt: Wozu besondere Schulen? Es wäre doch auch ausreichend, wenn schon bestehenden Schulen besondere Classen für Schwachsinnige beigegeben würden.
Diese Frage kann aber nur von denen ausgehen, die sich sehr oberflächlich mit dieser Angelegenheit beschäftigt haben.»
H. Stötzner: Altes und Neues aus dem Gebiete der Heil-Pädagogik, Leipzig 1868, S. 81f.

«Durch sie ist die allgemeine Volksschule imstande, die Forderungen der Zeit zu erfüllen, durch sie wird für die Mitwelt manche Gefahr verhütet, dem Staat und der Gemeinde werden nicht unbedeutende Kosten erspart und dazu der Gemeinschaft viele Arbeitskräfte erhalten.»[9]

Mit der Durchsetzung der Hilfsschule als «Hilfsinstitution» der Volksschule bzw. als Sozialisationsinstanz für sozioökonomisch deprivierte Schüler stellte sich zugleich das Problem der Selektion und damit der definitorischen Abgrenzung der Hilfsschüler von den Volksschülern. Welche Schüler sollten die Hilfsschule besuchen und nach welchen Kriterien sollte die Aussonderung vor sich gehen?

Stötzner bezeichnete die Kinder, die in der Volksschule nicht genügend berücksichtigt werden konnten und deshalb einer eigenen Schule bedurften als «die in der Mitte zwischen normal gebildeten und blödsinnigen Kindern Stehenden – die Schwachsinnigen»[10]. Wie sehr sich auch die Hilfsschulpädagogen zu Stötzners Zeiten darum bemühten, den «schwachsinnigen» Hilfsschüler präziser zu charakterisieren, es erwies sich als unmöglich, eindeutige Erkennungsmerkmale für den Hilfsschüler aufzustellen. Eine Folge davon war, daß auch die Aussonderung der Hilfsschüler nicht durch theoretisch abgesicherte Kriterien geleitet wurde, sondern einer «handwerklichen» Praxis überlassen blieb, in der zufällige Gegebenheiten wie zum Beispiel Fähigkeit oder Unfähigkeit des Lehrers, materielle Ausstattung einer Klasse usw. eine wesentliche Rolle spielten: Das mehrjährige Versagen in der Regelklasse wurde zum entscheidenden Kriterium für die Identifikation eines «schwachsinnigen» Schülers und seine Überweisung in die Hilfsschule. Damit entsprach die Selektionspraxis genau ihrer oben abgeleiteten Entlastungsfunktion für die Volksschule.

Demgemäß beschloß auch die Allgemeine Deutsche Lehrerversammlung im Jahre 1887:

«Schwachbefähigte Kinder, d. h. Kinder, welche die Spuren des Schwachsinns in solchem Maße an sich tragen, daß ihnen nach mindestens zweijährigem Besuch der Volksschule ein Fortschreiten mit geistig gesunden Kindern nicht möglich ist, müssen besonderen Schulen (Hilfsschulen, Hilfsklassen) überwiesen werden.»[11]

Allerdings mußte der Staat Sorge tragen, daß die Volksschulen diese Selektionsregel nicht benützten, um ihre Schwierigkeiten auf die neu entstehenden Hilfsschulen abzuwälzen. Die Zahl der Sitzenbleiber und

9 O. Mayer, a. a. O., S. 387.
10 H. E. Stötzner: Schulen für schwachbefähigte Kinder, a. a. O., S. 5.
11 H. Kielhorn, Schule für schwachbefähigte Kinder, in: Allgemeine deutsche Lehrerzeitung v. 9. 1. 1887, Nr. 2, abgedruckt in: J. G. Klink (Hg.): Zur Geschichte der Sonderschule, Bad Heilbrunn 1966. S. 68.

Schulversager war in den erweiterten achtjährigen Volksschulen sehr
stark angestiegen. In Mannheim z. B. erreichten in den Jahren 1877–
1888 fast 50 % der Jungen nicht die zweitoberste Klasse.[12]

Bestand einerseits ein gesellschaftliches Interesse an leistungsfähigeren Volksschulen, so bestand andererseits nach dem ökonomischen Gesetz, daß Bildungskosten «faux frais» der kapitalistischen Produktion
sind, ein dringendes staatliches Interesse, die Anzahl der im Vergleich
mit den Volksschulen erheblich kostspieligeren[13] Hilfsschulen möglichst
zu beschränken. Auch aus sozialpolitischen Gründen lag es nahe, die Zahl
der diskriminierten Hilfsschüler nicht beliebig anwachsen zu lassen.

Um ein sozialpolitisch nicht zu vertretendes und ökonomisch un-
zweckmäßiges Ausufern der Hilfsschulinstitution zu verhindern, wurde
von den staatlichen Behörden und den Hilfsschulvertretern immer wieder auf die Notwendigkeit einer präziseren Handhabung der «Auslese»
hingewiesen. In diesem Sinne warnte Maennel in seiner Schrift «Vom
Hilfsschulwesen» die Volksschullehrer:

«Von Stimmungen oder Vorurteilen des Klassenlehrers darf aber das Los der
Schüler nicht abhängig sein! . . . Es muß eben alles versucht werden, um zu
verhindern, daß ein Kind aus der Volksschule als unbildsam entlassen wird,
welches in derselben noch einigermaßen genügend gefördert werden kann.»[14]

In der Praxis war allerdings die Grenze zwischen «noch volksschulfähigen» und «hilfsschulbedürftigen» Schülern sehr schwer zu ziehen. Das
bestätigt z. B. der Bericht von Karl Richter über die Leipziger «Schwachsinnigenklasse»:

«Im übrigen ergab sich, daß sechs andere Kinder, fünf Knaben und ein Mädchen,
gar nicht als schwach*sinnig*, sondern nur als schwach*befähigt* bezeichnet werden
konnten, da sie hauptsächlich wegen ihrer geringen Fortschritte im *Rechnen* mit
ihren Altersgenossen in der Volksschule nicht gleichen Schritt zu halten ver-
mocht hatten und, meist im zweiten bis vierten Schuljahre stehend, in den achten
und siebenten Klassen ihrer bisherigen Schulen sitzengeblieben waren. So konnte
also nur etwa die knappe Hälfte der der Schwachsinnigenklasse überwiesenen
Kinder als wirklich schwachsinnig gelten, und demgemäß bildete auch wenigstens
die erste Abteilung derselben eigentlich nur eine *Nachhilfe*klasse, welche die
Schüler bei gewissenhafter Unterstützung ihrer Schwächen zum Wiedereintritte

12 Vgl. A. Sickinger: Der Unterrichtsbetrieb in großen Volksschulkörpern sei
nicht schematisch-einheitlich, sondern differenziert-einheitlich, Mannheim
1904, S. 19.
13 Gemessen an den Ausbildungskosten pro Schüler waren die Hilfsschulen
teurer als die Volksschulen. Vgl. dazu H. Kielhorn: Über Schulen für schwachbefähigte Kinder, in: Paedagogium, 8. Jg., Heft 6, S. 369.
14 B. Maennel: Vom Hilfsschulwesen, Leipzig 1905, S. 26.

in die Volksschule zu befähigen hatte.»[15]

Da das subjektive Urteil des Klassenlehrers keine Gewähr dafür bot, daß es sich tatsächlich um ein in der Volksschule nicht zu förderndes «schwachsinniges» Kind handelte, veranlaßten die staatlichen Behörden seit 1894 die Beteiligung eines Arztes bei der Selektion potentieller Hilfsschüler:

«Von wesentlicher Bedeutung für die Überweisung der in diese Klassen gehörenden Kinder ist die Beteiligung des Arztes, indem körperliche Gebrechen oder überstandene Krankheiten mit der zurückgebliebenen geistigen Entwicklung im Zusammenhange zu stehen pflegen. Besonders wichtig sind daher auch die schon jetzt mehrfach mit anerkennenswerter Sorgfalt geführten Entwicklungsgeschichten der einzelnen Kinder. Andererseits gibt die ärztliche Mitwirkung Gewähr dafür, daß die Überweisung auf Kinder beschränkt bleibt, welche geistig nicht genügend entwickelt sind, um den normalen Unterricht zu empfangen.»[16]

Im Widerspruch zu der Bedeutung, die von behördlicher Seite der Tätigkeit des Hilfsschularztes beigemessen wurde, stand das Eingeständnis der Ärzte, daß auch sie keineswegs kompetent wären, ein «schwachsinniges» Kind eindeutig zu identifizieren. So erklärte zum Beispiel der ärztliche Referent Dr. W. Müller in einem Vortrag «Über Schwachsinn»:

«. . . das ganze große Gebiet des Schwachsinns (ist, J. A.) noch wenig bekannt und geklärt, am wenigsten der Schwachsinn des Kindesalters. Es fehlen eben für die Erforschung der krankhaften psychischen Zustände noch exakte Untersuchungsmethoden, wie sie auf körperlichem Gebiete mit Erfolg zur Anwendung kommen. Und dann haben gerade die Psychiater, die vor allem in dieser Frage Sachverständige sind, wenig Gelegenheit zu einem langdauernden und eingehenden Studium der leichteren Grade des kindlichen Schwachsinns, weil *diese* selten einer Anstaltsbehandlung zugeführt werden.»[17]

Ebenso äußerte sich der Landgerichtsarzt und Universitätsprofessor Stumpf auf dem 3. Verbandstag der Hilfsschulen Deutschlands im Jahre 1901 dahingehend, daß eher die Lehrer als die Ärzte befähigt seien, ein schwachsinniges Kind zu erkennen, weil der Lehrer sich in der Regel weit intensiver mit demselben beschäftigt habe.[18]

15 K. Richter: Die Leipziger Schwachsinnigenschule nach ihrer Geschichte und Entwicklung dargestellt, Leipzig 1893, abgedruckt in: H. J. Klink, a. a. O., S. 71. Hervorhebungen im Original.

16 Erlaß U. III. A. 1030, Schuleinrichtungen für schwachbegabte Kinder, Zentralblatt für die gesamte Unterrichtsverwaltung in Preußen, Berlin 1894, abgedruckt in: H. J. Klink, a. a. O., S. 109.

17 Zitiert bei H. J. Witte, a. a. O., S. 25 f. Hervorhebungen bei Witte.

18 Vgl. ebd., S. 18 f.

Diese Äußerungen von Fachleuten bestätigen, daß die Mitwirkung des Arztes bei dem Aussonderungsverfahren der Hilfsschüler nicht in erster Linie aus sachlich-diagnostischen Gründen erforderlich war. Vielmehr sollte die Diagnose des Hilfsschularztes dazu beitragen, die Anzahl der für die Hilfsschule angemeldeten Kinder zu reduzieren, indem ihr gleichsam die Funktion einer zweiten Filterung übertragen wurde. Darüber hinaus bestand die Funktion des psychiatrisch ausgebildeten Arztes darin, den «Schwachsinnsbefund» mit der Autorität der medizinischen Wissenschaft abzusichern.

Sollte die Hilfsschulerziehung einerseits nur solchen Kindern zugutekommen, die sich unter keinen Umständen in dem Massenbetrieb der Volksschule zur Erwerbsfähigkeit entwickeln konnten, so war es andererseits notwendig, den Hilfsschulbesuch dieser Schüler unbedingt sicherzustellen, um sie als Lohnarbeiter zu erhalten und sie vor asozialen Handlungen zu bewahren. Der preußische Erlaß vom 17. Januar 1900 verfügte daher die zwangsweise Einweisung von «nicht volksschulfähigen» Kindern in die Hilfsschule:

«Es unterliegt keinem Bedenken, diejenigen schwachsinnigen schulpflichtigen Kinder, welche einen anderweitigen und für sie geeigneten Unterricht nicht erhalten, in die dort eingerichteten städtischen Hilfsschulen zwangsweise einzuschulen. Doch wird die zwangsweise Überweisung in jedem einzelnen Falle nur auf Grund eines ärztlichen Zeugnisses herbeizuführen sein, durch welches das Vorhandensein einer die Teilnahme an dem Unterricht der Volksschule ausschließenden abnormen Veranlagung festgestellt worden ist.»[19]

Die Verfügung, Volksschulversager zwangsweise der Hilfsschule zuzuführen, erklärte sich aus dem Widerstand der Eltern gegenüber der diskriminierenden Einrichtung der Hilfsschule. Mit Rücksicht auf die Eltern und Schüler hatte bereits Stötzner den Namen «Nachhilfeschule» gewählt: «denn obschon dieser Ausdruck nicht vollkommen bezeichnend ist, so klingt er doch weniger hart und abstoßend, weniger niederdrückend als der Name Schule für Schwachsinnige»[20]. Da wohlhabende Eltern die Möglichkeit hatten, ihr unterdurchschnittlich leistungsfähiges Kind in einer Privatanstalt unterrichten zu lassen, wurden ausschließlich die untersten Volksschichten, aus denen sich ohnehin die meisten Hilfsschüler rekrutierten, von einer zwangsweisen Einweisung ihrer Kinder in die Hilfsschule betroffen. Es ist zu vermuten, daß die außerhalb der bürgerlichen Gesellschaftsordnung stehenden proletarischen Familien nicht das geringste Interesse zeigten, ihre Kinder zu einem regelmäßigen

19 Erlaß U. III. A. 3148, Schulzwang für Schwachsinnige, Berlin 1900, abgedruckt in: H. J. Klink, a. a. O., S. 110.
20 H. E. Stötzner, Altes und Neues . . ., a. a. O., S. 84.

Schulbesuch anzuhalten, zumal wenn diese Schule ihre öffentliche Diskriminierung noch verstärkte.

Wie der preußische Erlaß über den «Schulzwang für Schwachsinnige» aus dem Jahre 1900 deutlich erkennen läßt, entwickelte sich die Hilfsschule bis zur Jahrhundertwende trotz aller Widersprüche in der Selektionspraxis und trotz der mannigfaltigen Probleme, die die Klassifizierung der Hilfsschüler als «schwachsinnige» Schüler aufwarf, zu einer unentbehrlichen Institution, die im Rahmen des staatlich organisierten Erziehungswesens einen festen Platz einnahm. Da es in der sonderpädagogischen Literatur bereits ausführliche Darstellungen der Hilfsschulentwicklung gibt,[21] kann ich mich auf einen zusammenfassenden Überblick beschränken, der lediglich einen Eindruck von der regelmäßigen Fortentwicklung dieser Institution in den letzten drei Jahrzehnten des 19. Jahrhunderts vermitteln und ihre organisatorische Festigung veranschaulichen soll.

Die ersten Nachhilfe- bzw. Hilfsklassen entstanden in Städten, in denen die wachsende Industrie die Bildung eines Subproletariats gefördert hatte und eine Vielzahl «schwieriger» Schüler die Volksschulen arg belasteten. In diesem Sinne heißt es bei Maennel:

«Die Industriestädte, wie Aachen, Barmen, Braunschweig, Chemnitz, Köln, Düsseldorf, Elberfeld u. a. m. weisen mehr Hilfsschüler auf als andere Städte ohne wesentliche Arbeiterbevölkerung. Also die Art der Bevölkerung, ihre Beschäftigung und Lebensweise beeinflußt mehr als die Größe einer Stadt den Schülerbestand einer Hilfsschule.»[22]

Nachdem im Jahre 1867 die erste selbständige Nachhilfeklasse für «schwachsinnige» Kinder in Dresden entstanden war, folgten in den siebziger Jahren Gera und Elberfeld mit der Einrichtung von Hilfsklassen. Die eigentliche Gründungswelle von Hilfsschulen setzte in den achtziger Jahren ein, als die erweiterte achtjährige Volksschule sich in den meisten Städten durchgesetzt hatte und das Problem der Sitzenbleiber erheblich verstärkte. Sickinger erläutert diesen Zusammenhang in seiner Schrift «Der Unterrichtsbetrieb in großen Volksschulkörpern» (1904) wie folgt:

«Bei Umwandlung der bis zum Jahre 1872 bestandenen gegliederten Volksschule in eine einheitliche erweiterte Schule ließ man sich von der humanen und an sich durchaus anerkennenswerten Absicht leiten, ‹alle Kinder ohne Ausnahme der Wohltaten eines erweiterten Wissens teilhaftig werden› zu lassen, ‹an welchem gewiss keines in das spätere Leben etwas Überflüssiges mitnehmen wird›. Leider

21 Vgl. etwa F. Frenzel, a. a. O.; B. Maennel, a. a. O.; E. Beschel, a. a. O. und andere mehr.

22 B. Maennel, a. a. O., S. 89.

war dabei ausser Acht geblieben, was sich in der Folgezeit bitter rächte, dass eine grosse Zahl von Kindern absolut nicht dazu befähigt ist, eines erweiterten Wissens teilhaftig zu werden und dass infolge dessen diese Kinder bisher aus der erweiterten Schule viel weniger mit ins Leben hinausnehmen, als wenn ihnen das Durchlaufen einfacher Unterrichtskurse ermöglicht worden wäre.»[23]

In den achtziger Jahren entstanden in vielen Industrie- und Handelsstädten, so in Leipzig und Braunschweig (1881), Dortmund, Halberstadt (1883), Krefeld, Königsberg (1885) und Köln (1886) Hilfsklassen, die sehr bald in mehrklassige Hilfsschulen umgewandelt wurden.[24] Um die Jahrhundertwende gab es in Deutschland bereits 70 selbständige Hilfsschulen und in 30 Städten Hilfs- resp. Nachhilfeklassen.[25] Aus dem preußischen Erlaß vom 6. April 1901 geht hervor, mit welcher Stetigkeit die Hilfsschuleinrichtungen gegen Ende des 19. Jahrhunderts zunahmen:

«Während im Jahre 1894 in 18 Städten 37 Hilfsschulen mit etwa 700 Kindern . . . bestanden, gibt es jetzt in 42 Städten 91 solcher Anstalten mit zusammen 4728 Schulkindern in 233 Klassen.»[26]

Parallel zur Entwicklung des Elementarschulwesens entstanden zunächst – in Abhängigkeit von den Konzeptionen der jeweiligen Initiatoren und Stadtverwaltungen – unterschiedliche Organisationsformen des Hilfsunterrichts. In der Regel begannen die Stadtverwaltungen auf die Initiativen einzelner Lehrer hin, Hilfsklassen in den Volksschulen einzurichten, die durch geeigneten Nachhilfeunterricht ihre Schüler befähigen sollten, später an dem Regelunterricht wieder teilzunehmen. So berichtet der Hilfsschullehrer Kielhorn über die erste Hilfsklasse in Braunschweig:

«Das Probejahr verging unter Suchen und Finden – und die erzielten Erfolge sicherten das Fortbestehen der Klasse. Allein, was man beabsichtigt und gehofft hatte, konnte ich nicht verwirklichen: die Hilfsschule sollte nämlich die Kinder fähig machen, an dem Unterrichte in den Bürgerschulen wieder teilzunehmen; das heißt, sie sollten (abgesehen von Idioten) der Bürgerschule wieder zugeführt werden. Das also erreichten wir nicht . . .»[27]

23 A. Sickinger, a. a. O., S. 51.

24 Vgl. F. Frenzel: Geschichte des Hilfsschulwesens, in: Handbuch des Hilfsschulwissens, a. a. O., H. 1, S. 44.

25 Vgl. A. Wintermann: Die Hilfsschulen Deutschlands und der deutschen Schweiz am Anfang des Jahres 1898. Ein Beitrag zur Statistik des Hilfsschulwesens, in: Beiträge zur Kinderforschung und Heilerziehung, 1898, abgedruckt in: J. G. Klink, a. a. O., S. 79.

26 Erlaß U. III. A. 2606, Schuleinrichtungen für nicht normal begabte Kinder schulpflichtigen Alters, Berlin 1901, abgedruckt in: H. J. Klink, a. a. O., S. 111.

27 H. Kielhorn: Die Erziehung geistig zurückgebliebener Kinder in Hilfsschulen, Osterwieck/Harz 1897, S. 12.

Wie in Braunschweig zeigten auch die ersten praktischen Erfahrungen mit Hilfsklassen in anderen Städten, daß es nicht möglich oder zumindest mit großen Schwierigkeiten [28] verbunden war, die Hilfsklassenschüler in die Regelklassen zurückzuführen. Die Hilfsklassen wurden daher in vielen Städten zu mehrklassigen Hilfsschulen ausgebaut, die keinen Kontakt mehr zu den Volksschulklassen pflegten und das Ziel der Rückversetzung bewußt aufgegeben hatten. Bei den oben illustrierten Unterrichtsbedingungen und -methoden der Volksschule war dies keine überraschende Entwicklung. Die vom übrigen Bildungswesen weitgehend isolierte eigenständige Hilfsschule setzte sich als institutionelle Form durch.

Neben dieser typischen Entwicklungslinie stellten die Berliner Nebenklassen und das Mannheimer Schulsystem schulorganisatorische Varianten des Hilfsunterrichts dar, die nur für eine Übergangzeit auf Grund spezifischer lokaler Bedingungen Bestand hatten. In der damaligen Reichshauptstadt Berlin wurden erst im Jahre 1911 alle Nebenklassen in Hilfsschulen umgewandelt. Der Berliner Magistrat gab für die Beibehaltung der Nachhilfeklassen die folgenden Gründe an:

«... erstens würden in Berlin die Schulwege zu weit werden; zweitens aber würde man mit der endgültigen Überweisung in eine solche Hilfsschule dem Kinde den Stempel der Minderwertigkeit für alle Zeiten und oft voreilig aufdrükken. Wir verfolgen den Plan, das Kind als Gemeindeschüler zu behalten, es in wenig besetzte Klassen zur Entwicklung zu bringen und sobald als möglich in die Gemeinschaft der übrigen zurückzuführen.» [29]

Wie sehr diese Zielsetzung auch im Interesse der potentiellen Hilfsschüler zu begrüßen war, so stellte doch die geringe Unterrichtzeit der Nebenklassenschüler die Wirksamkeit der *Nachhilfe*einrichtungen von vornherein in Frage. Die Schüler der Nebenklassen, die gegenüber den Normalklassenschülern ohnehin einen erheblichen Leistungsrückstand aufwiesen, erhielten lediglich 12 Stunden in der Woche Unterricht. [30] Selbst wenn es ihnen durch die günstigeren Unterrichtsbedingungen in

28 So heißt es beispielsweise in dem Preußischen Erlaß (U. III. A. 2606) aus dem Jahre 1901:
«Denn nicht nur verursacht der Altersunterschied zwischen den zurückversetzten Kindern und den jüngeren Klassengenossen Schwierigkeiten, denen gerade die Hilfsklassen mit vorbeugen sollen, sondern es erhalten auch die zurückversetzten und dann alsbald aus einer unteren Klasse in das Leben zu entlassenden Kinder eine Schulbildung, durch welche sie für ihre Erwerbsfähigkeit nicht genug gewinnen.» Abgedruckt in: H. J. Klink, a. a. O., S. 111.
29 Verwaltungsbericht des Berliner Magistrats aus dem Jahre 1898/99, zitiert bei: B. Maennel, a. a. O., S. 3.
30 Vgl. E. Beschel, a. a. O., S. 24.

den Nebenklassen nach einiger Zeit gelang, einen Teil ihres Wissensrückstandes aufzuholen, konnten sie kaum den Anschluß an die altersentsprechenden Klassenjahrgänge der Volksschule gewinnen. Sie wurden daher meistens in Regelklassen mit sehr viel jüngeren Schülern zurückversetzt. Diese neue Lernsituation bedeutete nicht nur eine erhebliche Beeinträchtigung ihrer psychischen Lern- und Leistungsmotivation, sondern verwehrte ihnen zugleich den Ausblick auf einen regulären Schulabschluß nach der 8. Klasse.

Wie Berlin gründete auch die Stadt Mannheim zunächst keine selbständigen Hilfsschulen. Nach dem Vorschlag Anton Sickingers wurden die Schüler der Volksschule nach ihrer Begabung und Leistungsfähigkeit auf verschiedene Begabungslinien verteilt. Neben einem *Hauptklassensystem* für die «normal fortschreitenden Schüler» gab es ein *Förderklassensystem* für die «mäßig schwachen und unregelmäßig fortschreitenden Schüler» sowie ein *Hilfsklassensystem* für «die schwächsten der die öffentliche Schule besuchenden Kinder»[31]. Die Einteilung der Volksschüler in unterschiedliche Leistungskurse ermöglichte in Mannheim die Förderung «schwachsinniger» Schüler im Rahmen der Volksschule, ohne die Ausbildungs- und Erziehungsfunktion der letzteren zu gefährden.

Aber so wenig wie sich das Mannheimer Modell als Organisationsform der Volksschule in anderen Städten durchsetzte, so wenig bildete auch das Mannheimer Hilfsklassensystem ein Modell für die allgemeine Organisation des Hilfsunterrichts in anderen Teilen Deutschlands.

Die Entwicklung der Hilfsklasse zur ausgebauten mehrklassigen Hilfsschule vollzog sich in einzelnen Städten bereits bis zur Jahrhundertwende. Um diese Zeit waren alle Zielvorstellungen und wichtigsten Organisationsmerkmale der «eigenständigen» Institution fest umrissen. Das wird durch den ministeriellen Erlaß vom 16. Juni 1894 bestätigt,[32] demzufolge sich die nachstehend aufgeführten Charakteristika der Hilfsschule zusammenfassen lassen:

– Der Hilfsunterricht ist ausschließlich für «schwachsinnige» Schüler vorgesehen, «häuslich vernachlässigte Kinder» darf die Hilfsschule nicht aufnehmen.

– Das Kriterium für die Überweisung eines Schülers in die Hilfsschule ist das mehrjährige Versagen in der Volksschule. Nur solche Kinder, «die während eines ein- bis zweijährigen Besuches der Volksschule gezeigt haben, daß sie zwar unterrichtsfähig, aber zur erfolgreichen Mitarbeit mit den normal beanlagten Kindern nicht genügend begabt sind», sollen aus der Regelklasse herausgenommen werden.

31 Vgl. A. Sickinger, a. a. O., S. 126.
32 Erlaß U. III. A. 1030, a. a. O., S. 108ff. Diesem Erlaß sind die folgenden charakteristischen Merkmale der Hilfsschule sowie die Zitate entnommen.

- Dem Arzt kommt bei dem Ausleseverfahren eine besondere Bedeutung zu.
- Die Klassenfrequenz ist in den Hilfsklassen geringer, die Unterrichtszeit kürzer als in den Regelklassen.
- Das «Lehrziel für alle einzelnen Klassen» ist «erheblich niedriger gesteckt als bei den entsprechenden Volksschulklassen». «Die Gegenstände, welche vorzugsweise geistige Anstrengung erfordern, treten zugunsten der auf die Entwicklung körperlicher Geschicklichkeit und praktischer Befähigung gerichteten zurück.»

In engem Zusammenhang mit dem Entwicklungsprozeß der Hilfsklassen zu selbständigen mehrklassigen Hilfsschulen schritt die Differenzierung der leistungsschwachen Schüler voran. Die primär «milieugeschädigten» nachhilfebedürftigen Schüler begannen sich als «relative» Schulversager von den «absoluten» Schulversagern, den «schwachsinnigen» Hilfsschülern zu unterscheiden. Die ideologischen Implikationen dieses Differenzierungsprozesses sollen im übernächsten Abschnitt näher beleuchtet werden.

1.6. Die Durchsetzung der Hilfsschule gegenüber den Idiotenanstalten

In der Epoche des Merkantilismus zerfielen zum größten Teil die Einrichtungen der feudalistischen Gesellschaft, die sich seit dem Mittelalter der Armen, Kranken und Schwachsinnigen angenommen hatten. Klöster und Stifte lösten sich auf, Zünfte und Nachbarschaft boten keine sozialen Stützen mehr.[1] Durch die Ausbreitung der freien Lohnarbeit, die ökonomisch erzwungene und staatlich geförderte Frauen- und Kinderarbeit veränderten sich auch die Familienstrukturen. Die Familien der Lohnarbeiter konnten nur noch den nächsten Angehörigen Schutz und Unterhalt gewähren.

Dies wirkte sich besonders kraß auf geistig Behinderte und psychisch Kranke aus, die wegen ihrer Gebrechen nur zum Teil arbeitsfähig waren.

«Melancholiker, Schwach- und Blödsinnige fanden nicht mehr so leicht eine stille Ecke oder die notwendige Aufsicht in den Familien. Andere Irre gehörten nicht mehr wie selbstverständlich als Dorfnarren oder -trottel zur Gemeinschaft.»[2]

Dieser aus intellektuellen und psychischen Gründen in seiner Arbeitsfä-

1 Vgl. K. Dörner: Bürger und Irre. Zur Sozialgeschichte und Wissenschaftssoziologie der Psychiatrie. Frankfurt 1969, S. 215 ff.
2 Ebd., S. 217.

higkeit beeinträchtigte Teil der Gesellschaft stieß im Zuge der ursprünglichen Akkumulation des Kapitals[3] zu der Masse der «überschüssigen» Menschen, «die nicht in die aufkommende arbeitsteilige Produktion integriert waren», zu den Bettlern, Vagabunden, Landstreichern, gelegten Bauern und entlassenen Söldnern.[4] Der merkantilistische Staat schützte sich gegen das zunehmende Bettelwesen und Landstreichertum durch eine Mannigfaltigkeit von Zwangsanstalten. Damit wirkte er zugleich dem für diese Epoche charakteristischen Arbeitskräftemangel entgegen:

«Das Problem des Arbeitskräftemangels in der frühkapitalistischen Entwicklung ist durch die Widersprüche gekennzeichnet, die für die ganze Periode bestimmend blieben, und die sich darin dokumentieren, daß bei einem Arbeitskräfteüberangebot gleichzeitig Arbeitskräftemangel herrschte.»[5]

Indem der Staat die Insassen seiner Anstalten dazu zwang, in seinen Manufakturen oder in den Manufakturen privater Manufakturiers zu arbeiten, beförderte er die Umwandlung von «vogelfreien Proletariern»[6] in freie Lohnarbeiter.

Die Anstalten des Merkantilismus differenzierten ihre Insassen noch nicht in der Weise, daß die primär geistig behinderten von den übrigen getrennt wurden. So schreibt Dörner in «Bürger und Irre»:

«Unter den Armen sind nicht sowohl Arme im eigentlichen Sinne des Wortes, sondern Epileptiker, Blödsinnige, Wahnsinnige, Melancholische, Rasende zu verstehen.»[7]

Es ist daher zu vermuten, daß in den Zucht-, Arbeits-, Armen-, Waisen- und Findelhäusern die intellektuell geschädigten Kinder und Jugendlichen jeweils einen Teil der Insassen bildeten.

Mit der Ausdehnung der kapitalistischen Produktionsweise wurde allmählich die Funktion der merkantilistischen Institutionen der Armenfürsorge immer stärker in Frage gestellt:

«Die Sicherung und Ausweitung der schon kapitalistisch betriebenen Produktionszweige waren mit diesen, hauptsächlich durch außerökonomischen Zwang verpflichteten und ungenügend qualifizierten Arbeitern nicht zu gewährleisten.»[8]

3 Vgl. hierzu K. Marx: Das Kapital, a. a. O., Bd. 1, Kapitel 24: Die sogenannte ursprüngliche Akkumulation, S. 741–791.

4 Vgl. U. Aumüller, a. a. O., S. 12 f.

5 Ebd., S. 12.

6 K. Marx, a. a. O., S. 746.

7 K. Dörner, a. a. O., S. 223.

8 U. Aumüller, a. a. O., S. 45.

Die Insassen der Zwangsanstalten vermochten weder den Bedarf an Arbeitskräften zu decken, noch die für die Konkurrenzfähigkeit der Manufakturen erforderliche Qualität der Waren zu garantieren.

«So ergab sich die Notwendigkeit, durch erzieherische Beeinflussung den Anforderungen der veränderten Produktionsweise Geltung zu verschaffen, die ihr adäquaten Verhaltensweisen als die schlechthin gegebenen im Denken und Tun zu verankern. An die Stelle des Zwanges zu der in den neuen Verhältnissen gebotenen Arbeit mußte die Erziehung gesetzt werden, die die Willigkeit und Eignung der Massen zur geforderten Lohnarbeit zur Aufgabe hatte.»[9]

Die Forderung nach einer allgemeinen Erziehung der proletarischen Kinder, die zur Einführung der Schulpflicht und zur Entwicklung des «niederen Schulwesens» führte, stellte eine wesentliche Voraussetzung dar für die Unterscheidung der Kinder nach unterschiedlicher Bildungsfähigkeit, nach organischen, psychischen oder intellektuellen Schädigungen. Während sich die Aufmerksamkeit des Staates in diesem Prozeß auf die Entwicklung des Elementarschulwesens konzentrierte,[10] kümmerten sich um die Jahrhundertwende und in der ersten Hälfte des 19. Jahrhunderts verstärkt private Hilfsorganisationen mit karitativen, religiösen und humanitären Intentionen um die Erziehung behinderter Kinder, die durch die Einrichtungen des Elementarschulwesens nicht zur Erwerbsfähigkeit gebracht werden konnten. Diese durch private Initiative ins Leben gerufenen Einrichtungen differenzierten ihre «Zöglinge» je nach ihren spezifischen Behinderungen und trachteten danach, sie mit Hilfe spezieller pädagogischer bzw. sozialpädagogischer Betreuung in die Gesellschaft zurückzuführen.

Eine dieser Anstalten war die «Idiotenanstalt» bzw. «Schwachsinnigenanstalt». Über die erste Schwachsinnigenanstalt in Deutschland, die 1835 von dem Pfarrer Karl Haldenwang als «Unterrichts- und Erziehungsanstalt für blödsinnige Kinder» gegründet wurde, berichtete Dr. Rösch, der Begründer der ersten Zeitschrift für die Idiotenerziehung:

«Würtemberg gehört zu denjenigen Ländern, in welchen der angeborene oder in früher Kindheit erworbene Blödsinn häufiger vorkommt. Es wurde daher schon, ehe nähere ärztliche Untersuchungen angestellt wurden, in dem Lande das Bedürfnis gefühlt, blödsinnige oder schwachsinnige Kinder, welche in der gewöhnlichen Schule nicht unterrichtet werden konnten, einer besonderen, ihrem Zustande entsprechenden, erziehenden Behandlung zu unterwerfen, und diesem Bedürfnisse verdankt die schon 1835 von Karl Haldenwang, ... errichtete Unterrichtsanstalt ihre Entstehung.»[11]

9 R. Alt, Die Industrieschulen. Ein Beitrag zur Geschichte der Volksschule, Berlin/Leipzig 1948, S. 15.

10 Vgl. dazu den Abschnitt 1.1. dieser Arbeit.

11 Rösch, in: Beobachtungen über den Cretinismus, Heft 1, 1850, zitiert bei: J.

Pfarrer Haldenwang selbst betonte den pädagogischen Zweck seiner Anstalt:

«Sie ist für die ‹Kinder, welche in der Volksschule weniger berücksichtigt werden können, ohne bildungsunfähig zu sein›, um sie ‹für die Volksschule vorzubereiten› oder um selbst die Kinder so weit zu führen, daß sie ‹für einen Beruf bestimmt werden können›.»[12]

Die Herausbildung der Geistigbehinderten als eigenständige Gruppe stand einerseits in engem Zusammenhang mit einem Differenzierungsprozeß in den Irrenanstalten, demzufolge die Insassen stärker nach Heilbarkeit und sozialem Nutzen unterschieden wurden.[13] Während die Geisteskranken bzw. «Irrsinnigen» stärker unter medizinische Obhut gerieten, wurde für die Geistigbehinderten eine pädagogische Betreuung gefordert. Darauf weisen die preußischen Bestimmungen über «Erziehung und Unterricht der Blödsinnigen» aus dem Jahre 1859 ausdrücklich hin:

«Bildungs- und Erziehungsinstitute für Blödsinnige (dürfen) nicht etwa mit den bestehenden Irrenheilanstalten vereinigt werden, sondern sie bedürfen einer selbständigen Einrichtung unter Leitung eines pädagogisch durchgebildeten Lehrers und Erziehers von besonderer Vorliebe und Befähigung für seine Aufgabe.»[14]

Andererseits bestand ein enger Zusammenhang zwischen der pädagogischen Behandlung geistig behinderter Kinder und der Taubstummenbetreuung. Da die Taubstummenanstalten in zunehmendem Maß Zufluchtsstätten für geistig behinderte Kinder des Adels und Bürgertums bildeten,[15] wurde der Zweck dieser Anstalten immer stärker in Frage gestellt. Die Unterrichtsmethoden der Taubstummenerziehung konnten nur erfolgreich angewandt werden, wenn die «blödsinnigen» Kinder in gesonderten Anstalten zusammengefaßt wurden. So ist es nicht verwunderlich, daß sich neben Medizinern und Vertretern der Kirche vor allem Taubstummenlehrer um die pädagogische Konzeption und den organisatorischen Ausbau des Idiotenwesens bemüht haben.

Da die Idiotenfürsorge zunächst von einzelnen Personen, Vereinen und Körperschaften ausging und keiner durchgreifenden staatlichen Kontrolle unterlag, besaßen die Gründer solcher Anstalten einen großen

P. Gerhardt: Zur Geschichte und Literatur des Idiotenwesens in Deutschland, Hamburg 1904, S. 14.

12 Haldenwang, zitiert bei: E. Begemann, Die Erziehung . . ., a. a. O., S. 95.

13 Vgl. K. Dörner, a. a. O., S. 222 ff und S. 376 ff.

14 Erlaß II. 18 000 M. d. I., Über Erziehung und Unterricht der Blödsinnigen, 1859, abgedruckt in: J. G. Klink, a. a. O., S. 107.

15 Vgl. W. Jantzen: Sozialisation und Behinderung, in: Argumentationen Bd. 12, S. 58.

Freiraum für die Verwirklichung subjektiver Interessen. Diese Interessen übten einen entscheidenden Einfluß auf die Entwicklung des Anstaltswesens in diesem Bereich aus. So läßt sich nach J. P. Gerhardt die Entwicklung der Idiotenfürsorge bis 1869 auf die Interessen zweier Stände zurückführen, die für die unterschiedliche Ausprägung der Idiotenanstalten im Hinblick auf Zielsetzung und Rekrutierung verantwortlich waren.[16] Die Pädagogen hatten ein größeres Interesse, «bildungsfähige Schwachsinnige» in ihren Anstalten aufzunehmen, um die Erziehungsmöglichkeiten Geistigbehinderter zu erforschen und zu demonstrieren. Die Vertreter der Kirche dagegen betrachteten die Idiotenfürsorge in erster Linie unter karitativem Aspekt. Dieser Zielsetzung entsprach es, in den kirchlichen Anstalten die Grenzen der Aufnahmebedingungen möglichst weit zu stecken:

«So kam es, daß einmal nicht nur die bildungsfähigen Idioten, sondern auch die tiefstehenden, sowie diejenigen, deren Geisteskräfte infolge von Epilepsie geschwächt, Eingang in diese Asyle fanden; zum anderen wurden durch die Beiträge, welche Private oder Vereine stifteten, und solchen aus öffentlichen Mitteln die Möglichkeit gegeben, das Kostgeld für die einzelnen Zöglinge zu ermäßigen, ja in vielen Fällen ganz zu erlassen. Damit aber wurden die Anstalten zu Wohltätigkeitseinrichtungen, welche besonders Unbemittelten zugute kamen.»[17]

Die ursprünglich pädagogische Intention, die mit der Errichtung von Idiotenanstalten verknüpft war, wurde durch die Praxis solcher Anstalten, die eine heterogene Gruppe von Behinderten mit den unterschiedlichsten Schädigungen aufnahmen, gefährdet. Deshalb setzten sich verschiedene Vertreter der Idiotenerziehung für eine weitergehende Differenzierung der Insassen von Idiotenanstalten ein. Exemplarisch sei hier O. Hintz mit seiner Schrift «Hygiene und Erziehung» (1893) angeführt. Er schreibt:

«Leider hat sich die Praxis herausgebildet, in eine Idiotenanstalt der Regel nach alles aufzunehmen, was anderweitig nicht unterzubringen ist; sie enthält häufig ein Conglomerat von Missgestalten und Gebrechlichen der verschiedensten Art. Dann ist sie ein trauriger Sammelort unsagbaren menschlichen Elends. Die Gesellschaft glaubt ihre Pflicht erfüllt zu haben, wenn sie diesen Unglücklichen ein gemeinsames Asyl gewährt. Daß solche Wesen auch Anspruch haben, ihrer Individualität gemäß behandelt zu werden, und daß dies in Centralstationen nur dann möglich ist, wenn sie so groß sind, daß gleichartige oder ähnliche Abnormitäten vereinigt und die heterogenen Elemente von einander getrennt werden können, wird heutzutage noch viel zu wenig berücksichtigt.»[18]

16 Vgl. J. P. Gerhardt, a. a. O., S. 23 ff.
17 J. P. Gerhardt, a. a. O., S. 29.
18 O. Hintz: Hygiene und Erziehung, Leipzig 1893, S. 20.

Durch eine weitere Differenzierung der Geistigbehinderten nach unterschiedlichen Bildungsgraden sollten die Asyle funktioneller und ökonomisch zweckmäßiger eingerichtet werden.[19]

Griesinger, der auf dem Gebiet der Psychiatrie bereits eine vergleichbare Differenzierung nach den Schweregraden der Krankheitssymptome anstrebte, hatte die gesamte Irrenbehandlung unter die Maxime gestellt: «Man soll jedem gerade das Maß der Freiheit geben, welches ihm gelassen werden kann. Die Erfahrungen über dieses Maß sind immer fortzusetzen.»[20] Diese Forderung wurde in der zweiten Hälfte des 19. Jahrhunderts auch für die Behandlung Geistigbehinderter erhoben.

Während Hintz und andere Vertreter der Idiotenerziehung noch an der Anstaltsform als angemessener Erziehungsinstitution für alle Grade geistiger Retardierung festhielten und lediglich durch unterschiedliche Abteilungen eine Differenzierung anstrebten, zielte Stötzner mit seinem Entwurf einer Hilfsschule bereits im Sinne Griesingers auf die Freilassung der weniger geschädigten «Schwachsinnigen» aus den Anstalten:

«Es erscheint sehr bedenklich, wenn Schwachsinnige und Blödsinnige in Anstalten fortwährend miteinander verkehren, denn der Umgang, das stete Zusammenleben mit Blödsinnigen muß notwendigerweise auf das schwachsinnige Kind einen höchst niederdrückenden Einfluß ausüben. Es wird geistig herabgezogen werden und in große Gefahr kommen, auf die tiefere Stufe herunterzusinken. Beide müssen also voneinander möglichst getrennt werden.»[21]

Wie Griesinger für einen bestimmten Teil der Geisteskranken die freieste Form der Therapie, die «familiale Verpflegung», forderte,[22] so setzte sich Stötzner für die Errichtung besonderer Schulen ein, die «schwachsinnigen» Kindern das Verbleiben in der Familie ermöglichte.

Diese freieren Formen in der Behandlung Geisteskranker und Erziehung «Geistesschwacher» sollten die Möglichkeit «einer unbegrenzten Ausdehnung» bei «viel geringeren Kosten» erhalten.[23] Hierzu schreibt Stötzner:

«Wollte man nun die Schwachsinnigen mit den Blödsinnigen in Idiotenanstalten unterbringen, so würde dies zu kostspielig sein, da Staatsanstalten mit Ausnahme der einen sächsischen nicht bestehen, die anderen jetzt bestehenden Idiotenanstalten aber meist für Wohlhabende eingerichtet sind, und nur wenig Arme aufnehmen können.»[24]

19 Theoretisch hatten bereits Mediziner und Psychiater die Kategorisierung der verschiedenen Schwachsinnsgrade vorangetrieben. Zum Differenzierungsproblem in den Idiotenanstalten vgl. O. Hintz, a. a. O., S. 25 ff.

20 Griesinger, zitiert bei: K. Dörner, a. a. O., S. 177.

21 H. Stötzner, Altes und Neues . . ., a. a. O., S. 85.

22 Vgl. K. Dörner, a. a. O., S. 377.

23 Vgl. ebd.

24 H. Stötzner: Altes und Neues . . ., a. a. O., S. 80.

Im Gegensatz zum «künstlichen und monotonen» Anstaltsleben sollten sie ein «natürliches soziales Medium» darstellen, das noch am ehesten die soziale Integration und spätere ökonomische Selbsterhaltung gewährleistete.[25]

Bereits die ersten Hilfsschulversuche demonstrierten, daß die Erziehung «Schwachsinniger» durchaus in einem größeren Freiheitsraum vor sich gehen konnte als die Anstalten ihn boten. «Die Hilfsschulen . . . konnten die Kinder ohne Herausnahme aus ihrer Familie mindestens zu den gleichen Unterrichts- und Erziehungserfolgen bringen wie etwa die Anstalten.»[26]

Die Erfahrungen mit dem frühen Hilfsschulwesen konnten nicht ohne Einfluß auf die Organisation und das pädagogische Konzept der Idiotenanstalten bleiben. Soweit die Anstalten den Anspruch erhoben, Unterrichtsinstitutionen für Schwachsinnige, also Geistigbehinderte leichteren Grades zu sein, betrachteten sie die sich entwickelnden Hilfsschulen als Konkurrenzunternehmen. Die Idiotenanstalten rekrutierten ihre Zöglinge in erster Linie aus den reicheren Schichten des Bürgertums und des Adels. Sie waren auf die finanzielle Unterstützung, die ihnen durch die wohlhabenden Eltern ihrer Zöglinge zufloß, angewiesen. Durch die zunehmende Bedeutung der Hilfsschule sahen nun die Experten der Idiotenerziehung nicht nur ihre pädagogische Funktion in den Anstalten gefährdet, sondern die Existenz dieser Institutionen überhaupt bedroht und damit auch die Grundlage ihres eigenen Lebensunterhalts entweichen. Sie befürchteten, daß auch die reichen Eltern es vorziehen könnten, ihre Kinder in die Hilfsschule zu schicken, wenn das Ansehen der Idiotenanstalten durch ihre Reduzierung auf die schwereren Fälle geistiger Behinderung mehr und mehr auf das Niveau reiner Pflegestätten herabsänke.

Die Einrichtungen der ersten Hilfsschulen wurden daher von den Vertretern der Idiotenanstalten mit großer Skepsis betrachtet. Immer wieder verwiesen sie auf die pädagogische Funktion der Anstalten und behaupteten deren bessere Eignung für die Aufgaben der «Schwachsinnigenerziehung». So schreibt O. Hintz, der Inspektor der Idiotenanstalt zu Dallendorf:

«Ich kann nicht umhin, im Interesse der Schwachen zu behaupten, daß da, wo gut organisierte Idiotenanstalten existieren, Hilfsschulen nicht nothwendig sind; ferner schließe ich mich dem Urtheil Kinds an, dass Hilfsklassen resp. Schulen ein nur unvollkommener Ersatz der Anstalten sind, und dass sie nie das leisten können, was man von einer guten Anstalt erwarten darf.»[27]

25 Vgl. K. Dörner, a. a. O., S. 377.
26 Verband Deutscher Hilfsschulen: Denkschrift zum Ausbau des heilpädagogischen Sonderschulwesens, in: Z. f. Heilpäd., 6. Jg., 1955, Heft 1, S. 3–55.
27 O. Hintz, a. a. O., S. 33 f.

Die Anstaltsvertreter begründeten die Vorrangstellung der Anstalten gegenüber den Hilfsschulen vor allem damit, daß die medizinische und hygienische Betreuung der «Schwachsinnigen» in den Anstalten viel eher zu gewährleisten sei als in den Hilfsschulen, die ihre Schüler ja stets wieder in ein unkontrollierbares, allzuoft ungünstiges häusliches Milieu entließen.[28] Dieses Argument, das sich in erster Linie auf die «Schwachsinnigen» aus ärmeren Bevölkerungsschichten bezog, schien jedoch wenig stichhaltig, da die meisten privaten Idiotenanstalten lediglich die behinderten Kinder reicher Eltern aufnahmen.

Die ökonomische Zweckmäßigkeit der neuen Hilfsschulinstitution setzte sich jedoch gegen alle Verteidigungsversuche der Anstaltsvertreter und ihre Vorurteile, daß die Hilfsschule langfristig der pädagogisch sinnvolleren Anstaltsform weichen müsse,[29] durch. Die hohen Kosten der Anstalten, die sich volkswirtschaftlich auch durch die spätere Berufsfähigkeit einiger weniger Schüler nicht amortisierten, bewirkten, daß der Staat von Beginn an nur ein geringes Interesse an der Idiotenfürsorge zeigte, so daß diese weitgehend karitativen Organisationen und privater Initiative überlassen blieb.[30]

Im Gegensatz dazu waren die Hilfsklassen von Anfang an in den staatlichen Organisationsprozeß der Erziehung integriert. Die Stadtver-

28 Vgl. ebd., S. 29.
Daß selbst die «Schwachbefähigten leichteren Grades» in der Anstalt besser aufgehoben sind als in den Hilfsschulen, versucht O. Hintz mit einem Zitat von Kielhorn zu belegen, das sich jedoch gerade auf die schwereren Fälle geistiger Behinderung bezieht:
«Die erziehlichen und unterrichtlichen Mittel und Methoden, die ganze, speciell berechnete Hausordnung einer Anstalt und nicht zum mindesten die diätetisch-hygienischen (medicinischen) Einrichtungen und Maßnahmen, die Überwachung bei Tag und Nacht sind immer noch geeignet, Erfolge auch in der geistigen Entwicklung zu erzielen, wo die Hilfsclassen, welche der Natur der Sache nach ihre Schüler während der Nacht und eines Theiles des Tages den ungünstigen, uncontrollirbaren oft proletarischen Verhältnissen des Hauses zurückgeben müssen, nichts Nennenswertes erreichen.» Ebd., S. 29.
29 Vgl. ebd., S. 33: «Wir können sonach nicht den Hilfsschulen, sondern nur den Anstalten eine Zukunft prophezeien, und wenn auch in den nächsten Jahren sich behufs Entlastung der Normalschulen in erster Reihe jene sehr erheblich vermehren werden, so lässt sich erwarten, dass sie später desto schneller an Zahl abnehmen, um den Anstalten die ihnen zukommenden Rechte nach und nach einzuräumen.»
30 Vgl. den preußischen Erlaß II. 18 000 M. d. I. . . ., a. a. O.: «Nach den bisherigen Erfahrungen empfiehlt es sich, die Gründung derartiger Anstalten vorzugsweise der Privattätigkeit zu überlassen und die Mitwirkung der Provinzialstände sowie wohltätige Vereine zu diesem Zwecke als Beihilfe eventuell zur Begründung von Freistellen in Anspruch zu nehmen.»

waltungen bewilligten die materiellen Mittel für die Errichtung der ersten Hilfsklassen und trugen ebenfalls die Verantwortung für den raschen Ausbau des Hilfsschulwesens.[31]

Mit der staatlichen Organisation der «Schwachsinnigenerziehung» wurden die Einrichtungen des Idiotenwesens mehr und mehr zu Pflegestätten für geistig schwer Behinderte, während die Hilfsschule Teilfunktionen der Idiotenanstalten für eine Auslese ihrer Zöglinge wahrnahm.[32]

In der Definition des Hilfsschülers machten sich die beiden institutionellen Bezüge der Volksschule und der Idiotenanstalten geltend. Der Hilfsschüler wurde praktisch als Volksschulversager identifiziert und theoretisch als «schwachsinniges», «abnormes Geschöpf» bestimmt.

1.7. Ideologische Begründung und Festigung der Hilfsschule

Mit der institutionellen Absonderung der Hilfsschüler von den Volksschülern und von den Zöglingen der Idiotenanstalten begann auch die ideologische Rechtfertigung der abgesonderten Hilfsschule. Die pädagogische Interpretation des «schwachbefähigten», «nachhilfebedürftigen» Schülers wurde dabei zunehmend durch die biologisch-medizinische Definition des «schwachsinnigen» Schülers in den Hintergrund gedrängt. Die gesellschaftlichen Aspekte und sozialen Bedingungen intellektueller Retardierung verschwanden immer mehr aus dem Blickfeld der praktizierenden Lehrer und theoretischen Vertreter der Hilfsschule. Diese allgemeine Tendenz, die den Prozeß der ideologischen Begründung und Festigung der Hilfsschule charakterisierte, soll im folgenden näher beleuchtet werden.

Stötzner, der als erster eine Konzeption der Hilfsschulerziehung für «schwachbefähigte Kinder» vorlegte,[1] beabsichtigte in erster Linie die

31 Vgl. Verband Deutscher Hilfsschulen: Denkschrift . . ., S. 4: «Das heilpädagogische Sonderschulwesen ist eine Schöpfung der deutschen Städte. Die Gründung der ersten Hilfsschulen bedeutete ein erhebliches Wagnis und zeugt von dem fortschrittlichen und gesunden pädagogischen Geist der städtischen Behörden.»

32 Die zunächst in den Idiotenanstalten entwickelten Methoden in der Schwachsinnigenerziehung wurden weitgehend von den Hilfsschullehrern, die sich zum Teil durch Hospitationen in den Idiotenanstalten auf ihre Hilfsschularbeit vorbereiteten, rezipiert. Vgl. E. Beschel, a. a. O., S. 20.

1 Stötzners kleine Schrift: «Schulen für schwachbefähigte Kinder», aus dem Jahre 1864, stellte den ersten theoretischen Entwurf einer Hilfsschulerziehung dar.

pädagogische Situation häuslich vernachlässigter, gesundheitlich gebrechlicher, in ihrer Entwicklung beeinträchtigter Kinder der unteren Volksschichten zu verbessern:

«Weiter vergesse man nicht, daß mit der Einrichtung von Nachhilfeschulen besonders den *ärmeren* Classen der Bevölkerung eine Wohlthat erzeugt wird. Für reiche und wohlhabende Leute ist schon gesorgt; ihnen stehen genug Hauslehrer, Pensionate, Idiotenanstalten zur Verfügung, während jetzt der Arme sein unglückliches Kind der Elementarschule übergeben muß.»[2]

Hilfsschulerziehung war also für Stötzner vor allem eine Erziehung für behinderte Kinder der «untern Volksklassen», die das «Hauptcontingent» an Volksschulversagern lieferten.[3] Auf einer Tagung der «Gesellschaft zur Förderung der Schwach- und Blödsinnigenbildung» in Hannover (1865) wies er darauf hin, daß 85 % aller schwachsinnigen Schüler aus der «unbemittelten Klasse» der Bevölkerung kommen.[4] In seiner Schrift «Altes und Neues aus dem Gebiete der Heilpädagogik» führte Stötzner das Ergebnis einer eigenen Untersuchung an:

«Bei einer Zählung der blöd- und schwachsinnigen schulpflichtigen Kinder Leipzigs fanden sich etwa 63 solcher Unglücklichen vor, von denen 33 den beiden Armenschulen angehörten. Während in den Bürgerschulen etwa ¼ Prozent aller schulpflichtigen Kinder als schwachsinnige bezeichnet werden mußte, war es in den Armenschulen fast 1 Procent.»[5]

Stötzner sah in den Lebensverhältnissen der «ärmeren Volksklasse» eine wesentliche Ursache für geistige Rückständigkeit und «Idiotismus».[6] Was Stötzner im einzelnen unter dem schädigenden Milieu der «unteren Volksklasse» verstand, illustrierte er durch ein Zitat von Medizinalrat Dr. Brandes, einem angesehenen Fachmann im Bereich der medizinischen Psychopathologie. Dieser schreibt:

«Als besonders schädlich auf die körperliche und geistige Entwicklung des Kindes sind hier hervorzuheben, die in den ärmeren Classen so gewöhnliche mangelhafte Ernährung des Säuglings und des kleinen Kindes, mangelhafte Reinlichkeit, das

2 H. Stötzner, Altes und Neues . . ., a. a. O., S. 85. Hervorhebung im Original.

3 Vgl. ebd., S. 77.

4 Vgl. P. Tätzner: Die Entstehung des Gedankens, besondere Schulen für schwachsinnige Schüler zu errichten, und die Art, wie dieser Gedanke in der Nachhilfeschule zu Dresden-Altstadt Verwirklichung gefunden hat, in: Zeitschrift für die Behandlung Schwachsinniger und Epileptiker 16 (1900), S. 69.

5 H. Stötzner: Altes und Neues . . ., a. a. O., S. 78.

6 Vgl. ebd., S. 77 ff.

Überheizen der Zimmer, das ängstliche Warmhalten der Kinder, namentlich des Kopfes, Angst vor dem Öffnen der Fenster und vor jedem Luftzuge. Dazu kommt noch die unselige Mode, das unruhige Kind mit Schlaftropfen oder Branntwein zu besänftigen. Sind die Wohnungen nun feucht, dumpfig, ohne Licht und Sonne, nach engen Höfen, engen Straßen, sogar im Keller gelegen, wie dies in größeren Städten etwas ganz Gewöhnliches ist, sind die Wände feucht, mit Schimmel bedeckt, die Betten mit feuchtem, halbfaulem Stroh gefüllt, wird zugleich in dem schon übervölkerten Zimmer noch gekocht, so ist es leicht erklärlich, daß das Kind, welches verdammt ist, in dieser Atmosphäre aufzuwachsen, nicht gedeihen kann. Man hat gerade in solchen Wohnungen viele idiotische Kinder angetroffen und von einer eigenen Art des Cretinismus in größern Städten gesprochen.»[7]

Wenn Stötzner auch wie Brandes die gesellschaftlichen Determinanten des «Idiotismus» und des «Schwachsinns» reflektierte, so bedeutet das jedoch nicht, daß er mit seinem Konzept einer Hilfsschulerziehung eine Art kompensatorischen Unterricht ansteuerte. Intellektuelle Rückständigkeit bzw. «Schwachsinn» waren für Stötzner bleibende Schädigungen, die auf keinen Fall durch Nachhilfeunterricht zu beheben wären.

«Ganz einseitig ist es aber, will man den Unterricht allein berücksichtigen. Dr. Brandes sagt: ‹da das Organ, auf welches man wirkt, krank ist, so darf es nicht übernommen werden, weil sonst rasch Ermüdung und völlige Erschöpfung eintritt. Das Geistige im schwachsinnigen Kinde ist ein zarter Keim, der durch milde Wärme und Geduld langsam zu einer gewissen Entwicklung gebracht werden kann, der aber die Hitze des pädagogischen Treibhauses nicht erträgt›.»[8]

Die Erziehung «schwachsinniger» Kinder zu «frommen brauchbaren Menschen», die als «Erwachsene durch ihrer Hände Arbeit Brod verdienen und nicht wie Schmarotzerpflanzen vom Marke Anderer zehren,»[9] konnte nach Stötzners Meinung nur in einer von der Volksschule unabhängigen Institution gelingen, in der «Erziehung und Unterricht» ähnlich wie in den «Kindergärten und Bewahranstalten»[10] eng miteinander verbunden ist. Mit besonderem Nachdruck wandte sich Stötzner daher gegen die Einrichtung von Hilfsklassen in den bestehenden Volksschulen:

«In Nachhilfe*classen* kann allerdings nur auf den Unterricht das Hauptgewicht gelegt werden. Daß dies aber bei schwachsinnigen Kindern nicht ausreichend ist, glaube ich genügend bewiesen zu haben. Soll ihnen geholfen werden, so gilts

7 G. Brandes, zitiert bei: H. Stötzner: Altes und Neues . . ., a. a. O., S. 77 f. Stötzner bezieht sich hier und in den folgenden Zitaten auf G. Brandes' Schrift: Der Idiotismus und die Idiotenanstalten mit besonderer Rücksicht auf die Verhältnisse im Königreiche Hannover, Hannover 1862.
8 G. Brandes, zitiert bei: H. Stötzner: Altes und Neues . . ., a. a. O., S. 83.
9 H. Stötzner: Altes und Neues . . ., a. a. O., S. 82.
10 Ebd., S. 82.

abzulenken von der breiten Heerstraße des gewöhnlichen Schulunterrichts und neue Bahnen zu betreten. Es hat sich ja schon klar herausgestellt, daß die Elementarschule mit ihrem Lehrverfahren bei Schwachsinnigen Nichts erzielt. Hier müssen also noch andere Hebel eingesetzt werden, und dies ist nur dann möglich, wenn man nicht Nachhilfe*classen*, sondern *selbständige Schulen* einrichtet und denselben Licht und Luft zu weiterer Entwicklung giebt. Die Nachhilfeclassen – fürchte ich – werden für Lehrer, wie für Schüler Stunden böser Qual werden, da in den wenigen Schulstunden nicht das erreicht werden kann, was verlangt wird. Möglich, daß zunächst in diesen Nachhilfeclassen einige Scheinerfolge erzielt werden. Sie können aber nicht dauernd sein, weil dies Mittel dem Wesen des schwachsinnigen Kindes nicht entspricht.»[11]

Diese Ausführungen Stötzners leisten dem Selbstverständnis der Hilfsschule als eigenständiger von der Volksschule isolierter Institution erheblichen Vorschub.

Um sein Konzept einer Hilfsschulerziehung von etwaigen Mißverständnissen, die durch Begriffe wie «*Nachhilfe*schule» und «schwach*befähigte*» Kinder hervorgerufen wurden, zu befreien, distanzierte sich Stötzner von dem pädagogischen Begriff «schwachbefähigt» und wandte sich dem psychiatrischen Schwachsinnsbegriff zu:

«Ich habe diese Kinder früher auch «schwachbefähigte» genannt; aber nur um einen weniger hartklingenden Ausdruck anzuwenden. Da aber dies zu Mißverständnissen geführt hat, so werde ich künftig nur den allgemeingültigen Ausdruck – schwachsinnig – gebrauchen.»[12]

In seiner Definition des «Schwachsinns» stützte sich Stötzner wiederum auf Gustav Brandes, der den «Schwachsinn» als einen Schweregrad des Idiotismus ansah, als «Blödsinn geringeren Grades».[13]

«Da der Idiotismus die Folge verschiedener schwerer Erkrankungen des Gehirns ist, so muß es einleuchten, daß die hervorstechendsten Erscheinungen desselben innerhalb der von diesem Organe beherrschten oder beeinflußten Thätigkeiten zu suchen sind. Die Geistesthätigkeiten können wir uns nicht vom Gehirn getrennt denken, und stellen wir dieselben bei unserer Betrachtung voran. Das charakteristische Symptom auf diesem Gebiete ist die Schwäche oder das gänzliche Erloschensein aller oder der meisten geistigen Funktionen. Diese Schwäche kann verschiedene Abstufungen haben und geht von geringeren Graden geistiger Beschränkung und Dummheit . . . bis zur vollkommen geistigen Nichtigkeit.»[14]

Da in dieser Definition des «Schwachsinns» die durch soziale Ursachen

11 Ebd., S. 84. Hervorhebungen im Original.
12 Ebd., S. 77.
13 Vgl. ebd., S. 76.
14 G. Brandes, zitiert bei: H. Stötzner, Altes und Neues . . ., a. a. O., S. 75. Bei diesem Zitat ist nicht eindeutig erkennbar, ob Stötzner Brandes wörtlich zitiert oder seine Gedanken in eigenen Worten widergibt.

hervorgerufene Schädigung genauso irreversibel erscheint wie der angeborene Defekt, ist nur noch ein kleiner Schritt bis zur hirnorganischen Interpretation des «Schwachsinns», die völlig von sozialen Faktoren abstrahiert. Diese medizinische Definition begann bereits zu Stötzners Zeiten die gesellschaftlichen Aspekte des «Schwachsinns» zu verdrängen. Obwohl «Schwachsinn» als organisches Merkmal nicht diagnostizierbar war, geriet der Hilfsschüler in einen immer stärkeren Gegensatz zum «normalen», «gesunden» Volksschüler, so daß, wenn von «schwachbefähigten, geistig zurückgebliebenen, schwachsinnigen, idiotischen und blödsinnigen Kindern» die Rede war, stets «Kranke, geistige Krüppel» gemeint waren.[15]

Die zunehmend diskriminierende Charakterisierung des Hilfsschülers stand in engem Zusammenhang mit der Abgrenzungsproblematik, die ich in 1.5. beschrieben habe. Die Notwendigkeit, die Absonderung der Hilfsschüler von den Volksschulversagern und Sitzenbleibern theoretisch zu rechtfertigen, stellte die Hilfsschulpädagogik vor nicht unerhebliche Schwierigkeiten: Der «Phänotyp» des Hilfsschülers ließ sich nicht durch Eigenschaften bzw. eindeutige Charakteristika bestimmen. Um dennoch die qualitative Andersartigkeit des Hilfsschülers gegenüber dem Volksschüler zu begründen, griff die Hilfsschulpädagogik auf die zeitgenössische psychopathologische Theorie zurück und bediente sich der medizinischen Argumentation, die sich im wesentlichen zur Charakterisierung der Insassen von Irren- und Idiotenanstalten entwickelt hatte. Auf diese Weise erhielten Medizin und Psychopathologie einen erheblichen Einfluß auf die Definition des Hilfsschülers.

Gegen Ende des 19. Jahrhunderts waren erhebliche Fortschritte in der Erforschung des Nervensystems zu verzeichnen, «und seine wichtigsten Zusammenhänge waren durch Beobachtung lokaler Ausfälle von Bewegung und Empfindung ermittelt worden»[16]. Gleichzeitig entwickelt sich mit der Psychopathologie eine stark naturwissenschaftlich ausgerichtete Erforschung geistiger Abnormitäten, die von den sozialen Ursachen des Wahnsinns und der gesellschaftlichen Dimension des Normalitätsbegriffs weitgehend absah. Die von der Medizin aufgestellten «typischen Degenerationszeichen zur Erkennung des Schwachsinns» bildeten eine wesentliche Grundlage der entstehenden Hilfsschulpädagogik.[17] Vor allem Strümpels Pädagogische Psychopathologie[18] und die von Koch in die

15 Vgl. H. Kielhorn, Über Schulen für schwachbefähigte Kinder, a. a. O., S. 362.

16 J. D. Bernal: Wissenschaft, a. a. O., Bd. 3, S. 869.

17 Vgl. S. Gehrecke: Hilfsschule heute. Krise oder Kapitulation? Berlin 1970, S. 9.

18 Vgl. L. v. Strümpell: Die Pädagogische Pathologie oder die Lehre von den Fehlern der Kinder, Leipzig 1890.

Psychiatrie eingeführte Lehre von den «psychopathischen Minderwertigkeiten»[19], zu denen auch der Schwachsinn zählte, erhielt für die sich entwickelnde Hilfsschulliteratur zunehmende Relevanz. Mit dem Begriff «psychopathische Minderwertigkeiten» sollte die Zwischenstufe eines krankhaften Zustandes zwischen den eigentlichen Psychosen und dem Bereich des Normalen, Gesunden erfaßt werden.[20] Danach gehörte der «Schwachsinn» zwar nicht zu den Geisteskrankheiten, beruhte aber auf «einer angeborenen oder erworbenen Minderwertigkeit der Konstitution des Gehirns, bzw. des Nervensystems überhaupt»[21]. Allerdings war sich die Medizin des hypothetischen Charakters ihrer empirisch nicht nachzuweisenden Aussagen bewußt. So schrieb Trüper, der durch Strümpel und Koch beeinflußte Herausgeber der Zeitschrift «Kinderfehler» (1896):

«Doch darf nicht dabei verschwiegen werden, daß die Medizin die Verkehrtheit des Nervensystems zu einem großen Teil erst aus dem psychischen Verhalten und die dasselbe oft begleitenden körperlichen Regelwidrigkeiten erschließt; denn anatomisch oder chemisch läßt sie sich bei solchen Minderwertigkeiten nirgends in wirklich brauchbarer Weise nachweisen, wie Koch wohl mit Recht behauptet.»[22]

Das Eingeständnis von psychiatrischer Seite, daß es «zur Zeit noch überall an zureichenden Kriterien» fehle, um mit Bestimmtheit zu sagen, «ob die psychische Beschaffenheit eines Menschen noch in den Rahmen des Normalen oder schon des Abnormen fällt»[23], hinderte die Vertreter der Hilfsschule nicht daran, den Schwachsinnsbegriff zur eindeutigen Kategorisierung der in ihrer Institution zu betreuenden Kinder zu übernehmen.

So heißt es beispielsweise bei Kielhorn:

«Schwachbefähigte, schwachsinnige, blödsinnige Kinder sind solche, bei denen die Entwicklung des Gehirns durch irgendwelche Störungen vor der Geburt, während der Geburt oder in den ersten Lebensjahren gehemmt ist, und deren

19 Vgl. J. L. A. Koch: Die psychopathischen Minderwertigkeiten, 3 Teile, Ravensburg 1891/93.

20 Vgl. J. Trüper: Psychopathisches im Kindesleben, in: W. Rein: Enz. Handbuch der Päd., 2. Auflage, Bd. 7, Langensalza 1908, S. 128: «Wenn somit die psychopathischen Minderwertigkeiten nicht zu den Psychosen gestellt werden dürfen und ebensowenig in den Rahmen des Normalen fallen, so ist es doch so, daß sie auf der einen Seite ganz allmählich aber völlig zu den Geisteskrankheiten hinüberführen, wie sie auf der anderen Seite ganz allmählich in die Breite des Normalen sich verlieren.»

21 Ebd.

22 Ebd.

23 Ebd., S. 129.

Geistesleben infolgedessen mehr oder minder darniederliegt. Viele Kinder bringen nämlich die Anlage zur Geistesschwäche als Erbstück von ihren Eltern mit auf die Welt; denn in vielen Familien sind Geisteskrankheiten und Geistesschwäche erblich, in anderen herrschen Scropheln oder andere Krankheiten, die eine abnorme Entwicklung des Gehirns des Kindes im Uterus bewirken. Auch sind Trunksucht, Syphillis, geschlechtliche Ausschweifungen und Verirrungen der Eltern, sowie schwere Krankheiten, Aufregungen und Entbehrungen der Mutter während der Schwangerschaft, Heiraten in naher Verwandtschaft durch mehrere Generationen und vieles andere oft Ursache des ererbten Schwach- und Blödsinns.

Nicht selten kommen auch bei der Geburt Verletzungen des Schädels, die Störungen im Gehirn und dadurch spätere geistige Abnormität verursachen. Und wie hilflos und zart ist das neugeborene Kind! Wie empfänglich für schwere Krankheiten aller Art, die sein Nervensystem und sein Gehirn zerrütten und den Grund zur Geistesschwäche legen![24]

Im Vergleich mit späteren Entwicklungen der Hilfsschulpädagogik legte die medizinische Interpretation des Schwachsinns in dieser Gründerzeit des Hilfsschulwesens allerdings den Akzent noch nicht auf genetische Erklärungen und war mit einer karitativen Einstellung gegenüber dem «kranken» Schüler verbunden. Sie zeigte sich u. a. in der Betonung der stark religiös gefärbten sittlichen Erziehung gegenüber dem bloßen Unterricht. Der Hilfsschüler sollte dazu erzogen werden, innerhalb der ihm durch den «Schwachsinn» gezogenen Schranken zu individueller «Lebensfreude» zu finden und sich durch besondere «Willigkeit» und «Fügsamkeit» Auseinandersetzungen mit der «normalen» Gesellschaft zu ersparen.[25] In diesem Sinne formulierte Kielhorn die erzieherische Aufgabe der Hilfsschule:

«Wir wollen aus den uns anvertrauten Kindern religiöse und sittliche Menschen bilden! Wir wollen sie zu religiös-sittlichen Persönlichkeiten heranreifen lassen, soweit das möglich ist! Wir wollen sie dahin führen, daß sie ihren himmlischen Vater empfinden, lieben und erkennen lernen und – und daß sie die Brüder auf Erden lieben!

Hieraus ergibt sich, daß die Hilfsschule in erster Linie Erziehungsschule sein muß, daß der Unterricht nicht Selbstzweck sein darf, sondern überall und nachdrücklich im Dienste der Erziehung zu stehen hat.

Die Bildung des Herzens, des Gemütes, der Lebensfreudigkeit sei unsere nächste Aufgabe. Das Rechtsgefühl, das Rechtsbewußtsein werde in den Kindern wachgerufen und geschärft. Die Erkenntnis für Recht und Unrecht, für Gut und

24 H. Kielhorn: Über Schulen für schwachbefähigte Kinder, a. a. O., S. 362. Bei dieser medizinisch-diagnostischen Definition schwachsinniger Schüler ist es nicht mehr erstaunlich, daß dem Arzt die Rolle zufällt, Hilfsschüler zu identifizieren.

25 Vgl. H. Kielhorn: Erziehung und Unterricht schwachbefähigter Kinder. Hilfsschul-Lehrplan, Halle 1909, S. 20 f.

Böse und die Freude am Guten werden eingepflanzt! Der Wille werde auf das Gute gelenkt und das Wollen des Guten genährt!»[26]

Indem die Hilfsschulvertreter die organisch bedingte «geistige Schwäche» ihrer Schüler betonten, bewirkten sie zwar einerseits, daß der Staat ihrer Arbeit relativ vorteilhafte institutionelle Bedingungen einräumte, auf der anderen Seite förderten sie jedoch (wenngleich ungewollt) die soziale Diffamierung und Diskriminierung ihrer Schüler, die alle pädagogischen Intentionen grundsätzlich in Frage stellten. So schrieb H. J. Witte, ein entschiedener Gegner der Hilfsschule und der medizinischen Interpretation des «Schwachsinns», daß die bisherige Gestalt der Hilfsschulen dadurch ernsthafte Bedenken errege, «daß sie in sozial verhängnisvoller Weise, die Schwachen stets wie Kranke gängeln, daß sie ihnen jedes Selbstvertrauen rauben und, sie nur an Leitung durch andere gewöhnend, ihnen auch jede Selbständigkeit nehmen»[27].

Witte sah durch die Hilfsschule nicht nur die spätere Erwerbsfähigkeit der in ihr unterrichteten und erzogenen Kinder gefährdet, sondern er fürchtete auch, daß der «Glaube, ‹Schwache› könnten nur in besonderen Schulen fortkommen, dazu führen muß, daß die Volksschullehrer in dem Eifer, die Schwachen zu fördern, erlahmen und das Geschick, sie zu fördern, verlieren werden»:[28]

«Wer als Schulpfleger häufig Schulen besucht, vermißt am meisten genügend Heranziehung und Beteiligung der sogenannten Schwachen.»[29]

Im Gegensatz zu den Vertretern der Hilfsschule, die ihre Institution zum Teil mit dem Argument rechtfertigten, daß sie die Volksschule von «geistig minderwertigen Elementen» befreie und dadurch ihren «Unterrichtsbetrieb» günstig beeinflusse,[30] sah Witte in der Hilfsschulkonzeption eine Gefahr für den pädagogischen Auftrag der Volksschule:

«Da nur besonders günstig gestellte und reiche Gemeinden sich den mindestens vielfach zweifelhaft wertvollen Luxus besonderer, nur für schwachbegabte Kinder bestimmter Schulen leisten können, so sind die meisten Volksschulen und Schulgemeinden sogar darauf angewiesen, sich lediglich selber durch angemessenes Erziehungs- und Unterrichtsverfahren auch bei jenen Schülern den Erfolg ihrer Arbeit möglichst zu sichern.»[31]

26 Ebd., S. 20.
27 H. J. Witte, a. a. O., S. 31.
28 Ebd., S. 30.
29 Ebd., S. 3.
30 Vgl. J. Grote: Können Kinder zwangsweise der Hilfsschule zugeführt werden? In: Bericht über den 4. Verbandstag der Hilfsschulen Deutschlands, 1903, S. 37.
31 H. J. Witte, a. a. O., S. 23.

Wittes Bedenken gegenüber der Hilfsschule entsprachen dem objektiven Interesse der Volksschullehrerschaft, die materiellen Bedingungen an der Volksschule zu verändern und die organisatorischen und inhaltlichen Verbesserungen nicht einer neuen, von der Volksschule losgelösten Institution zu überlassen. Zwar bedeutete die Aussonderung schwachbegabter und schwieriger Kinder aus den großen Klassengemeinschaften für den Volksschullehrer einerseits eine Erleichterung, andererseits verschärfte dieser Selektionsprozeß aber auch den Leistungsdruck an der Volksschule und reduzierte die Funktion des Lehrers immer stärker auf Disziplinierung und Stoffvermittlung. Mit der Unterscheidung der «normalen», «gesunden» Schüler von den «schwachsinnigen», «kranken» befestigte sich zugleich die didaktische Vorstellung, daß der «normale», anpassungsfähige und durchschnittlich belastbare Schüler zu seiner Entwicklung nur der undifferenzierten Methode des Massenunterrichts bedürfe, während eine auf den einzelnen Schüler eingehende Unterrichtsmethode nur bei schwachbefähigten Kindern notwendig sei. Damit gingen alle gegen den Massenunterricht gerichteten pädagogischen Forderungen wie Herabsetzung der Klassenfrequenz, Anpassung der Unterrichtsziele an die Fähigkeiten der Schüler und stärkere Akzentuierung der Methodik an die Hilfsschule über und erlangten hier die Bedeutung eines Sonderunterrichts, der «dem Wesen der geschwächten Veranlagung» und der Eigenart Schwachsinniger angepaßt schien.[32]

Indem die Hilfsschule der Volksschule die Pflicht abnahm, sich um die Schwächsten zu kümmern, und sie damit gleichzeitig in ihrer Funktion bestärkte, Durchschnittsqualifikationen nach der Methode des Massenunterrichts hervorzubringen, usurpierte sie den pädagogischen Freiraum für didaktische und methodische Experimente, für einen nach den Fähigkeiten des Schülers differenzierenden und individualisierenden Unterricht.

Gleichzeitig bedeutete die Gefahr, in die diskriminierende Hilfsschule abgeschoben zu werden, für die Volksschüler eine Intensivierung des Leistungsdrucks und wirkte auf sie als negativer Ansporn zum Lernen und zur Disziplin. Hier wird sehr deutlich, wie die sich konsolidierende Hilfsschule, deren Entstehung aus dem staatlichen Organisationsprozeß der Volksschule oben abgeleitet wurde (s. 1.4.), umgekehrt auf diese zurückwirkt und die charakteristischen Merkmale des Volksschulunterrichts – Sicherung einer Mindestqualifikation, Disziplinierung, Massenunterricht – verstärkt.

In Volksschullehrerkreisen wurde die Hilfsschule immer stärker kritisiert. Ihr Widerstand gegen die neue Institution, die auch auf den Lehrerversammlungen in Erscheinung trat, förderte das Bestreben der Hilfs-

32 Vgl. F. Frenzel: Geschichte des Hilfsschulwesens, a. a. O., S. 46.

schullehrer, eine eigene Berufsgenossenschaft zu gründen, «um mit vereinten Kräften den Zweifeln entgegenzutreten»[33]. Dadurch festigte sich gegen Ende des 19. Jahrhunderts der Absonderungsprozeß, der zunächst nur die Schüler erfaßt hatte.

Wie die Hilfsschule sich als eigenständige Institution jedoch nicht nur gegenüber der Volksschule durchsetzen mußte, sondern gleichzeitig gegenüber den Idiotenanstalten, so hatte die Hilfsschullehrerschaft ihre Interessen nicht nur gegen die Volksschullehrerschaft zu behaupten, sondern mußte diese ebenfalls gegen die Ansprüche der Anstaltsvertreter sichern. Dem Bemühen der Hilfsschullehrer um einen beschleunigten Ausbau des Hilfsschulwesens stand das Interesse der Lehrer an den Idiotenanstalten an einer Erweiterung des Anstaltswesens entgegen. Auf den «Konferenzen für das Idiotenwesen», von denen die Hilfsschullehrer sich zunächst Rat und Hilfe erwarteten, kam die «Hilfsschulsache» daher nicht «genügend zu ihrem Recht»[34].

So gründeten die Vertreter der Hilfsschule im Jahre 1898 ihren eigenen Berufsverband, den Verband der Hilfsschulen Deutschlands. Bei seiner Gründung zählte der Verband 72 Mitglieder, im Jahre 1904 waren es bereits 400. Dieser Zuwachs an Verbandsmitgliedern illustriert die sprunghafte Entwicklung des Hilfsschulwesens um die Jahrhundertwende und belegt seine institutionelle Konsolidierung.[35]

33 Zitiert bei: N. Myschker: Der Verband der Hilfsschulen Deutschlands und seine Bedeutung für das deutsche Sonderschulwesen, Diss., in: Zeitschrift für Heilpädagogik, Beiheft 8, Nienburg/Weser 1969, S. 22.

34 Vgl. ebd.

35 N. Myschker führt den sprunghaften Anstieg der Hilfsschulen um die Jahrhundertwende auf die Verbandsgründung zurück:

«Diese so stark beschleunigte Entwicklung in einer Zeit des Widerstandes gegen die Hilfsschule läßt auf intensive Arbeit für die Verbreitung der Hilfsschule schließen, und die leistete in dieser Zeit vor allem der VdHD. Dank dieser intensiven Arbeit verbreiteten sich die Hilfsschulen in steter Entwicklung bis zum Beginn des ersten Weltkrieges über ganz Deutschland.» (N. Myschker, a. a. O., S. 61)

Myschker überschätzt die Möglichkeiten eines ökonomisch und politisch völlig unbedeutenden Interessenverbandes, wenn er die institutionelle Durchsetzung der Hilfsschule in erster Linie auf die Arbeit des VdHD zurückführt. Der Verein der Hilfsschulen Deutschlands war zwar in der Lage, Standesinteressen zu vertreten, Aufklärungsarbeit zu leisten und für eine gedeihliche Fortentwicklung der Hilfsschule Vorschläge zu unterbreiten, die materielle Errichtung einer Hilfsschule bedurfte jedoch der Einwilligung der städtischen Behörden und war insofern immer abhängig von der ökonomischen, politischen, finanziellen Situation der jeweiligen Städte.

Es ist nicht genug . . .

... daß man Talent habe; es gehört mehr dazu, um gescheit zu werden – sprach Goethe einst (zu Eckermann, am 13. Februar des Jahres 1829). Und er nannte beim Namen, was er zum «Mehr» zählte: «Man muß Geld genug haben, seine Erfahrungen bezahlen zu können ... Eine halbe Million meines Privatvermögens ist durch meine Hände gegangen, um das zu lernen, was ich jetzt weiß.»

Nicht jede Bildung ist so teuer. Aber Vermögensbildung erleichtert allemal auch die Geistesbildung. Mangel an Geld ist die ungerechteste Form der Behinderung.

2. Kapitel: Die Entwicklung der Hilfsschulklassen in Schweden von den Anfängen bis zu ersten Ansätzen der Konsolidierung in den zwanziger Jahren des 20. Jahrhunderts

2.0. Einleitung

Die Entstehung der Hilfsklassen in Schweden weist viele Parallelen zur Hilfsschulentwicklung in Deutschland auf. Diese Gemeinsamkeiten sind keineswegs zufällig, sondern lassen sich auf Ähnlichkeiten in der Grundstruktur des staatlich organisierten Bildungswesens und der gesellschaftlichen Zusammenhänge zurückführen. So brachte in Schweden wie in Deutschland die Transformation der feudalen Agrargesellschaft in eine kapitalistische Industriegesellschaft die Einführung der allgemeinen Schulpflicht mit sich. Gemäß der in Schweden später einsetzenden Industrialisierung vollzog sich die gesetzliche Festlegung der Schulpflicht hier um einige Jahrzehnte später als in den deutschen Kleinstaaten. Zunehmende Industrialisierung und Verwissenschaftlichung der Produktion erhöhten hier wie dort den Bedarf an teilweise hochqualifizierten Arbeitskräften und bewirkten eine ähnliche Strukturierung und Differenzierung des Bildungswesens. Auf der einen Seite entstanden Fortbildungsschulen, höhere Fachschulen und neue Schulformen des Sekundarschulwesens, die der Wirtschaft Facharbeiter, Ingenieure und qualifizierte Techniker zur Verfügung stellten, auf der anderen Seite konsolidierte sich die Volksschule allmählich als Ausbildungs- und Erziehungsinstitution für die Sicherstellung der gesellschaftlichen Durchschnittsarbeit.

Der Konsolidierungsprozeß der Volksschule, der in Deutschland eine wesentliche Voraussetzung für die Institutionalisierung der Hilfsschule bildete, verstärkte auch in Schweden das gesellschaftliche Interesse an der Absonderung leistungsschwacher Schüler und führte zur Entstehung der ersten Hilfsklassen. Dabei spielte die deutsche Hilfsschule als Orientierungshilfe für die Einrichtung der schwedischen Hilfsklassen eine bedeutende Rolle.

Während das komplexe Bedingungsgefüge zwischen Schule und Gesellschaft in beiden Ländern gemeinsame Grundstrukturen erkennen läßt, lassen sich auch bedeutende nationale Modifikationen beobachten. Diese Unterschiede beruhen auf spezifischen ökonomischen, sozialen, politischen bis hin zu geographischen Bedingungen des jeweiligen Staates. Vor allem unter dem Aspekt der institutionellen Integration bzw. Isolation werden Differenzen deutlich. Bereits die Entstehungsphase der schwedischen Hilfsklassen und der deutschen Hilfsschule zeigt, daß die schwedische Hilfsklasse sich nie in dem Maße von der Regelschule entfernt hat wie die deutsche Hilfsschule.

Schärft der Vergleich einerseits den Blick für die gemeinsamen Formen und Gesetzmäßigkeiten, denen identische gesellschaftliche Grundstrukturen der bürgerlichen Gesellschaft entsprechen, so ermöglicht er andererseits erst das Erkennen von Erscheinungsformen, die auf nationale Besonderheiten der historischen Entwicklung zurückgehen.

Um die im ersten Teil bereits dargestellten generellen Entwicklungserscheinungen, die für diese historische Epoche charakteristisch sind, nicht repetieren zu müssen, ist es sinnvoll, auf eine Nebeneinanderstellung zu verzichten und die Darstellung der Entstehung der Hilfsklassen in Schweden von Anfang an vergleichend anzulegen. Auf diese Weise ergeben sich die folgenden Vorteile:

1. können strukturelle Gemeinsamkeiten Schwedens mit Deutschland im Vergleich deutlicher herausgearbeitet werden,
2. lassen sich spezifisch schwedische Entwicklungstendenzen klarer mit spezifischen gesellschaftlichen, politischen und ökonomischen Bedingungen Schwedens in Verbindung bringen,
3. gewinnt das analytische Element gegenüber einer bloß schildernden Darstellungsweise an Gewicht.

Die einzige umfassende Publikation, die zur Entstehungsgeschichte der schwedischen Hilfsschule vorliegt: S. Nordström, Hjälpskolan och särskolan i Sverige t. o. m. 1921 [1], behandelt die Entstehung der Hilfsklassen im Zusammenhang mit der Differenzierungsproblematik in der Volksschule. Sie geht insofern – bei der Zugrundelegung der These, daß die Hilfsschule nur als Abspaltungsprodukt der Volksschule zu verstehen sei – über die vorhandenen Darstellungen zur Entwicklungsgeschichte der deutschen Hilfsschule hinaus. Allerdings deutet auch Nordström den gesellschaftlichen Hintergrund, vor dem sich der Differenzierungsprozeß in der Volksschule vollzieht, lediglich an, er vernachlässigt den Zusammenhang zwischen den gesellschaftlichen Verhältnissen und der realen Schulentwicklung zugunsten einer ausführlichen Wiedergabe der pädagogischen Differenzierungsdiskussion.

Eine an den gesellschaftlichen Zusammenhängen interessierte Analyse der schwedischen Hilfsschulentwicklung stößt sehr bald auf eine wesentliche Schranke: Sie kann nicht in demselben Maß auf entsprechende Untersuchungen im Bereich der politischen Ökonomie des Ausbildungs-

1 S. Nordström: Hjälpskolan och särskolan i Sverige t. o. m. 1921. Utvecklingen i relation till differentieringsproblemet, Stockholm 1968.

sektors, der Sozialgeschichte des Erziehungswesens und der allgemeinen Wirtschaftsgeschichte zurückgreifen, wie das für die deutsche Schulgeschichte mittlerweile immerhin dank der Anstrengungen einzelner Erziehungs- und Wirtschaftswissenschaftler in der BRD sowie der umfangreichen historischen Forschungen in der DDR möglich ist.[2] Diese Situation wirkt sich notgedrungen negativ auf die analytische Durchdringung in der folgenden Darstellung der schwedischen Hilfsklassenentwicklung aus. Diese beschränkt sich weitgehend auf solche Tatbestände, die beim Vergleich mit den Entwicklungsbedingungen der deutschen Hilfsschule im Sinn der Übereinstimmung oder Abweichung wichtig erscheinen.[3] Eine eigenständige, gesellschaftswissenschaftlich fundierte historische Darstellung der Hilfsklassenentwicklung in Schweden kann sie nicht ersetzen.

Als Quellenmaterial für die folgenden Ausführungen wurden vor allem alle Jahrgänge der Zeitschrift «Hjälpskolan» (seit 1960 «Nordisk tidskrift för specialpedagogik») und die Gesamtheit der für die Hilfsklassenentwicklung relevanten staatlichen Gutachten «Statens offentliga utredningar» (SOU) genutzt. Als weitere Quellen wurden die Verbandszeitungen der schwedischen Lehrervereine «Sveriges allmänna folkskollärarförening» und «Svenska folkskolans vänner» sowie ausgewählte Bände der schwedischen Gesetzessammlung «Svensk Författningssammling» hinzugezogen.

Der Gliederung des zweiten Kapitels liegt eine ähnliche Periodisierung zugrunde wie dem ersten Kapitel. Dadurch wird ein Vergleich zwischen den sich historisch entsprechenden Entwicklungsschritten wesentlich erleichtert, und die gemeinsamen Grundstrukturen in der Entwicklung der schwedischen und der deutschen Hilfsschule treten deutlicher hervor.

Im Unterschied zum ersten Kapitel beginnt das zweite Kapitel mit der Darstellung der gesellschaftlichen Voraussetzungen für die Einführung der Schulpflicht in Schweden. Ähnlich wie in den deutschen Kleinstaaten nahm das gesellschaftliche Interesse an der Erziehung und Ausbildung

2 Ein beredtes Beispiel für die unzureichende wirtschaftswissenschaftliche Analyse der Darstellungen zur schwedischen Geschichte ist auch das Buch von I. Andersson: Schwedische Geschichte, das diesen Ausführungen in der deutschen Übersetzung von A. von Brandt, München 1950, mit zugrundeliegt. Die unter wirtschaftswissenschaftlichem Aspekt begriffliche Ungenauigkeit der Zitate muß dem zitierten Autor bzw. seinem Übersetzer angelastet werden.

3 Der sehr weit gespannte Rahmen dieser Arbeit, der auf einer Fülle wissenschaftlichen und dokumentarischen Materials fußt, macht es unmöglich, einzelne literarische Unterlagen zu durchleuchten, ohne den thematischen Gesamtzusammenhang zu gefährden. Die Darstellung der historischen Kontinuität der schwedischen Hilfsklassenentwicklung rangiert daher als methodisches Ziel vor der wissenschaftlichen Vertiefung in unterschiedliche Quellen.

der Kinder des «niederen» Volkes in dem Maße zu als die Verelendung großer Teile der Bevölkerung im Zuge der ursprünglichen Akkumulation des Kapitals bedrohliche Formen annahm und die Anzahl der von ihren Produktionsmitteln getrennten Proletarier für die sich entwickelnde bürgerliche Gesellschaft eine ernste Gefahr darstellte. Zugleich spielte jedoch auch die mit dem aufkommenden Bürgertum verbundene liberale Idee, daß jeder Staatsbürger das Recht zur Ausbildung seiner Fähigkeiten habe, bei der Einführung der Schulpflicht eine gewisse Rolle.

Während die liberalen pädagogischen Forderungen nach einer Volksschule als Staatsbürgerschule in der Epoche des industriellen Frühkapitalismus weitgehend in der Theorie aufgehoben blieben, entwickelte sich die Volksschule in der Realität entsprechend dem preußischen Elementarschulwesen als eng an lokale Bedingungen geknüpftes «Armenschulwesen» (2.2.). Da in Schweden die Armenschulen offiziell mit der Einführung der obligatorischen Volksschule im Jahre 1842 abgeschafft waren und auch die Fabrikgesetzgebung zum Schutze der Kinder für die Entwicklung der Volksschule nicht in dem Maße eine Rolle spielte wie in Deutschland, beschränkt sich die Zustandsbeschreibung der Volksschule in der frühkapitalistischen Epoche, die im ersten Kapitel durch eine ausführlichere Beschreibung des Armenschulwesens und der Entwicklung der Fabrikgesetzgebung ergänzt wurde, auf einen Abschnitt (2.2.).

Der folgende Abschnitt (2.3.) stellt dann (wie 1.4.) den staatlichen Organisationsprozeß der Volksschule dar und zeichnet die wichtigsten Entwicklungsschritte der Volksschule nach, die für die Absonderung der Hilfsklassenschüler entscheidende Bedeutung hatten. Der Zusammenhang zwischen der Entwicklung und der Verbesserung des Volksschulwesens wird anhand der Normalpläne von 1878, 1889 und 1900 illustriert.

Die letzten drei Abschnitte schildern die Entstehung und Konsolidierung der schwedischen Hilfsklassen. Die Herausdifferenzierung der Hilfsklassenschüler aus der Volksschule (Abschnitt 2.4.) und aus den Idiotenanstalten (2.5.) wurde vor allem durch zwei staatliche Verordnungen gefördert. Der Normalplan von 1900, der die «Mindestkurse» an der Volksschule abschaffte und ihr Ausbildungsniveau erhöhte, führte zu allererst dazu, daß leistungsschwache Schüler auffällig wurden und sich unter den Bedingungen des derzeitigen Volksschulunterrichts als Hindernis für die Anhebung des Ausbildungsniveaus darstellten. Zum anderen schuf der Reichstagsbeschluß von 1904, der auch den «unbildbaren» Insassen der Idiotenanstalten einen staatlichen Zuschuß bewilligte, die Grundlage für eine pädagogisch orientierte Differenzierung der Zöglinge in den Idiotenanstalten und ermöglichte damit die Absonderung der zwar in ihrem Leistungsvermögen beeinträchtigten, jedoch zur freien Lohnarbeit fähigen Kinder aus den Idiotenschulen.

Der Abschnitt über die Konsolidierung der Hilfsklassen (2.6.) läßt im Unterschied zu dem entsprechenden Abschnitt des ersten Kapitels (1.7.) den Aspekt der ideologischen Rechtfertigung der Hilfsklassen außer acht.

Im Unterschied zu Deutschland entwickelte sich in Schweden in dieser Entwicklungsphase der Hilfsklassen keine eigenständige Fachliteratur. Die Theorie der Hilfsschulpädagogik wurde – soweit sie für die Praxis der Hilfsklassenerziehung in Schweden von Bedeutung war – in erster Linie aus Deutschland bzw. den skandinavischen Nachbarländern importiert. Es bestand in Schweden nicht in dem Maße wie in Deutschland die Notwendigkeit, die Institution der isolierten Hilfsschule ideologisch zu legitimieren.

2.1. Gesellschaftliche Voraussetzungen für die Einführung der Schulpflicht (1842)

Wie in Deutschland hat es in Schweden keine erfolgreiche bürgerliche Revolution gegeben, die eine plötzliche Abschaffung der feudalen Gesellschaftsordnung bewirkte. Hier wie da vollzog sich die Beseitigung der feudalen Verhältnisse in mehreren langen Etappen.[1]

Um die Jahrhundertwende war Schweden noch fast ausschließlich ein agrarisches Land. Nicht einmal 10 % der Bevölkerung lebte in Städten. Der Anteil der von der Landwirtschaft lebenden Bevölkerung an der Gesamtbevölkerung, der um 1760 etwa 75 % betrug, war bis 1870 um weniger als 3 % gesunken.[2] In Deutschland lebte zu dieser Zeit bereits nahezu ein Drittel der Bevölkerung in Städten mit über 2000 Einwohnern.[3]

Im Unterschied zu Preußen, wo die Agrarreformen zur Erweiterung des Landbesitzes der Junker auf Kosten der Bauern geführt hatten,[4] konnten die schwedischen Bauern, die niemals in den «Stand der Leibeigenen, wie in großen Teilen des übrigen Europa» herabgedrückt wurden,[5] einen großen Teil des Adelslandes bzw. des Kronlandes erwerben

1 Vgl. dazu: F. Rück: Tausendjähriges Schweden, Stuttgart 1956, S. 64 ff. oder I. Andersson: Schwedische Geschichte, übersetzt von A. von Otandt, München 1950, S. 319 ff.

2 Vgl. E. F. Heckscher: Svenskt arbete och liv, 7. Auflage, Stockholm 1971, S. 246 ff.

3 Vgl. H. Mottek: Wirtschaftsgeschichte Deutschlands, Band II, Berlin 1972, S. 228.

4 Vgl. H. Mottek, a. a. O., Kapitel II: Die Agrarreform und die Entwicklung des Kapitalismus in der Landwirtschaft, S. 18 ff.

5 Vgl. F. Rück, a. a. O., S. 69.

und dadurch ihre ökonomische Macht stärken.

In den letzten beiden Jahrzehnten des 17. Jahrhunderts hatte die «ungeheure Verschuldung des Staates und des königlichen Hauses» eine umfassende Reduktion der Güter des Adels erzwungen.[6]

«Man begann damit, die Grafschaften, Freiherrschaften und andere Arten großer Lehen zugunsten der Krone zu enteignen. Dann ging man zu den kleineren über und endete schließlich mit der Einziehung solcher Höfe und solcher Steuereinkünfte, die gegen Forderungen oder Darlehen verpfändet oder für bares Geld verkauft worden waren; man begründete das damit, daß die Pfand- oder Kaufbedingungen so günstig gewesen seien, daß der betreffende Gläubiger oder Käufer durch die im Laufe der Jahre bezogenen Einkünfte von den Höfen oder Landstücken hinreichend befriedigt worden sei.»[7]

Eine Folge dieser Reduktion war, daß die Bauern, die dem Staat Zinsen bezahlten (skattebönder) und die Krone ihren Anteil am gesamten schwedischen Boden von 28 % im Jahre 1680 auf 67,1 % um 1700 erhöhen konnten.[8]

Da die Bauern, die einen «Kronhof» bewirtschafteten, die Möglichkeit hatten, diesen als Eigentum zu erwerben, vermehrte sich der Anteil des bäuerlichen Zinslandes zwischen 1700 und 1772 von 31,5 % der gesamten Ländereien auf 46,9 %.[9] Im Jahre 1789 wurde das Recht der Bauern, Land käuflich zu erwerben, auch auf den Landbesitz des Adels ausgedehnt. Lediglich einige Rittergüter mit den dazugehörigen Höfen blieben den Feudalherren vorbehalten. Jedoch auch diese Privilegien des Adels verschwanden mit dem Inkrafttreten der ersten geschriebenen Verfassung im Jahre 1910.[10]

Zwar gibt es keine exakten Angaben darüber, in welchem Umfange die Bauern in den folgenden Jahrzehnten dem Adel Land abkauften, aber als Zeichen für die wachsende ökonomische Macht des Bauernstandes kann die Zunahme ihres Vermögens um 3 1/2 Millionen Reichstaler in den Jahren 1822–1834 gewertet werden.[11]

In der gleichen Epoche, in der die besitzenden Bauern ihre ökonomische Stellung wesentlich verbessern konnten, wuchs die unterste Schicht der Landarbeiter durch Hofspaltungen erheblich an. Gleichzeitig entstand durch Bevölkerungswachstum – zwischen 1750 und 1815 war die Gesamtbevölkerung Schwedens von 1,75 Millionen auf 2,5 Millionen

6 Vgl. ebd., S. 62.
7 I. Andersson, a. a. O., S. 262.
8 Vgl. ebd., S. 263.
9 Vgl. ebd., S. 301.
10 Vgl. E. F. Heckscher, a. a. O., S. 189.
11 Vgl. G. Thunander: Fattigskola – Medborgarskola, Malmö 1946, S. 77.

angestiegen[12] – und durch das Schaffen größerer Flureinheiten auf dem Lande ein Menschenüberschuß, der mehr und mehr der Proletarisierung ausgesetzt war.[13]

Ingvar Andersson beschreibt in seinem Buch «Schwedische Geschichte» die unterschiedlichen «Typen» der Landarbeiter und ihre Lebensbedingungen:

Der «torpare», der – unter dem Bauern stehend – ein kleineres Stück Land beackerte, war ein solcher Typ; ein anderer war der «backstugusittare» (etwa Kätner, Häusler), der eine feste Wohnstatt (backstuga) aber kein Land besaß und sich durch die Arbeit versorgte, die angeboten wurde; ein dritter war der «statare» (etwa Tagelöhner), also der angestellte Arbeiter, dessen Wohnung dem Bauern gehörte und dessen Lohn zum Teil aus Naturalien bestand.[14]

Unter diesen verschiedenen Gruppen von Landarbeitern nahm seit der Jahrhundertwende vor allem die Anzahl der Tagelöhner rasch zu. «Es lohnte sich (für die besitzenden Bauern und Gutsherren, I. A.) eher Tagelöhner zu haben als ‹torpare›. So wurden die ‹torpare› von vielen Höfen verjagt und durch Tagelöhner ersetzt.»[15] Die wirtschaftliche Notlage der freien Lohnarbeiter auf dem Lande wurde durch Mißernten und in Krisenjahren zu einem ernsthaften sozialen Problem. Durch das Überangebot an Arbeitskräften sanken die Löhne dieser Landarbeiter auf ein Minimum herab. Dazu schreibt G. Thunander in seinem Buch «Fattigskola – Medborgarskola» («Armenschule – Staatsbürgerschule»):

Der verheiratete Landarbeiter bekam nicht mehr Lohn als ein unverheirateter Jugendlicher. Der Landarbeiter konnte von seinem geringen Einkommen kaum leben und noch weniger etwas sparen. Er selbst und seine Familie mußten daher früher oder später der Armenverwaltung zur Last fallen.[16]

Wie K. Marx im ersten Band des «Kapital» den historischen Prozeß der ursprünglichen Akkumulation am Beispiel Englands beschreibt, verwandelten sich die proletarisierten Landarbeiter, die von ihren Produktionsmitteln getrennt worden waren und keine Arbeit fanden, massenhaft in «Bettler, Räuber, Vagabunden»[17]. Gesetzliche Bestimmungen zur Zwangsarbeit (tjänstehjonsstadgan)[18] und wider «Vagabundage» sollten

12 Vgl. E. F. Heckscher, a. a. O., S. 150.
13 Vgl. G. Thunander, a. a. O., S. 57 ff.
14 I. Andersson, a. a. O., S. 376.
15 G. Thunander, a. a. O., S. 62. Übersetzung der Verfasserin.
16 Ebd., S. 63. Übersetzung der Verfasserin.
17 Vgl. K. Marx: Das Kapital, Bd. I, S. 761 f.
18 Vgl. A. Montgomery: Tjänstehjonsstadgan och äldre svensk arbetarpolitik, Historisk Tidskrift 1933.

auch in Schweden – wie die Verordnungen gegen Bettler und Vagabunden des 16.–18. Jahrhunderts in den deutschen Kleinstaaten – verhindern, daß Bettelei und Landstreicherei sich ausdehnten. Durch Zwangsgesetze versuchte der schwedische Staat arbeitsunwillige Individuen für die Lohnarbeit auf dem Lande zu disziplinieren. Bis 1846 wurden Landstreicher und Arme, die niemanden hatten, der für ihren Lebensunterhalt sorgen konnte, ins Gefängnis geworfen. Selbst Kinder mußten ihren Vormündern ins Gefängnis folgen. Auf diese Weise stieg die Anzahl der Vorbestraften zwischen 1770 und 1820 stärker an als die Anzahl der Landbewohner.[19] Karl Marx schreibt in seinen Ausführungen über «die sogenannte ursprüngliche Akkumulation» in diesem Zusammenhang:

«Die Väter der jetzigen Arbeiterklasse wurden zunächst gezüchtigt für die ihnen angetane Verwandlung in Vagabunden und Paupers. Die Gesetzgebung behandelte sie als ‹freiwillige› Verbrecher und unterstellte, daß es von ihrem guten Willen abhänge, in den nicht mehr existierenden alten Verhältnissen fortzuarbeiten.»[20]

Die staatliche Gesetzgebung zur Zwangsarbeit unterstützte in erster Linie die Interessen der Gutsbesitzer und des besitzenden Bauernstandes an billigen, jederzeit verfügbaren Arbeitskräften; es bestand jedoch auch ein direktes staatliches Interesse an einer disponiblen Arbeiterschaft, die ihre Arbeitskraft unter dem durchschnittlichen Marktwert verkaufte. So schreibt der bekannte schwedische Historiker E. F. Heckscher: «Wenn jemand ohne Arbeit ertappt wurde, konnte er nämlich zum Kriegsdienst eingezogen werden, . . . und konnte darüber hinaus für zivile Arbeiten der Krone, für Kanalaushebungen, den Hausbau etc.» verwendet werden.[21]

Zwangsanstalten für die Disziplinierung gewerblicher Lohnarbeiter, wie sie in den deutschen Kleinstaaten während der Manufakturperiode in mannigfaltiger Form bestanden,[22] waren entsprechend dem relativen industriellen Rückstand Schwedens seltener. Während in den deutschen Kleinstaaten die merkantilistische Wirtschaftspolitik der Landesfürsten das Entstehen von Manufakturen begünstigte, spielten in Schweden die Manufakturen nur eine unbedeutende Rolle. So waren 1760, als die schwedische Manufakturindustrie ihren höchsten Entwicklungsstand erreicht hatte, lediglich 0,7 % der Gesamtbevölkerung in Manufakturen

19 Vgl. S. G. Nordström a. a. O., S. 21 f.
20 K. Marx: Das Kapital, Bd. I, S. 762.
21 Vgl. E. F. Heckscher, a. a. O., S. 191. Übersetzung der Verfasserin.
22 Vgl. Abschnitt 1.6.

beschäftigt.[23]

Mit der allmählichen Verbreitung der Lohnarbeit in der Landwirtschaft seit der Jahrhundertwende machte sich auch in Schweden ein stärkeres Interesse an der Erziehung der Kinder der Landarbeiter geltend. Im Unterschied zu den deutschen Kleinstaaten setzte sich jedoch die gesetzliche Proklamation der Schulpflicht in Schweden bis zur Jahrhundertwende noch nicht durch. Es entwickelte sich lediglich ein Armenschulwesen, das eng mit der Armenverwaltung verknüpft war. Die Voraussetzungen für den Aufbau und die Organisation eines Elementarschulwesens waren in Schweden zu dieser Zeit aus mehreren Gründen ungünstiger als in den deutschen Kleinstaaten.

Einmal lag Schweden in seiner industriellen Entwicklung weit hinter den deutschen Kleinstaaten zurück. Die ohnehin nicht sehr zahlreichen Manufakturen bildeten nicht wie in den deutschen Kleinstaaten den Ausgangspunkt für die Entwicklung der großen Industrie.[24] Es bestand daher in Schweden um die Jahrhundertwende noch keine ökonomische Notwendigkeit wie in den deutschen Kleinstaaten, eine zunehmende Schar gewerblicher Lohnarbeiter für den Arbeitsprozeß in den Manufakturen auszubilden und zu disziplinieren.

Zum anderen erschwerte jedoch auch die im Vergleich zu den deutschen Kleinstaaten geringe Bevölkerungszahl Schwedens, das nur wenige, unbedeutende Städte aufwies, die gesellschaftliche Organisation des Schulwesens. Waren in «maßgeblichen protestantischen Territorien» Deutschlands bereits um 1600 die ersten «Dorfküsterschulen» entstanden,[25] so gehörte in Schweden von jeher die Unterrichtspflicht der Kinder zu den Aufgaben der Eltern. Die Eltern bzw. Vormünder sollten ihren Kindern das Lesen religiöser Texte beibringen, um sie auf diese Weise für die Konfirmation vorzubereiten. Waren sie selbst nicht imstande, diese Pflicht zu erfüllen, so wurde von ihnen erwartet, daß sie sich mit der Bitte um Unterstützung an den Küster oder an ein anderes Gemeindemitglied wandten. Die einzige Kontrolle darüber, ob die Eltern ihrer Pflicht nachkamen, übte der zuständige Gemeindepfarrer aus. Durch eine Verfügung des Königs im Jahre 1723 wurde die Aufgabe der Eltern, ihre Kinder zum Unterricht anzuhalten, gesetzlich festgelegt, weitere Kontrollmaßnahmen, die über das «häusliche Verhör» durch den Pfarrer hinausgingen, wurden jedoch nicht angeordnet.[26] Die Elementarschule als kirchliche, private oder kommunale Einrichtung blieb daher in Schweden bis zur

23 Vgl. E. F. Heckscher, a. a. O., S. 165.
24 Vgl. ebd., S. 208.
25 Vgl. H. Zander u. a., a. a. O., S. 262 ff.
26 Vgl. G. Thunander, a. a. O., S. 10 und S. Jägerskiöld: Från Prästskola till Enhetsskola, Uppsala 1959, S. 10.

Jahrhundertwende eine Einzelerscheinung. Nur in einigen Städten entstanden gegen Ende des 18. Jahrhunderts Armenschulen, die ausschließlich «arme» Kinder aufnahmen, deren Eltern die Erziehungs- und Unterrichtspflicht nicht wahrnahmen.[27]

Erst mit dem Ende des gustavianischen Zeitalters und dem Regierungsumsturz im Jahre 1809 war die politische und ökonomische Ausgangsbasis für ein verstärktes gesellschaftliches Interesse an einem staatlich organisierten Schulwesen geschaffen.

Durch eine neue Verfassung im Jahre 1810 erhielten die Bauernschaft und das Bürgertum größeren Einfluß auf die Regierung. Alle Stände des Reichstages hatten fortan Zutritt zu den wichtigsten Ämtern.[28] Der vierte Stand der Bauern besaß mit «seinen rund 260 wählbaren, rein bäuerlichen Abgeordneten eine numerische Überlegenheit über den Bürgerstand und den Stand der Geistlichen, deren jeweilige Vertretung zwischen 40 und 70 schwankte.»[29] Allerdings behauptete der Adel, der mit «etwa 2500 Virilstimmen im Reichstag erscheinen» konnte, von denen «durchschnittlich 500 ausgeübt zu werden pflegten», seine politische Vorrangstellung.[30]

Die zunehmende ökonomische Macht der Bauernschaft sowie ihr steigender politischer Einfluß nach 1809 stärkte ihr ständisches Selbstbewußtsein, das sich in einer oppositionellen Haltung gegenüber dem Adel und der Kirche Ausdruck verschaffte. Im Zusammenhang mit der Verfolgung standespolitischer Interessen aktualisierte sich auch die Frage einer allgemeinen grundlegenden Ausbildung der Mitglieder des Bauernstandes.

Bedurfte die Bourgeoisie ganz allgemein zur Ausweitung ihrer wirtschaftlichen und politischen Macht größerer Kenntnisse, so galt das in besonderem Maße für die besitzende Bauernschaft, deren politischer Einfluß im Ständereichstag der gustavianischen Zeit weit hinter der politischen Macht der adligen und auch der bürgerlichen Dienstbürokratie zurückgeblieben war.[31] Der kulturelle Einfluß der Aufklärung kam in erster Linie am Hofe, in den bürgerlichen und intellektuellen Kreisen der Städte zur Geltung. Gemessen an den Reichstagsmitgliedern des städtischen Bürgerstandes besaßen die Bauern eine relativ geringe Bildung. Für ihre Vertreter im Reichstag bedeutete insofern ein staatliches Ausbildungssystem eine wichtige Voraussetzung für den Erwerb von Kenntnis-

27 Vgl. G. Thunander, a. a. O., S. 10.
28 Vgl. I. Andersson, a. a. O., S. 361.
29 Fischers Weltgeschichte, Bd. 26. Das Zeitalter der europäischen Revolution 1780–1848, hg. u. verfaßt von Louis Bergeron u. a., Frankfurt 1969, S. 245.
30 Vgl. ebd., S. 245.
31 Vgl. G. Thunander, a. a. O., S. 79; vgl. auch F. Rück, a. a. O., S. 66 ff und I. Andersson, a. a. O., S. 313 ff.

sen, die sie zur Festigung ihrer standespolitischen Machtstellung nach 1810 benötigten.

Einer der bedeutendsten Männer, die gleich nach dem Regierungsumsturz für eine staatsbürgerliche Erziehung der Bauern eintraten, war G. A. Silverstolpe. Er forderte eine höhere Bildung der Bauern, damit sie einerseits mehr Kenntnisse über ihren Erwerbszweig erhielten und andererseits ihre Pflichten und Rechte als Staatsbürger wahrnehmen könnten.[32]

Silverstolpes «Memorial» in Unterrichtsfragen aus dem Jahre 1809 gilt in der schwedischen Schulgeschichte als ein wichtiges Dokument für die reformerischen pädagogischen Bestrebungen in den ersten Jahrzehnten nach der Regierungsneubildung.[33] Silverstolpe, der im Jahre 1802 eine Studienreise nach Deutschland unternommen hatte, ist in seinen pädagogischen Ideen deutlich beeinflußt durch die Nationalerziehung, die um die Jahrhundertwende in Deutschland die liberalen Ideen des Bürgertums in pädagogische Forderungen umsetzte.[34] Wie diese sah Silverstolpe die Volkserziehung als Mittel, um die Freiheit und Tüchtigkeit der Nation zu erhalten und zu vergrößern:

Die allgemeine Erziehung ist das Mittel, wodurch sich der Geist des Grundgesetzes in allen Teilen des Staatskörpers ausbreitet, das Mittel, wodurch das Fortschreiten des Staates zu größerer Freiheit ständig durch die Erhöhung des Staatsbürgers zu einer größeren Tüchtigkeit gefördert wird.[35]

Dem ökonomischen Prinzip der freien Konkurrenz entsprach der liberale Gedanke der individuellen Handlungsfreiheit und der politischen Mündigkeit des bürgerlichen Individuums. Auf seine staatsbürgerlichen Rechte und Pflichten mußte jedes Mitglied der Gesellschaft durch eine entsprechende Erziehung vorbereitet werden.
Thunander kommentiert diesen Zusammenhang folgendermaßen:

«Durch die neue staatliche Verfassung erhielt der Reichstag eine völlig andere Stellung als während der gustavianischen Epoche. Nicht mehr nur für die Reichstagsmitglieder, sondern auch für ihre Wähler schien es jetzt bedeutsam, sich die Voraussetzungen für ihre Aufgabe zu schaffen. Das war besonders wichtig für die Bauern. So wurde die Bildung der Bauern zu einem Staatsinteresse von ganz anderem Gewicht als vorher. Nicht zuletzt aus diesem Grunde wurde die Frage einer Volksschule als Staatsbürgerschule besonders aktuell für die Landgegend.»[36]

32 Vgl. G. Thunander, a. a. O., S. 92 ff.
33 Vgl. S. Jägerskiöld, a. a. o., S. 16.
34 Vgl. S. G. Nordström, a. a. O., S. 28 ff.
35 G. A. Silverstolpe, R. A: s prot 1809–1810 1, zitiert bei: G. Thunander, a. a. O., S. 92. Übersetzung der Verfasserin.
36 G. Thunander, a. a. O., S. 84. Übersetzung der Verfasserin.

In diesem Sinne traten wie Silverstolpe in den folgenden Jahren auch andere liberale Pädagogen und Politiker für ein staatlich organisiertes Volksschulwesen ein.[37] Die fortschrittlichen bildungspolitischen Bestrebungen der Vertreter der Bauernschaft und des Bürgertums fanden ihren Gegensatz in den konservativen Vorstellungen adliger und kirchlicher Kreise, die an der Tradition festhielten, daß die Unterrichtspflicht den Eltern überlassen bleiben sollte.[38] Eine kommunale Schule sollte allenfalls als Ersatz für oder Ergänzung zur häuslichen Erziehung errichtet werden.

«Es wäre, so hieß es in einem Gutachten, nicht glücklich, eine so gute Sitte durch eine Art Zwangseinrichtung zu schwächen und dazu wurde es von vielen als eine ernste Gefahr für die allgemeine Ordnung und Ruhe und Stabilität der Gesellschaft angesehen, wenn die breite Masse in anderen Fächern als in Religion unterrichtet würde, da das Resultat doch nichts anderes sein könnte als Halbbildung.»[39]

Mit der zunehmenden Proletarisierung der ländlichen Bevölkerung (vgl. S. 101f) schienen jedoch Unterricht und Erziehung innerhalb der Familien nicht mehr gewährleistet. Das Armenschulwesen breitete sich rasch aus, und der Gedanke einer allgemeinen Volkserziehung zur Bekämpfung der «Armut, der Not und des Verbrechens» rückte neben der Forderung nach einer staatsbürgerlichen Erziehung auf den Reichstagsversammlungen nach 1823 immer stärker in den Vordergrund.[40]

Zugleich erregte jedoch die Vorstellung einer zwanghaften Einführung der Schulpflicht unter dem ökonomischen Aspekt der erhöhten Kosten für alle Gemeinden bei vielen Reichstagsmitgliedern ernsthafte

37 Außer Silverstolpe sind hier vor allem C. U. Broocman, P. G. Cederschjöld und P. Sahlström zu nennen. Sie forderten für die Kinder der Bauern und Landarbeiter einen Unterricht, der sich nicht nur auf den Religionsunterricht beschränkte, sondern auch die Realienfächer umfaßte. Vor allem P. Sahlström, der in den Jahren 1840–58 Mitglied des Bauernstandes im Reichstag war, gehörte zu den engagierten Vertretern einer Volksschulausbildung, die außer Lesen, Schreiben und Rechnen auch Geografie, Geometrie, Mechanik, Geschichte, Naturkunde umfaßte. Vgl. G. Thunander, a. a. O., S. 85 ff.

38 Beispielhaft vertritt diese konservative Auffassung Lorenzo Hammarsköld: «Laßt den Bauern zurücktreten in sein altes vertrauensvolles Verhältnis zu seinem Seelsorger, laßt den Priester weiterhin sein einziger Lehrer sein, der neben den heiligen Dogmen des Christentums ihm die Buchstabenkunst beibringt und das schwedische Volk wird aufs neue ein Vorbild für die Bauernschaft in ganz Europa werden.» L. Hammarsköld (1815), nach S. Jägerskiöld, a. a. O., S. 24, Übersetzung der Verfasserin.

39 G. Richardson, Det svenska skolväsendets historia, Lund 1973, S. 33. Übersetzung der Verfasserin.

40 Vgl. G. Thunander, a. a. O., S. 109 ff.

Bedenken. Selbst Befürworter der Volksschule – wie zum Beispiel die Bauern – waren nicht bereit, die Ausgaben, die mit der Durchführung einer allgemeinen Schulpflicht verbunden sein würden, auf sich zu nehmen, und suchten daher nach Auswegen, eine zwanghafte Einführung der Schulpflicht zu umgehen.[41]

Ausdruck der wachsenden Bemühungen um eine Verbreitung des Volksunterrichts bei gleichzeitiger Beschränkung finanzieller Aufwendungen ist der «Wechselunterricht» bzw. die «Lancastermethode», die nach englischem Vorbild um 1820 in Schweden eingeführt wurde.[42] Nach dieser Methode konnte ein Lehrer zwischen 300 und 400 Schüler unterrichten, die in verschiedene Gruppen unterteilt und jeweils von einem älteren Schüler als «Monitor» beaufsichtigt wurden.

Der Widerstand, der aus finanziellen Gründen der Einführung einer allgemeinen Schulpflicht entgegengesetzt wurde, begann erst zu weichen, als in den dreißiger Jahren sich das soziale Elend der Landarbeiter in katastrophaler Weise zuspitzte.

Die Anzahl der Häusler und Kätner war in den Jahren 1815 bis 1836 um 46 % bzw. im Verhältnis zum Anwachsen der Gesamtbevölkerung um das Doppelte gestiegen.[43] Ebenso wuchs die Anzahl der Tagelöhner beständig, und ihre ökonomische Situation verschlechterte sich durch Mißernten Ende der dreißiger Jahre erheblich. Eine Großindustrie, die die Überbevölkerung auf dem Lande aufsaugen konnte, gab es noch nicht.

Angesichts der bedrohlichen Zunahme des Proletariats auf dem Lande stimmten alle Stände auf dem Reichstag 1840–41 der Errichtung einer allgemeinen Volksschule zu. Hierzu schreibt Thunander:

«Ohne Zweifel war es in erster Linie die Unruhe über den Zuwachs des Proletariats, die dazu beitrug, daß ein Beschluß über die Einführung der obligatorischen Volksschule überhaupt zustande kam.»[44]

Wie das niedere Schulwesen in Preußen sollte auch die schwedische Volksschule in erster Linie die Funktion übernehmen, die Kinder proletarischer Eltern auf die Lohnarbeit vorzubereiten.

Im Unterschied zu den deutschen Kleinstaaten galten die staatlichen Erziehungsbemühungen in Schweden jedoch vor allem den Kindern der

41 Vgl. ebd., S. 212 ff.
42 Eine ausführliche Untersuchung über die Verbreitung und Methode des Wechselunterrichts sowie ihre Einführung in Schweden legte Thor Nordin mit seiner Dissertation «Växelundervisningens allmänna utveckling och dess utforming i Sverige till omkring 1830» aus dem Jahre 1974 vor.
43 Vgl. G. Thunander, a. a. O., S. 60.
44 G. Thunander, a. a. O., S. 237. Übersetzung der Verfasserin.

proletarisierten Landarbeiter und nicht so sehr den Kindern des städtischen Proletariats.

2.2. «Armenschule – Staatsbürgerschule»[1]
Schwierigkeiten bei der Durchsetzung der Schulpflicht

Als am 18. Juni 1842 die Unterrichtspflicht für alle Kinder gesetzlich mit dem Besuch der öffentlichen Volksschule verbunden wurde, waren zwar die Forderungen der liberalen Vertreter der Bauernschaft und des Bürgertums nach allgemeiner staatsbürgerlicher Unterweisung berücksichtigt und Unterrichtsfächer wie Geschichte, Geographie, Naturkunde, Geometrie und Zeichnen mit in das Programm der Volksschule aufgenommen worden, jedoch die schulorganisatorischen Voraussetzungen für die Unterrichtung dieser Fächer waren vielerorts nicht vorhanden.[1]

Die Gemeinden, denen durch das Volksschulgesetz von 1842 zur Auflage gemacht wurde, mindestens eine Schule einzurichten und einen ausgebildeten Volksschullehrer anzustellen, waren für den Bau, die Organisation und Ausstattung der Schulen allein verantwortlich. Häufig scheuten sie die Ausgaben für die Errichtung einer «festen» Schule, die für die Einlösung des liberalen Konzepts einer allgemeinen Volksbildung unerläßlich war.[2] Der Staat unterstützte nur wenige verarmte Gemeinden und erleichterte die Gründung von Lehrerausbildungsstätten. Die Folge war, daß die Volksschulentwicklung in Schweden bis zum Erscheinen des 1. Normalplans im Jahre 1878 weitgehend stagnierte.

Parallel zur Entwicklung des «niederen Schulwesens» in der ersten Hälfte des 19. Jahrhunderts in den deutschen Kleinstaaten, war die schwedische Volksschule in der 2. Hälfte des 19. Jahrhunderts wesentlich geprägt durch die ökonomischen und politischen Verhältnisse des industriellen Frühkapitalismus.

Nach 1850 begann auch in Schweden eine allmähliche Umwälzung der Produktionsformen. Die Heimarbeit und handwerkliche Produktion wich mehr und mehr der maschinellen Produktion in Fabriken. Anfang der fünfziger Jahre erschienen die ersten Dampfsägewerke an der nordländischen Küste.[3] Die Holzindustrie erlebte damit einen schnellen Aufschwung. Gleichzeitig verbreitete sich die Textilindustrie. In verschiedenen Teilen des Landes wuchsen Baumwollspinnereien und Webereien

---

1 Vgl. G. Thunander, a. a. O., S. 238.
2 Vgl. ebd., S. 239 und G. Richardson, Det svenska . . ., a. a. O., S. 33 f.
3 Vgl. I. Andersson, a. a. O., S. 401.

empor. Die hierfür benötigten Maschinen wurden aus England einge-führt.[4]

Während in der Leichtindustrie durch die Einführung neuer Maschinen die Arbeitsproduktivität zunahm, stagnierte diese noch weitgehend in der Schwerindustrie. Zwar stieg die durchschnittliche Roheisenerzeugung in dieser Zeit ebenfalls an: von 145 000 Tonnen um die Jahrhundertmitte auf 205 000 Tonnen in den Jahren 1861–1865[5], aber der nicht sehr erhebliche Produktionszuwachs war in erster Linie auf die extensive Ausdehnung der Eisengewinnung[6] und die mengenmäßige Zunahme an Arbeitskräften zurückzuführen, weniger auf neue technische Verfahren. So setzten sich beispielsweise das Bessemer-Verfahren und das Martin-Verfahren erst Ende des 19. Jahrhunderts durch.[7] Die Maschinenbau-Industrie, die um die Jahrhundertmitte mit der Herstellung der ersten – technisch jedoch noch unvollkommenen – Dampfmaschine entstand, hatte zu dieser Zeit noch keine Bedeutung.[8]

Eine wesentliche Voraussetzung für den industriellen Aufschwung nach 1850 bildete in Schweden wie in den deutschen Kleinstaaten der schrittweise Abbau der noch bestehenden feudalistischen Schranken der kapitalistischen Produktion. Im Jahre 1846 wurde durch eine staatliche Verordnung die Gewerbebeschränkung weitgehend aufgehoben. «Zumindest auf dem Papier» war damit «das Zunftwesen zum großen Teil abgeschafft»[9]. Die endgültige Gewerbefreiheit, die auch den Landhandel ganz freigab, folgte dann im Jahre 1864.[10]

Die Zollfreiheit für landwirtschaftliche Produkte hatte sich bereits in den fünfziger Jahren durchgesetzt. Der Export von Agrarprodukten spielte in der zweiten Hälfte des 19. Jahrhunderts eine bedeutende Rolle. «Die Billigkeit der landwirtschaftlichen Arbeitskräfte war eines der Mittel zur Forcierung der auf den Export eingestellten landwirtschaftlichen Produktion.»[11]

Wie in den deutschen Kleinstaaten ist die Epoche des industriellen Frühkapitalismus, die in Schweden bis in die neunziger Jahre hineinreichte, durch die Methoden der absoluten Mehrwertproduktion gekenn-

4 Vgl. ebd., S. 403. Die erste Webmaschine wurde in Schweden im Jahre 1850 eingeführt.

5 Ebd., S. 402.

6 Vgl. ebd.

7 Vgl. ebd.: «. . . noch 1870 bildete der Bessemerstahl nicht mehr als 5 % der gesamten Erzeugung an Schmiedeeisen und Stahl.»
Vgl. außerdem E. F. Heckscher, a. a. O., S. 254 ff.

8 Vgl. I. Andersson, a. a. O., S. 403.

9 E. F. Heckscher, a. a. O., S. 275. Übersetzung der Verfasserin.

10 Vgl. ebd.

11 F. Rück, a. a. O., S. 76.

zeichnet.[12] Das wird einerseits durch die «tendenzielle Konstanz der mengenmäßigen Arbeitsproduktivität» [13] in dieser Zeit bestätigt, andererseits deutet der zunehmende Bedarf an Arbeitskräften und die sprunghaft ansteigende Zahl der Industriearbeiter darauf hin,[14] daß die absolute Mehrwertproduktion die Hauptquelle der Kapitalakkumulation in dieser Zeit bildete.

Die für die Epoche der absoluten Mehrwertproduktion charakteristischen Mängel des Volksschulwesens – wie sie im ersten Kapitel dieser Arbeit für die deutschen Kleinstaaten aufgezeigt wurden – lassen sich in ähnlicher Weise auch für Schweden nachweisen. Ähnlich wie das deutsche Elementarschulwesen der ersten Jahrhunderthälfte war auch das schwedische in den ersten Jahrzehnten nach der Einführung der allgemeinen Schulpflicht strukturell uneinheitlich und regional zersplittert. Die erheblichen Differenzen in der schwedischen Volksschulentwicklung werden in der vorhandenen Literatur zur Volksschulgeschichte immer wieder hervorgehoben. Dabei ist ein charakteristischer Unterschied zur relativ einheitlichen Organisation des höheren Schulwesens festzustellen:

«Die Einheitlichkeit und Festigkeit in sowohl organisatorischer als auch pädagogischer Hinsicht, die die höhere Lehranstalt charakterisierten, fehlte im Bereich der Volksschule völlig. Die Volksschule war in erster Linie eine kommunale Angelegenheit und sie hatte sich ohne stärkere Einmischung von staatlicher Seite quantitativ und qualitativ höchst unterschiedlich entwickelt je nach den lokalen Bedingungen. Die Unterschiede im Hinblick auf die Schulform, Unterrichtszeit, Schulbesuchsfrequenz, Lehrerbefähigung und Beschaffenheit der Schulräume waren erheblich.» [15]

Ein Drittel aller Kinder wurden nach der öffentlichen Proklamation der Schulpflicht weiter zu Hause oder in Wanderschulen unterrichtet. Die größere Bedeutung der Wanderschulen in Schweden erklärt sich aus den besonderen geographischen Verhältnissen des Landes, dessen Weiträumigkeit bei geringer Besiedlung die schulische Versorgung der Bevölke-

12 Vgl. dazu: W. Hoffmann: Das Wachstum der Wirtschaft Schwedens und Deutschlands 1861–1968. Ein statistischer Vergleich, in: Analyse und Prognose in der quantitativen Wirtschaftsforschung, Festausgabe für Ingeborg Esenwein-Rothe, Berlin 1971, S. 226ff. H. Mügge: Die wirtschaftliche Entwicklung Schwedens im 20. Jahrhundert. Diss., o. O., 1968, S. 40ff; I. Andersson, a. a. O., S. 412ff.

13 W. Hoffmann, a. a. O., S. 418.

14 Vgl. I. Andersson, a. a. O., S. 418.

15 G. Richardson: Kulturkamp och klasskamp. Ideologiska och sociala motsättningar i svensk skol- och kulturpolitik under 1880–talet, Göteborg 1963 (Dissertation), S. 74. Übersetzung der Verfasserin.

rung erheblich erschwerte.

Wohlhabende Eltern zeigten kein Interesse, ihre Kinder einer Schule anzuvertrauen, die nach außen sichtbar den Charakter einer Armenschule trug. Sie ließen ihre Kinder wie bisher in Privatschulen erziehen. Stig Jägerskiöld kommentiert in seiner Schrift: «Von der Priesterschule zur Einheitsschule» diese Situation mit den Worten:

«Man spürt den hinter der gesamten Schulreform stehenden Gedankengang, der das kommunale Schulwesen als Ergänzung zur familiären Bildungsmöglichkeit auffaßte. Konnte der einzelne diese natürliche Aufgabe für die Familie lösen, so hatte die Schulpflicht keine Berechtigung.»[16]

Mangelnde Lehrerausbildung, das Fehlen von Hilfsmitteln und Lehrbüchern sowie eines Lehrplanes ermöglichten der Kirche – genau wie in dem deutschen Elementarschulwesen – einen weitgehenden Einfluß auf die Erziehung der Kinder. Da die Verwaltung der Volksschule eng mit der kirchlichen Kommunalverwaltung verknüpft war und der Gemeindepfarrer zugleich das Recht hatte, den Volksschullehrer auszuwählen, nahm der Religionsunterricht auch in der schwedischen Volksschule einen breiten Raum ein.[17]

So unterschied sich die Volksschule in den ersten Jahrzehnten nach ihrer Gründung weder nach der sozialen Herkunft der Schüler noch nach ihrer materiellen Ausstattung und inhaltlichen Organisation von den früheren Armenschulen. Richardson faßt die Entwicklung der Volksschule in dieser Zeit wie folgt zusammen:

«Das Volksschulgesetz von 1842 stellt selbstverständlich einen Meilenstein in der schwedischen Schulgeschichte dar, aber es dauerte lange bis seine Intentionen verwirklicht wurden. Die ökonomischen Ressourcen waren knapp, und es war verlockend für die Kommunen sich auf die billigste Weise der Verpflichtungen zu entledigen. Im Gesetz gab es auch keine Bestimmungen darüber, wie der Unterricht organisiert werden sollte zum Beispiel in bezug auf Klasseneinteilung und Länge der Schulzeit. Es erwies sich auch als schwierig, die Eltern zu veranlassen, ihre Kinder regelmäßig zur Schule zu schicken, weshalb der Schulbesuch häufig äußerst ungleich war – noch in den achtziger Jahren kam es zum Beispiel vor, daß die halbe Klasse fehlte als der Volksschulinspektor zu Besuch kam.»[18]

Formell war zwar die liberale Idee der «Staatsbürgerschule» in dem Paragraph 47 des Volksschulgesetzes kodifiziert worden, daneben hatte jedoch die Konzeption der «Armenschule» durch den Paragraph 48 Ein-

16 S. Jägerskiöld, a. a. O., S. 41: Übersetzung der Verfasserin.
17 Vgl. G. Richardson, Det svenska . . ., a. a. O., S. 33 f.
18 Ebd., S. 34. Übersetzung der Verfasserin.

gang in das Gesetz gefunden.[19] Der Paragraph 48 sah für arme und minderbegabte Schüler einen geringeren Unterrichtsplan und kürzeren Schulgang vor.[20]

Da die meisten Volksschüler aus ärmlichen Verhältnissen kamen, bildeten diese «Mindestkurse», die in den Schulgesetzen und Normalplänen zwischen 1842 und der Jahrhundertwende als Ausnahme für «arme» und «schwachbegabte» Schüler empfohlen wurden, lange Zeit die Regel.[21] Sie wurden von liberalen Pädagogen in zunehmendem Maße kritisiert, mit ähnlichen Argumenten wie das Armenschulwesen von fortschrittlichen Pädagogen in den deutschen Kleinstaaten der ersten Jahrhunderthälfte.

Wie wenig die Volksschule in den ersten Jahrzehnten nach Einführung der Schulpflicht den Vorstellungen von liberalen Vertretern einer «Staatsbürgerschule» entsprach, nach denen jedes Kind seinen Fähigkeiten gemäß ausgebildet werden sollte, verdeutlicht eine statistische Untersuchung Siljeströms aus den Jahren 1864–66.[22] Danach waren in den untersuchten Jahren nur 64,6 % aller schulpflichtigen Kinder in der Volksschule angemeldet, und davon besuchten lediglich 49 % die Schule wirklich.[23] Das bedeutet, daß in der Realität nur 31 % aller schulpflichtigen Kinder am Unterricht teilnahmen. In demselben Zeitraum untersuchte Siljeström auch 73 197 Konfirmanden. Von diesen hatten 27,6 % den Mindestkurs absolviert, 36,3 % hatten sich ein Wissen angeeignet, das über die Mindestforderungen hinausging, und 35,9 % hatten Kenntnisse, die unter den Mindestanforderungen lagen.[24]

Die Untersuchungen Siljeströms weisen darauf hin, daß auch in Schweden zur Zeit des industriellen Frühkapitalismus Schulversäumnisse durchaus an der Tagesordnung waren. Besonders auf dem Lande wurden der Durchsetzung der Schulpflicht erhebliche Widerstände ent-

19 Vgl. G. Thunander, a. a. O., S. 14.
20 Vgl. S. Nordström, a. a. O., S. 67. Der verkürzte Lehrgang für «arme» und «schwachbegabte» Schüler wird im folgenden mit dem Begriff «Mindestkurs» bezeichnet. Dieser Terminus ist die wörtliche Übersetzung des in der schwedischen Literatur gebräuchlichen Ausdrucks «minimikurs».
21 Vgl. ebd., S. 70.
22 P. A. Siljeström war von 1844–1847 Elementarschullehrer in Stockholm. Er gründete im Jahre 1846 die erste pädagogische Zeitschrift für Lehrer und Erzieher. Nach seiner praktischen Tätigkeit in der Schule setzte er sich immer wieder für eine Reformierung der Volksschule ein. Vgl. A. Sörensen: Det svenska folkundervisningsväsendet 1860–1900, in: Svenska folkskolans historia del III, Stockholm 1942, S. 220 f.
23 Vgl. P. A. Siljeström: Handlinger och skrifter rörande undervisningsväsendet, Norrköping 1884, S. 654.
24 Vgl. ebd., S. 695.

gegengesetzt. Erstens spielte hier die Kinderarbeit seit Jahrhunderten eine selbstverständliche Rolle. Im Sommer war es üblich, daß die Kinder ihren Eltern auf dem Hof und auf dem Felde halfen bzw. sich bei fremden Bauern verdingten.[25] Zweitens waren die Schulwege oft lang und beschwerlich. So waren im schwach besiedelten Norden Schwedens die weiten Schulwege im Winter kaum passierbar. Hinzu kam, daß viele Eltern nicht das Geld besaßen, um ihre Kinder mit der notwendigen Kleidung und dem Schuhzeug zu versehen, das sie in kälteren Jahreszeiten für ihren langen Schulweg brauchten.[26] Drittens verhielt sich ein Teil der Landbevölkerung aus religiösen Gründen der Schule gegenüber ablehnend. Vor allem die Anhänger separatistischer Kreise – wie die Baptisten – waren negativ gegen den in der Schule vermittelten Religionsunterricht eingestellt.[27]

Aber nicht nur in der Landwirtschaft wurden schulpflichtige Kinder als Arbeitskräfte verwandt, sondern in zunehmendem Maße auch von der sich seit der Jahrhundertmitte rascher entwickelnden Industrie. Obwohl die Fabrikkinderarbeit während der Frühphase des Kapitalismus in Schweden bei weitem nicht das Ausmaß und die krassen sozialen Mißstände zeitigte wie in Deutschland,[28] trug das ökonomische Interesse der sich kapitalistisch organisierenden Wirtschaft an billigen Arbeitskräften doch wesentlich dazu bei, daß viele Kinder in den Städten und in ländlichen Industriegebieten lediglich das minimale Wissen der Mindestkurse erwarben.

Besonders in ländlichen Industriegegenden setzte sich die Exploitation unreifer Arbeitskraft durch. So trachtete beispielsweise der Unternehmer eines Sägewerks in einer wenig besiedelten Gegend, der für seine Arbeitskräfte zusätzliche Kosten in Form von Wohnungen, Schulen, Krankenfürsorge aufwenden mußte, danach, diese Kosten dadurch zu verringern, daß er alle Mitglieder der Arbeiterfamilie während der sommerlichen Hochsaison für sich arbeiten ließ.[29] Dazu schreibt Torsten Gårdlund in seinem Buch: «Industrialismens Samhälle» («Industriegesellschaft»):

«Es schien üblich zu sein, daß die Kinder der Sägewerkarbeiter einen Monat früher die Schule verließen, um im Werk zu arbeiten und daß sie einen Monat nach Schulbeginn im Herbst noch auf der Arbeit verblieben.»[30]

Der schwedische Staat zeigte in dieser Periode der frühkapitalistischen Industrie das gleiche Desinteresse an der Fortentwicklung der Volksschu-

25 Vgl. G. Thunander, a. a. O., S. 243.
26 Vgl. A. Sörensen, a. a. O., S. 134f.
27 Vgl. ebd., S. 135.
28 Vgl. T. Gårdlund: Industrialismens Samhälle, Stockholm 1942.
29 Vgl. ebd., S. 326.
30 Ebd., S. 323. Übersetzung der Verfasserin.

le wie der preußische in der ersten Hälfte des 19. Jahrhunderts. Seine finanziellen Aufwendungen im Bildungswesen galten vor allem den höheren Schulen und den Universitäten. Während im Jahre 1870 für diese Institutionen 43,5 % der Gelder, die der Staatshaushalt für kulturelle Ausgaben bewilligte, bereitstanden, erhielt das Volksschulwesen, das etwa drei Viertel aller schulpflichtigen Kinder umfaßte, lediglich 10,7 %.[31]

Dem geringen Interesse des Staates an der Volksschule entsprach es, daß eine staatliche Regelung der Kinderarbeit, die eine wesentliche Voraussetzung für die Durchführung der Schulpflicht darstellte, erst verhältnismäßig spät in Angriff genommen wurde. Zwar erregte das Problem der Kinderarbeit schon in den fünfziger Jahren die Aufmerksamkeit einiger Reichstagsmitglieder, die entsprechende Untersuchungen einleiteten; eine gesetzliche Regelung dieser Frage erließ der König auf Antrag des Reichstages jedoch erst im Jahre 1881.[32] Danach wurde Minderjährigen die Fabrikarbeit untersagt, solange sie nicht den Mindestkurs der Volksschule nach Paragraph 48 des Volksschulgesetzes durchlaufen hatten.[33] Das Inkrafttreten dieses Gesetzes wurde infolge der massiven Klagen von Seiten der Industriellen um zwei Jahre hinausgeschoben. Eine Reihe von Ausnahmen, die den unterschiedlichen Fabrikherren auch dann noch zugestanden wurden, hoben die Wirkung dieses Gesetzes weitgehend wieder auf.[34] So hatte zum Beispiel das Kinderschutzgesetz für die Besitzer von Sägewerken keine Gültigkeit.

Es ist nur zu verständlich, daß in dieser ökonomischen Epoche, in der die aufkommende Industrie und die für den Export produzierende Landwirtschaft mit der Volksschule um die Arbeitszeit der Schüler konkurrierten, das Problem der Schulversager noch nicht ins Auge fiel. Das Leistungsversagen einzelner Schüler konnte solange nicht zu einem pädagogischen Problem werden, als die Möglichkeit bestand, «schwachbegabte» Kinder genau wie pauperisierte Schüler – mit denen sie durch den Paragraphen 48 des Volksschulgesetzes eng verbunden waren – vorzeitig aus der Schule zu entlassen. Erst die zunehmende Vereinheitlichung der Volksschule, ihr allmählicher Ausbau und die sukzessive Anhebung ihres Leistungsniveaus gegen Ende des 19. Jahrhunderts führten dazu, daß leistungsschwache Schüler in den Klassenverbänden auffällig wurden und den stärker an den Zielen eines «normalen» Ausbildungsniveaus orientierten Unterricht spürbar zu belasten begannen.

31 Vgl. A. G. Paulston: Educational Change in Sveden: Planning and Accepting the Comprehensive School Reforms, New York 1968, S. 25.
32 Vgl. T. Gårdlund, a. a. O., S. 327; A. Sörensen, a. a. O., S. 143 und G. Thunander, a. a. O., S. 242.
33 Vgl. G. Thunander, a. a. O., S. 242.
34 Vgl. T. Gårdlund, a. a. O., S. 327f.

2.3. Die Konsolidierung der schwedischen Volksschule

Im Vergleich zu Deutschland, dessen Elementarschulwesen – trotz des ökonomischen Rückstandes gegenüber England und Frankreich – unter den Industrienationen des 19. Jahrhunderts führend war,[1] konnte Schweden, das in seiner industriellen Entwicklung weit hinter diesen Ländern zurücklag, bildungspolitisch auf die Erfahrungen des Auslandes zurückgreifen. Insofern war es in Schweden möglich, daß bildungspolitische Entscheidungen bzw. Maßnahmen der industriellen Entwicklung vorauseilten und nicht in dem gleichen Maße wie in Deutschland erst durch den ökonomischen Fortschritt erzwungen wurden.

Während Schweden in der ersten Hälfte des 19. Jahrhunderts sich vor allem an England orientierte, verstärkte der wirtschaftliche Aufschwung Deutschlands nach 1870 seine wirtschaftliche und kulturelle Ausstrahlung auf die skandinavischen Länder.[2] Das deutsche Bildungswesen und insbesondere auch die deutsche Elementarschule erhielten zunehmende Bedeutung für die Entwicklung der schwedischen Ausbildungsinstitutionen. So dominierte die deutsche Sprache in den achtziger Jahren eindeutig an den Universitäten, Gymnasien und in den wissenschaftlichen Publikationen. Deutsche Universitäten, preußische Gymnasien und Elementarschulen wurden wesentlich häufiger als etwa Einrichtungen des französischen bzw. englischen Bildungswesens von schwedischen Delegationen zu Studienzwecken besucht.[3]

Auch für die Entstehung der ersten Hilfsklassen lieferte Deutschland mit seiner Institution der Hilfsschule das entscheidende Vorbild. Die schwedische Bezeichnung «hjälpklass» ist mit dem deutschen Begriff «Hilfsklasse» identisch. Zudem deuten wiederholte Studienreisen schwedischer Lehrer in deutsche Städte und ihre ausführlichen Berichte über die dort besichtigten Hilfsklassen in den schwedischen Lehrerzeitungen darauf hin, daß die wesentlichen Anregungen für die schulorganisatorische Einrichtung der Hilfsklassen aus Deutschland kamen.

Der für Deutschland aufgezeigte enge Zusammenhang zwischen dem Übergang zu den Produktionsmethoden des relativen Mehrwertes und der Vereinheitlichung und Verbesserung des Volksschulwesens als notwendige Voraussetzung für die Entstehung der ersten Hilfsklassen (vgl. 1.4.) läßt sich auch für Schweden nachweisen. Anhand der drei Normalpläne (reichseinheitliche Lehrpläne) von 1878, 1889 und 1900 sollen im folgenden zunächst die wichtigsten Etappen der Volksschulentwicklung im Zusammenhang mit den grundlegenden ökonomischen, sozialen und

---

1 Vgl. H. Mottek, a. a. O., Bd. II, S. 238f und T. Nordin, a. a. O., S. 164ff.
2 Vgl. E. F. Heckscher, a. a. O., S. 247f.
3 Vgl. G. Richardson: Kulturkamp och klasskamp, a. a. O., S. 439.

politischen Prozessen im letzten Drittel des 19. Jahrhunderts skizziert werden.

Die Jahre zwischen 1870 und 1890 sind, parallel zu den vierziger und fünfziger Jahren in den deutschen Kleinstaaten, ökonomisch durch ein «fortdauerndes Anwachsen der Industrie» gekennzeichnet.[4] Es handelte sich vor allem um die quantitative Zunahme der Holz- und Eisenverarbeitung, der Textilindustrie und Maschinenindustrie:[5]

«Überhaupt kann man sagen, daß die Massenherstellung von Stahl und Eisen in dieser Zeit begann. Walzwerke, Fabriken für Nägel, Sägen, Feilen usw. entstanden, die Werkstattindustrie wurde in den Jahren 1870–75 erneuert und modernisiert: Maschinen, landwirtschaftliche Geräte, Lokomotiven wurden hergestellt, die Werftindustrie dehnte sich aus . . . die schwedischen Streichhölzer wurden ein Weltartikel. Tischlerfabriken entstanden überall im Lande, . . . Die Erzeugnisse der Textilindustrie begannen die Heimwebereien der Bauernhöfe zu verdrängen.»[6]

Gleichzeitig nahm die Zahl der von der Landwirtschaft lebenden Bevölkerung ständig ab. Während 1870 «noch 72,4 % des schwedischen Volkes in der Landwirtschaft und ihren Nebengewerben und nur 14,6 % in Industrie und Handwerk beschäftigt waren, berechnete man die entsprechenden Ziffern zwanzig Jahre später auf 62,1 % und 21,7 %»[7]. In zunehmendem Maße wurde das überschüssige ländliche Proletariat von der sich ausdehnenden Industrie aufgenommen.

In dieser Zeit der industriellen Expansion zeigte sich ein verstärktes staatliches Interesse an der Fortentwicklung der Volksschule, u. a. an den erhöhten finanziellen Aufwendungen für das Volksschulwesen. So stieg der staatliche Zuschuß von 1880–1890 um ungefähr 50 %.[8] Der prozentuale Anteil des Volksschulwesens an den Ausgaben des Kultusministeriums verdreifachte sich: von 10,7 % auf 31,8 %.[9]

Bewirkten einerseits diese staatlichen Mehrausgaben eine Verbesserung des Volksschulwesens, so begünstigte andererseits das Erscheinen des ersten Normalplanes am Ende der wirtschaftlichen Hochkonjunktur im Jahre 1878 die Verbreitung und Vereinheitlichung der Volksschule. In den achtziger Jahren entstanden in vielen schwach besiedelten Landgemeinden neue Schulen. Die «Wanderschulen» nahmen zugunsten «fester» Schulen ab, ihr Anteil sank von 35,3 % im Jahre 1882 auf 27,4 % im

4 Vgl. I. Andersson, a. a. O., S. 416.
5 Vgl. ebd.
6 Ebd., S. 417.
7 Ebd.
8 Vgl. G. Richardson: Kulturkamp och klasskamp, a. a. O., S. 249.
9 Vgl. ebd.

Jahre 1890 ab.[10] Der Hausunterricht ging zurück.

Gleichzeitig sorgte der Normalplan von 1878 auch für eine effektivere innere Organisation der Volksschule. Er setzte die «småskola» (Kleinschule), die in gering besiedelten Gegenden häufig die einzige Schule war, als eine Art Vorschule bzw. Unterstufe auf 2 Jahre fest. Die darauf aufbauende Volksschule (folkskola) sollte 4 Klassen bzw. 4 Jahreskurse umfassen, so daß die gesamte Schulzeit mindestens 6 Jahre betrug.[11] Die Versetzung in eine jeweils höhere Klasse wurde von den Kenntnissen abhängig gemacht, die in der vorhergehenden Klasse erworben wurden. Damit bahnte sich die Entwicklung zu homogeneren Schülergruppen und durchschnittlichen Leistungen allmählich an. «Niedere» Volksschulen (mindre folkskola), die in der Art von Dorfschulen (byskola), Bezirksschulen (roteskola), Ersatzschulen (ersättningsskola), Hilfsschulen[12] (hjälpskola), Schulen für Mindestkurse (minimiskola) vor allem in kleineren bevölkerungsarmen Gemeinden existierten und in den Berichten der Volksschulinspekteure häufig mit der «småskola» verwechselt wurden, waren in dem Normalplan von 1878 nicht mit besonderen Lehrplänen bedacht worden.[13] Die Intention des Normalplans zielte vor allem auf die erweiterte Volksschule, die geeignet war, «die Unterrichtsarbeit genügend voranzutreiben»[14]. Dennoch unterschied der Normalplan den «notwendigen Mindestkurs, der von allen Schulen gefordert werden müsse» von dem «erweiterten Lehrgang, der in Schulen mit einer vorteilhaften Stellung mitgeteilt werden könne»[15] und hielt insofern an dem Paragraphen 48 (der Armenschullinie) des Volksschulgesetzes von 1848 fest.

In gleicher Weise wie der Normalplan von 1878 förderte das Volksschulgesetz von 1882 die Konsolidierung der Volksschule, indem es die Tendenzen des ersten Normalplanes verstärkte, die småskola als allgemein vorbereitende Volksschule anerkannte und das Schulpflichtalter vom 7. bis zum 14. Lebensjahr festsetzte.[16]

Der weniger durch ökonomische Qualifikationserfordernisse erzwungene als durch günstige konjunkturelle Entwicklungen und eine fortschrittliche Bildungspolitik eingeleitete Vereinheitlichungsprozeß der

10 Vgl. ebd., S. 243 f.

11 Vgl. S. Nordström, a. a. O., S. 78.

12 Der Begriff «Hilfsschule» hat hier die Bedeutung von Ersatzschule, er ist noch nicht identisch mit der in Deutschland üblichen Bezeichnung «Hilfsschule».

13 Vgl. G. Richardson: Kulturkamp och klasskamp, a. a. O., S. 243 und S. Nordström, a. a. O., S. 78.

14 Normalplan för undervisningen i folkskolor och småskolor, Stockholm 1878, S. 35.

15 Ebd., S. 41.

16 Vgl. S. Jägerskiöld, a. a. O., S. 44 f.

Volksschule mußte angesichts der wirtschaftlichen und politischen Ereignisse Ende der achtziger Jahre weitgehend stagnieren. Die bildungspolitischen Tendenzen, die Effektivität des Volksschulunterrichts zu heben, erfuhren in dieser Zeit durch ökonomische und politische Entwicklungen einen starken Rückschlag.

Die Einfuhr billigen amerikanischen und russischen Getreides hatte die Landwirtschaft Schwedens in der Mitte der achtziger Jahre in eine schwere Krise getrieben.[17] Zugleich hatten sich mit der fortschreitenden Industrialisierung die Klassengegensätze zwischen besitzendem Bürgertum und industriellen Lohnarbeitern erheblich verschärft. Vor allem Norrland, das die südlichen Teile Schwedens in der Holzerzeugung überholt hatte, begann die «Vorteile und Mißlichkeiten der Industrialisierung zu erfahren»[18]:

«... hier wurden die größten Vermögen in kurzer Zeit zusammengerafft und gleichzeitig die schärfsten sozialen Gegensätze geschaffen. In Norrland wurden in weiten Gebieten die selbständigen Bauern ausgeräumt und ein schlechtentlohntes Proletariat an den Flußmündungen konzentriert, wohin die Industrie nach Einführung der Dampfsägen verlegt wurde.»[19]

Die Arbeiter der Sägewerkindustrie hatten in besonderem Maße unter der kapitalistischen Exploitation zu leiden. Von ihren eigentlichen Heimatorten entfernt, lebten sie zumeist unter äußerst primitiven Wohn- und Lebensbedingungen. Es ist daher keineswegs ein Zufall, daß der erste Arbeiterstreik 1879 im Sundvalldistrikt, in der Sägewerkindustrie ausbrach.[20]

Seit dem Sundvallstreik begann die schwedische Arbeiterschaft sich langsam zu organisieren. Ihr Klassenbewußtsein nahm zu und führte zum Aufbau gewerkschaftlicher Organisationen.[21] Mit Beginn der achtziger Jahre entstanden in verschiedenen Landesgegenden sozialdemokratische Vereine, die sich im Jahre 1889 unter der Führung Hjalmar Brantings zur schwedischen sozialdemokratischen Arbeiterpartei zusammenschlossen. 1888 wurde in Stockholm der schwedische Metallarbeiterverband gegründet und 1898 schlossen sich die Gewerkschaften in einer Spitzenorganisation, der «schwedischen Landesorganisation», zusammen.[22]

Mit wachsender Besorgnis verfolgte das Bürgertum das Streben der

17 Vgl. I. Andersson, a. a. O., S. 420ff und F. Rück, a. a. O., S. 86ff.
18 I. Andersson, a. a. O., S. 417.
19 F. Rück, a. a. O., S. 84.
20 Vgl. E. F. Heckscher, a. a. O., S. 264.
21 Vgl. F. Rück, a. a. O., S. 85.
22 Vgl. ebd.

Arbeiterklasse nach größerem politischen Einfluß. Das gegen die Arbeiterbewegung gerichtete «Maulkorbgesetz»[23] von 1889, das die Agitationsmöglichkeit der Industriearbeiterschaft wesentlich einschränkte, ist ein Ausdruck der sich intensivierenden Klassenauseinandersetzungen.

Unter diesen Voraussetzungen sah die Bourgeoisie in den erhöhten Kenntnissen, die die Volksschule den Arbeiterkindern zu vermitteln trachtete, ein Mittel, das die politische Macht der Arbeiterschaft unterstützte und gleichzeitig die bürgerliche Gesellschaftsordnung gefährdete. Eine identische Argumentation findet sich auch bei der konservativen Fraktion von Großgrundbesitzern, Kirche und staatlicher Bürokratie in Preußen, seitdem sich die Arbeiterbewegung zu einer einheitlichen Partei zusammengeschlossen hatte (vgl. 1.4.).

Dem Bildungsenthusiasmus der letzten Jahre wurde daher verstärkt die christlich religiöse Funktion der Volksschule entgegengehalten. So schreibt Prosten Stålbom als «repräsentativer Exponent» dieser bürgerlich-konservativen Auffassung:

«Die Schule ist unbestreitbar eine Tochter der Kirche, so daß wir der letzteren für die erste zu danken haben . . . je mehr der Unterricht und im Zusammenhang damit die Aufklärung in den profanen Fächern der Volksschule zunimmt, desto mehr intrigiert und opponiert das Volk – zum Hochmut durch seine vermeintlich großen Kenntnisse verleitet – sowohl gegen seine Lehrer als auch gegen andere Obrigkeit. Das erste und größte Ziel der Schule ist die Erziehung der Kinder zu wahrhaften Christen und in reinster Übereinstimmung damit zu gesetzestreuen, guten Staatsbürgern.»[24]

Der zweite Normalplan, der 1889 erschien, ist ein deutliches Beispiel für das Mißtrauen und die Widerstände, die von seiten der bürgerlichen Regierung einer Ausdehnung des Volksschulunterrichts Ende der achtziger Jahre entgegengesetzt wurden. Der zweite Normalplan räumte dem Religionsunterricht wieder eine bedeutendere Stellung ein. Die Länge der Morgenandacht, für die im Normalplan von 1878 keine zeitliche Vorschrift angegeben war, wurde auf mindestens 15 Minuten festgelegt.[25] Mit dem Argument der geringen finanziellen Ressourcen propagierte der Normalplan von 1889 «niedere» Volksschulen sowie abgekürzte Unterrichtskurse und leistete dadurch der weiteren Zersplitterung der Volksschule und dem frühzeitigen Schulabgang der Jugendlichen Vorschub.

23 Vgl. I. Andersson, a. a. O., S. 442 f.

24 Prosten Stålbom, in: Bondeson: Skollärare John Chronschoughs memoarer, zitiert bei G. Richardson: Kulturkamp och klasskamp, a. a. O., S. 250. Übersetzung der Verfasserin.

25 Vgl. G. Richardson: Kulturkamp och klasskamp, a. a. O., S. 251 f.

Indem der zweite Normalplan verkürzte Schulgänge förderte, entsprach er nicht nur einer konservativen bürgerlichen Strategie in der Auseinandersetzung mit der Arbeiterbewegung, sondern kam zugleich dem steigenden Bedarf der Wirtschaft an billigen Arbeitskräften entgegen. Noch zu Beginn der neunziger Jahre dominierten in der schwedischen Industrie und Landwirtschaft die Methoden absoluter Mehrwertproduktion.

Besonders für die Landwirtschaft war der Mangel an billigen Arbeitskräften eines der größten Probleme. Aus diesem Grunde bildete sich im Jahre 1895 der schwedische Agrarverband, der für einen kürzeren und mehr auf die Praxis ausgerichteten Volksschulunterricht eintrat.[26] Die Bauern, die von Anfang an die Kosten für die Volksschulentwicklung gescheut hatten, waren in dieser Zeit noch weniger bereit, finanzielle Ausgaben in Kauf zu nehmen, die nicht nur ihren eigenen Kindern, sondern zugleich den Kindern der ländlichen Arbeiter zugute kamen, die sie als Arbeitskräfte dringend benötigten. So heißt es in einer Programmschrift, die der Wortführer des Agrarverbandes, Carl Klingspor, an die Mitglieder des Reichstages verschickte:

«Tatsächlich fällt es einem schwer, sich eine schlimmere Tyrannei vorzustellen als die, ein halb verhungertes Kind von einem verarmten Zuhause zu zwingen, Schulaufgaben zu machen und es gerade dadurch daran zu hindern, daß es die kleinen Dienste verrichtet, die seinen Hunger stillen könnten.»[27]

In der bürgerlichen Ideologie war es nicht die Wirtschaft, sondern waren es die Kinder selbst, die von der verkürzten Schulzeit profitierten. In diesem Sinne war auch bereits in der Zeitung «Svenska Dagbladet» vom 17. 10. 1889 zu lesen:

«Es war höchste Zeit, daß diese offizielle Sanktion zustande kam. Denn es ist nicht nur unbarmherzig gegenüber armen Eltern, sondern auch gegenüber den Jugendlichen, daß – wie bisher geschehen – arme Kinder wegen der Schulaufgaben der Gelegenheit beraubt wurden, sich frühzeitig in den praktischen Tätigkeiten einzuüben usw.»[28]

Die unterrichtlichen Restriktionen und finanziellen Beschränkungen des Volksschulwesens, die der Normalplan von 1889 verfügte, zeigen eine

26 Vgl. Anna Sörensen, a. a. O., S. 5.
D. A. Hallgren, in: Junius (Hg.), Några brev om det allmänna skolväsendet i Sverige.
27 Zitiert bei: A. Sörensen, a. a. O., S. 5. Übersetzung der Verfasserin.
28 Svenska Dagbladet vom 17. 10. 1889, zitiert bei: G. Richardson: Kulturkamp och klasskamp, a. a. O., S. 254. Übersetzung der Verfasserin.

gewisse Parallele zu den Einschränkungen, die das deutsche Elementar-schulwesen unter den Stiehlschen Regulativen erfuhr. Der Normalplan von 1889 ist genau wie die Stiehlschen Regulative nicht als «schulpoliti-sche Reaktion auf Qualifikationsanforderungen aus der Produktion zu verstehen»[29], sondern als Reaktion auf die Klassenauseinandersetzun-gen, die sich mit dem raschen Voranschreiten der Industrialisierung in den deutschen Kleinstaaten um die Jahrhundertmitte, in Schweden 30 Jahre später verschärften (vgl. 1.4.). Waren die Regulative gegen das Vordringen liberaler Ideen unter den preußischen Volksschullehrern gerichtet, so wollte der Normalplan von 1889 der Neigung zu «radikalen Ansichten» in der schwedischen Volksschullehrerschaft entgegenwir-ken.[30] Hatten in Deutschland die Klassenauseinandersetzungen zwischen Adel und Bürgertum im Revolutionsjahr 1848 bereits die Gründung der ersten Lehrervereine gefördert, so verstärkte in Schweden das gesell-schaftliche politische Erwachen der Arbeiterklasse Ende der siebziger Jahre das schulpolitische Engagement der Volksschullehrer.[31] 1880 grün-deten Liberale bzw. «links orientierte» Volksschullehrer einen Verein «Sveriges allmänna folkskollärarförening» (SAF)[32], dessen wesentliches

29 F. Nyssen, a. a. O., S. 312.

30 Vgl. G. Richardson: Kulturkamp och klasskamp, a. a. O., S. 255 ff.

31 In diesem Zusammenhang schreibt E. Jüttner: Der Kampf um die schwedi-sche Schulreform, Berlin 1970: «Der schulpolitische Kampf wurde in erster Linie mit sozialen und ideologischen Argumenten und Motiven geführt. Die schulpoli-tischen Diskussionen wurden zum Kultur- und Klassenkampf, der von den Reprä-sentanten unterschiedlicher Lebens- und Kulturauffassungen und Gesellschafts-schichten geführt wurde.» Ebd., S. 69.

32 Sein Presseorgan «Svensk Lärartidning» (Schwedische Lehrerzeitung) er-schien erstmals 1881. Sie wird im folgenden gekürzt als Sv Ltg. bezeichnet. Teilweise als Reaktion auf die progressiven, links gerichteten Tendenzen des SAF bildete sich 1883 ein weiterer Lehrerverein, in dem vor allem Lehrer mit einer «kulturkonservativen Haltung» ihre Vertretung fanden. Diese Lehrervereini-gung, die sich «Svenska folkskolans vänner» (SFV) nannte, umfaßte allerdings wesentlich weniger Mitglieder als der SAF. (Vgl. S. Nordström, a. a. O., S. 102 ff.)

Bereits der erste Paragraph der Vereinssatzung markierte den Gegensatz zu den Zielvorstellungen des SAF:

«Innerlich davon überzeugt, daß unsere Volksbildung unauflösbar und unzer-trennlich verbunden ist mit dem lebenden Christentum, wollen wir mit allen zu Gebot stehenden gesetzlichen Mitteln dafür eintreten, daß es in der Volksschule zu seinem vollen Recht gelangt und seine rechtliche biblische Vollständigkeit erfährt.» (SFV Årsmeddelande 1897, S. 32) Übersetzung der Verfasserin.

Während der SAF der Volksschule eine qualifiziertere Stellung innerhalb des gesamten bestehenden Schulwesens einräumen wollte und daher den Gedanken einer gemeinsamen Grundschule für die Kinder aller Gesellschaftsklassen unter-

Ziel darin bestand, das Ausbildungsniveau der Volksschule durch ihre Entwicklung zur Grundschule zu heben. Die Entwicklung der Volksschule zur Grundschule auch für die bisher durch Privatunterricht privilegierten Kinder sollte endgültig ihre Einschätzung als Armenschule aufheben. Zugleich verfolgte der SAF jedoch mit einer zukünftigen Grundschule auch das politische Ziel, die Klassenunterschiede zu mildern und Bürgertum und Proletariat einander anzunähern.

Wie in Deutschland Diesterweg, Wander und Roßmäßler, so traten in Schweden liberale Pädagogen – zum Beispiel Fridjuv Berg[33] – für eine vereinheitlichte, alle Gesellschaftsklassen umfassende Volksschule ein. Die liberalen, politischen Ideen, die sich in ihrer Pädagogik theoretisch niederschlugen, entsprachen zwar der industriellen Entwicklung Deutschlands um die Jahrhundertmitte und Schwedens dreißig Jahre später, gefährdeten jedoch zugleich unter den Bedingungen verschärfter Auseinandersetzungen mit dem Proletariat die Interessen der herrschenden Klasse, indem sie stärker auf Kritik und Veränderung der gegebenen Verhältnisse als auf ihre Erhaltung zielten.

Obgleich der Normalplan von 1889 deutlich gegen den liberalen Bildungsenthusiasmus der siebziger Jahre gerichtet war und eine gewisse

stützte, wies die SFV die Einheitsschulbestrebungen eher von sich. So findet man auch beispielsweise in der Zeitung «Freund der Volksschule» («Folkskolans Vän», im folgenden abgekürzt als FV bezeichnet), der von der SFV herausgegebenen Zeitung, kaum Kommentare zur Grundschulfrage. In einem Jahresbericht von 1898, der einen Überblick über die Vereinstätigkeit der letzten 15 Jahre bringt, wird die Grundschulfrage überhaupt nicht berührt. Als Ziel der Vereinsarbeit wird lediglich angegeben: «. . . die vertrauensvolle Zusammenarbeit zwischen Lehrern in der Kirche und Schule sowie zwischen Heim und Schule zu erleichtern». (Vgl. SFV Årsmeddelande, Jahresmitteilung, 1898, S. 4 f) Übersetzung der Verfasserin.

33 Unter den Mitgliedern des SAF profilierte sich besonders Fridjuv Berg als radikaler Befürworter der Grundschule. 1883 veröffentlichte Berg seine Arbeit: Folkskolan såsom bottenskola (Volksschule als Grundschule). Berg prangerte die soziale Ungerechtigkeit der schwedischen Schulinstitution bzw. des «Parallelschulsystems» an, das je nach den ökonomischen Lebensverhältnissen der Eltern Bildung gestattete oder versagte: «Und die Gesellschaft bietet also den Kindern der sogenannten besseren Klassen eine reichere Bildung, den minder bemittelten eine dürftigere». (F. Berg: Folkskolan såsom bottemskola, Stockholm 1883, zitiert bei: S. Nordström, a. a. O., S. 108) Nach seiner Meinung müßten sich die Schulen nach dem «natürlichen Entwicklungsgang» der Kinder richten. Alle Kinder sollten zunächst die gleiche Ausbildung bekommen, und erst, wenn «besondere Naturanlagen» mit Deutlichkeit hervorträten, sollte ihnen die Möglichkeit offen stehen, sich für einen besonderen Bereich ausbilden zu lassen. Berg schlug daher vor, die Volksschule in eine für alle Gesellschaftsklassen gemeinsame «Kindheitsschule» umzuwandeln. (Vgl. ebd., S. 109)

Stagnation der Volksschulentwicklung in Schweden anzeigte, waren seine Auswirkungen nicht so weitreichend wie die Auswirkungen der Stiehlschen Regulative in Deutschland. Im Unterschied zu Deutschland, wo die Lehrervereine nach der Revolution von 1848 verboten worden waren und ihre Anhänger politisch verfolgt wurden, konnten sich in Schweden die Mitglieder des SAF weiterhin als Vertreter fortschrittlicher schulpolitischer Bestrebungen exponieren. Sie hatten zwar keine Gelegenheit erhalten, die inhaltlichen Bestimmungen des Normalplanes zu beeinflussen, aber die Regierung konnte nicht verhindern, daß sie die im Normalplan angegebenen Maßnahmen zur Verkürzung der Schulzeit in der Öffentlichkeit kritisierten und in der Praxis des Schulalltages umgingen. Dazu schreibt Anna Sörensen in «Svenska folkskolans historia» («Schwedische Volksschulgeschichte»):

«Der Vorschlag des Normalplans im Hinblick auf besonders einzurichtende Mindestkurse wirkte sich nicht so schädlich für die Volksschule aus wie man befürchtet hatte. Der energische Kampf der Volksschullehrerschaft gegen diese Kurse bewirkte nämlich, daß sie sich, wie die Berichte der Inspekteure aus dem Jahre 1892 bezeugen – nicht in größerem Umfang durchsetzten.»[34]

Allerdings darf man den Einfluß der Lehrerschaft auf die reale Schulentwicklung angesichts der wirtschaftlichen, vor allem landwirtschaftlichen Interessen an der Verkürzung der Schulzeit auch nicht überschätzen. Es wird in diesem Zusammenhang verständlich, daß besonders die Volksschule auf dem Lande von den im zweiten Normalplan angeordneten Unterrichtsbeschränkungen betroffen wurde.

Der industrielle Aufschwung in der 2. Hälfte der neunziger Jahre und der Übergang der großen Industrie zu Methoden der relativen Mehrwertproduktion schufen jedoch schon sehr bald die gesellschaftlichen Voraussetzungen für die allmähliche Abnahme der Mindestkurse und die schrittweise Durchsetzung der erweiterten Volksschule.

Wie in den deutschen Kleinstaaten in den sechziger Jahren ist in Schweden in den neunziger Jahren ein sprunghafter Anstieg der Produktivitätsentwicklung zu beobachten. Während die Holzindustrie beispielsweise in den Jahren zwischen 1856 und 1896 ihre Produktion lediglich verdoppeln konnte, verzehnfachte sie sich in den folgenden zwanzig Jahren.[35] Gleichzeitig stieg die schwedische Erzausfuhr «aus dem Nichts bis zu 6 440 000 Tonnen im Jahre 1913 an»[36]. Der Jahresproduktionswert der Maschinenindustrie verdoppelte sich zwischen 1896 und 1900.[37]

34 A. Sörensen, a. a. O., S. 132. Übersetzung der Verfasserin.
35 Vgl. E. F. Heckscher, a. a. O., S. 267.
36 I. Andersson, a. a. O., S. 440.
37 Vgl. ebd.

Der rapide wirtschaftliche Aufschwung hing weniger mit dem expansiven Wachstum der in den vorhergehenden Jahrzehnten entstandenen Industriezweige zusammen als vielmehr mit den technischen Erfindungen und Neuerungen, mit deren Hilfe die Produktivität in den wichtigsten Industriezweigen des Landes wesentlich erhöht wurde. So setzten sich zum Beispiel in der Holzindustrie chemische Methoden zur Herstellung von Holz- und Papiermasse durch.[38] In der Eisenindustrie begann in den neunziger Jahren das Thomas-Verfahren eine bedeutende Rolle zu spielen. Dieses Verfahren ermöglichte es, erstklassiges Eisen aus phosphorhaltigen Erzen, aus denen die größten schwedischen Erzvorkommen bestanden, zu gewinnen.[39] Die Umwandlung von Wasserkraft in elektrische Energie stellte der schwedischen Industrie neue ungeahnte Energiequellen zur Verfügung.[40]

Parallel zur Einführung und Verallgemeinerung neuer Produktionstechniken beschleunigte sich der Konzentrations- und Zentralisationsprozeß des Kapitals. Der Staat unterstützte diese Entwicklung genau wie in Deutschland durch eine gesetzliche Regelung im Jahre 1895, die die Bildung von Aktiengesellschaften erleichterte.[41] Im Jahre 1896 befanden sich 24 % der Industrie in Händen von Aktiengesellschaften, im Jahre 1905 schon 35 %.[42] Besonders rasch schritt die Zentralisation des Kapitals im Bereich des Bankwesens voran. Hier verzehnfachte sich das Kapital der Aktiengesellschaften seit den achtziger Jahren.[43]

Die technische Umwälzung der Produktion, die damit verbundene rapide Steigerung der Arbeitsproduktivität und die beschleunigte Konzentration und Zentralisation des industriellen und Finanzkapitals kennzeichnen – wie im Deutschland der sechziger und siebziger Jahre – den Übergang zur relativen Mehrwertproduktion. Dem entspricht auch die entschiedene gesetzliche Einschränkung der Kinder- und Jugendarbeit um die Jahrhundertwende, die noch gegen Ende der achtziger und Anfang der neunziger Jahre eine bedeutende Rolle spielte und eine Verzögerung der Volksschulentwicklung bewirkt hatte.

Das gesetzliche Verbot der Kinderarbeit bezog jetzt außer Fabriken auch die Sägewerkindustrie und die landwirtschaftlichen Produktionsbereiche mit ein.[44] «Im Jahre 1875 stellte ein staatliches Komitee fest, daß

38 Vgl. E. F. Heckscher, a. a. O., S. 267 f.
39 Vgl. I. Andersson, a. a. o., S. 439 f.
40 Vgl. F. Rück, a. a. O., S. 73 f und I. Andersson, a. a. O., S. 441 sowie E. F. Heckscher, a. a. O., S. 262.
41 Vgl. E. F. Heckscher, a. a. O., S. 287 ff.
42 Vgl. I. Andersson, a. a. O., S. 441.
43 Vgl. ebd.
44 Vgl. T. Gårdlund, a. a. O., S. 330 f.

20 % aller Arbeiter unter 18 Jahren waren, im Jahre 1905 war die entsprechende Ziffer 9 % bei erheblich herabgesetzter Arbeitszeit».[45]

Genau wie in Deutschland bildete in Schweden die gesetzliche Einschränkung der Kinderarbeit eine maßgebliche Voraussetzung für die Konsolidierung der Volksschule. Im gleichen Jahr, in dem das zweite Kinderschutzgesetz in Kraft trat (1901), erschien auch der dritte Normalplan, der die viel diskutierten Mindestkurse abschaffte und damit für alle Volksschulkinder einen einheitlichen Unterrichtsplan vorlegte. Vor allem in den Städten bewirkte der dritte Normalplan einen raschen Rückgang der vorzeitigen Schulabgänger. Noch kurz vor der Jahrhundertwende (1899) war die Zahl der Schüler in den Städten, die gemäß dem Paragraphen 48 die Schule verließ, auf 3249 Schüler angestiegen, Ende des Jahres 1901 waren es nur noch 1388 Schüler.[46]

Durch weitere statistische Daten läßt sich erhellen, daß eine gewisse qualitative Verbesserung der Volksschule um die Jahrhundertwende stattfand. So nahmen die Wanderschulen in dieser Zeit weiterhin ab, ihr Anteil sank von 24,4 % in den Jahren 1891–95 auf 9,4 % in den Jahren 1906–10.[47] In der gleichen Zeit wurden die durchschnittlichen Klassenfrequenzen von 51 auf 41 Schüler herabgesetzt.[48] Eine bescheidene Anhebung des Ausbildungsniveaus in der Volksschule wird auch sichtbar, wenn man die Normalpläne von 1878, 1889 und 1901 miteinander vergleicht. Während die Grundfächer: Religion, Lesen, Schreiben und Rechnen relativ unverändert bestehen bleiben, zeigen die Realienfächer, Geographie, Geschichte, Naturkunde, in dem dritten Normalplan eine merkliche Ausweitung des Stoffes.

Wenn auch die wachsende Bedeutsamkeit der Technologie in der industriellen Produktion und der damit im Zusammenhang stehende Bedarf an gut ausgebildeten Facharbeitern, Technikern und Ingenieuren in Schweden genau wie in Deutschland zu einer allmählichen Vereinheitlichung der Volksschule und zu einer – wenn auch geringen – qualitativen Verbesserung seiner inneren Organisation führte, so wirkte sich doch auch hier die technische Fortentwicklung der Produktivkräfte in erster Linie auf Gründungen bzw. Verbesserungen im Bereich der Fortbildungsschulen, Fachschulen und höheren Schulen aus. Die Volksschule wurde nur insofern von den Verbesserungen der Ausbildungsbedingungen betroffen, als sie die Basis der weiterführenden Schulen bildete. Dem entspricht, daß «gut ausgerüstete» Volksschulen mit fähigen Lehrern

45 F. Rück, a. a. O., S. 89.
46 Vgl. S. Nordström, a. a. O., S. 96.
47 Vgl. ebd., S. 97.
48 Vgl. ebd., S. 98.

sich vor allem in den Großstädten entwickelten, während zum Beispiel in den abgelegenen waldreichen Gegenden Norrlands auch nach der Jahrhundertwende der Volksschulunterricht die gleichen Mängel aufwies wie unmittelbar nach Einführung der Schulpflicht.

Es ist daher einsichtig, daß die ersten Hilfsklassen in Schweden – und auch hier besteht eine Parallele zu Deutschland – in größeren Industrie- und Handelsstädten entstanden, in denen die Volksschule sich weitgehend zur sechsklassig ausgebauten Schulform entwickelt hatte.

2.4. Die Hilfsklasse – Ergebnis der inneren Differenzierung in der schwedischen Volksschule

Da es im Rahmen dieser Arbeit unmöglich ist, die Entwicklung der Hilfsklassen in ganz Schweden zu verfolgen und die erheblichen lokalen Unterschiede, die für dieses Land bezeichnend sind, herauszustellen, ist eine Beschränkung auf einige typische Beispiele erforderlich. Stockholm und Göteborg als die weitaus bedeutendsten Städte und gleichzeitig die wichtigsten Zentren der pädagogischen Differenzierungsdebatte[1] sollen daher im Mittelpunkt der Betrachtung stehen. In Stockholm wurden die ersten Hilfsklassen im Jahre 1905 eingeführt. Dieses Jahr gibt auch Stig Nordström, der das Quellenmaterial zur Hilfsklassenentwicklung in Schweden ausführlich untersuchte, als Beginn der Hilfsschulentwicklung in diesem Land an.[2]

1 Vgl. S. Nordström, a. a. O., S. 337 ff.

2 Im allgemeinen wird allerdings die 1879 in Norrköping eingerichtete Absonderungsklasse als die erste Hilfsschule Schwedens genannt. So finden sich in der Literatur und in öffentlichen Dokumenten immer wieder Hinweise, daß der «Hilfsschulgedanke» erst um die Jahrhundertwende in Schweden an Aktualität gewann, daß jedoch die erste Hilfsklasse schon sehr viel früher entstanden sei. Ein Beispiel hierfür liefert auch der Beitrag von R. Claëson zur Hilfsschulgeschichte aus dem Jahre 1934:

«Der Gedanke, den leichteren Fällen intellektuell zurückgebliebener Kinder im Rahmen der Volksschule einen Unterricht zu geben, der ihrer Entwicklung angemessen war, kam in der Zeit um die Jahrhundertwende auf. Schon viel früher – im Jahre 1879 – war jedoch die allererste Hilfsklasse in Norrköping errichtet worden.» R. Claëson: Något om hjälpskolans utveckling i Sverige, in: Hjälpskolan 12. Jg., 1934, S. 52.

Diese Absonderungsklasse entsprach jedoch noch keineswegs dem Differenzierungsgrad des Schulwesens, aus dem die institutionelle Errichtung von Hilfsklassen in den ersten Jahrzehnten nach der Jahrhundertwende hervorging. Sie ist vielmehr im Zusammenhang mit den sozialpädagogischen Bemühungen und pädagogischen Einrichtungen für verwahrloste, sittlich gefährdete Schüler zu

Obwohl bereits der Normalplan von 1878, der für eine gewisse Vereinheitlichung des Volksschulwesens – zumindest in den Städten – sorgte
und die Entwicklung zur altershomogenen Jahresklasse vorbereitete,
dadurch zugleich das Auffälligwerden schwachbegabter Schüler begünstigte, drängten die besonderen erzieherischen Maßnahmen für leistungsschwache Schüler solange nicht auf eine Institutionalisierung, als
der Mindestkurs an den Volksschulen für viele Kinder die einzige Ausbil-
dungsform blieb. Erst als die aus der ökonomischen Entwicklung resultie-
renden höheren Bildungsansprüche an das Volksschulwesen (vor allem
in den Städten) dazu führte, daß die Mindestkurse aus den offiziellen
Lehrplänen endgültig verschwanden, wurden «Schwachbegabte» und
«Sitzenbleiber» zu einem schulorganisatorischen Problem, das institutionelle Lösungen erheischte.

«Schwachbegabte» Schüler, die durch den Paragraphen 48 des Volksschulgesetzes von 1842 und 1882 eng mit den ärmsten und sozioökonomisch benachteiligten Kindern verkoppelt waren, in den neunziger Jahren als eigenständige Gruppe wurden sichtbar. Im Unterschied zu
Deutschland entwickelte sich die stärkere Beachtung des Leistungsa-
spekts in engem Zusammenhang mit der Grundschulfrage, die bereits in
den achtziger Jahren in Schweden heftig diskutiert wurde und 1894 durch
einen Reichstagsbeschluß eine vorläufige Regelung erfuhr: Die ersten
drei Klassen (2 Jahre småskola und 1 Jahr folkskola) bildeten fortan die
Basis für einen möglichen Übergang ins Gymnasium.[3] Allerdings konnten die Kinder wohlhabender Eltern weiterhin Privatschulen besuchen,
die ihnen die nötigen Kenntnisse für den Übergang in die höheren
Lehranstalten vermittelten.

In demselben Jahr, in dem sich der erste Schritt zur Entwicklung der
Volksschule als Grundschule vollzog, wurden schwach begabte Schüler
als pädagogisch gesonderte Gruppe zum erstenmal in einem offiziellen

sehen, die in Schweden bereits Ende der sechziger Jahre entstanden. (Vgl. zur
weiteren Beweisführung S. Nordström, a. a. O., S. 162 ff.)
Ebensowenig kann das Jahr 1900, das als Beginn des Hilfsunterrichts in Visby
angegeben wird, als Gründungsjahr der ersten schwedischen Hilfsklasse bezeichnet werden, wenn die Definition der Hilfsklasse einen bestimmten Grad pädago-
gisch-institutioneller Differenzierung beinhaltet und eine nach ihrem Leistungsvermögen und intellektuellen Rückstand relativ homogene Schülergruppe zwischen Normalschülern und Geistigbehinderten umfaßt. Der Begriff «andessvaga
barn» (geistesschwache Kinder), mit dem die aus der Normalschule herausge-
nommenen Schüler bezeichnet werden, deutet darauf hin, daß es sich bei dem
«Hilfsunterricht» in Visby um geistesschwache Kinder gehandelt hat. Die Begriffe «andessvag» und «sinnesslö» (geistesschwach) wurden zu jener Zeit synonym
verwendet. (Vgl. Näheres bei S. Nordström, a. a. O., S. 173)
   3 Vgl. S. Nordström, a. a. O., S. 112.

Bericht genannt. Das Komitee, das im Jahre 1894 vom Reichstag beauftragt wurde, in der Frage eines besonderen Volksschulgesetzes für größere Städte zu ermitteln, unterschied in seinem Gesetzesvorschlag die «armen» von den «minderbegabten» Kindern.[4] Während «arme» Kinder bestimmte schulische Leistungen erbringen mußten, bevor ihnen ein vorzeitiger Schulabgang gewährt werden konnte, sollten die Schwachbegabten mit keinen bestimmten Wissensanforderungen bedacht werden.[5]

Die neue Fassung des Volksschulgesetzes von 1897 bestätigte die begriffliche Trennung zwischen «armen» und «schwachbegabten» Schülern. Der Paragraph 48 des Volksschulgesetzes, der bisher den vorzeitigen Abgang «armer» und «minderbegabter» Schüler geregelt hatte, wurde in zwei Abschnitte unterteilt. Der erste behandelte die Schüler, die aus Armut und ökonomischen Zwängen die Volksschule vorzeitig verlassen mußten, der zweite befaßte sich mit den Schülern, die wegen mangelnder intellektueller Fähigkeiten dem Volksschulunterricht nicht folgen konnten.[6]

Auch wenn das Volksschulgesetz von 1897 eine klare Differenzierung der «armen» und «schwachbegabten» Schüler vorsah, blieb die unterrichtliche Betreuung «armer» und leistungsschwacher Schüler in der Praxis durch das Fortbestehen der Mindestkurse eng miteinander verkoppelt. Dennoch veränderte die gesetzliche Unterscheidung der «armen» von den «schwachbegabten» Schülern die Einstellung vieler Volksschullehrer gegenüber möglichen Sonderunterrichtsformen und beeinflußte dadurch wesentlich die Differenzierungsdebatte in den folgenden Jahren.

So begann auch innerhalb des SAF, der in seiner Lehrerzeitung wiederholt die in den Normalplänen propagierten Mindestkurse kritisiert hatte und stets gegen die diskriminierende Behandlung «armer» und «schwachbegabter» Schüler aufgetreten war, der Widerstand gegen eine abgesonderte Erziehung leistungsschwacher Kinder zu weichen.

Noch im Jahre 1890 hatte die Sv Ltg. den Artikel eines Befürworters von Sonderkursen für Schwachbegabte mit den Worten kommentiert:

«Aber die vielen Gefahren einer solchen Trennung – unter sowohl pädagogischem

4 Vgl. ebd., S. 83.

5 So heißt es in dem Gutachten, das das Komitee im Dezember 1895 abgab: «. . . Schüler, die aus Mangel an Auffassungsgabe das volle Wissensmaß, das in der Volksschule eingeholt werden muß, nicht erwerben können, bekommen die Erlaubnis von der Schule abzugehen, selbst wenn sie nicht einmal die Kenntnisse erwerben, die im gerade vorhergehenden Augenblick vermittelt wurden.» (Betänkande och förslag till ordnande af folkundervisninge i wissa städer, atgivet den 6. december 1895 af därtill i näder utsedde kommitterade, Stockholm 1896, S. 23. Übersetzung der Verfasserin.)

6 Vgl. S. Nordström, a. a. O., S. 85.

als auch moralischem und sozialem Gesichtspunkt – sind nach unserer Meinung – sofern sie sich nicht auf reine Idioten beziehen, von weit größerer Bedeutung.»[7]

Die einzige Gruppe von Schülern, deren Absonderung von allen Mitgliedern des SAF Anfang der neunziger Jahre akzeptiert wurde, waren «idiotische» und «verwahrloste» Kinder, für die zu dieser Zeit bereits besondere Schulen bzw. Klassen eingerichtet waren. Die «schwachbegabten» wollte man jedoch dem «stimulierenden» Zusammenleben und der Zusammenarbeit mit den «begabteren» Klassenkameraden nicht entreißen.[8]

Die wichtigsten Gegenargumente des SAF gegen eine unterrichtliche Absonderung der «Schwachbegabten» bezogen sich auf die soziale Diskriminierung der mit den «schwachbegabten» stets im Zusammenhang genannten «armen» Schüler. Nach der Trennung der Schüler in zwei alternative Kategorien und mit dem Bestreben, auch die ärmsten Kinder stärker in den allgemeinen Volksschulunterricht zu integrieren, waren die Ursachen, die den Widerstand des SAF gegen die Einrichtung von Mindestkursen begründet hatten, scheinbar aus dem Wege geräumt. Stig Nordström beschreibt die veränderte Einstellung des SAF nach 1897 wie folgt:

«Die neue Fassung des § 48 im Volksschulgesetz von 1897 wurde charakterisiert als ‹eine entschiedene Verbesserung›, nachdem die alte sinnlose Zusammenkoppelung der ärmsten und am schwächsten befähigten Kinder beseitigt wurde. Dadurch «entstehe der Vorteil, daß die Frage, wie diese zuletzt genannten Kinder behandelt werden müßten, jetzt außerhalb sozialer Gesichtspunkte und der entsprechenden Auseinandersetzung gestellt sei.»[9]

Der in der pädagogischen Zusammensetzung von «schwachbegabten» und «armen» Schülern implizit noch berücksichtigte Zusammenhang von Leistungsschwäche und Sozialisationsbedingung wich mit wachsender Standardisierung des Lernniveaus der Volksschule, die u. a. im Zuge der Grundschuldiskussion vorangetrieben wurde, einer alternativen Vorstellung von entweder primär «intellektuell geschädigten» oder primär «milieugeschädigten» Schülern.

Nachdem durch den Normalplan von 1900 die Mindestkurse an den Volksschulen abgeschafft worden waren und immer mehr Kinder der untersten sozialen Schichten ihren Unterricht in regulären Volksschulklassen erhielten, wurde das Differenzierungsproblem in der Volksschule

7 Sv Ltg, 1890, zitiert bei: S. Nordström, a. a. O., S. 136. Übersetzung der Verfasserin.

8 Vgl. ebd., S. 142.

9 Ebd., S. 143. Übersetzung der Verfasserin. Nordström bezieht sich hier auf die Zeitschrift des Lehrerverbandes (SAF): SAF Årsskrift, 1898, H. 1, S. 23.

zum hauptsächlichen Diskussionsgegenstand in den Lehrerverbänden und ihren Presseorganen.[10] Wie in der achtjährigen erweiterten Volksschule in Deutschland, stellte das häufige Sitzenbleiben und die damit verbundenen Disziplinschwierigkeiten vieler Schüler die schwedischen Lehrer vor kaum zu bewältigende Aufgaben. Schwierige Schüler, die aus verschiedenen Gründen die geforderten Mindestleistungen nicht erbrachten, wurden daher auch in Schweden immer stärker als Hindernis für die Weiterentwicklung der Volksschule empfunden. Dabei spielte besonders bei den Verfechtern der Grundschule der Gedanke eine Rolle, daß die mangelhafte Leistungsfähigkeit einiger Schüler die Eltern der «bürgerlichen Gesellschaftsklasse» davon abhalten könnte, ihre Kinder in die Volksschule zu schicken.[11] Infolgedessen wurde gerade von den Grundschulbefürwortern die Absonderung schwachbegabter Schüler angestrebt und ihr negativer Einfluß auf die «normal» begabten befürchtet. So äußerte der SAF in seiner Jahreszeitschrift von 1902:

«. . . die Volksschule, besonders in größeren städtischen Gemeinden, sieht sich gezwungen, unter ihren Schülern in intellektueller Hinsicht mangelhaft ausgestattete Kinder zu beherbergen, was geeignet ist, hemmend und niederziehend auf den Unterricht einzuwirken und infolgedessen das Resultat der Schularbeit zum Nachteil der normal begabten verringert.»[12]

Die wachsende Notwendigkeit in den größeren Industrie- und Handelsstädten, die überfüllten Volksschulklassen von dem «Ballast» der Schwachbegabten zu befreien und für diese Kinder geeignete Erziehungseinrichtungen zu schaffen, führte zu einer stärkeren Orientierung an ausländischen Modellen des Volksschulwesens. Vor allem der Vorschlag zur Umorganisierung der Volksschule vom Mannheimer Stadtschulrat Anton Sickinger erweckte in pädagogischen Kreisen großes Interesse und spielte als Alternative zur Einführung von Hilfsklassen eine große Rolle.

Die Umorganisation der Volksschule in Mannheim erfolgte in der Zeit von 1901–1905, also gerade in dem Zeitraum, in dem auch in Schweden die Leistungsdifferenzierung in der Volksschule in zunehmendem Maße auf eine organisatorische Lösung drängte. Die Auseinandersetzung schwedischer Pädagogen mit dem Mannheimsystem läßt sich anhand der Lehrerzeitungen und Vereinsversammlungen genau verfolgen.[13]

10 Vgl. ebd., S. 100 ff.
11 Vgl. ebd., S. 144.
12 SAF Årsskrift 1902, H. 1, S. 23, zitiert bei: S. Nordström, a. a. O., S. 144. Übersetzung der Verfasserin.
13 Auf die pädagogische Differenzierungsdebatte kann im Rahmen dieser Arbeit nicht näher eingegangen werden. Eine ausführliche Darstellung findet sich

Obwohl viele Lehrer sich für das Mannheimer System aussprachen, setzte sich auch in Schweden (wie in Deutschland) die Hilfsklasse als institutionelle Maßnahme zur Lösung des Differenzierungsproblems in der Volksschule gegen das finanziell aufwendigere Mannheimer Modell durch. Als die Oberschulbehörde in Stockholm im Dezember 1904 die Errichtung mehrerer Hilfsklassen für das nächste Jahr beschloß, stützte sie sich weitgehend auf die Erfahrungen, die schwedische Volksschullehrer mit den in Deutschland bestehenden Sonderunterrichtsformen gemacht hatten.[14] Eine Reformierung nach dem Mannheimer Modell, in der die Hilfsklassen nur den ersten Schritt zur «Gruppierung der Schüler nach ihrem Arbeitsvermögen» darstellten, lehnte der Volksschulinspektor Bergmann ab.[15] Er betonte, daß sein Vorschlag zur Einrichtung einiger Klassenabteilungen mit Hilfsschulcharakter lediglich als «ein erster Versuch betrachtet werden sollte, die größten Schwierigkeiten zu beseitigen»[16].

Boten die Hilfsklassen, die «in gewissen Fällen schlechter ausgestattet waren als die Normalklassen»[17] einerseits den Vorteil, daß sie weniger Kosten verursachten als eine gesamte Umorganisation der Volksschule nach dem Mannheimer Modell, so hatten sie andererseits den Vorzug, daß sie nicht in dem Maße wie die Mannheimer Organisation der Volksschule Anlaß zu sozialkritischem Widerspruch gaben, da der Zusammenhang zwischen sozioökonomischer Herkunft und geringer Schulleistung bei potentiellen Hilfsklassenschülern scheinbar weniger offensichtlich zu Tage trat als etwa in Sickingers Förderklassensystem. So wurden beispielsweise von der Sv Ltg die Förderklassen als «scharf ausgeprägte Armenklassen» und «Neuauflage der Mindestkurse» abgelehnt,[18] die Errichtung von Hilfsklassen jedoch als auf dem «natürlichen Unterschied zwischen normalen und abnormen Kindern» beruhend, begrüßt.[19]

Wie in Deutschland hatte das verstärkte gesellschaftliche Interesse an der Wahrung bestimmter Mindestqualifikationen in der Volksschule und an der Aussonderung «hemmender» Schüler aus der Regelklasse zur Folge, daß die zunächst pädagogisch auffälligen Schulversager allmählich

bei Stig Nordström, a. a. O. Es sei hier besonders auf das 5. Kapitel: Differentieringsfrågan vid 1900-talets början och tillkomsten av hjälpklasser (Die Differenzierungsfrage am Anfang des 20. Jh. und die Entstehung von Hilfsklassen), S. 311–396, verwiesen.

14 Vgl. S. Nordström, a. a. O., S. 337 ff.
15 Vgl. ebd., S. 338.
16 C. G. Bergmann, zitiert bei: S. Nordström, a. a. O., S. 341.
17 S. Nordström, a. a. O., S. 342.
18 Vgl. Sv Ltg 1905, Nr. 31, S. 640.
19 Vgl. Sv Ltg 1905, Nr. 8, S. 157.

unter psychologischem Aspekt betrachtet und mit psychologischen Kategorien erfaßt wurden. So mußte sich zum Beispiel die Sv Ltg. von der konservativen Lehrerzeitung «Folkskolans Vän» den Vorwurf gefallen lassen, daß sie die Bezeichnung für leistungsschwache Schüler geändert habe: aus den «in intellektueller Hinsicht mangelhaft ausgestatteten Kindern» seien «abnorme Kinder» geworden.[20] Gleichzeitig mit den psychischen Ursachen rückte auch der gesundheitliche Zustand als mögliche Ursache für Leistungsversagen stärker ins pädagogische Blickfeld. In Göteborg wurde 1895 der erste Schularzt Schwedens angestellt, Stockholm folgte im Jahr 1898.[21] Seine Aufgabe bestand vor allem darin, Schulneulinge zu untersuchen, zunehmend wurde er dann jedoch auch bei der Auslese von Hilfsschülern zu Rate gezogen.

Die Schulbehörde faßte ihren Beschluß zur Errichtung der ersten Hilfsklassen in Stockholm in weitgehender Übereinstimmung mit Bergmanns unterrichtsorganisatorischen Vorschlägen, die im wesentlichen mit den Unterrichtsprinzipien übereinstimmten, wie sie von deutschen Hilfsschullehrern gehandhabt wurden.

Die tägliche Unterrichtszeit sollte kürzer, der Unterricht in besonderem Maße anschaulich und konkret sein. Handarbeit war «ein besonders geeignetes und wichtiges Unterrichtsziel»[22]. Die Klassenstärke sollte nur die Hälfte der normalen Klassen betragen.

Auch die Übergangsbedingungen waren die gleichen wie in Deutschland. Das mehrjährige Versagen in den Regelklassen sollte den Ausschlag geben für die Überführung eines Schülers in die Hilfsklasse, die Entscheidungsbefugnis sollte beim Rektor liegen, der zusammen mit dem Schularzt den Schüler begutachtete.[23] Nach diesem Beschluß wurden im Jahre 1905 an Stockholms Volksschulen für 52 Schüler 5 Hilfsklassen eingerichtet, ihre Zahl nahm in den folgenden Jahren bis zum Ersten Weltkrieg kontinuierlich zu.[24]

Spiegelte sich der Einfluß der deutschen Hilfsschule auf die schwedischen Hilfsklassen auch in vielen gemeinsamen Merkmalen wider, so blieb jedoch ein wesentlicher Unterschied bestehen: Während die deutsche Hilfsschule sich immer stärker von der Volksschule entfernte, blieben die schwedischen Hilfsklassen wenigstens räumlich eng mit der Volksschule verbunden. «Kein äußerer Unterschied» sollte zwischen den

20 Vgl. Folkskolans Vän, Nr. 11, S. 170 ff.

21 Vgl. Statens offentliga Utredningar SOU 1947:11, Utredning och förslag rörande vissa socialpedagogiska anordninger inom skolväsendet. 1940 års skolutrednings betänkanden och utredningar VII. Stockholm 1947, S. 19.

22 C. G. Bergmann, zitiert bei: S. Nordström, a. a. O., S. 341.

23 Vgl. S. Nordström, a. a. O., S. 341.

24 Vgl. ebd., S. 342.

Hilfsklassenschülern «und den übrigen Schülern der Volksschule bestehen»[25].

Dieser Hauptunterschied zwischen der schwedischen Hilfsklasse und der deutschen Hilfsschule wirkte sich in entscheidendem Maße auf die spätere Entwicklung der Lernbehindertenerziehung in beiden Ländern aus. In Schweden bildete die organisatorische Vereinigung der Hilfsklassen mit der Volksschule eine wesentliche Voraussetzung für die Realisierung gegenwärtiger Integrationstendenzen, in der BRD dagegen setzte die schulorganisatorische Isolation der Hilfsschule den Integrationsbemühungen der letzten Jahre die stärksten Widerstände entgegen.

Ähnlich wie in Stockholm vollzog sich auch die Entstehung der ersten Hilfsklassen in Göteborg. Hier wurde die Differenzierungsdebatte am intensivsten von allen schwedischen Städten geführt.

In Göteborg hatte es bereits in den siebziger Jahren einen Versuch zur Schülerdifferenzierung gegeben. Auf Veranlassung des Schulvereins hatte die Volksschulbehörde im Jahre 1875 die Einführung von sogenannten «mellanklasser» (Mittelklassen) beschlossen, die den überalteten, wiederholt sitzengebliebenen Schülern in der «småskolan» (Unterstufe) einen gewissen Abschluß bzw. die Übergangsmöglichkeit in die eigentliche Volksschule zu verschaffen suchten.[26] Diese im Volksmund als «Dummenklassen» verschrienen Unterrichtsabteilungen, von denen in der ganzen Stadt am Ende des 19. Jahrhunderts 4 bestanden, wurden jedoch aufgelöst, als die Differenzierungsdebatte ihren Höhepunkt erreichte und die Hilfsklasse sich als zukünftige Einrichtung für die schwächsten Volksschüler bereits in der Diskussion durchgesetzt hatte.[27]

Im Dezember 1905 sprach sich die Volksschullehrerversammlung in Göteborg zunächst für die Einführung des Mannheimer Systems aus.[28] Die Lehrerzeitung «Folkskolans Vän» hatte bereits vorher eine Kampagne für die Errichtung einer A-Linie, in der alle besser begabten Schüler zusammengefaßt werden sollten, eingeleitet. Genau wie in Stockholm opponierte auch in Göteborg in erster Linie ein Schulinspektor gegen die Aufteilung der Volksschule in verschiedene Leistungslinien. Johan Ambrosius, Schulinspektor der Volksschulen in Göteborg meinte, daß

«. . . die Grundlage des Mannheimer Systems in der Hinsicht unrichtig sei, daß allzu großes Gewicht einseitig auf den theoretischen Unterricht und auf einige festgesetzte Fächer gelegt werde, während die gleich wichtigen ethischen und

25 Vgl. ebd., S. 341 f. Übersetzung der Verfasserin.
26 Vgl. M. Ohlander: «Idiotskola» och «mellanklasser», in: Nordisk Tidskrift f. Spec. Ped. 39. Jg., 1961, S. 123–128.
27 Vgl. ebd., S. 127 f.
28 Vgl. S. Nordström, a. a. O., S. 369.

praktischen Aspekte der Erziehung bei der Aufteilung der Kinder in Klassen und Linien nicht beachtet werden.»[29]

Zwar gehörte auch für Ambrosius die Bewältigung des Sitzenbleiberproblems, das bei vielen Lehrern zu dem Wunsch nach homogeneren Leistungsgruppen geführt hatte, zu den vorrangigen Aufgaben, er sah jedoch den Ausweg nicht im Mannheimer Modell, sondern in der Einführung eines Sonderunterrichts für die schwächsten Schüler der Volksschule.

Die pädagogische Abteilung in Göteborg beschloß «nach langwierigen Überlegungen» Ambrosius' Forderung nach Hilfsklassen zu unterstützen.[30] Mit Beginn des Schuljahres 1906–1907 wurden in Göteborg 6 Hilfsklassen eingerichtet.[31] Ein Versuch mit dem Mannheimer System war damit auch hier gescheitert.

Wie in Deutschland die Errichtung der ersten Hilfsklassen sich zunächst in der Praxis mit dem Gedanken der Nachhilfe verband (im Gegensatz zu Stötzners theoretischem Entwurf), so bestand auch das Ziel der ersten schwedischen Hilfsklassen darin, die Schüler sobald als möglich wieder in die Normalklassen zurückzuführen. Infolge der kommunalen Verantwortung für das Volksschulwesen vollzog sich auch in Schweden der Übergang von der «Nachhilfeklasse» zu den selbständigen Hilfsklassen ohne Rückversetzung in den verschiedenen Städten unterschiedlich schnell. So spielte beispielsweise der Nachhilfegedanke bei der Errichtung der Hilfsklassen in Göteborg von Beginn an eine weitaus bedeutendere Rolle als in Stockholm. Im Unterschied zu Bergmann wies Ambrosius bereits in seinen Vorschlägen zur Hilfsklasseneinrichtung auf die Möglichkeit der Wiedereingliederung in die Regelklasse hin. Seine Konzeption der Hilfsklasse als Nachhilfeinstitution wird deutlich, wenn er betont, «daß ein Kind, wenn es einmal in die Hilfsklasse versetzt wurde», auf keinen Fall «Jahr für Jahr bis zum Schulabschluß in diesen Klassen» verbleiben dürfe.[32] Die Praxis zeigte jedoch genau wie in Deutschland, daß der Gedanke der Nachhilfe unter den gegebenen organisatorischen und unterrichtlichen Bedingungen der Hilfsklasse eine pädagogische Illusion bleiben mußte. Die geringere Stundenzahl der Hilfsklassenschüler und die stoffliche Beschränkung vergrößerten den Abstand zu den Normalschülern eher, als daß sie ihn ausglichen. Allein durch niedrige Klassenfrequenzen und individualisierende Methoden ließen sich die

29 J. Ambrosius, zitiert bei: S. Nordström, a. a. O., S. 369 f. Übersetzung der Verfasserin.

30 Vgl. S. Nordström, a. a. O., S. 369.

31 Vgl. ebd., S. 377.

32 J. Ambrosius, zitiert bei: S. Nordström, a. a. O., S. 379. Übersetzung der Verfasserin.

134

Hilfsklassenschüler, die auch in Schweden zum größten Teil aus der untersten Sozialschicht kamen, nicht wieder an das Unterrichtsniveau der Volksschule heranführen.

2.5. Die Entwicklung der Idiotenanstalten bis zur Separation der Hilfsklassenschüler

Jahrzehnte bevor die ersten Hilfsklassen in Schweden eingerichtet wurden, gab es auch hier bereits Idiotenschulen und Idiotenanstalten für geistig behinderte Kinder.

Die praktische Fürsorge für «Schwachsinnige» war in der ersten Hälfte des 19. Jahrhunderts eng verbunden mit der Anstaltsbetreuung blinder und tauber Kinder, die sich in Schweden seit 1808 langsam entwickelte.[1] Da diese durch Privatinitiative entstandenen Anstalten auf die ökonomische Unterstützung angewiesen waren, die ihnen die Eltern der angenommenen Kinder zukommen ließen, ist zu vermuten, daß die Geistigbehinderten, die hier zusammen mit den Taubstummen unterrichtet wurden, genau wie in Deutschland vor allem aus bürgerlichen und adligen Kreisen kamen. Es ist heute kaum noch nachprüfbar, ob die geistig zurückgebliebenen Kinder zu jener Zeit noch nicht diagnostisch von den Taubstummen unterschieden werden konnten oder ob sie aus ökonomischen und karitativen Motiven der Anstaltsgründer in die Taubstummenanstalten aufgenommen wurden.

Zunächst einmal muß jedoch klar festgestellt werden, daß es für geistig behinderte Kinder in der ersten Hälfte des 19. Jahrhunderts in Schweden keine spezifischen Erziehungs- bzw. Bewahranstalten außer den Taubstummenanstalten gab. Das ist insofern nicht verwunderlich, als es eine allgemeine Schulpflicht in dieser Zeit noch nicht gab und die Erziehung intellektuell retardierter Kinder erst im Zusammenhang mit der Entwicklung des Elementarschulwesens gesellschaftliche Bedeutsamkeit erlangte. (Vgl. 1.6.).

Die Zwangsanstalten des Merkantilismus, die in den deutschen Kleinstaaten die «überschüssigen» Menschen zur Lohnarbeit disziplinierten, verbreiteten sich in Schweden bei weitem nicht in dem Maß wie in Deutschland, da in Schweden die Manufakturen eine weitaus geringere Rolle spielten. Es ist daher zu vermuten, daß geistig behinderte Kinder vor allem in staatlichen Hospitälern und Irrenanstalten bzw. in den Einrichtungen der kommunalen Armenpflege Aufnahme fanden. Das wird im wesentlichen auch bestätigt durch eine gesetzliche Verordnung

1 Vgl. S. Nordström, a. a. O., S. 35 ff und 238 ff.

aus dem Jahre 1763, nach der jede «Person, die durch Krankheiten unterschiedlicher Art arbeitsunfähig war», ins Hospital eingeliefert werden sollte, während die Kommune für den Unterhalt von «Greisen und Invaliden (mit Gebrechen)» aufkommen mußte.[2]

Durch die Armenfürsorgegesetze von 1847 und 1853 wurde die Pflicht jeder Gemeinde und jeder Stadt, sich der «arbeitsunfähigen Individuen» anzunehmen, weiter präzisiert und verschärft.[3] Das Recht der Kommunen, «Hilfesuchenden» die Aufnahme ins Armenhaus zu verweigern, wurde aufgehoben. Jeder «Notleidende» hatte die Möglichkeit, beim König Beschwerde einzulegen, falls er sich ungerecht behandelt fühlte. Damit war – zumindest formal – die obligatorische Armenpflege für die Kommunen erheblich ausgedehnt worden.

Mit dem ökonomischen Fortschritt des Landes gerieten jedoch die traditionellen Einrichtungen der Armenfürsorge zunehmend in Widerspruch zu dem Bedarf des kapitalistischen Produktionsprozesses an freien Lohnarbeitern, die gerade durch ökonomische Zwänge dazu veranlaßt werden mußten, ihre Arbeitskraft zu verkaufen.[4] Dieser Entwicklung entsprach eine Bevölkerungstheorie, wie sie etwa von dem englischen Nationalökonomen T. R. Malthus (1766–1834) vertreten wurde.[5] Danach war die gesetzliche Armenfürsorge nicht eine Maßnahme, um das Elend der Massen zu lindern, sondern umgekehrt, steigerte ihre Intervention die Not und moralische Degradation der Armen. Beispielhaft wird diese Auffassung in einer Schrift des schwedischen Reichstages aus dem Jahre 1869 vertreten. Der wesentliche Inhalt dieses Schreibens wird in dem Gutachten des Sozialfürsorgekomitees von 1950 wie folgt zusammengefaßt:

«In diesem Schreiben äußerte der Reichstag, daß die Verordnung aus dem Jahre 1853 einen Fehler aufweise, der in nicht geringem Maße zur Verbreitung der Armut und zur Steigerung der Steuern für die Armenfürsorge beigetragen habe und der nach der Meinung des Reichstags darin bestehe, daß die Erteilung der

2 Vgl. SOU 1950: 11, Utredning och förslag angående Lag och Socialhjälp M. M. (Socialhjälplag). Socialvårdskommittens betänkande XVII, Stockholm 1950, S. 2.

3 Vgl. ebd., S. 3.

4 Vgl. K. Marx: Das Kapital, Bd. 1, a. a. O., S. 287: «Es kostet Jahrhunderte, bis der ‹freie› Arbeiter infolge entwickelter kapitalistischer Produktionsweise sich freiwillig dazu versteht, d. h. gesellschaftlich gezwungen ist, für den Preis seiner gewohnheitsmäßigen Lebensmittel seine ganze aktive Lebenszeit, ja seine Arbeitsfähigkeit selbst, seine Erstgeburt für ein Gericht Linsen zu verkaufen.»

5 Vgl. M. Nowicki: Zur Geschichte der Sozialarbeit. Historischer Abriß und politischer Stellenwert von Sozialarbeit in einer ‹Geschichte von Klassenkämpfen›, in: W. Hollstein/M. Meinhold (Hg.): Sozialarbeit unter kapitalistischen Produktionsbedingungen, Frankfurt 1973, S. 65 f.

Hilfe obligatorisch sei. *Dies müßte natürlicherweise bei den Hilfesuchenden Gleichgültigkeit erzeugen, für sich selbst zu denken und durch Arbeit, Sparsamkeit und Entbehrungen ihre Versorgung sicherzustellen und als Folge davon zur Faulheit und moralischen Erniedrigung der Hilfesuchenden führen, die keine Bedenken hätten, eher zu betteln als sich das Brot zu verdienen.»*[6]

Außerdem belastete – bei Zugrundelegung der erweiterten Fürsorgegesetzgebung von 1853 – die wachsende Not und Armut der proletarischen Massen den Etat der Kommunen für das Armenwesen über deren Zahlungsbereitschaft bzw. -fähigkeit hinaus, so daß Städte und Gemeinden häufig ihren Fürsorgepflichten nicht in dem vom Gesetz geforderten Ausmaß nachkamen. Der Staat zog schließlich im Jahr 1871 die Konsequenz aus diesem Widerspruch und schränkte durch ein neues Armenfürsorgegesetz die «obligatorische Armenpflege» wesentlich ein.[7] Nur noch «elternlose Kinder unter 15 Jahren» und «wahnsinnige Personen» sollten fortan der obligatorischen Armenfürsorge unterstehen.

In einem historischen Rückblick des bereits zitierten Sozialfürsorgekomitees wird der staatliche Rückzug aus den Institutionen des Armenwesens wie folgt kommentiert:

«In einer Zeit, als das Bedürfnis nach Armenpflege ohne Zweifel stark im Steigen war, und die Entwicklung der gesellschaftlichen Verhältnisse das Leben für große Gruppen des Volkes immer unsicherer machte, verschlechterte sich die verfassungsmäßige Basis für praktische Hilfstätigkeiten der Gesellschaft beträchtlich.»[8]

In engem Zusammenhang mit der gesetzmäßigen Einschränkung der obligatorischen Armenfürsorge vollzog sich der Differenzierungsprozeß der Unterstützungssuchenden und die Entstehung privater Hilfsorganisationen aus karitativen, pädagogischen und religiösen Motiven.

Bevor allerdings die ersten Anstaltsgründungen im Bereich der Idiotenfürsorge erfolgten, wurde die Herauskristallisierung der Geistigbehinderten – was vor allem für Hospitäler und Irrenanstalten von Bedeutung war – auf theoretischer Ebene vorbereitet. Während in Deutschland die Theoriebildung im Bereich der Idiotenerziehung eng an praktische Erfahrungen gekoppelt war, konnte Schweden auch auf diesem Gebiet bereits theoretisch verarbeitete Erfahrungen des Auslandes ausnutzen.[9]

Als erster trat der Arzt und Psychiater Sondén für eine Differenzierung der «Geisteskranken» nach ihrer sozialen Nutzbarkeit bzw. ihrer

6 SOU 1950: 11, a. a. O., S. 64. Übersetzung und Hervorhebungen von der Verfasserin.
7 Vgl. ebd., S. 64 f.
8 SOU 1950: 11, a. a. O., S. 4. Übersetzung der Verfasserin.
9 Vgl. S. Nordström, a. a. O., S. 219 ff.

pädagogischen Beeinflußbarkeit ein.[10] 1857 publizierte er in der medizinischen Zeitschrift «Hygiea» seinen Aufsatz: «Zur Erziehung und zum Unterricht von Idioten».[11] Ähnlich wie Griesinger in Deutschland hielt Sondén es für eine «staatsökonomische» Notwendigkeit und «moralische Pflicht», die Gruppe der Schwachsinnigen und Idioten von den übrigen Patienten des Irrenhospitals zu trennen:

«Sondén behauptete 1857, daß der Staat einen zweifachen Anlaß habe, Anstalten für Geistigbehinderte einzurichten. Zum einen aus moralischem Grund, nachdem ‹der Staat es als seine Schuldigkeit eingeräumt hatte, für seine hilfsbedürftigen Mitglieder im allgemeinen und die Geisteskranken im besonderen zu sorgen›. Zum anderen aus ‹staatsökonomischen› Gründen, da ‹die Gesellschaft durch geeignete Fürsorge und rechtzeitige Erziehung schwachsinnige Kinder von untauglichen und bloß zehrenden Mitgliedern in tätige und zur Ernährung beitragende verwandeln könne, und von den hier ausgegebenen Mitteln eher gewinnen als verlieren könne.›»[12]

Sondéns Bemühungen um Erziehungseinrichtungen für Schwachsinnige und Idioten waren jedoch nur von theoretischer Bedeutung, sie führten genau wie die Bemühungen anderer schwedischer Psychiater nicht zu praktischen Ergebnissen.

Phasenverschoben zu Deutschland, wo die Gründung der ersten Idiotenanstalten zusammenfiel mit der «großen Gründungswelle von Fabriken»[13] Ende der dreißiger bis Mitte der vierziger Jahre, entstanden die ersten Idiotenanstalten in Schweden mit dem industriellen Aufschwung der siebziger Jahre.

Im Jahre 1866 gründete Emanuela Carlbeck, die sich der Idiotenfürsorge aus karitativ-religiösen Motiven widmete, die erste kleine Anstalt in Nya Varved bei Göteborg.[14] Da von den vier Zöglingen, die E. Carlbeck bei sich aufnahm, zwei aus ärmlichen Verhältnissen kamen, hatte sie von Beginn an mit ökonomischen Schwierigkeiten zu kämpfen.[15] Zu ihrer Unterstützung wandte sich im Herbst 1868 eine Gruppe einflußreicher Bürger mit einem Aufruf an die Presse. Dieser Aufruf sollte das Ziel haben,

10 Vgl. SOU 1949: 11, Betänkande om sinnesslövården avgivet av 1946 års sinnesslövårdssakkunniga, Stockholm 1949, S. 9.
11 Vgl. G. U. Sondén: Om idioters uppfostran och undervisning, in: Hygiea 1857, S. 299–310.
12 C. U. Sondén, a. a. O., zitiert bei: S. Nordström, a. a. O., S. 229. Übersetzung der Verfasserin.
13 K. Dörner, a. a. O., S. 319.
14 Vgl. S. Nordström, S. 246 ff. und SOU 1949: 11, a. a. O., S. 9 ff. E. Carlbeck wird in schwedischen Publikationen zur Behindertenpädagogik als die Initiatorin der praktischen Fürsorge für geistigbehinderte Kinder angesehen.

«. . . Fräulein Carlbeck in ökonomischer Hinsicht zu unterstützen, um das Fortbestehen ihrer Schule zu ermöglichen, aber danach, soweit die Mittel es erlauben, ‹ein *wirkliches Asyl für geistig behinderte Kinder* zu gründen, das nach den Prinzipien eingerichtet ist, die sich in ähnlichen ausländischen Anstalten bewährt haben, jedoch mit Rücksichtnahme auf die Eigentümlichkeiten unseres Landes und Volkes›.»[16]

Die Mitglieder dieser Gruppe gründeten im Frühjahr 1869 einen Verein: «Föreningen för sinneslöa barns vård» (FSBV).[17] Von den finanziellen Mitteln, die infolge des Presseaufrufs vom Herbst 1868 gespendet wurden, überließen sie nur einen Teil E. Carlbeck, die bereits das Anstaltsgebäude wegen des zunehmenden Andrangs von geistig behinderten Schülern wechseln mußte; das übrige Geld verwendeten sie für die Gründung einer eigenen Anstalt in Stockholm, die 1870 ihren ersten Zögling aufnahm.[18] Durch seine angesehenen und einflußreichen Mitglieder aus dem Adel oder gehobenen Bürgertum standen dem Verein ausreichende Mittel zur Verfügung, die es ihm ermöglichten, in den Jahren des Aufbaus und der Verbreitung der Idiotenanstalten eine führende Rolle in der Erziehung geistig behinderter Kinder in Schweden zu übernehmen.[19]

Das Bürgertum bemühte sich also auch in Schweden um die Betreuung und Erziehung geistig behinderter Kinder, bevor der Staat Maßnahmen ergriff. Während allerdings in Deutschland die Idiotenfürsorge auch weiterhin als private bzw. kirchliche Wohlfahrtseinrichtung bestehen blieb, übernahm in Schweden der Staat relativ früh die ökonomische und administrative Kontrolle. Im gleichen Jahr, in dem der Staat durch das Erscheinen des ersten Normalplanes ein stärkeres Interesse an der Fortentwicklung des Volksschulwesens dokumentierte, begann auch sein Interesse an der Schwachsinnigenfürsorge reger zu werden.

Im Jahre 1878 faßte der Reichstag auf einen Vorschlag des Gesundheitskollegiums hin den Beschluß, jeden Anstaltszögling mit 100 Kronen pro Jahr zu unterstützen.[20] Als Bedingung für die Anstalten war damit die Aufgabe verknüpft, durch «Unterricht und geeignete Beschäftigung» die Fähigkeiten der geistig Behinderten zu verbessern und «wenn möglich, sie zu nützlichen Mitgliedern der Gesellschaft zu erziehen»[21].

Das bedeutete, daß nur solche Anstalten mit einer staatlichen Unterstützung rechnen konnten, die Schüler aufnahmen, welche für «Erzie-

15 Vgl. S. Nordström, a. a. O., S. 246 ff.
16 Föreningen för sinneslöa barns vård (FSBV) årsberättelser 1870–1921, Stockholm 1870–1922, S. 5. Übersetzung der Verfasserin, Hervorhebung im Original.
17 Vgl. S. Nordström, a. a. O., S. 250.
18 Vgl. SOU 1949: 11, a. a. O., S. 10.
19 Vgl. S. Nordström, a. a. O., S. 253.
20 Vgl. SOU 1949: 11, a. a. O., S. 17.
21 Ebd.

hung und Unterricht geeignet erschienen und unter diesen keine, die unter 6 oder über 15 Jahre alt waren». Ein Schüler, «der sich während seines Aufenthaltes in der (Idioten-, I. A.) Schule als erziehungsunfähig herausstellte, sollte abgesondert werden» genauso wie der Schüler, «der in der Schule keine weiteren Fortschritte machte, nicht länger dort verbleiben durfte»[22].

«Dagegen sollten, gemäß der Auffassung des Kollegiums, für die große Anzahl geistig Behinderter, denen keine Erziehung beizubringen war und für die sich die Unterstützung deswegen auf Pflege und Unterhalt einschränkte, die Mittel des Staates genauso wenig in Anspruch genommen werden können wie für unheilbar Kranke und Arme im allgemeinen.»[23]

Da die staatliche Aufmerksamkeit im Bereich der Idiotenfürsorge in erster Linie den «bildungsfähigen schwachsinnigen» Kindern im schulpflichtigen Alter galt, ist zu vermuten, daß die staatlichen Zuschüsse für die Idiotenerziehung zugleich eine Entlastung der sich allmählich konsolidierenden Volksschule bewirken sollten. Die wenigen Privatanstalten waren nämlich bei weitem nicht in der Lage, alle geistig behinderten schulpflichtigen Kinder aufzunehmen.[24]

Der Reichstagsbeschluß von 1878 hatte zur Folge, daß viele Regierungsbezirke (län) bereit waren, eigene Anstalten für bildungsfähige, geistig behinderte Kinder im schulpflichtigen Alter zu errichten. Die ersten kommunalen Anstalten entstanden noch im gleichen Jahr in Malmöhus und Östergötlandslän.[25] Die eigentliche Gründungswelle von Idiotenschulen setzte in den achtziger Jahren ein, als in Deutschland bereits die Hilfsschule ihren ersten Aufschwung nahm. So war die Zahl der Schulen und Arbeitshäuser für geistig behinderte Kinder und Jugendliche von 127 im Jahre 1880 um das Dreifache bis Ende der achtziger Jahre angestiegen.[26]

Stig Nordström schreibt über den sprunghaften Anstieg der Idiotenschulen nach 1878:

22 Ebd., Vorschlag des Gesundheitskollegiums zur Unterstützung von Idiotenanstalten aus dem Jahre 1878.

23 Ebd. Übersetzung der Verfasserin.

24 Noch im Jahre 1899 fand der Schularzt Georg Hellström unter 3259 Volksschülern in Kungsholm (Stockholm) 11 geistigbehinderten Kinder, die in der Volksschule verblieben waren, weil die einzige Idiotenanstalt in Stockholm (FSBV-skola) zu wenig Plätze zur Verfügung hatte und überdies auch Kinder aus Stockholms Umgebung aufnahm. (Vgl. S. Nordström, a. a. O., S. 188 f.)

«Diese konnte die Volksschule unter gegenwärtigen Verhältnissen hier in Stockholm nicht abweisen und auch nicht ‹die so gut wie vollkommen unbildbaren›.» (Ebd., S. 341, Übersetzung der Verfasserin.)

25 Vgl. SOU 1949: 11, a. a. O., S. 10.

26 Vgl. ebd., S. 11.

«Der Beschluß ‹Über die Unterstützung von Erziehungsanstalten für geistig behinderte Kinder›, der im Jahre 1878 gefaßt wurde, markierte den Übergang zu einer neuen Epoche in der Entwicklung der Geistigbehindertenfürsorge. Da die meisten Provinzialanstalten in dieser Periode nach 1879 entstanden, kann diese Zeit als die Epoche der Anstalten bezeichnet werden, die sich bis einschließlich 1904 erstreckte.»[27]

Obgleich die mit staatlicher Unterstützung gegründeten Anstalten ausschließlich bildbare erziehungsfähige Zöglinge aufnehmen sollten und Bezeichnungen wie «Idiotenschule» (idiotskola) oder «Schulabteilung der Idiotenanstalt» (idiotanstalts skolavdelning) eindeutig auf pädagogische Zielsetzungen hinwiesen bzw. den Schulcharakter der Anstalten hervorhoben, wurden hier keineswegs nur «bildbare» geistig behinderte Kinder aufgenommen. Der Grund für die unklare Abgrenzung der verschiedenen Grade geistiger Behinderung lag nicht nur in dem Mangel an psychologischen und pädagogischen Kenntnissen bzw. diagnostischen Möglichkeiten, der für diese Anfangsphase der Idiotenfürsorge zu konstatieren ist, sondern auch in der materiellen Abhängigkeit der Anstalten von Staatszuschüssen, die nur für «bildbare» Zöglinge zur Verfügung standen.

«Bevor ein staatlicher Zuschuß auch den sogenannten Unbildbaren gewährt wurde, herrschte häufig eine gewisse Willkür in der Entscheidung, ob ein bestimmter Schüler zureichend bildbar war, um die Anstalt staatszuschußberechtigt zu machen.»[28]

Insofern förderte der Reichstagsbeschluß von 1904, der *allen* Geistigbehinderten einen Staatszuschuß bewilligte, die pädagogische Differenzierung der verschiedenen Schwachsinnsgrade. Hierzu schreibt S. Nordström:

«Diese Veränderung des staatlichen Zuschusses für Geistigbehinderte war so wesentlich – nicht zuletzt unter dem Differenzierungsaspekt – daß ein Grund vorliegt, die Zeit mit Beginn des Jahres 1905 als einen neuen Abschnitt in der schwedischen Geistigbehinderten-Fürsorge anzusehen, der Ausbau- und Differenzierungsepoche genannt werden könnte.»[29]

Nach 1904 wurden viele bestehende Idiotenanstalten bzw. Idiotenschulen ausgebaut und zusätzlich mit Asylen versehen, in denen die Kinder mit schwerster geistiger Behinderung versorgt wurden. Erst jetzt stellte sich ein neues Differenzierungsproblem in den Schulabteilungen: die

27 S. Nordström, a. a. O., S. 258. Übersetzung der Verfasserin.
28 Ebd., S. 263. Übersetzung der Verfasserin.
29 Ebd., Übersetzung der Verfasserin.

Trennung der Anstaltszöglinge, die Tätigkeiten nur im Rahmen der
Anstalt ausführen konnten, von solchen Schülern, die zwar nicht das Ziel
der Volksschule erreichten, aber als selbstverantwortliche Individuen in
die freie Lohnarbeit entlassen werden konnten.[30] Die differenziertere
pädagogische Einschätzung der Bildungsfähigkeit, die sich an den präziseren Kriterien der «Arbeitsfähigkeit» und «ökonomischen Nützlich-
keit» eines Individuums orientierte, führte zur Ausdifferenzierung der
Hilfsschüler aus den Schulen für Geistigbehinderte.

2.6. Die Konsolidierung der schwedischen Hilfsklassen

Nach der Gründung der ersten Hilfsklassen stieg ihre Anzahl rasch an.
Für das Jahr 1907 zählen die Statistiken bereits 15 Ortschaften mit 39
Hilfsklassen, in denen 266 Schüler zusammengefaßt waren. Im Jahre
1923 waren es bereits 51 Ortschaften mit 179 Klassen und 2815 Schülern.[1]

Genau wie in Deutschland erfaßte die erste Gründungswelle der Hilfsschulklassen zunächst die größeren Städte, die zugleich Zentren des
Handels und der Industrie waren, da auch hier die hohen Schülerzahlen
und die höheren Leistungsansprüche an das Elementarschulwesen die
Sitzenbleiber und lernbehinderten Schüler zu einem belastenden Problem für die Weiterentwicklung der Volksschule werden ließen.

Die in Stockholm 1905 eingerichteten fünf Hilfsschulklassen machten
etwa 0,2 Prozent der gesamten Schülerschaft aus, im Jahre 1910 waren es
bereits 0,9 und im Jahre 1920 1,5 Prozent. Ausgenommen die Jahre des
Ersten Weltkrieges, in denen die Prozentzahlen konstant blieben, ist eine
gleichmäßige Weiterentwicklung der Hilfsklassen bis zu ihrer institutionellen Festigung Anfang der zwanziger Jahre zu beobachten.[2]

Ähnlich wie in Stockholm verlief die Ausbreitung der Hilfsklassen in
Göteborg. Hier war der prozentuale Anteil der Hilfsklassenschüler an der
gesamten Schülerpopulation sogar noch etwas höher als in Stockholm.
Im Jahre 1910 besuchten bereits 1,3 Prozent der Schüler die Hilfsklasse,
im Jahre 1920 2,0 Prozent. Genau wie in Stockholm machten sich die
Kriegsjahre durch Stagnation, ja sogar durch einen geringen Rückschritt
bemerkbar.[3]

Damit erreichten Stockholm und Göteborg bis 1920 schon fast den

30 Vgl. Ebd., S. 264.
1 Vgl. R. Claëson, a. a. O., S. 53.
2 Vgl. S. Nordström, a. a. O., S. 342 f.
3 Vgl. ebd., S. 382.

durchschnittlichen Prozentualanteil an Hilfsklassenschülern, der sich bis zum Zweiten Weltkrieg auch in weniger großen Städten Schwedens einpendelte. Allerdings bestanden zwischen einigen Orten auch weiterhin erhebliche Schwankungen. So wurde für Kiruna (Nordschweden) der Prozentsatz an Hilfsklassenschülern für das Jahr 1923 mit 0,42, für Västerås (Südschweden) mit 6,3 Prozent angegeben.[4] Diese statistischen Daten bezeugen nicht nur den für Schweden kennzeichnenden Gegensatz von kleinen Land- und größeren Stadtgemeinden, sondern vor allem auch die derzeitig unsichere Anwendung und unterschiedliche Handhabung der Auslesekriterien. Mit der Ausbreitung der Hilfsklassen im ganzen Land wuchs zugleich das Bedürfnis nach präziseren Selektionskriterien und nach einer einheitlichen Organisation des Hilfsschulwesens.

Die ersten wichtigen Impulse für eine organisatorische Festigung und Vereinheitlichung erfuhr das schwedische Hilfsschulwesen aus der Schulreformbewegung, die sich nach dem Ersten Weltkrieg auf der programmatischen Linie der sozialdemokratischen Partei Schwedens entwickelte.

Im Jahre 1917 hatte Schweden seine erste liberal-sozialdemokratische Koalitionsregierung erhalten.[5] Unter dem Einfluß der internationalen Entwicklung, der russischen Revolution, aber auch der wachsenden politischen Gegensätze zwischen der sozialdemokratischen Partei und den Sozialisten, die für umfassende Sozialisierungsmaßnahmen und für die revolutionäre Umgestaltung der Gesellschaft eintraten, vollzog sich die Verfassungsrevision, die mit der Ausdehnung des allgemeinen Wahlrechts zugleich die Ablösung konservativer politischer Kräfte bewirkte und den Aufstieg der Sozialdemokratie begünstigte.

In dieser Zeit wurden im Zusammenhang mit den sozialdemokratischen Bemühungen, im Zugriffsbereich der staatlichen Verwaltung Klassenunterschiede zu harmonisieren, auch die Pläne zur Einrichtung einer Grundschule aus den achtziger Jahren wieder aufgegriffen. Im Jahre 1918 beauftragte die Regierung eine Kommission, Vorschläge zur Umgestaltung des Schulwesens auszuarbeiten. Als maßgebliche Richtlinie für die Arbeit dieser Schulkommission sollte gelten, daß «das gesamte Schulwe-

4 Vgl. R. Claëson, a. a. O., S. 53. Zum Verständnis der unterschiedlichen Prozentsätze der Hilfsklassenschüler muß die unterschiedliche Siedlungsdichte berücksichtigt werden, die für Nord- und Südschweden kennzeichnend ist. Die Bevölkerungsdichte wird in Nordschweden mit 1,2 Ew/qkm, in Südschweden mit 122 Ew/qkm angegeben. Diese Zahlen, die sich allerdings auf gegenwärtige Verhältnisse beziehen, illustrieren den immer schon vorhandenen Gegensatz in der Bevölkerungsverteilung Schwedens. Quelle: dtv-Lexikon, Bd. 16, München 1973, S. 247 ff.

sen in organisatorischer Hinsicht eine zusammenhängende Einheit darstellt, in der die Volksschule die Basis für die übrigen organisch miteinander verbundenen Bildungsanstalten abgibt»[6].

In Übereinstimmung mit dieser Zielsetzung betonte die Schulkommission die Vorteile der Einheitsschule. Sie bediente sich dabei einer ähnlichen sozialpolitischen Argumentation wie die Schulreformer in den achtziger Jahren:

«Der große Gewinn eines Unterrichtswesens, das nach den Grundsätzen der
Einheitsschule organisiert ist, liegt in erster Linie im *sozialen* Bereich. Die Einheitsschule fördert in unübersehbarer Weise das Gefühl der Zusammengehörig-
keit zwischen den Bürgern der Nation, indem sie ohne Berücksichtigung der
Lebensstellung oder übrigen ökonomischen Bedingungen allen Gesellschaftsmit-
gliedern die gleiche Möglichkeit für Unterricht und Erziehung gewährt.[7]

Diesen Vorstellungen entsprechend schlug die Schulkommission in ihrem 1922 erschienenen Gutachten vor, die gesamte Volksschule, die in
Schweden 6 Klassen umfaßte, in eine Grundschule umzuwandeln.[8] Die
Differenzierung der Schüler sollte also nicht wie in Deutschland nach der
4. Grundschulklasse stattfinden, sondern erst nach dem vollständigen
Volksschulabschluß. Mit diesem Konzept einer allgemeinen Grundschule drängte sich die Differenzierungsproblematik der Volksschule, die
bereits um die Jahrhundertwende die pädagogische Diskussion beherrscht hatte, erneut in den Vordergrund. So stellte die Schulkommission von 1918 in ihrem Gutachten fest:

«Die enge Vermischung von klugen und dummen Schülern in den Elementarschulen hat offensichtlich einen negativen Einfluß auf den Unterricht . . . Die
zunehmende Entwicklung des Hilfsklassensystems scheint daher wünschenswert,
nicht zuletzt unter dem Gesichtspunkt der Elementarschule als einer Grundschule.»[9]

Wie in Deutschland die Schulreformbewegung nach dem Ersten Weltkrieg und die Einführung der Grundschule im Jahre 1920 den Ausbau des
Hilfsschulwesens beschleunigt hatten (vgl. Abschnitt 3.1.), so aktivierten

5 Vgl. F. Rück, a. a. O., S. 94.
6 Vgl. Skolkommissionens betänkande I: 1, Grunder för en ny läroverksorga-
nisation. Underdånigt betänkande avgivet den 28. April 1922, Stockholm 1922, S.
3 f.
7 Ebd., S. 67. Übersetzung der Verfasserin. Hervorhebung im Original.
8 Vgl. ebd., S. 82 ff.
9 Ebd., S. 40, zitiert bei: O. Österling: The efficacy of special education. A
comparative study of classes for slow learners, Uppsala 1967, S. 20. Übersetzung
der Verfasserin.

auch die Reformbewegung und die Grundschuldiskussion in Schweden das Interesse an einer festeren Organisation des Hilfsschulwesens. 1921 wurde die gesetzliche Grundlage für die ersten Hilfsschullehrpläne geschaffen.[10] Im gleichen Jahr entstanden die ersten Ausbildungskurse für Hilfsklassenlehrer und vollzog sich die Auswahl der Hilfsklassenschüler zum erstenmal nach systematischen Intelligenzmessungen.[11] Als Zeichen für das stärkere Bemühen um eine einheitliche Organisation der Hilfsklassen in dieser Zeit kann auch die Gründung der verschiedenen Hilfsschulvereine zu Beginn der zwanziger Jahre gewertet werden.

Diese Merkmale eines strukturellen und inhaltlichen Konsolidierungsprozesses der Hilfsklassen sollen im folgenden näher beschrieben werden. Die präzisere Organisation der Hilfsklassen bedeutete für ihre Schüler zugleich eine stärkere Separation von den «Normalschülern». Ausdruck einer zunehmenden Isolation der Hilfsschüler waren die ersten selbständigen Hilfsschulen, die in dieser Zeit entstanden. Ein Beispiel lieferte die Stockholmer Schulbehörde, die im Jahre 1919 mit der Zusammenlegung von 32 Hilfsklassen zu vier sechsklassigen Hilfsschulen begann.[12] Die übrigen Hilfsklassen, die sich in den Vororten Stockholms befanden, wurden wegen verkehrstechnischer Schwierigkeiten beibehalten. Die Hilfsschulen, die noch im gleichen Jahr einen eigenen psychiatrisch ausgebildeten Schularzt erhielten, unterstanden zwar weiterhin der Volksschuladministration, erhielten jedoch im Jahre 1921 einen eigenen Lehr- und Zeitplan und konstituierten sich damit weitgehend als selbständige Institution.[13]

In der Entwicklungsgeschichte der schwedischen Hilfsschule stellte der erste Hilfsschullehrplan einen wesentlichen Schritt zur gesetzmäßigen Absicherung dieser neuen Einrichtung dar. Zwar wurde der Hilfsunterricht bereits im Jahre 1913 zum erstenmal in der schwedischen Verfassung erwähnt,[14] aber die Schulbehörde erhielt noch nicht die Bevollmächtigung der Regierung, besondere Lehrpläne für den Hilfsklassenunterricht zuzulassen. Gösta Stenberg kommentiert in ihrem Aufsatz «Fünfzig Jahre Spezialunterricht in Schweden» das späte Eingreifen des Staates in die Hilfsschulentwicklung wie folgt:

«Es ist recht signifikant für den Hilfsunterricht und auch für anderen Spezialunterricht im Rahmen der obligatorischen Schule, daß er nicht aus gesetzlichen Anweisungen und Bestimmungen hervorging; sondern der primäre Grund war

10 Vgl. G. Stenberg: Specialundervisningen i Sverige under 50 år, in: Nord. Tidskr. f. Spec. Ped., 50. Jg. 1972, S. 289.
11 Vgl. R. Claëson, a. a. O., S. 54 und S. Nordström, a. a. O., S. 343 ff.
12 Vgl. R. Claëson, a. a. O., S. 54.
13 Vgl. ebd., S. 54f.
14 Vgl. Svensk författningssamlin (SFS) 1913, nr. 392, S. 1428.

hier – vielleicht in größerem Maße als sonst in der Schule – die praktische Arbeit innerhalb der Schulwände: es waren Probleme, die sich stellten und in die eine oder andere Richtung auf eine Lösung drängten, es waren Versuche von Schulleitern und einzelnen Lehrern, Wege aus schwierigen Situationen zu finden.»[15]

Die Erstellung eines Zeit- und Lehrplanes für Hilfsklassen war die Aufgabe jedes einzelnen Schuldistriktes, die Schulbehörde hatte jedoch die Pläne zu prüfen und zu genehmigen. Es gab also immer noch nicht einen für das ganze Reich geltenden einheitlichen Lehrplan. In welchem Maße die Zeit- und Lehrpläne unterschiedlicher Schuldistrikte in den zwanziger Jahren variierten, beschreibt die Hilfsklassenlehrerin Anna Tengstrand in der Zeitschrift «Hjälpskolan» (1926):

«Die Zahlen, die ich im Hinblick auf die Anzahl der Wochenstunden erhielt, unterschieden sich höchst bedeutsam. Die niedrigste Stundenzahl für theoretische Fächer war 18, die höchste 30. Ebenso ungleich verteilt waren Handarbeits- und Gymnastikstunden. In einem Teil der Ortschaften gab es keine Handarbeit für Hilfsklassenschüler. Im Rahmen des hauswirtschaftlichen Unterrichts, der Schulküche, hatten einige Schulen keinen Platz für Hilfsklassenlehrer.»[16]

Ein erster Schritt in Richtung auf eine größere Vereinheitlichung und Verselbständigung des Hilfsklassenunterrichts war demnach lediglich dadurch gegeben, daß sämtliche Hilfsklassen sich nicht mehr auf den Volksschullehrplan bezogen, sondern jeweils eigene Zeit- und Unterrichtspläne hatten, die von der Schulbehörde genehmigt werden mußten. Neben der inhaltlichen Gestaltung des Unterrichts gehörte die systematische Erfassung aller hilfsklassenbedürftigen Schüler zu den wichtigsten organisatorischen Problemen, die Anfang der zwanziger Jahre in Angriff genommen wurden. Die praktische Identifikation der Hilfsklassenschüler war in Schweden nicht weniger schwierig als in Deutschland. Häufig gab das subjektive Urteil eines Klassenlehrers, dem ein Schüler «unangenehm» war, den Ausschlag für dessen Überführung in die Hilfsklasse. Anna Tengstrand schreibt, daß auf diese Weise nicht nur Kinder mit einem «Intelligenzdefekt», sondern auch solche mit einem «moralischen Defekt» in den Hilfsklassen saßen und diese infolgedessen immer stärker als «Abstellplätze für minderwertige Charaktere» angesehen wurden.[17] Um diesem negativen Image der Hilfsklassen entgegenzuwirken und gleichzeitig der mit den subjektivistischen Selektionsmaßnahmen verbundenen Gefahr vorzubeugen, daß mehr Schüler als «notwendig» in die

15 G. Stenberg, a. a. O., S. 298 f. Übersetzung der Verfasserin.
16 A. Tengstrand, Hjälpskolans organisation i landsorten, in: Hjälpskolan, 4. Jg. 1926, S. 59. Übersetzung der Verfasserin.
17 Vgl. A. Tengstrand, a. a. O., S. 55.

Hilfsklassen überwiesen würden, setzten sich die Hilfsschulvertreter für «objektivere» Auslesekriterien ein.

Bereits im Jahre 1910 hatte Alfhild Tamm, eine Schulärztin in Stockholm, eine Intelligenzmessung an normalen Schulkindern vorgenommen, um eine schwedische Testserie, die nach dem Binet-Simon-Test von 1908 entwickelt worden war, experimentell zu erproben.[18] Jädersholm wandelte später die Binet-Simon-Methode für die Aussonderung von Hilfsklassenschüler um.[19] Systematisiert wurde jedoch die Intelligenzmessung für Hilfsklassenschüler erst, nachdem A. Tamm im Jahre 1920/21 und 1921/22 alle in Stockholm für die Hilfsklassen angemeldeten Kinder untersucht hatte.

Alfhild Tamm kam zu dem Ergebnis, daß von den 165 angemeldeten Kindern im Jahre 1920/21 etwa 90 intelligenzmäßig gar nicht oder unbedeutend zurückgeblieben waren. Von diesen Kindern sollten nach ihrer Meinung dennoch 16 die Hilfsklasse besuchen, weil sie körperlich unterentwickelt bzw. nervös waren oder Lese-Rechtschreibschwierigkeiten hatten. Für arbeitsunwillige und verhaltensgestörte Kinder lehnte A. Tamm die Hilfsklassenüberführung ab.[20]

Genau wie in Deutschland bildete auch in Schweden das Volksschulversagen das hauptsächliche Kriterium für die Überweisung eines Kindes in die Hilfsklasse. In diesem Sinne wertet auch S. Nordström das Untersuchungsergebnis von A. Tamm. Er schreibt:

«Als wesentlicher Eindruck bleibt bestehen, daß die Schüler, die nach Tamm in die Hilfsklasse überführt werden sollten, in ihren Schulleistungen versagten. Da der Intelligenzdefekt nicht so augenfällig war, konnten andere Faktoren die Beurteilung beeinflussen. Der Intelligenztest galt weitgehend als eine Kontrolle der pädagogischen Beurteilung. Die Schulleistungen waren weiterhin die Hauptvariable, die über die Sonderunterrichtsbedürftigkeit entschied.»[21]

Ein weiteres Zeichen für die organisatorische Konsolidierung und verstärkten Separationstendenzen im Bereich der Hilfsklassenerziehung in den zwanziger Jahren stellt der erste spezielle Ausbildungskurs für Hilfsklassenlehrer dar.

Die Initiative zur Entstehung dieses Kurses ging von einigen Lehrern und Lehrerinnen aus, die in Hilfsklassen unterrichteten. Sie wandten sich im Jahre 1918 mit einem «Antrag auf einen besonderen Ausbildungskurs» für das Jahr 1919 an die Volksschulbehörden.[22] Das Anliegen

18 Vgl. S. Nordström, a. a. O., S. 344.
19 Vgl. dazu die Schrift von G. A. Jädersholm: Undersökningar över intelligensmätningarnas teori och praxis I–II, Stockholm 1914.
20 Vgl. S. Nordström, a. a. O., S. 344 f.
21 Ebd., Übersetzung der Verfasserin.

wurde dem Reichstag von 1920 unterbreitet, der noch in demselben Jahr den ersten Ausbildungskurs für schwedische Hilfsklassenlehrer bewilligte. Er wurde im Sommer 1921 in Stockholm als vierzehntägiger Kurs unter der Aufsicht der Schulbehörde durchgeführt.

Dieser erste Ausbildungskurs bedeutete zwar einen weiteren Schritt zur Gründung einer eigenständigen Hilfsschulpädagogik, entsprach jedoch bei weitem nicht den Forderungen der Hilfsklassenlehrer nach einer qualifizierten Ausbildung. Die Unzufriedenheit der in den Hilfsklassen unterrichtenden Lehrer mit ihren unzureichenden Ausbildungsbedingungen spiegelte sich in den Anträgen der Schulbehörde an den Reichstag und den Presseäußerungen der Lehrerverbände deutlich wider. Ein Beispiel hierfür liefert ein Schreiben der Zentralverwaltung der «Allgemeinen Lehrervereinigung Schwedens» an den König aus dem Jahre 1924:

«Indessen ist es offenbar, daß die vorliegende Ausbildungsfrage durch die genannte mehr zufällige Maßnahme nicht gelöst werden kann. Eine Lösung könnte dadurch erreicht werden, daß an einem oder mehreren Seminarien Hilfsklassen eingerichtet würden und im Zusammenhang damit ein Probejahreskurs für zum Beispiel ein Semester für Lehrer, die sich für den Hilfsklassenunterricht ausbilden wollen. Während des Probejahreskurses sollte den Teilnehmern sowohl die Methode des Unterrichtens im Hilfsklassenbereich als auch das notwendige Maß theoretischer Einsichten in den Teil der Kinderpsychologie vermittelt werden, der besonders wichtig für die betreffende zukünftige Tätigkeit ist.»[23]

Um die Bestrebungen zur Vereinheitlichung und organisatorischen Festigung des Hilfsklassenunterrichts zu unterstützen und vor allem auch um ihre Ausbildungsfrage wirkungsvoller vertreten zu können, gründeten die Hilfsklassenlehrer ihren eigenen Interessenverband. Auf dem 11. Nordischen Schultreffen, das 1920 in Kristiania (Oslo) stattfand, wurde die Frage einer nordischen Hilfsschulvereinigung zum erstenmal aufgegriffen. Bereits im Oktober 1920 entstand in Stockholm der erste Hilfsschulverband. Weitere Verbandsgründungen folgten in Südschweden und den übrigen skandinavischen Ländern.[24] Im Sommer 1922 fanden sich alle diese Verbände zum ersten nordischen Hilfsschultreffen in Norwegen zusammen.[25]

22 Vgl. SOU 1947: 69, Utbildning av lärare för utvecklingshämmade och svårfostrade barn jämte förslag till inrättande av ett statens speciallärarinstitut, 1946 års hjälp- och särklasslärarutredning, Stockholm 1947, S. 15.

23 Utbildning av hjälpklasslärars, Centralstyrelsen för Sveriges allmänna folkskollärareförening, in: Hjälpskolan, 2. Jg. 1924, S. 112. Übersetzung der Verfasserin.

24 Vgl. SOU 1947: 69, a. a. O., S. 16 f. und K. Nordlund u. a.: Nogen indledende bemerkninger om forbundet og tidsskriftet, in: Hjälpskolan, 1. Jg. 1923, S. 2.

25 Vgl. K. Nordlund u. a., a. a. O., S. 2.

Seit 1923 gab dieser Verband eine Zeitschrift heraus, der Beiträge auf schwedisch, dänisch und norwegisch enthielt. (Später trat auch Finnland der Vereinigung bei.) Als Begründung eines eigenen Presseorgans wurden in der ersten Nummer der «Hjälpskolan» die Zielsetzungen zitiert, die Karin Eckwall auf dem ersten nordischen Hilfsschultreffen formuliert hatte. Da K. Eckwall in ihrem Vortrag die derzeitig aktuellen Probleme der Hilfsschulpädagogik in Schweden sehr gut zusammenfaßte, sollen ihre wesentlichen Gedanken im folgenden wiedergegeben werden:

«. . . die große Lücke in der Zusammenarbeit, die das Hilfsschulwesen kennzeichnet und die sich besonders dort bemerkbar macht, wo sie eine junge Einrichtung wie die unsere trifft . . . Diese Lücke ist um so stärker zu beklagen, als uns Hilfsschullehrern, ja im allgemeinen eine Spezialausbildung für unsere Aufgabe fehlt . . . Im allgemeinen haben die jungen unerfahrenen (Lehrer) auch keinen sachkundigen Vorgesetzten, auf den sie sich verlassen können . . . Die Kinder in der Hilfsschule benötigen mehr als andere Kinder eine feste und sichere Führung . . . Uns mangelt es an Fachliteratur in skandinavischer Sprache . . . Durch diese (Zeitschrift) werden wir uns alle im Interesse an unserer gemeinsamen Arbeit treffen. Durch diese vermögen wir uns der Entwicklung der Hilfsschule in der ganzen Welt anzuschließen . . . Aber die Zeitschrift wird auch von der großen Allgemeinheit benötigt . . . Hier ist eine intensive Aufklärungsarbeit erforderlich, um den Widerwillen, ja die Feindseligkeit, die dem Hilfsschulgedanken von verschiedener Seite entgegengehalten wird, zu bewältigen . . . Aber die Zeitschrift wird auch benötigt gegenüber den Behörden. . . . sie soll die öffentlichen Stellen ständig daran erinnern, daß unsere Schule eine Schule ist, mit der man rechnen muß, daß die Fürsorge für zurückgebliebene Kinder eine wichtige Gesellschaftsangelegenheit ist.»[26]

Ein abschließender Vergleich der Hilfsklassenentwicklung in Schweden mit dem Institutionalisierungsprozeß der deutschen Hilfsschule zeigt, daß die Hilfsklassen in Schweden – trotz mannigfaltiger Initiativen für eine einheitlichere Organisation – zu Beginn der zwanziger Jahre noch keineswegs den Grad organisatorischer und institutioneller Festigkeit erreicht hatten, der das deutsche Hilfsschulwesen bereits um die Jahrhundertwende auszeichnete.[27] Von den komplexen Ursachen, die zur Verzögerung des Organisationsprozesses der Hilfsklassen in Schweden beigetragen haben, können hier nur einige andeutungsweise genannt werden.

Ein wesentlicher Grund dafür, daß die Notwendigkeit einer strafferen Hilfsklassenorganisation in Schweden weniger dringlich erschien, lag

26 Ebd., a. a. O., S. 3.Übersetzung der Verfasserin.
27 Während die preußischen Hilfsschulbestimmungen aus den Jahren von 1894–1905 deutlich das Interesse des Staates an der Hilfsschulinstitution widerspiegeln, fehlten in Schweden bis 1940 gesetzliche Regelungen, die eine reichseinheitliche Organisation des Hilfsklassenunterrichts sicherten.

darin, daß Anfang der zwanziger Jahre im Zusammenhang mit der Grundschuldiskussion neue Formen der Leistungsdifferenzierung innerhalb der Volksschule entstanden, die eine stärkere Integration von Hilfsklassenschülern in den Regelunterricht ermöglichten. So wurden im Jahre 1920 in Stockholm und Göteborg, Malmö und Hälsingborg sogenannte «Schwachklassen» oder «B-Klassen» eingeführt, die Schüler aufnahmen, welche leistungsmäßig zwischen den Hilfsklassenschülern und den Normalklassenschülern standen.[28] Durch individualisierenden Unterricht und niedrige Klassenfrequenzen (20 Schüler pro Klasse) sollten diese Schüler zu einem regulären Volksschulabschluß (nach dem § 47 des Volksschulgesetzes) gebracht werden.[29]

Bei den diagnostisch unzureichenden Methoden in der Identifizierung von Hilfsklassenschülern ist es nicht verwunderlich, daß diese «Extraklassen» (wie sie auch genannt wurden), die die Hilfsklassen in ihrer Funktion, die Regelklassen zu entlasten, unterstützten, auch potentielle Hilfsklassenschüler aufnahmen und damit eine raschere Verbreitung und Fortentwicklung des Hilfsklassensystems verhüteten. Nach dem Gutachten der Schulkommission von 1940 gehörten «etwa 20 % der Kinder diesem Extraklassentypus» an.[30] Dieser hohe Prozentsatz verdeutlicht, in welchem Maße die «Schwachklassen» bzw. «B-Klassen» die Notwendigkeit einer umfassenderen Organisation der Hilfsklassen einschränkten.

Eine weitere Ursache dafür, daß sämtliche Impulse zur Festigung der Hilfsklassenorganisation in den frühen zwanziger Jahren nicht in dem Maße wie in Deutschland zur Verselbständigung der Hilfsklasseninstitution führten, mag darin liegen, daß die Vorschläge der Schulkommission, die Volksschule in eine sechsjährige Grundschule umzuwandeln, nicht verwirklicht wurden. Im Unterschied zu Deutschland, wo nach dem Ersten Weltkrieg zumindest eine vierjährige gemeinsame Grundschule entstand, besuchten in Schweden die Gymnasialschüler weiterhin vorbereitende Bildungsanstalten, die sie von den übrigen Volksschülern trennten. G. Richardson gibt für das Scheitern der Schulreform nach 1918 die folgende Begründung an:

«Es zeigte sich indessen, daß der Widerstand von seiten der Lehrer der höheren Lehranstalten und der schulpolitischen ‹Rechten› im ganzen außerordentlich stark war ... Da darüber hinaus die parlamentarische Situation während der

28 Vgl. SOU 1946: 11, Skolpliktstidens skolformer. 2. Folkskolan. A. Allmän del, 1940 års skolutrednings betänkanden och utredningar IV, Stockholm 1946, S. 50ff.

29 Vgl. ebd., S. 51.

30 Ebd.

zwanziger Jahre labil war und Minderheitenregierungen sich in rascher Folge ablösten, führte der Vorschlag der Schulkommission zu keinem Resultat.»[31]

Schließlich sind als ein wesentlicher Grund für den verzögerten Organisationsprozeß der Hilfsklassen in Schweden die im Vergleich mit Deutschland wesentlich ungünstigeren geographischen bzw. bevölkerungsmäßigen Gegebenheiten des Landes zu beachten. Die im Verhältnis zur flächenmäßigen Ausdehnung des schwedischen Staates geringe Bevölkerungszahl[32] erschwerte die Etablierung eines einheitlichen Pflichtschulwesens mit gleichen schulorganisatorischen Grundsätzen. Zwar bestanden auch in Deutschland erhebliche Unterschiede zwischen dem stark ausgebauten Volksschulwesen in den Städten und den einklassigen Volksschulen in spärlich besiedelten Landgebieten, aber die Menge der Städte mit großen Einwohnerzahlen spielte hier doch eine weitaus bedeutendere Rolle für die durchschnittliche Entwicklung des Volksschulwesens als in Schweden, wo es nur wenige Großstädte und eine Vielzahl kleiner Landgemeinden gab. In Schweden war aus diesem Grund auch die durchschnittliche Klassenfrequenz in den Regelschulen erheblich niedriger als in Deutschland.[33] Trugen einerseits die kleineren Klassen dazu bei, daß leistungsmäßig zurückgebliebene Schüler auch in den Regelklassen eher individuell berücksichtigt werden konnten, so war andererseits die Schülerzahl in kleineren Stadtschulen oder in ländlichen Gemeinden so gering, daß sich die Einrichtung einer Hilfsklasse nicht lohnte.

Wie sehr auch die Hilfsschulvertreter in Schweden die fehlende institutionelle Eigenständigkeit der Hilfsklassen als «organisatorischen Mangel» bedauerten, so brachte doch gerade die mangelnde Straffheit und Einheitlichkeit in der Organisation der Hilfsklassen den Vorteil mit sich, daß die Hilfsklassenschüler in Schweden bei weitem nicht in dem Maße von den Regelschülern isoliert wurden und der gleichen ideologischen Diskriminierung ausgesetzt waren wie in Deutschland. Dadurch, daß die Hilfsklassen räumlich eng mit den Volksschulklassen verbunden blieben, bot sich auch den Hilfsklassenlehrern die Möglichkeit, eng mit den

31 G. Richardson, Det svenska . . ., a. a. O., S. 46 f. Übersetzung der Verfasserin.

32 In Schweden betrug die durchschnittliche Bevölkerungsdichte um die Jahrhundertwende 11,1 Einwohner je qkm, in Deutschland waren es im Jahre 1910 bereits 120 Einwohner je qkm. (Eigene Berechnungen auf Grund von Daten aus: Thomas Hammar: Leva i Sverige, Stockholm 1971, S. 9 und dtv-Lexikon, Bd. 16, München 1973, S. 247.)

33 Im Jahre 1920 umfaßte in Schweden eine Durchschnittsklasse in einer vollausgebauten städtischen Volksschule 31 Kinder, in einer wenig gegliederten Volksschule 34 Schüler. Diese geringen Klassenfrequenzen werden nicht einmal in dem gegenwärtigen bundesrepublikanischen Volksschulwesen erreicht.

Volksschullehrern, die eine entsprechende Altersstufe unterrichteten, zusammenzuarbeiten. Hilfsklassenschüler, die sich in ihren Leistungen verbesserten, konnten daher ohne allzu große formelle und organisatorische Schwierigkeiten in die Regelklassen zurückversetzt werden. Sie waren zudem in ihrer Freizeit ständig mit den Schülern der Volksschule zusammen.

In der Praxis hatte sich also die schwedische Hilfsklasse bis zum Beginn der zwanziger Jahre bereits von ihrem deutschen Vorbild entfernt. Auch in der theoretischen Definition des Hilfsklassenschülers bahnte sich während dieser Zeit des Institutionalisierungsprozesses eine ähnliche Entwicklung an. Zu Beginn war die Charakterisierung der Hilfsklassenschüler deutlich beeinflußt durch die deutsche Schwachsinnstheorie. So charakterisierte etwa Franzén, nachdem er eine Studienreise nach Deutschland unternommen hatte, die Eigenart des Hilfsschülers in der Lehrerzeitung «Folkskolans Vän» im Jahre 1905 folgendermaßen:

«Diese ‹Schwachheit› und mindere Begabung steht gewöhnlich in Zusammenhang mit einer größeren oder minderen Zurückgebliebenheit in der Entwicklung des Nervensystems, besonders des Großhirns . . . Mit dem Wissen um diese anatomische Zurückgebliebenheit kann Rückständigkeit und Schwachheit in den psychischen Funktionen nicht verwundern.»[34]

Fridjuv Berg, der exponierte Vertreter der Differenzierungsdebatte um die Jahrhundertwende und gleichzeitig der Redaktionsleiter der «Svensk Lärartidning» (Sv. Ltg.) wies in einer Reihe von Artikeln darauf hin, daß seiner Meinung nach der Hilfsklassenschüler sich nicht nur «graduell», sondern «qualitativ» von dem Normalschüler unterscheide.[35] Er gab allerdings zu, daß auch er den qualitativen Unterschied zwischen seelisch «normalen» Volksschülern und psychisch «abnormen» Hilfsschülern nicht belegen könnte. Die große Unklarheit in der Anwendung der Begriffe kam seiner Meinung nach daher, daß sich bisher nur die Irrenärzte mit den seelisch abnormen Kindern befaßt hätten, während die Lehrer sich ausschließlich den seelisch normalen Schülern zugewandt hätten.[36]

Während Berg analog zu deutschen Hilfsschulexperten dem Hilfsschüler eine abnorme Veranlagung unterstellte, setzten sich in Schweden

34 J. Franzén, zitiert bei: K. Åkesson (Hg.): Särundervisning för mindre begåvade barn, in: Folkskolans Vän, 21. Jg., Göteborg 1905, S. 85 f. Übersetzung der Verfasserin.

35 Vgl. Tidskrift för Sveriges allmänna folkskollärarförening 1904–1926, Stockholm 1904–1926, S. 246 ff.

36 Ebd., S. 246 f.

Begriffe wie «abnorm», «idiotisch», «minderwertig» zur Charakterisierung des Hilfsklassenschülers im allgemeinen jedoch nicht durch. Sie wurden mit Ausnahme des diskriminierenden Ausdrucks «minderwertig» in erster Linie zur Definition geistig behinderter Kinder und Erwachsener herangezogen.

Im Gegensatz zu Deutschland, wo das Bemühen um die *Selbständigkeit* der Hilfsschulinstitution dazu führte, den *Eigencharakter* des Hilfsschülers und vor allem seine «natürlichen» Unterschiede zum Normalschüler zu betonen und theoretisch zu untermauern, wurde in Schweden der *relative Leistungs- und Entwicklungsrückstand* des Hilfsklassenschülers gegenüber dem Regelschüler zum entscheidenden Kriterium seiner Charakterisierung.[37] Eine Theorie der Hilfsschule, die – wie in Deutschland – aus der «Eigenart» der Hilfsschüler bzw. aus der «Besonderheit» der in dieser pädagogischen Einrichtung angewandten Methodik das «Hilfsschulspezifische» zu ergründen suchte,[38] entwickelte sich in Schweden nicht. Mit Ausnahme der Zeitschrift «Hjälpskolan» gab es keine nennenswerte Fachliteratur im Bereich der Hilfsschulpädagogik; diese wurde vorwiegend aus dem Ausland, vor allem aus Deutschland, importiert.

Es besteht also eine gewisse Parallelität zwischen der jeweiligen institutionellen Ausprägung der Hilfsklasse in Schweden bzw. der Hilfsschule in Deutschland und dem Ausmaß der theoretischen Durchdringung und Begründung der Hilfsschulpädagogik in beiden Ländern. Die schulorganisatorische Isolation der Hilfsschule in Deutschland spiegelte sich wider in den mannigfaltigen theoretischen Bemühungen der Hilfsschulvertreter um eine «selbständige Hilfsschulpädagogik» bzw. eine «systematische Heilpädagogik»[39], die ihre Erziehungspraxis ideologisch legitimieren konnte. Die enge räumliche Verknüpfung der Hilfsklasse mit der Volksschule in Schweden ließ dagegen einen derartigen Legitimationszwang gar nicht erst entstehen.

37 So finden sich in offiziellen Dokumenten und fachspezifischen Publikationen besonders häufig Begriffe wie «intellektuell oder psychisch zurückgebliebene Schüler».
38 Vgl. K. J. Klauer: Lernbehindertenpädagogik, 3. Auflage, Berlin 1970, S. 21: «Seit es eine Hilfsschule gibt, stellt sich immer wieder die Frage nach dem Hilfsschulspezifischen: Worin liegt das besondere Wesen, die Eigenart dieser schulpädagogischen Einrichtung begründet? Daß sich um eine bestimmte Gruppe spezifisch behinderter Kinder bemüht, reicht offensichtlich noch nicht aus, denn wer wollte die Schaffung solcher Sonderschulen befürworten, wenn die Sonderschule dasselbe tut wie die Normalschule? Man kann einer Sonderschule nur dann Existenzberechtigung zuerkennen, wenn sie sich um eine spezifische, auf die jeweilige Schädigung zugeschnittene Pädagogik bemüht.»
39 Vgl. E. Begemann, a. a. O., S. 190 ff.

3. Kapitel: Zur Entwicklung der gegenwärtigen Lernbehindertenerziehung in der BRD

3.0. Einleitung

In der ersten Hälfte dieser Arbeit wurden mit der Entwicklung der deutschen Hilfsschule und der schwedischen Hilfsklasse vergleichbare institutionelle Formen abgesonderter Erziehung für lernbehinderte Schüler umrissen.

Da diese institutionellen Formen nur aus ihrem Konstituierungsprozeß heraus verständlich werden, lag der Schwerpunkt auf der Darstellung ihrer historischen Genese. Damit ist zugleich in methodologischer Hinsicht die Grundlage geschaffen für eine systematische Analyse und auf die Gegenwart bezogene Kritik der isolierten Hilfsschule, die, um die Angemessenheit ihrer Kategorien abzusichern und sich nach Möglichkeit vor illusorischen Einschätzungen künftiger Entwicklungen zu bewahren, der historischen Untersuchung bedarf (vgl. o.2.).

Weiterhin sollte die Darstellung der komplexen historischen Prozesse die dieser Arbeit zugrundeliegende These belegen, daß der Prozeß der Absonderung der Hilfsschüler von den Volksschülern sowie die institutionelle Ausprägung der Hilfsschule nur im engen Zusammenhang mit der Entwicklung des gesamten Ausbildungswesens, insbesondere der Volksschule, zu verstehen sind und daß die Entwicklung des Erziehungswesens ihrerseits im Kontext der gesamtgesellschaftlichen Entwicklung unter Berücksichtigung der fundamentalen ökonomischen Prozesse und Klassenauseinandersetzungen analysiert werden muß.

Wenn nun in der zweiten Hälfte der Arbeit nach der vergleichenden Schilderung des Absonderungsprozesses die antithetische Tendenz der Integration lernbehinderter Schüler im Mittelpunkt stehen soll, so muß sich die Darstellung methodisch an den beiden Fragen orientieren, die ihr durch die vorangehenden Ausführungen aufgegeben sind:

1. Welche strukturellen Veränderungen im gesamten Ausbildungssystem der beiden Länder liegen den jeweiligen Integrationsbestrebungen bzw. realen Integrationsprozessen im Bereich der Behindertenpädagogik zugrunde?
2. Durch welche ökonomischen, sozialen und politischen Entwicklungen wurden die Strukturveränderungen im Ausbildungssystem ausgelöst, und welche gesellschaftlichen Kräfte stehen ihnen entgegen?

In sehr vielen Publikationen werden die gegenwärtigen Integrationsbestrebungen im Bereich der westdeutschen Behindertenpädagogik noch losgelöst vom historischen Zusammenhang und von den gesellschaftlichen Voraussetzungen diskutiert; Vor- und Nachteile von Integrationsmodellen als pädagogischen Alternativkonzepten zur isolierten Hilfsschule werden gegeneinander abgewogen. So sehr sich in solchen Erörterungen ein pädagogisches Interesse an einer Verbesserung des westdeutschen Sonderschulwesens spiegelt – auf dieser abgehobenen konzeptionellen Ebene ist weder eine wissenschaftliche Beurteilung vorhandener Integrationsbestrebungen und ihrer Realisierungschancen möglich noch die Begründung von Strategien zu strukturellen Reformen im Bereich der Behindertenpädagogik.

Für die Sonderpädagogik wäre deshalb schon viel gewonnen, wenn sie im Hinblick auf die oben genannten Fragen den Anschluß an die allgemeine Erziehungswissenschaft herstellte.[1] Das vorliegende Kapitel möchte dazu beitragen. Es erklärt sich aus der angedeuteten Forschungssituation, daß die folgenden Ausführungen sich dabei kaum auf eigene Untersuchungen der Sonderpädagogik stützen können, sondern auf die in den allgemeinen Erziehungswissenschaften, in der Bildungsökonomie und den Wirtschaftswissenschaften erarbeiteten Analysen zurückgreifen müssen.

Der erste Abschnitt dieses Kapitels faßt in der Form einer Überleitung die Entwicklung der deutschen Hilfsschule von der Jahrhundertwende bis zum Zweiten Weltkrieg zusammen. Die Aufgabe dieses Abschnitts besteht darin, den historischen Zusammenhang mit dem ersten Kapitel herzustellen. Da die Entwicklung des westdeutschen Ausbildungswesens und insbesondere auch der Hilfsschule entscheidend durch ihr Verhältnis zur Weimarer Tradition und zu den geschichtlichen Erfahrungen des Nationalsozialismus bestimmt worden ist, dürfen die historischen Epochen als Bezugspunkte der Nachkriegsentwicklung nicht übergangen werden. Andererseits bildeten sich die charakteristischen Strukturmerkmale der isolierten Hilfsschule in der Zeit der Weimarer Republik und der nationalsozialistischen Herrschaft kontinuierlich weiter aus, so daß der

---

1 Nach den historischen Analysen des 19. Jahrhunderts (vgl. K. Hartmann u. a. [Hg.]: Schule und Staat, a. a. O.) im ersten Kapitel heißt dies für den in diesem Kapitel beschriebenen Zeitraum vor allem: Rezeption der Schriften zur politischen Ökonomie des Ausbildungssektors von
 – F. Huisken, a. a. O.,
 – E. Altvater, a. a. O.,
 – M. Baethge, a. a. O.,
 – F. Nyssen, a. a. O.
Erste Ansätze derartiger Analysen liegen bereits vor von S. Graf: Zur politischen und ökonomischen Funktion der Sonderschule, a. a. O., und W. Jantzen: Sozialisation und Behinderung, a. a. O.

thematische Schwerpunkt dieses Kapitels «Integrationsbeziehungen in der westdeutschen Lernbehindertenausbildung» eine nur kursorische Behandlung jener Etappen der Hilfsschulentwicklung nahelegt.

Der 2. Abschnitt führt sodann an die unmittelbare Vorgeschichte des heutigen westdeutschen Bildungswesens heran. Waren die deutschen Hilfsschulen zur Zeit ihrer Entstehung institutionelle und unterrichtsmethodische Vorbilder für eine Reihe anderer europäischer Länder, so zeichnet sich gegenwärtig das westdeutsche Sonderschulwesen wie das gesamte Ausbildungssystem der BRD im Vergleich mit anderen Industriestaaten eher durch besondere Rückständigkeit aus. Dies ist darauf zurückzuführen, daß nach dem Zweiten Weltkrieg die Chance einer durchgreifenden Strukturreform des Bildungswesens vertan wurde. Mit den traditionellen Strukturen des dreigliedrigen Schulsystems wurde auch die «klassische Form» der isolierten Hilfsschule unter ausdrücklicher Anknüpfung an die Weimarer Zeit restauriert. Dieser Restaurationsprozeß wird im 2. Abschnitt beschrieben. Dabei muß darauf verzichtet werden, die komplexe Entwicklung bis zur vollen Restauration kapitalistischer Produktionsverhältnisse nachzuzeichnen, die sich mit Unterstützung der westlichen Alliierten gegen den Widerstand eines Teils der Arbeiterklasse durchsetzte.[2] Die Darstellung beschränkt sich darauf, die Restauration des Hilfsschulwesens im Zusammenhang des gesamten Ausbildungssystems zu beschreiben und zu begründen, weshalb die Wiederherstellung der traditionellen Ausbildungsstrukturen in den fünfziger Jahren noch nicht zu jenen bildungsökonomischen Widersprüchen führte, die in den sechziger Jahren dann eine breite Reformbewegung im Ausbildungssektor auslösten.

Der Verlauf der Reformdiskussion sowie ihre ökonomischen und sozialpolitischen Hintergründe werden im 3. Abschnitt skizziert. Im Zuge der Reformbewegung sind die gesellschaftspolitischen Fragestellungen und begrifflichen Grundlagen erarbeitet worden, welche heute die Integrationsdiskussion im Bereich der Sonderpädagogik mitbestimmen. Während der sechziger Jahre wurde allerdings die Problematik der isolierten Sonderschule und die soziale Diskriminierung ihrer Schüler aus der Reformdiskussion weitgehend ausgeklammert, obgleich sie inhaltlich für die zentralen gesellschaftspolitischen Zielvorstellungen dieser Bewegung geradezu eine Herausforderung darstellten. Der 3. Abschnitt versucht, diese merkwürdige Ausklammerung der Hilfsschulen zu erklären.

Der 4. Abschnitt beschreibt schließlich, wie sich die gesellschaftspolitischen Zielvorstellungen, erziehungswissenschaftlichen Erkenntnisse und programmatischen Forderungen nach einer Strukturreform des

2 Vgl. etwa U. Schmidt/T. Fichter: Der erzwungene Kapitalismus, Klassenkämpfe in den Westzonen 1945–48, Berlin 1971.

westdeutschen Bildungswesens mit zeitlicher Verzögerung im Bereich der Sonderpädagogik auswirkten. Er illustriert die wachsende Kritik an den bis dahin unbestrittenen Grundsätzen einer isolierenden Lernbehindertenerziehung in den Bereichen der «Schulorganisation», der «Definition des lernbehinderten Schülers», des Curriculums und der «Lehrerausbildung». In diesen vier Bereichen sind gegenwärtig mannigfache Integrationsbestrebungen unverkennbar.

Die Realisierungschancen dieser pädagogischen Bestrebungen müssen allerdings angesichts der Untersuchungsergebnisse des 3. Abschnitts, des Reformstops im Regelschulbereich und angesichts des sich verengenden staatlichen Finanzierungsspielraums im Zuge der zyklischen Wirtschaftskrisen sehr skeptisch beurteilt werden.

3.1. Überleitung: Summarischer Überblick über die Entwicklung des deutschen Hilfsschulwesens bis zum Ende des Zweiten Weltkrieges

Die Entwicklung des Hilfsschulwesens von der Jahrhundertwende bis zum Ende des Zweiten Weltkrieges ist gekennzeichnet durch eine kontinuierliche Entfaltung und Festigung der organisatorischen Struktur und der gesellschaftlichen Grundfunktionen, die im 1. Kapitel analysiert wurden. Wandlungen im Bereich der Unterrichtsmethodik und in der ideologischen Ausrichtung der Hilfsschulpädagogik wurden von keinen einschneidenden institutionellen Veränderungen begleitet, die auf einen Funktionswandel der Hilfsschule im Rahmen des gesamten Ausbildungssystems hinweisen würden. Die Absonderung der Hilfsschule vom übrigen Ausbildungswesen vertiefte sich im Prozeß des weiteren Ausbaus genauso wie die soziale Diskriminierung der Hilfsschüler.

Aufgabe dieses Abschnitts ist es nicht, diesen Prozeß zu *analysieren*, sondern nur, ihn zum Zweck späterer Referenz in einigen Grundzügen zusammenfassend zu beschreiben.[1] Deshalb kann auch nicht näher auf die der Entwicklung des Ausbildungswesens in diesem Zeitabschnitt zugrundeliegenden ökonomischen, politischen und sozialen Bewegun-

1 Zur näheren Information über diese Entwicklungsphase der Hilfsschule sei auf die historisch detaillierteren Darstellungen von E. Beschel, a. a. O., und G. Lesemann (Hg.): Beiträge zur Geschichte und Entwicklung des deutschen Sonderschulwesens, Berlin 1966, verwiesen. Eine Analyse der Hilfsschulinstitution im gesellschaftlichen Zusammenhang bieten diese Autoren allerdings nicht. Es wäre daher eine wichtige Forschungsaufgabe für die Zukunft, gerade die «Blütezeit» der deutschen Heilpädagogik im historisch-gesellschaftlichen Kontext aufzuarbeiten.

gen eingegangen werden.[2] Die zusammenfassende Darstellung bleibt also notgedrungen auf der deskriptiv erfaßbaren Oberfläche der Hilfsschulgeschichte.

Schematisch läßt sich der Zeitraum dieses Abschnitts in drei Epochen einteilen: die wilhelminische Ära bis zum Ende des Ersten Weltkrieges, die Zeit der Weimarer Republik und die Jahre der nationalsozialistischen Herrschaft.

Bis zum Ende des Ersten Weltkrieges setzte sich die schon im 1. Kapitel festgestellte Stagnation in der Entwicklung des «niederen Schulwesens» in Deutschland fort. Die mit der Jahrhundertwende beginnende vielgestaltige Schulreformbewegung[3] hatte noch keinen wesentlichen Einfluß auf die durchschnittliche Schulwirklichkeit. Der innere Ausbau des Hilfsschulwesens vollzog sich nach dem Muster des im Kapitel 1. beschriebenen Organisationsprozesses der Volksschule. Aus der wenig gegliederten Hilfsschule der Gründerzeit entwickelte sich die drei Stufen umfassende, vollausgebaute Hilfsschule, die dann in den zwanziger Jahren zur Regel wurde. In dieser Hilfsschule war der Unterricht nach Jahresklassen organisiert, es spielten sich (lokale) Leistungsstandards ein, die ein Schüler erreichen mußte, sollte er in die nächsthöhere Klasse versetzt werden. Damit wiederholte sich hier ein Differenzierungsprozeß, der in der zweiten Hälfte des 19. Jahrhunderts in den städtischen Volksschulen stattgefunden hatte.

«Dort, wo große Hilfsschulen nach Stufen organisiert sind, wie z. B. in Leipzig, sind die Klassen einer Stufe nicht reine Parallelklassen, sondern ‹Befähigungsklassen›, d. h. sie sind nach dem Prinzip der homogenen Schülerschaft aufgebaut.»[4]

Viele ausgebaute Hilfsschulen richteten Vorstufen ein für Kinder, die «wegen ihres Alters und ihrer mangelnden Schulreife noch nicht in die Anfängerklasse der Hilfsschule übertreten konnten»[5]. Aus diesen Vorstufen, in denen sich häufig auch geistig schwer behinderte Kinder befanden, und zum Teil neben ihnen, entstand seit 1917 in Berlin die Sammelklasse.[6] Nach dem Bericht über die Heilpädagogische Woche in Berlin von A. Fuchs (1927) umfaßte die Sammelklasse «schwerschwach-

2 Dazu vgl. H. Mottek / W. Becker / A. Schröter: Wirtschaftsgeschichte Deutschlands, Bd. 3: Von der Zeit der Bismarckschen Reichsgründung 1871 bis zur Niederlage des faschistischen deutschen Imperialismus 1945, Berlin (DDR) 1974, und J. Kuczynski, Die Bewegung . . ., a. a. O.

3 Vgl. K. H. Günther u. a.: Geschichte der Erziehung, a. a. O., S. 423 ff.

4 E. Beschel, a. a. O., S. 34.

5 Ebd.

6 Vgl. ebd.

sinnige Kinder» und stellte einen letzten Versuch dar «vor der völligen Entbindung des Hilfsschulkindes vom Schulbesuch wegen Bildungsunfähigkeit»[7].

In gleicher Weise wie die ersten Hilfsklassen in den Volksschulen als «besondere Schulen» angesehen worden waren, wurde auch die Sammelklasse ausdrücklich als «einklassige Schule» bezeichnet.[8] Die Hilfsschule reproduzierte damit einen Aussonderungsprozeß, dem sie ihre eigene Abspaltung von der Volksschule verdankte. Von Hilfsschulvertretern wurde diese Herausdifferenzierung der «Schwächsten» begrüßt, sie hofften, dadurch das gesellschaftliche Ansehen und die Leistungsfähigkeit ihrer Institution zu heben. Die hierarchische Gliederung des Bildungswesens, die sich auf anderer Ebene in der konsequenten Abtrennung des höheren von dem niederen Bildungswesen bis in die Anfangsklassen hinein zeigte,[9] setzte sich mit letzter Folgerichtigkeit noch in der Differenzierung der untersten Ausbildungsstufe durch.

Die Zusammenfassung der schwächsten Schüler in den Sammelklassen, deren Anzahl nach dem Ersten Weltkrieg erheblich vergrößert wurde, konnte indessen – entgegen den Hoffnungen der Hilfsschullehrer – die soziale Diskriminierung der «normalen» Hilfsschüler kaum wesentlich beeinflussen. Die Aussonderung der Hilfsschüler aus der Volksschule, als der gesellschaftlichen Institution, die allgemeine Mindestqualifikationen für die durchschnittlichen Arbeitsprozesse vermittelt, mußte den Hilfsschüler im Bewußtsein der Gesellschaft zu einem Individuum stempeln, das den gesellschaftlichen Leistungsstandard nicht erreicht. Dieses Stigma wurde ideologisch befestigt durch die «pädagogische» Definition des Hilfsschülers als eines «geistesschwachen», «kranken» Kindes, wobei sich die diskriminierenden Folgen dieser Definition noch durch die Akzentverlagerung auf erbbiologische Interpretationen im Laufe der Zeit verschärften. Weitere diskriminierende Wirkungen gingen von dem Klassencharakter der Hilfsschule aus, deren Schüler sich zum weitaus größten Teil aus den untersten Volksschichten und insbesondere auch aus marginalisierten Familien des Subproletariats rekrutierten. Das ma-

7 A. Fuchs (Hg.): Die Heilpädagogische Woche in Berlin vom 15.–22. Mai 1927, Berlin 1927, S. 196. Arno Fuchs (1869–1945) schuf mit seinem mehrmals aufgelegten Buch (1899, 1912, 1922, 1967): Schwachsinnige Kinder, ihre sittlich-religiöse, intellektuelle und wirtschaftliche Rettung, Versuch einer Hilfsschulpädagogik, Gütersloh 1899, ein Standardwerk der Hilfsschulpädagogik. Fuchs gehört zu den wesentlichen Repräsentanten der Schwachsinnstheorie. (Näheres vgl. bei: E. Begemann, a. a. O., S. 190 ff)

8 Vgl. N. Myschker: Strukturwandel der Hilfsschule? – Kritische Gedanken zur Strukturwandel-These, in: Z. f. Heilpäd., 23. Jg. 1972, S. 162.

9 Vgl. H. G. Günther u. a.: Geschichte der Erziehung, a. a. O., S. 417.

terielle Fundament für die gesellschaftliche Diskriminierung des Hilfsschülers bildete jedoch seine «Berufsperspektive». Den Hilfsschüler erwarteten nach seiner Ausbildung in der Regel nur die schlechtest bezahlten Hilfsarbeiten in zum Teil rückständigen Produktionsstätten, bei ungünstigsten Arbeitsbedingungen, und in den zyklischen Wirtschaftskrisen geriet er als erster in die Reservearmee der Arbeitslosen.[10] Es leuchtet ein, daß gegen diese massiven Faktoren gesellschaftlicher Deklassierung interne organisatorische oder unterrichtsmethodische Veränderungen der Hilfsschule wenig auszurichten vermochten.

Daran änderte sich auch nichts, als nach dem Sturz der Monarchie zunächst die Chance für eine durchgreifende Reorganisation des Bildungswesens zu bestehen schien.

«Nach dem Sturz der Monarchie wurde die Macht der konservativen Schulbürokratie eingeschränkt, der Weg zur Verwirklichung reformpädagogischer Ideen, die vor dem 1. Weltkrieg nur selten Eingang in die Schulpraxis gefunden hatten, war frei geworden.»[11]

Zwar kam es zu wichtigen Veränderungen auch im Bereich des «niederen Schulwesens», aber die Reformen konzentrierten sich auf den unterrichtsmethodischen, didaktischen Bereich und ließen die Grundstruktur des Ausbildungswesens, wie im folgenden gezeigt werden soll, letzten Endes unangetastet.

Die Schulreformer erhielten Einfluß auf die Gestaltung von Lehrbüchern und Lehrmitteln, ihre Forderungen fanden teilweise sogar Niederschlag in den Lehrplänen. Das Unterrichtsniveau der Volksschule wurde erhöht. Vor allem in den Großstädten und Industriegebieten entstand ein leistungsfähiges Volksschulwesen:

«Die Erweiterung der Schulpflicht sowie die Ergebnisse in den Elementarfächern verschafften dem deutschen Volksschulwesen einen in der Welt anerkannten Stand. Besonders der Ausbau des naturkundlichen Unterrichts und dessen experimentelle methodische Gestaltung, die Ausrüstung der Schulen mit Werkräumen und die Anlage von Schulgärten entsprachen den erhöhten Anforderungen, die die technische Entwicklung an die Bildung des Produzenten stellte.»[12]

Die wichtigste schulorganisatorische Veränderung war die Abschaffung der «Vorschule», die bisher dazu gedient hatte, daß die Kinder der besitzenden Klassen vor ihrer Aufnahme in die höheren Lehranstalten

10 Vgl. R. Egenberger: Die soziale und pädagogische Bedeutung der Hilfsschule, in: Die Hilfsschule, H. 12 (1919), S. 132 ff.

11 H. G. Günther: Geschichte der Erziehung, a. a. O., S. 563.

12 Ebd., S. 589.

nicht mit den Kindern der Arbeiter und Bauern in Berührung kamen,[13] und die Einführung der vierjährigen Grundschule 1920. Sie konnte jedoch die tiefe Kluft zwischen der Volksschule und den höheren Bildungsanstalten nicht schließen. Die in den Tagen der Novemberrevolution von der neuen preußischen Regierung in einem Aufruf «An das preußische Volk» formulierte Direktive zur Umgestaltung des Erziehungswesens «Ausbau aller Bildungsinstitute, insbesondere der Volksschule, Schaffung der Einheitsschule. Befreiung der Schule von jeglicher kirchlicher Bevormundung, Trennung von Staat und Kirche»[14] wurde nicht in die Wirklichkeit umgesetzt. Die hierarchische Gliederung des deutschen Ausbildungssystems blieb in den Grundzügen erhalten und trat mit wachsendem zeitlichen Abstand von der Novemberrevolution wieder stärker hervor.

Diese Entwicklung des allgemeinen Erziehungswesens mußte sich auch auf die Entwicklung der Hilfsschule auswirken. Die Hebung des Ausbildungsniveaus der Volksschule und die Einführung der Grundschule beschleunigten den Ausbau des Hilfsschulwesens. Existierten bei Ausbruch des Ersten Weltkrieges in Deutschland insgesamt 1850 Hilfsschulklassen, so waren es am Ende des Jahrzehnts nahezu 4000.[15] Da die ersten vier Volksschulklassen nunmehr auch die Elementarausbildung der Kinder der besitzenden Klassen, sofern sie nicht Privatschulen besuchten, garantieren sollten, wurde die in Kapitel 1 analysierte Entlastungsfunktion der Hilfsschule gegenüber der Volksschule noch intensiver in Anspruch genommen.

«Die Hilfsschule gilt eigentlich als notwendige Begleitbedingung für die Grundschule, denn die Hilfsschüler sind von vornherein vom gleichen Fortschritt mit den Grundschülern ausgeschlossen. Ihr Verbleiben in der Grundschule würde den ungehemmten Aufstieg der Begabten stark hemmen.»[16]

Aber auch ihre anderen im Kapitel 1. dargestellten gesellschaftlichen Funktionen gewannen unter den ökonomischen und sozialen Bedingungen der Zeit an Bedeutung. Die Aspekte der ökonomischen Funktion der Hilfsschule mußten zumal in den ersten Jahren des wirtschaftlichen

13 Vgl. H. Schulz: Die Schulreform der Sozialdemokratie, 2. Auflage, Berlin 1919, S. 56.
14 Zitiert bei: H. G. Günther: Geschichte der Erziehung, a. a. O., S. 529.
15 Vgl. U. Bleidick: Die Entwicklung und Differenzierung des Sonderschulwesens von 1898 bis 1973 im Spiegel des Verbandes Deutscher Sonderschulen, in: Z. f. Heilpäd., 24. Jg. 1973, S. 825.
16 F. Frenzel: Wesen und Einrichtung der Hilfsschule, 2. Auflage Halle 1921, S. 14.

Wiederaufbaus nach 1919 [17] und in der Zeit der relativen Stabilisierung in der zweiten Hälfte der zwanziger Jahre hervortreten. So sagte zum Beispiel Egenberger in seinem 1919 gehaltenen Vortrag über «die soziale und pädagogische Bedeutung der Hilfsschule»:

«In einem Zeitalter, wo alles auf Arbeit und Wirtschaftlichkeit gerichtet sein muß, ist Arbeitsunfähigkeit, Unbrauchbarkeit, Unverwendbarkeit zum nationalen Übel gestempelt.»

«... auch die unterwertigen Arbeitskräfte sind immer noch Kräfte, und es kann und darf nicht auf sie verzichtet werden. Wir dürfen sie nicht als Verbraucher und Verzehrer des Arbeitslohnes anderer Kräfte abseits stehen lassen, sondern sie müssen mitschaffen.» [18]

Indem die Hilfsschule die «Schwachbegabten» für «anspruchslose Berufe» [19] vorbereitete, erfüllte sie ihren wirtschaftlichen Zweck:

«Jede Milderung der Minderwertigkeit, jede Beseitigung von Sprachstörungen, jede Hebung des Selbstvertrauens, jede Stärkung und Befestigung der moralischen Zuverlässigkeit bedeutet einen wirtschaftlichen Gewinn. Es ist nicht gleichgültig, ob ein Minderwertiger 60 v. H. oder 75 v. H. des Durchschnittslohnes verdient. Eine Hebung der Erwerbsfähigkeit um 15 v. H. durch eine sorgfältige Erziehung liegt doch sehr im Bereich des Möglichen ... Dazu kommen aber noch weitere finanzielle Erfolge. Wir legen in der Hilfsschule viel Gewicht auf die sittliche Lebensführung. Ein minderwertiges Mädchen, das erzogen ist und dessen Arbeitsfähigkeit gehoben ist, wird vor Prostitution, vor Diebstahl, vor unehelichen Geburten, vor Fürsorgeerziehung, vor Verbrechen, Gefängnis, vor Armenunterstützung bewahrt. In Münze umgerechnet sind das Tausende, die sorgfältige Erziehung einsparen hilft.» [20]

Der zweite Teil dieses Zitats illustriert zugleich, daß den zeitgenössischen Vertretern der Hilfsschule die sozialpädagogische Funktion ihrer Institution wohl bewußt war. Zumal in den Zeiten verschärfter sozialer Spannungen, schlechter Versorgungslage der Bevölkerung und, später, verheerender Arbeitslosigkeit spielte die Hilfsschule eine wichtige Rolle als Bewahranstalt und Sozialisationsinstitution zur Verhinderung der Verwahrlosung Jugendlicher aus den unteren Volksschichten.

Die Konsolidierung der gesellschaftlichen Funktionen der Hilfsschule schuf günstige Voraussetzungen für die Einwirkung der allgemeinen Schulreform-Bewegung in den eigenen Bereich. Nach der Jahrhundertwende war eine «fast unüberschaubare Literatur über eine Fülle von

17 Vgl. H. Mottek u. a., a. a. O., Bd. 3, S. 135 ff: Zur Entwicklung der Inflationskonjunktur bis 1922.

18 R. Egenberger, a. a. O., S. 134 und S. 146.

19 Ebd., S. 140.

20 Ebd., S. 143 f.

didaktisch-methodischen Einzelfragen, grundlegenden Problemen der psychischen Eigenart des schwachsinnigen Kindes»[21] entstanden, die jedoch zunächst ohne Einfluß auf die Hilfsschulpraxis blieb. Nach dem Sturz der Monarchie war dann die Hilfsschule durch ihre vergleichsweise günstigen personellen und materiellen Bedingungen sowie ihren mehr individuell differenzierenden Unterrichtsstil dazu prädestiniert, die mannigfachen Anregungen der Reformpädagogik zumal auf methodisch-didaktischem Gebiet aufzunehmen und experimentell zu erproben.[22]

So verwundert es nicht, daß in der sonderpädagogischen Literatur die Zeit von 1920 bis 1932 als die Zeit «größter Reformfreudigkeit»[23] und als «Hochblüte» der Hilfsschulbewegung gefeiert wird. Ein Beispiel:

«Die Jahre von 1920 bis 1932 stellen die ‹Hochblüte› der Heilpädagogik in Deutschland dar. Es herrschte nach Überwindung der Nachwirkungen des 1. Weltkrieges ein reges pädagogisches Leben. Die Hilfsschulen nahmen an Zahl zu. Eine junge begeisterungsfähige und einsetzbare Hilfsschullehrerschaft wuchs heran. Von Deutschland gingen fruchtbare Impulse aus für die Gründung entsprechender heilpädagogischer Einrichtungen im Ausland.»[24]

Geht man von der isolierten Hilfsschule in ihrer «‹klassisch› zu nennenden Ausprägung als Schwachsinnigenschule»[25] als gegebener Form aus, so ist diese in der Literatur verbreitete Einschätzung vielleicht berechtigt.

21 E. Beschel, a. a. O., S. 33.
22 In diesem Zusammenhang ist vor allem Johannes Langermann zu nennen, von dem Beschel schreibt: «In derselben Zeit, in der die Hilfsschule ihre ausgeprägte Form als Schwachsinnigenschule der gekennzeichneten Art erhielt, entstand das Modell einer Schule, in der der oft genannte Vorrang der Erziehung vor dem Unterricht verwirklicht und zum bestimmenden Charakteristikum erhoben wurde. Die Möglichkeit, eine Schule und das Leben in ihr frei zu gestalten, hat Johannes Langermann zur Hilfsschule gezogen. Er ging von dem Vorsatz aus, seine Probe auf das Exempel zu machen, d. h. den tatsächlichen Wert der Stein-Fichteschen Idee zur Nationalerziehung sowie deren Durchführbarkeit zu erproben. Sein Interesse galt also der Hilfsschule zunächst nur deshalb, weil er hier, frei von aller Reglementierung, die Möglichkeit fand, eine Schule nach seiner auf Stein und Fichte zurückgehenden erzieherischen Idee zu gestalten.» (E. Beschel, a. a. O., S. 47)
Obwohl Langermanns Modell einer Schule ein gelungenes Alternativkonzept zur bestehenden Hilfsschule darstellte und seine pädagogischen Grundsätze in Fachkreisen genügend Beachtung erfuhren, «fand er in der Hilfsschule keine Nachfolge» (ebd., S. 49). Zum Schulmodell von J. Langermann vgl.: J. Langermann: Der Erziehungsstaat nach Stein-Fichteschen Grundsätzen in einer Hilfsschule durchgeführt, Berlin o. J.
23 E. Schomburg: Die Sonderschulen in der Bundesrepublik Deutschland. Geschichtliche Entwicklung und gegenwärtiger Stand, Berlin 1963, S. 99.
24 W. Hofmann, a. a. O., S. 91.
25 E. Beschel, a. a. O., S. 33.

Sie verschweigt allerdings, daß sich in jener «Blütezeit der Heilpädagogik» Interpretationen und ideologische «Erklärungen» geistiger Behinderung ausbreiteten, welche der erbbiologischen Begründung für die inhumane Behandlung der Behinderten unter der nationalsozialistischen Herrschaft in die Hände arbeiteten.

Eine nicht auf die «klassische Form» der deutschen Hilfsschule festgelegte historische Einschätzung muß demgegenüber die grundlegende Ambivalenz der reformpädagogischen Bestrebungen in jener Blütezeit der Heilpädagogik offen darlegen. Einerseits führten sie in vielen Schulen zu internen Verbesserungen des Unterrichts und der Erziehungsmethoden. Andererseits verschleierten sie durch ihre Konzentration auf methodisch-didaktische Einzelprobleme das zentrale Problem der Hilfsschule: die Deklassierung und soziale Diskriminierung des intellektuell retardierten Kindes, die mit der institutionellen Isolation der Hilfsschule, der gängigen Selektionspraxis und ihrer ideologischen Begründung eng zusammenhingen. Indem sich die Reformversuche auf die Durchsetzung neuer Unterrichtsmethoden im Rahmen der gegebenen institutionellen Form der Hilfsschulen bzw. auf vereinzelte Experimente mit alternativen Schulmodellen beschränkten, ohne die gesellschaftlichen Bedingungen für eine Restrukturierung des Ausbildungswesens zu reflektieren, lenkten sie von einer Veränderung der Grundstrukturen des Ausbildungswesens ab, propagierten den illusionären Gedanken einer «inneren Schulreform» und trugen indirekt zur Konsolidierung der Hilfsschule als isolierter Anstalt der Schwachsinnigenerziehung bei.

Die Machtergreifung der Nationalsozialisten setzte allen Reformversuchen und fortschrittlichen pädagogischen Bestrebungen der Weimarer Republik vollständig ein Ende. Tausende von Lehrern, die sich mit ihrer Arbeit für eine Demokratisierung des Schulwesens und für eine Verbesserung der Ausbildung und Erziehung im Interesse ihrer Schüler eingesetzt hatten – Schulreformer, Sozialdemokraten und Kommunisten –, wurden aus dem Schuldienst entlassen. Das Hilfsschulwesen wurde in Richtung auf die nackten gesellschaftlichen Grundfunktionen der Hilfsschule reduziert. Die Mittel wurden gekürzt, die Ausbildung von Hilfsschullehrern und der Sonderunterricht für Hilfsschüler aufgehoben bzw. eingeschränkt, die Sammelklassen abgeschafft, das heißt, die in ihrer Lernfähigkeit schwerer beeinträchtigten Kinder wurden nunmehr, nachdem sie zuvor schon in eigene Klassen abgesondert worden waren, als bildungsunfähig ausgeschult. Die Hilfsschullehrerschaft stand dieser Entwicklung teils hilflos gegenüber, teils unterstützte sie diesen Prozeß.[26] 1942 wurden mit dem Erlaß des Reichsministers für Wissenschaft,

---

26 Dazu schreibt E. Schomburg, a. a. O., S. 100:
«Man darf der Hilfsschullehrerschaft wegen dieser Entwicklung keinen Vor-

Erziehung und Volksbildung allgemeine Richtlinien für den Unterricht an den Hilfsschulen ausgegeben, die den Forderungen nach einer eigenen gesetzlichen Regelung des Hilfsschulwesens und nach Hebung des Unterrichtsniveaus durch Aussonderung der «hilfsschulunfähigen» Kinder entgegenkamen. Abgeschlossen wurde die gesetzliche Konstituierung der isolierten Hilfsschule bereits durch das Reichsschulpflichtgesetz vom 6. Juli 1938, das «erstmals reichseinheitlich im § 6 (1) die Sonderschulbedürftigkeit der sonderschulpflichtigen Kinder» festlegte.[27]

Während das Hilfsschulwesen administrativ rationalisiert, ideologisch gleichgeschaltet und aus ökonomischen Gründen eingeschränkt wurde, verschärften sich die Diffamierung und Diskriminierung der Hilfsschüler. In einer Zeit, in der die Vererbungs- und Rassenlehre für alle Lehrerstudenten zu zentralen Studien- und Prüfungsfächern wurden, die Erziehungstheorien auf biologischer und rassenkundlicher Grundlage basierten, konnten geistig behinderte Kinder, deren Behinderung erbbiologisch und somit als Gefahr für die Rassenhygiene interpretiert wurde, keine Rechte für sich beanspruchen. Behinderte fielen unter die «Erbkranken» und konnten aus rassenhygienischen Gründen sterilisiert werden.[28] Die mit der Hilfsschule verknüpften karitativen Intentionen der

wurf machen. Ihre Argumente bei der Auflösung der Sammelklassen sind anerkennenswert gewesen: Im Ansehen der Öffentlichkeit litt die Hilfsschule seit je unter dem Makel der Dummenschule. Die meisten Eltern waren nicht einsichtig genug, die Überweisung in die Hilfsschule als Maßnahme im wahren Interesse ihres Kindes anzuerkennen und fühlten sich sozial geächtet. Die ernsthaften und erfolgreichen Bemühungen der Hilfsschullehrer, die ihnen anvertrauten Kinder gemäß ihren Fähigkeiten so weitgehend wie irgend möglich zu fördern, wurden durch solche Abwertung stark in Frage gestellt.»

Der Makel der «Dummenschule», der der Hilfsschulinstitution seit ihrer Entstehung anhaftete, wurde nicht auf die objektiv bestehende Tatsache der negativen Selektion der Hilfsschüler und ihrer späteren gesellschaftlichen und beruflichen Randstellung zurückgeführt, sondern auf einen willkürlichen Prozentsatz besonders schwacher Hilfsschüler. Insofern erschien die Diskriminierung und schulorganisatorische Vernachlässigung dieser «Schwächsten» zugleich als soziales Bemühen um den leistungsfähigeren Hilfsschüler bzw. als Versuch, das Ansehen der Hilfsschule zu erhöhen.

27 K. Lücken: Sonderschulbedürftigkeit und Sonderschulpflicht für Lernbehinderte in rechtlicher Sicht, in: K. W. Zimmermann (Hg.), Neue Ergebnisse der Heil- und Sonderpädagogik, Bd. I, Bonn 1969, S. 198.

28 Dazu schreibt W. Hofmann, a. a. O., S. 92: «Das ‹Gesetz zur Verhütung erbkranken Nachwuchses› und das furchtbare Euthanasieprogramm taten einer ruhigen Entwicklung des Sonderschulwesens starken Abbruch.»

Zur Sterilisation von Hilfsschülern vgl. S. Gehrecke, a. a. O., S. 22 ff und W. Jantzen: Behinderung und Faschismus. Zum 30. Jahrestag der Befreiung vom

Gründerzeit, die dem behinderten Kind trotz seiner als Krankheit interpretierten Behinderung doch zu eigener individueller Entwicklung, zu «Selbstgefühl» und «Lebensfreudigkeit» verhelfen wollten,[29] waren ausgelöscht. Die Erziehungsaufgabe der Hilfsschule reduzierte sich nunmehr ausschließlich auf die Funktion, ihr «minderwertiges Schülermaterial» an «Arbeit, Fleiß, Ordnung, Sittsamkeit usw. zu gewöhnen . . . und damit ihre Erwerbsfähigkeit in die Wege zu leiten»[30].

Es wäre allerdings falsch, diesen Prozeß als einen Einbruch in die Entwicklung des deutschen Hilfsschulwesens zu charakterisieren, der ihr allein von außen, durch die faschistische Schulbürokratie, aufgezwungen worden sei. Mit den nationalsozialistischen Maßnahmen wurden vielmehr Möglichkeiten und Entwicklungstendenzen auf die Spitze getrieben und rücksichtslos verwirklicht, die in der Geschichte des deutschen Hilfsschulwesens durchaus schon angelegt waren.

Mit dem quantitativen Ausbau und der organisatorischen Konsolidierung hatte sich die Abgrenzung der Hilfsschule als «Schwachsinnigenschule» von der Volksschule weiter verschärft. Den Vertretern der Hilfsschule diente die Betonung der pathologischen Eigenarten des Hilfsschulkindes als Ausgangspunkt, die besonderen Funktionen ihrer Institution gegenüber dem übrigen Ausbildungssystem herauszustellen. Damit war die ideologische Legitimation gegeben für die gesellschaftliche Absonderung und Isolation der Hilfsschüler, die dann unter nationalsozialistischer Herrschaft in offene Gewalt gegen die Behinderten als «erbbiologisch Minderwertige» und «Schäden am Volkskörper» umschlagen konnte. Auch die erbbiologische Wendung des traditionellen Schwachsinnsbegriffs, einschließlich der damit assoziierten «rassenhygienischen» Gesichtspunkte, war schon vor der nationalsozialistischen Machtergreifung in der deutschen Hilfsschulpädagogik eingeleitet worden. Der Begriff der «genetisch fixierten Minderwertigkeit» gehörte zum Vorstellungsarsenal sozialdarwinistischer, rassistischer und chauvinistischer Theorien, die charakteristische ideologische Strömungen der imperialistischen Epoche bildeten. Schon vor dem Ersten Weltkrieg wurde in einer Anzahl von Abhandlungen der Hilfsschulliteratur die «erbliche Belastung» als Ursache für «Abweichungen von der Norm» an erster Stelle

Hitler-Faschismus, in: Behindertenpädagogik in Hessen, 14. Jg. 1975, H. 4, S. 150–169.

29 Vgl. H. Kielhorn: Erziehung und Unterricht schwachbefähigter Kinder. Hilfsschullehrplan, a. a. O., S. 20.

30 F. Frenzel, Wesen und Einrichtung . . ., a. a. O., S. 6.

31 Ein Beispiel wäre hier J. Bruns/H. Fimmen: Hilfsschulkunde. Ein Handbuch für Lehrer und Behörden, Oldenburg und Leipzig 1912. Ein weiteres Beispiel liefern Schreff und Steinhaus mit ihrem Buch: Das schwachsinnige Kind in der

genannt.[31] Die «Hilfsschulkunde» von Bruns/Fimmen (1912) vergaß dabei nicht, den schädigenden Einfluß des «angeborenen Schwachsinns» auf den «Volkskörper» hervorzuheben. Sie zitierten Strohmeyer, den Autor eines bekannten Werkes über die «Psychopathologie des Kindesalters»:[32]

«Wenn man von der Behandlung des kindlichen Schwachsinns sprechen will, so wäre es gleichbedeutend mit einer Unterlassungssünde, über der Betrachtung des Individuums zu vergessen, daß *der Schwachsinn eine Krankheit des Volkes* darstellt. Unsere ätiologischen Ausführungen haben gezeigt, daß enge Zusammenhänge zwischen Schäden am Volkskörper und dem angeborenen Schwachsinn bestehen.»[33]

Strohmeyer selbst verwies schon auf die möglichen, wenngleich vorerst noch nicht realisierbaren Konsequenzen dieses Ansatzes:

«Leider gibt uns unsere Wissenschaft noch keine so greifbaren Anhaltspunkte an die Hand, daß wir mit Rücksicht auf die *Erblichkeit* in der Psychopathologie mit Gesetzesmaßnahmen (Eheverbot, Kastration) die Fortpflanzung psychisch kranker und degenerierter Stämme verhindern könnten.»[34]

«Erbbiologische» und «konstitutionspathologische» Interpretationen begannen den traditionellen Schwachsinnsbegriff der Hilfsschulpädagogik zurückzudrängen. Nicht mehr die erworbene Gehirnkrankheit oder krankhafte Einzelsymptome standen im Mittelpunkt der Betrachtung, sondern die von der Norm abweichende psychische Gesamtpersönlichkeit. Als Beispiel sei auf einen Vortrag des Universitätsprofessors Dr. Ewald Stier aus dem Jahre 1926 hingewiesen:[35]

normalen Volksschule. Anleitung zur prüfenden Beobachtung der leistungsfähigen und zur zweckmäßigen Behandlung der als schwachsinnig erkannten Kinder in Erziehung und Unterricht der Volksschule, Arnsberg 1913. Hier heißt es auf S. 10:
«In der ersten Gruppe treten die Krankheiten in den Vordergrund, die im Sinne der Vererbungsgesetze geeignet sind, die Keimesentwicklung von vornherein zu schädigen. Sie umfaßt mithin alle diejenigen Zustände in den vorhergehenden Generationen, die uns veranlassen, das Kind als erblich belastet zu bezeichnen.»
32 W. Strohmeyer: Psychopathologie des Kindesalters, Tübingen 1910.
33 W. Strohmeyer, a. a. O., zitiert bei: J. Bruns/H. Fimmen, a. a. O., S. 44 f (Hervorhebungen im Original gesperrt).
34 W. Strohmeyer, a. a. O., zitiert bei: J. Bruns/H. Fimmen, a. a. O., S. 45 (Hervorhebung im Original).
35 E. Stier: Die Mithilfe des Psychiaters bei der Auswahl der Kinder für Hilfsschulen und Sammelklassen, in: A. Fuchs (Hg.): Die Heilpädagogische Woche in Berlin . . ., a. a. O., S. 202 ff.

«Die Schwachsinnszustände sowohl wie die neuropathischen, psychopathischen Konstitutionen können daher nach unserer heutigen Auffassung nur ausnahmsweise oder gar nicht als Krankheiten ... bezeichnet werden; sie werden in ihrer Eigenart uns vielmehr nur verständlich, wenn wir sie als Minusvariationen, also als Ausdruck einer konstitutionellen, d. h. tief in der Gesamtpersönlichkeit verankerten, ererbten und vererbbaren biologischen Minderwertigkeit auffassen.»[36]

Schränkte schon die traditionelle Deutung intellektueller Retardierung als Ergebnis einer hirnorganischen Schädigung die Perspektiven einer pädagogischen Förderung des behinderten Kindes beträchtlich ein, so wurden mit dem Interpretationsschema der «ererbten und vererbbaren konstitutionellen Minderwertigkeit» Möglichkeiten eines pädagogischen Beitrags zur individuellen Entwicklung des behinderten Kindes geradezu negiert. In der Perspektive solcher Anschauungen mußte die Hilfsschule zur Anstalt degenerieren, die erbkranke schwachsinnige Kinder zur Erwerbsfähigkeit abzurichten hatte.

In der Konsequenz dieser ideologischen Strömungen in der Hilfsschulpädagogik der Weimarer Republik, welche in die nationalsozialistische Vererbungslehre mündeten, lag auch die Vorstellung, daß nicht nur dem einzelnen Hilfsschüler in seiner Behinderung gesellschaftlich nicht mehr zu helfen war, sondern ebensowenig seinen späteren Nachkommen, sofern sich seine Minderwertigkeit auf sie vererbte. Die Diffamierung des behinderten Kindes übertrug sich auf seine ganze Familie. Stier antizipierte die nationalsozialistische «Sippenhaft» als methodische Anweisung für die Hilfsschulpädagogik:

«Auch das einzelne Kind in seiner besonderen Artung werden wir daher erst verstehen können, wenn wir lernen, es als Glied eben der Familie und Sippe anzusehen, der es entstammt, und wenn wir gelernt haben, durch die Sonderabweichungen und Formen, die das äußere Leben und die Erziehung bei ihm geschaffen haben, gleichsam hindurch zu sehen und aus diesem phänotypischen Bilde auf den eigentlichen Kern, auf das Bleibende, das Unveränderliche, das Genotypische, d. h. durch Abstammung fixierte zurückzuschließen.»[37]

Sicherlich sind diese Zitate nicht repräsentativ für die ideologische Ausrichtung der Hilfsschulpädagogik in der Weimarer Republik. Trotz zunehmender Infiltration vererbungsbiologischer Ansätze dominierte weiterhin der traditionelle Schwachsinnsbegriff. Die vorgeführten Zitate belegen jedoch die oben aufgestellte These, daß der Gleichschaltung der Hilfsschulpädagogik und den nationalsozialistischen Maßnahmen gegen Behinderte nach 1933 bereits in der Weimarer Republik ideologisch vorgearbeitet worden war. Gehrecke ist zuzustimmen, wenn er in seinem Buch «Hilfsschule heute – Krise oder Kapitulation?» erklärt:

36 Ebd., S. 205.
37 Ebd., S. 204.

«Mitverantwortlich gewesen für das Schicksal der Hilfsschüler (unter der nationalsozialistischen Herrschaft, I. A.) war die Gleichsetzung des Hilfsschülers mit dem Schwachsinnigen in den 20er Jahren und die Betonung der schulischen Selektion und Isolation.»[38]

3.2. Die Restauration der Hilfsschule im Zusammenhang mit der Restauration des gesamten Bildungswesens

Der Wiederaufbau der Hilfsschule nach 1945 als separater Sonderinstitution unterhalb der Volksschule vollzog sich als Bestandteil der Restauration des gesamten Bildungswesens. Diese Entwicklung im schulpolitischen Bereich entsprach der schrittweisen Restaurierung der kapitalistischen Produktionsverhältnisse. Die Chance einer grundlegenden Schulreform in Deutschland, die sich nach dem Zusammenbruch der nationalsozialistischen Herrschaft unter den Besatzungsmächten zunächst angebahnt hatte, würde mit der Gründung der BRD im September 1949 und der Durchsetzung restaurativer Tendenzen in der Wirtschaft und Politik, die sich auch auf den Ausbildungsbereich auswirkten, endgültig zunichte.

Zur politisch-ökonomischen Erklärung des wirtschaftlichen Aufschwungs und der damit im Zusammenhang stehenden Restaurierung des Bildungswesens nach dem Zweiten Weltkrieg liegen inzwischen wissenschaftliche Analysen von Altvater und Huisken vor,[1] die sich im wesentlichen auf Janossys Theorie über «Erscheinung und Wesen der wirtschaftlichen Entwicklung» beziehen.[2] Auf die maßgeblichen Thesen dieser Autoren, die im übrigen empirisch noch nicht zuverlässig abgesichert sind, werden sich die nachfolgenden Ausführungen weitgehend stützen.

Nach Jánossy ist die Zeit des Wiederaufbaus der westdeutschen Wirtschaft nach dem Kriege, die allgemein mit dem Begriff «Wirtschaftswun-

38 S. Gehrecke, a. a. O., S. 36.

1 Vgl. die bereits zitierten Bücher: Materialien zur Politischen Ökonomie des Ausbildungssektors, hg. von E. Altvater und F. Huisken, Erlangen 1971; F. Huisken: Zur Kritik bürgerlicher Didaktik und Bildungsökonomie, sowie die Aufsätze von E. Altvater: Perspektiven jenseits des Wirtschaftswunders: «Stabilisierte Wirtschaft», «Formierte Gesellschaft» I; II, in: neue kritik, 7. Jg. 1966, H. 38/39 und 8. Jg. 1967, H. 40.

2 Vgl. F. Jánossy: Das Ende der Wirtschaftswunder. Erscheinung und Wesen der wirtschaftlichen Entwicklung, Frankfurt 1966.

der» charakterisiert wird, als «Rekonstruktionsperiode» zu verstehen.[3]
Zum charakteristischen Verlauf der wirtschaftlichen Rekonstruktionsperiode schreibt Jánossy:

«Und doch vertreten wir die Ansicht, daß die wirtschaftliche Rekonstruktionsperiode im Zeitpunkt, in dem die Produktion ihr Vorkriegsniveau erreichte, noch nicht beendet war, sondern bedeutend länger dauerte. Die Rekonstruktionsperiode findet nämlich – unserer Auffassung gemäß – ihr Ende erst in dem Zeitpunkt, in dem das tatsächliche Produktionsniveau gleich jenem ist, das in diesem Zeitpunkt erreicht worden wäre, wenn der Krieg gar nicht stattgefunden hätte.»[4]

Während der Rekonstruktionsphase der westdeutschen Wirtschaft, die der Auffassung Jánossys zufolge erst mit Beginn der sechziger Jahre beendet war, zeigen die Bildungsausgaben in der BRD im internationalen Vergleich eine relative Stagnation an,[5] die auf ein gesellschaftliches Desinteresse an strukturellen Veränderungen des Ausbildungssektors schließen lassen. Die Gründe dafür sind nach den oben genannten Autoren in den besonderen Bedingungen der schnellen wirtschaftlichen Rekonstruktion Westdeutschlands zu suchen.

Der wirtschaftliche Aufschwung der fünfziger Jahre bezog sich in erster Linie auf die quantitative Ausweitung der Produktion, weniger auf

3 E. Altvater definiert in Anlehnung an Jánossy die Rekonstruktionsperiode wie folgt: «Die tatsächliche Berufsstruktur ist der Arbeitsplatzstruktur voraus, so daß sich die durch die Arbeitsplatzstruktur bedingte Beschäftigungsstruktur und Berufsstruktur nicht decken. Die Spannung zwischen Berufsstruktur und Arbeitsplatzstruktur ermöglicht das beschleunigte Wachstum der Produktion, da die im Produktionsprozeß benötigten Qualifikationen bereits vorhanden sind, nur aktualisiert zu werden brauchen und nicht erst in teuren und langwierigen Bildungsprozessen produziert werden müssen.» (E. Altvater: Zum Problem: Das Auslaufen der Rekonstruktionsperiode und das Bildungssystem, in: Materialien . . ., a. a. O., S. 172 A.
4 F. Jánossy, a. a. O., S. 16.
5 Vgl. Wissenschaftsrat: Empfehlungen zur Struktur und zum Ausbau des Bildungswesens im Hochschulbereich nach 1970, Bd. 3, Bonn 1970, S. 154.
Hier werden die Ausgaben für Bildung und Wissenschaft in prozentualen Anteilen am Volksvermögen für die Jahre 1950 und 1965 wie folgt angegeben:

	1950	1965
BRD	3,2	4,5
Frankreich	1,6	5,6
Großbritannien	3,1	6,4
Italien	4,1	6,5
Japan	5,1	5,8
USA	3,1	6,5
UdSSR	5,5	7,3

die Intensivierung der Produktionsmethoden. Die «Kapazitätsverluste in den von Westmächten besetzten Gebieten» betrugen «nur rund 8 %»[6], der technologische Entwicklungsstand der Produktionsmittel war durch die forcierte Entwicklung der Rüstungsindustrie während des Krieges relativ modern und reichte in den Nachkriegsjahren zunächst aus, um genügend Profite abzuwerfen. Zur «Realisierung schnellen Wirtschaftswachstums» bedurfte es hauptsächlich «der Kapitalinvestitionen»[7], die durch «amerikanische Hilfsprogramme» und «Maßnahmen der staatlichen Wirtschaftspolitik» erleichtert wurden.[8]

Einen weiteren Faktor, der das Wirtschaftswachstum nach 1945 wesentlich förderte, stellte das quantitativ ausreichende Arbeitskräftepotential dar. «Der westdeutschen Wirtschaft stand ein Heer an Arbeitslosen zur Verfügung, das gezwungen war, zu niedrigsten Löhnen jede Arbeit zu verrichten.»[9] Der Zustrom an «Vertriebenen und Flüchtlingen, der zwischen 1944 und 1961 insgesamt 12 Millionen Menschen aller Altersklassen umfaßte», vermochte den durch den Krieg verursachten Verlust an Arbeitskräften mehr als zu kompensieren.[10] Weitere Quellen für den Anstieg der Erwerbspersonenzahl bildeten die Zunahme der Frauenarbeit und das Heranwachsen der starken Geburtenjahrgänge 1934–44.[11]

Aber nicht nur die Quantität der vorhandenen Arbeitskräfte, sondern vor allem auch ihre Qualifikationsstruktur wirkte sich als wachstumsfördernder Faktor für die westdeutsche Wirtschaft aus. «Denn die Qualifikationsstruktur der westdeutschen Arbeiterbevölkerung war einer industriell hochentwickelten Gesellschaft angemessen . . .»[12] Einwanderer und Flüchtlinge brachten in der Regel besondere berufliche Qualifikationen mit. Das gilt in erster Linie für den Zustrom junger Hochschulabsolventen aus der DDR.

Elmar Altvater faßt in seinem Aufsatz: «Westdeutschland: Rezession und Repression», die wichtigsten Bedingungsfaktoren für den wirt-

6 Vgl. F. Huisken: Zur Kritik . . ., a. a. O., S. 300.
7 Vgl. E. Altvater: Perspektiven jenseits des Wirtschaftswunders: . . ., a. a. O., S. 16.
8 Vgl. F. Huisken: Zur Kritik . . ., a. a. O., S. 300f.
9 Ebd., S. 301.
10 Vgl. C. Kuhlmann: Schulreform und Gesellschaft in der Bundesrepublik Deutschland 1946–1966. Die Differenzierung der Bildungswege als Problem der westdeutschen Schulpolitik, in: Texte und Dokumente zur Bildungsforschung, hg. vom Institut für Bildungsforschung in der Max-Planck-Gesellschaft, Stuttgart 1969, S. 1/46.
11 Vgl. E. Altvater: Perspektiven jenseits des Wirtschaftswunders: . . ., a. a. O., S. 14.
12 Ebd., S. 16.

schaftlichen Aufschwung Westdeutschlands nach dem Zweiten Weltkrieg wie folgt zusammen:

«Der schnelle wirtschaftliche Aufstieg der BRD war vor allem deshalb möglich, weil nach den Kriegseinbußen zur Inbetriebnahme des Produktionskapitals nur vergleichsweise geringfügige Investitionen notwendig waren, ein großer Nachholbedarf jede Marktenge sehr schnell wieder weitete und vor allem, weil ein ständiger Zufluß von ausreichend qualifizierten Arbeitskräften den Spielraum für private Unternehmerentscheidungen sicherstellte. Die Wachstumsfaktoren – Arbeitskraft und Kapital – standen zur Verfügung, waren im großen und ganzen nicht knapp; eine zurückhaltende Lohnpolitik der Gewerkschaften in den Jahren nach der Währungsreform und durch den Koreakrieg ermöglichte blendende Exportgeschäfte (und/I. A.) sicherten hohe Gewinne. Der Entfaltung der ‹Privatinitiative der Unternehmer› standen keine wesentlichen Hindernisse im Wege. Es konnten sehr schnell vorhandene Wachstumspotenzen aktualisiert werden; aber es wurde sehr wenig zur weiteren Entfaltung dieser Potenzen getan.»[13]

Unter diesen Faktoren erhält die ausreichende Qualifikationsstruktur der Arbeitskräfte als Begründung für die geringen Investitionen im Bildungswesen das stärkste Gewicht.

Da während der Rekonstruktionsperiode «Engpässe im Angebot qualifizierter Arbeitskräfte auf dem Arbeitsmarkt» in der Regel nicht bestanden, und also auch nur «geringe Bildungsaufwendungen notwendig» erschienen, gingen auch nur «relativ geringe Bildungskosten in den Wert der produzierten Arbeitsvermögen ein»[14]. Dementsprechend verzichtete die staatliche Bildungspolitik auf Veränderungen der Bildungsinstitutionen und auf programmatische Entwürfe zur strukturellen Umwandlung der Qualifikationsprozesse und baute das traditionelle dreigliedrige Schulsystem wieder auf.

Wie sehr die Restaurierung des hierarchischen Schulsystems den Bedürfnissen der Wirtschaft engegenkam, verdeutlicht ein Aufsatz von A. Huth aus dem Jahre 1952 «Was fordert die Wirtschaft von der Schule?» Der Arbeitspsychologe Prof. Huth entwickelt hier zur Kennzeichnung der Beziehung zwischen Wirtschaftsordnung und Schulgliederung das folgende Schema:[15]

%	Arbeitsgattungen	Schulgattungen
3–5	Direktoren, Wirtschaftsführer, Abteilungsleiter, Rechtsberater, kaufm. Leiter,	Höhere Schule und Hochschule (Akademiker)

13 E. Altvater: Westdeutschland: . . ., a. a. O., S. 115.
14 Vgl. E. Altvater: Zum Problem: . . ., a. a. O., S. 172 Af.
15 A. Huth: Was fordert die Wirtschaft von der Schule? in: Die Bayrische Schule, 5. Jg. 1952, H. 9, S. 133.

	Personalchef usw.	
11–12	Vorarbeiter, Meister, Kolonnenführer, Verwalter, Betriebsinhaber in Handwerk und Einzelhandel usw.	Mittelschule und Fachschule
25	Facharbeiter, gelernte Arbeiter, Vollhandwerker	
30	Spezialarbeiter, angelernte Arbeiter, Teilhandwerker	Volksschule und Berufsschule
30	Hilfsarbeiter, ungelernte Arbeiter, Stamm- und Produktionsarbeiter, Gelegenheitsarbeiter	

Huth kommentiert dieses Schema mit den Worten:

«Die Wünsche der Wirtschaft an die Schulorganisation decken sich restlos mit den Ergebnissen der pädagogischen Psychologie. Wenn man bei der Schulbahn- und Berufsberatung mit dem Eignungsprinzip Ernst machen will, kommt man zwangsläufig zu denselben Forderungen, denn die Begabungsschichtung der deutschen Jugend entspricht genau den in der Tabelle angegebenen Prozentsätzen.» [16]

A. Huth vertrat mit seiner Ableitung des dreigliedrigen Schulwesens aus der «natürlichen Begabungsstruktur» der «deutschen Jugend» keineswegs einen extremen Standpunkt, sondern lediglich eine für die Pädagogik der fünfziger Jahre gängige Auffassung. [17]

Das Interesse der Wirtschaft an der Restitution der herkömmlichen Schule wurde unterstützt durch das politische Streben, nach dem Zusammenbruch der NS-Herrschaft «alte Ordnungen» wiederherzustellen und zu festigen. Eine Konsequenz dieses Bemühens war auch das «Erstarken konservativ-klerikaler Kräfte, die während des Dritten Reiches unterdrückt worden waren» [18]. Diese Tendenz wurde begünstigt durch die «positive Einstellung der Siegermächte zu den Kirchen», weil diese einerseits dem Naziregime und dem Faschismus Widerstand geleistet hatten und zum anderen geeignete Mächte «im Kampf gegen den Kommunismus» darstellten. [19]

16 Ebd., S. 135.
17 Weitere Vertreter dieser Auffassung nennt C. Kuhlmann, a. a. O., S. 1/ 65 f. Vgl. auch den Bericht über die Verbandstagung des Deutschen Philologenverbandes in Saarbrücken, in: Die Höhere Schule, 10. Jg. 1957, H. 7, S. 150.
18 W. Fleischmann u. a.: Materialien zum Problem der ökonomischen Implikationen von Schulreform in der BRD von 1945–1970, in: Materialien . . ., a. a. O., S. 119.
19 Vgl. ebd.

Ausdruck der restaurativen Tendenzen in der Schulpolitik waren nicht nur die Restaurierung der dreigliedrigen Schule und der vierjährigen Grundschule, sondern auch die Rückkehr zu Konfessions- und Privatschulen sowie zu «klassischen Bildungsinhalten» und die Erneuerung des pädagogischen Autonomiegedankens in enger Anlehnung an die philosophisch-spekulative Begründung der geisteswissenschaftlichen Pädagogik.[20]

In dem Wiederaufbau der hierarchisch gegliederten eigenständigen Schultypen eroberte sich die Hilfsschule sehr schnell wieder ihr traditionelles Ansehen. Dazu schreibt W. Hofmann, ein namhafter Repräsentant der Hilfsschulpädagogik nach dem Kriege:

«Zu keiner Zeit hat das Sonderschulwesen von seiten der Behörden eine solche Förderung erfahren wie in den Jahren nach dem 2. Weltkrieg. Durchweg wurde erkannt, welche Bedeutung dem Sonderschulwesen im Rahmen des allgemeinen Schulwesens zukam und daß ein modernes Bildungswesen ohne den entsprechenden Ausbau des Sonderschulwesens nicht entstehen und bestehen kann.»[21]

Da weder Struktur noch Inhalte der herkömmlichen Schule sich änderten, wurden erweiterte Bildungsnachfragen in erster Linie durch «erheblich verschärfte Selektion» abgefangen.[22] Für die in der Volksschule verbleibenden Kinder behielt die Hilfsschule daher ihre bewährten Funktionen: Sie zwang die Volksschüler, die durch die Hoffnung auf weiterführende Schulbildung nicht mehr zu disziplinieren waren, sich anzupassen, indem sie mit negativer Selektion und sozialer Diskriminierung drohte, und zugleich erleichterte sie in der Zeit des materiellen und personellen Notstandes im Bildungswesen den Unterrichtsbetrieb in der Volksschule, indem sie die besonders schwierigen, leistungsschwachen Schüler aufnahm und zur Lohnarbeit befähigte. In diesem Sinne wurde auch von den Hilfsschulvertretern der Nachkriegszeit die ökonomische Funktion der Hilfsschule für den Staat und ihre Entlastungsfunktion für die Volksschule hervorgehoben.[23]

20 Vgl. K. H. Günther u. a.: Geschichte der Erziehung, a. a. O., S. 575 ff und S. 667 ff.

21 W. Hofmann: Hilfsschule (Sonderschule für Lernbehinderte), in: G. Lesemann (Hg.): Beiträge zur Geschichte und Entwicklung des deutschen Sonderschulwesens, Berlin 1966, S. 94.

22 Vgl. C. Kuhlmann, a. a. O., S. 1/50.

23 Vgl. Muschinsky: Bericht über den 1. Verbandstag, in: Zeitschrift für Heilpädagogik, 1. Jg. 1949, S. 7. Diesem Bericht zufolge äußerte der Vorsitzende des Verbandes deutscher Sonderschulen, Paul Dohrmann, daß «die Notwendigkeit des Bestehens der Hilfsschule durch folgende Erwägung begründet» sei:
«1. Hilfsschulerziehung ist die Betätigung wahrhaft christlicher Nächstenliebe.
2. Der Staat handelt ökonomisch, wenn er die Hilfsschule fördert.
3. Die Volksschule erfährt durch die Hilfsschule eine fühlbare Entlastung.»

Die Hilfsschulpädagogen knüpften nach dem Kriege im wesentlichen wieder an die bewährte Tradition der Hilfsschulentwicklung vor 1933 an. Das bestätigt auch G. Kanter, ein renommierter Vertreter gegenwärtiger Sonderpädagogik, wenn er in seinem Aufsatz «Bildungsreform und Sonderschule» schreibt:

«Nach dem äußeren und inneren totalen Niedergang Deutschlands war man im Sonderschulwesen nach 1945 in erster Linie um einen Wiederaufbau und nachfolgend Ausbau der bewährten und einstmals international anerkannten Bildungseinrichtungen für Behinderte bemüht, und zwar in Anknüpfung an die Tradition der späten zwanziger Jahre.»[24]

Dies gelang um so besser, als es zum Teil dieselben Hilfsschullehrer waren, die noch die «Blütezeit» der Hilfsschulbewegung selbst erlebt hatten und jetzt den Wiederaufbau des Hilfsschulwesens nach 1945 in Angriff nahmen. Dazu schreibt Hofmann:

«Wiederum hatte die ältere Hilfsschullehrerschaft die schwere Bürde des Wiederaufnehmens des Hilfsschulunterrichts zu tragen, denn die jüngeren und mittleren Jahrgänge der Lehrer befanden sich noch in Kriegsgefangenschaft und Internierung. Nach dem Zusammenbruch haben diese älteren Hilfsschullehrer in mühseliger Kleinarbeit an den früheren Hilfsschulorten den Hilfsschulunterricht mit einigen Klassen aufgenommen. . . . Der Wert und die Bedeutung dieser älteren Hilfsschullehrergeneration lag im Vorleben und Vortun.»[25]

Der traditionelle Rückbezug auf die «Blütezeit der Heilpädagogik» bedeutete zugleich eine Wiederherstellung der schulorganisatorischen Separation der Hilfsschüler und ihrer ideologischen Legitimation, die – wie im vorhergehenden Kapitel deutlich wurde – wesentlich dazu beigetragen hatte, die soziale Diskriminierung und Diffamierung der Hilfsschüler in den dreißiger Jahren mit vorzubereiten.

Die Diffamierung der Hilfsschüler in der Zeit des deutschen Faschismus wurde von den Hilfsschulvertretern jedoch nicht im gesellschaftlich-historischen Zusammenhang mit der vorangehenden Isolierung und Diskriminierung der Hilfsschulinstitution (vgl. 3.1.) begriffen, sondern als plötzlicher Einbruch «von außen» in den «fortschreitenden Auf- und Ausbau des Sonderschulwesens» empfunden. So heißt es bei Hofmann:

«Dieser einmalig erreichte hohe Stand der Heilpädagogik und des Sonderschulwesens (in den zwanziger Jahren, I. A.) und die hoffnungsvolle Weiterentwicklung wurde jäh unterbrochen, als der Nationalsozialismus die politische Macht ergriff.»[26]

24 G. Kanter: Bildungsreform und Sonderschule, in: Zeitschrift für Heilpädagogik, 26. Jg. 1975, H. 9, S. 494.
25 W. Hofmann, a. a. O., S. 93.
26 Ebd., S. 91.

Eine Folge dieser Auffassung war, daß die Entwicklung der Hilfsschule unter dem Nationalsozialismus bis auf den heutigen Tag eher verdrängt und übergangen als wissenschaftlich analysiert worden ist. Besonders charakteristisch war dieses «Stillschweigen» über die «verhängnisvollen» (W. Hofmann) Jahre der deutschen Geschichte für die Hilfsschulpädagogik in der Nachkriegszeit. Durch das «stillschweigende Übergehen» der NS-Zeit, das selbst bereits als Ausdruck der Restauration der Hilfsschule zu verstehen ist, versuchten die Hilfsschulvertreter sich von dem faschistischen Menschenbild des Hilfsschülers zu distanzieren.

Paradigmatisch für diese Haltung der Hilfsschulvertreter nach dem Zusammenbruch der NS-Herrschaft sei hier der Vortrag: «Wesen und Stand der Heilpädagogik» von J. Spieler zitiert, den er auf dem 1. Verbandstag des Verbandes deutscher Hilfsschulen am 3. 6. 1949 gehalten hat.[27] In seinen Ausführungen über die «Entwicklungshemmungen» der Heilpädagogik widmete Spieler der Zeit des Nationalsozialismus lediglich die folgenden zwei Sätze:

«III. Die Entwicklungshemmungen durch wirtschaftliche Verhältnisse, geistig-philosophische, weltanschauliche und vor allem politische Strömungen erlauben Sie mir mit Stillschweigen zu übergehen.

Es sei lediglich festgehalten, daß die Deutsche Gesellschaft für Heilpädagogik von 1933 an immer mehr einschlief und an ihre Stelle die Gesellschaft für Kinderpsychiatrie und Heilpädagogik trat.»[28]

Spieler unternimmt nicht einmal den Versuch, die Stagnation des Hilfsschulwesens während der NS-Zeit zu beschreiben, sondern pflegt ganz offensichtlich nur die Konvention, die «schrecklichen Ereignisse» mit bedeutungsvollem Schweigen zu quittieren.

Allerdings gelang es den Hilfsschulpädagogen nach 1945 nicht völlig, die Epoche des Nationalsozialismus aus ihrem «pädagogischen» Blickfeld zu verdrängen. Hatte bereits in den zwanziger Jahren ein Differenzierungsprozeß in den Hilfsschulen begonnen, der auf eine allmähliche Anhebung des Leistungsniveaus und vor allem auf eine Aussonderung der «schwächsten» Hilfsschüler abzielte (vgl. 3.1.), so wurde dieser Prozeß durch den Faschismus in Deutschland beschleunigt. Das Reichsschulpflichtgesetz (1938) und die Richtlinien für Erziehung und Unterricht in der Hilfsschule (1942), in denen sich die «Aufwertung» der Hilfsschule zur «Leistungsschule» Ausdruck verschaffte, erhielten jedoch erst nach dem Zweiten Weltkrieg praktische Bedeutung. Die Bestimmungen des

27 Dieser Vortrag ist abgedruckt in der Zeitschrift für Heilpädagogik, 1. Jg. 1949, S. 9 ff.
28 Ebd., S. 17.

Reichsschulpflichtgesetzes wurden von allen, die Richtlinien von einigen Bundesländern übernommen.[29]

Da die unter der nationalsozialistischen Herrschaft in Deutschland entstandene Gesetzgebung dem Bemühen der Hilfsschullehrerschaft um eine «höhere Bewertung ihrer Arbeit»[30] entgegenkam, wurde sie von den Vertretern der Hilfsschule, ihres gesellschaftlichen Kontextes entkleidet, als «positives» Ereignis bzw. zufälliges Ergebnis der faschistischen Epoche gerechtfertigt. Dafür zwei Beispiele:

H. Wegener (1965):

«Trotz dieses Stillstandes der äußeren Entwicklung erschien aber noch im Jahre 1938 die ‹Allgemeine Anordnung über die Hilfsschulen in Preußen›, die mit ihren Ausführungsbestimmungen ein durchaus sinnvolles und teilweise fortschrittliches Bild der deutschen Sonderschule zeichnete.»[31]

W. Hofmann (1966):

«Um der Wahrheit die Ehre zu geben, muß aber erwähnt werden, daß die 1942 erlassenen Richtlinien trotz der ihnen vorgesetzten Präambel, die ja ‹nationalsozialistisches Gedankengut› enthalten mußte, den alten Geist der Heilpädagogik und der Hilfsschulpädagogik aufwiesen. Bei der Abfassung hatten sich die älteren Hilfsschulfachleute mit den jüngeren durch die Machtübernahme hinzugekommenen auf der beruflichen Ebene zusammengefunden, wodurch unter Berücksichtigung der damaligen politischen Machtverhältnisse etwas wirklich Gutes zustandegekommen war.»[32]

Das Reichsschulpflichtgesetz schuf die Voraussetzungen dafür, daß einmal die schwächsten Hilfsschüler, die in den zwanziger Jahren in Sammelklassen zusammengefaßt worden waren, ausgeschult wurden und zum anderen die Hilfsschule sich auch für Volksschulversager, die «intellektuell im unteren Normbereich»[33] lagen, öffnen konnte. Dementsprechend veränderte sich die Definition der Hilfsschüler. Im Reichsschulpflichtgesetz war der im medizinischen Sinne verstandene «Schwachsinnsbegriff» peinlich vermieden worden. Anstatt für «schwachsinnige» Schüler sollte «die Pflicht zum Besuch» der Hilfsschule für solche Kinder bestehen, «die wegen *geistiger Schwäche* . . . dem allgemeinen Bildungs-

29 Vgl. W. Hofmann, a. a. O., S. 92 und K. J. Klauer: Lernbehindertenpädagogik, 3. Auflage, Berlin 1970, S. 8.

30 E. Schomburg: Die Sonderschulen in der Bundesrepublik Deutschland, Geschichtliche Entwicklung und gegenwärtiger Stand, Neuwied 1963, S. 100.

31 H. Wegener: Die Rehabilitation der Schwachbegabten, München 1963, S. 59 f.

32 W. Hofmann, a. a. O., S. 92.

33 E. Schomburg, a. a. O., S. 100.

weg der Volksschule nicht oder nicht mit genügendem Erfolg zu folgen» vermochten.[34] Der Kreis der potentiellen Hilfsschüler wurde durch den dehnbaren Begriff «geistige Schwäche» erheblich erweitert. Damit konsolidierte sich die Hilfsschule in der Nachkriegszeit weitgehend entsprechend den Forderungen, wie sie von W. Hofmann bereits während der NS-Zeit, im Jahre 1934, erhoben wurden:

«Was wir als Hilfsschullehrer treiben, darf nicht nur dem einzelnen Kinde zuliebe, sondern muß im Interesse des Volkes geschehen. Die Hilfsschularbeit erhält so eine andere Prägung. Es ergibt sich daraus für die Hilfsschule eine Einschränkung nach unten und eine Erweiterung nach oben. Die Einweisung in die Hilfsschule ist nicht abhängig von der Hilfsschulbedürftigkeit des einzelnen Kindes, sondern vom Arbeitstempo der Volksschule, der Gesunden.»[35]

Angesichts dieser Hilfsschulkonzeption scheint es von Interesse, auf welche Weise die Hilfsschulvertreter der Nachkriegszeit versuchen, ihre Praxis theoretisch zu legitimieren, also auch historisch abzuleiten und gleichzeitig die teilweise direkte Anknüpfung an schulpolitische Erlässe und Entwicklungstendenzen der NS-Zeit zu verleugnen.

Im folgenden sollen daher die maßgeblichen theoretischen Ansätze der Hilfsschulpädagogik nach dem Zweiten Weltkrieg kurz umrissen werden.

Ähnlich wie in der allgemeinen Erziehungswissenschaft besannen sich die Hilfsschulrepräsentanten der Nachkriegszeit auf ihre geisteswissenschaftliche Tradition. Durch eine philosophisch-spekulative Begründung der Sonderpädagogik als «autonomer» Wissenschaft versuchten sie die Eigenständigkeit der Hilfsschule neu zu untermauern und andererseits sich von der nationalsozialistischen Pädagogik zu distanzieren.[36] Das behinderte Kind wurde als «Wertwesen» wiederentdeckt. Erhielt ein Schüler in der Realität mit seiner Überweisung in die Hilfsschule zugleich die Bescheinigung seiner mangelnden Vollwertigkeit, so standen in der Theorie diesen praktischen «Herabsetzungen» ständige Aufwertungsversuche der Hilfsschüler gegenüber. Die Hilfsschulpädagogen bemühten sich um eine bewußte Abhebung sowohl von der Schwachsinnstheorie, die das Hilfsschulkind als geistig «minderwertig» definierte, als auch von der faschistischen Einstellung zum Hilfsschüler, die in verhängnisvoller Weise die Inhumanität der negativen Selektionsmaßnahmen

---

34 Vgl. Reichsschulpflichtgesetz vom 6. Juli 1938, zitiert bei: K. Lücken, a. a. O., S. 201.
(Hervorhebung nicht im Original)

35 W. Hofmann auf einer Tagung der Sonderschullehrer, in: Die Deutsche Sonderschule 1934, S. 301 (Mitteilungen), zitiert bei: S. Gehrecke, a. a. O., S. 40.

36 Vgl. ebd., S. 37 f.

offenbart hatte. Ein deutliches Beispiel für den Versuch, sich in dieser Weise von den historisch-ideologischen Belastungen zu befreien, sind Reyers «Prinzipien der Hilfsschule». Er schreibt hier:

«Es ist eine der übelsten Entgleisungen des menschlichen Denkens, Schwachsinnige als minderwertig, die Hilfsschule als das Sammelbecken Minderwertiger zu stempeln . . . Der Schwachsinn hat keine zentrale Bedeutung für die Wesenserfassung des Menschen. Er beherrscht nicht den werthaften Aufbau des menschlichen Bewußtseins.»[37]

Die Schwachsinnstheorie, die im gesellschaftlich-historischen Entwicklungsprozeß der Hilfsschule eine bedeutende Rolle spielte und eine wichtige ideologische Funktion übernahm (vgl. 1.7.), erscheint Reyer als zufällige «Entgleisung». Nicht die reale materielle Basis, die «abfällige Urteile über Schwachsinnige» ermöglicht, zieht Reyer für die Diskriminierung der Schulversager zur Verantwortung, sondern allein die Bewußtseinsformen und Ideen, in denen sich diese Basis spiegelt. In diesem Sinne erscheint es konsequent, wenn die Hilfsschulpädagogik der Nachkriegszeit glaubt, den psychischen und sozialen «Wert» des Hilfsschülers mit neuen Definitionen und Begriffen wiederherstellen zu können.

Angesichts der sozialen Diskriminierung der Hilfsschüler, die sich in dem Auf- und Ausbau des Hilfsschulwesens nach 1945 erneut reproduziert[38] und darüber hinaus durch die Aufnahme konzentrationsschwacher, verhaltensgestörter und stark verwahrloster Kinder auf weitere Schülergruppen ausdehnt,[39] beweist sich jedoch der ideologische Charakter derartiger Aufwertungsversuche. Was sich in der sonderpädagogischen Theorie als Wiederentdeckung der Werte, die «echtes und wahres

37 W. Reyer: Prinzipien der Hilfsschulpädagogik, Frankenberg/Eder 1955, S. 91.

38 So betonen beispielsweise die «Richtlinien für die Hilfsschulen des Landes Nordrhein-Westfalen» nach wie vor die «Eigenart des Hilfsschulunterrichts» und die «Eigenart des Hilfsschülers», indem sie die «Mängel» der Schüler hervorheben:
«Das Ziel der Hilfsschule besteht darin, ihre Schüler unter Anwendung heilpädagogischer Erziehungs- und Unterrichtsmethoden und durch Vermittlung des entsprechenden Bildungsgutes religiös-sittlich zu festigen, sie auf das praktische Leben vorzubereiten und ihre Erwerbsfähigkeit anzustreben. Das Unterrichtsziel der Hilfsschule kann nicht einfach einem herabgesetzten Volksschulziel gleichgesetzt werden. *Die Eigenart des Hilfsschulkindes verlangt eine andere, seinem Wesen gemäße Auswahl und Stufenfolge der Bildungsgüter, erfordert auch eine seinen seelischen Mängeln entsprechende Unterrichtsmethode.*»
(Erlaß vom 31. 3. 49 – II E 2/060 Tgb.-Nr. 1842/49, abgedruckt in: Z. f. Heilpäd. 1. Jg. 1950, S. 15, (Hervorhebungen nicht im Original).

39 Vgl. E. Schomburg, a. a. O., S. 100.

Menschentum ausmachen»[40], darstellt, erscheint in der Realität als gesellschaftliches Interesse an der verstärkten Aussonderung von «störenden» – leistungsschwachen Schülern aus der Volksschule. Indem sich die Hilfsschule dieser Schüler annahm, erwies sie sich während der Rekonstruktionsphase der westdeutschen Wirtschaft als unverzichtbarer, kostensparender, effizienzsteigernder Stabilisationsfaktor des hierarchisch gegliederten Schulsystems. So äußert der Kultusminister Dr. Schenkel vor dem Württemberg-Badischen Landtag im Juli 1951: «Um das Niveau der Schulleistung für das Normalkind in unseren Volksschulen hochhalten zu können, war der Ausbau des Hilfsschulwesens nötig».[41]

Mit der erneuten karitativen Hinwendung zum behinderten Kind wurde also einerseits die Tatsache verschleiert, daß es aus gesellschaftlich-ökonomischen Gründen bzw. wegen bildungsökonomischer Vorteile notwendig war, einen bestimmten Prozentsatz an Schulversagern zu isolieren und damit gleichzeitig einer verstärkten Diskriminierung auszusetzen, andererseits schuf das Verständnis der Hilfsschulerziehung als «die Betätigung wahrhaft christlicher Nächstenliebe»[42] einen moralischen Abstand zur «Verneinung des reinen Menschentums und der Menschenwürde»[43] im Nationalsozialismus.

In der sonderpädagogischen Literatur wurden steigende Intelligenz und Leistungsfähigkeit der Hilfsschüler als Merkmal einer strukturellen Veränderung der Hilfsschule gedeutet. So schrieb zum Beispiel Bleidick im Jahre 1955:

«Das, was wir heute ‹Gestaltwandel› der Hilfsschule nennen, bezieht sich nicht allein auf ihre Prinzipien und Methoden, sondern in hohem Maße auch auf die verwandelte Struktur in der Zusammensetzung der Schülerschaft, auf die Veränderung des Hilfsschülers. Es hat sich längst, selbst in der Öffentlichkeit herumgesprochen, daß wir nicht allein das genuin geistesschwache oder gehirngeschädigte Kind beherbergen. Die Aufgabe der modernen Hilfsschule besteht darin, eine heilpädagogisch differenzierte Sondererfassung und Behandlung aller leistungsschwachen Kinder zu vollziehen.»[44]

Demnach hat sich die Hilfsschule von der Bewahr- und Betreuungsanstalt zur «Leistungs- und Gesittungsschule» entwickelt.[45]

40 W. Hofmann, a. a. O., S. 93.
41 Kultusminister Schenkel vor dem Württemberg-Badischen Landtag über «Mehrstellen», «Hilfsschulausbau und Hilfsschullehrerausbildung», Auszug abgedruckt in: Z. f. Heilpäd. 2. Jg. 1951, S. 449.
42 Vgl. Anmerkung 22 dieses Abschnittes.
43 W. Hofmann, a. a. O., S. 93.
44 U. Bleidick: Die Hilfsschule und die Krise der Zeit, in: Zeitschrift f. Heilpädagogik, 6. Jg., 1955, S. 332.
45 Vgl. W. Hofmann, a. a. O., S. 94. Hofmann übernimmt hier den Begriff

Diese sogenannte «Strukturwandel-These» wurde von W. Hofmann Anfang der fünfziger Jahre aufgestellt und in der Hilfsschulliteratur der folgenden Jahre ausführlich diskutiert, ohne daß eine wissenschaftlich befriedigende Klärung des historischen Verlaufs und der Ursachen des Strukturwandels herbeigeführt werden konnte. Das lag zum Teil daran, daß der Strukturwandelthese ein Strukturbegriff zugrunde liegt, der weder zur wissenschaftlichen Analyse des institutionellen Gefüges der Hilfsschule noch ihrer im gesellschaftlich-historischen Zusammenhang entwickelten Merkmalsausprägungen und Funktionen taugt, da er lediglich auf der Oberfläche rhetorischer Terminologie angesiedelt ist. So meint etwa W. Schade, mit dem «Namen» der Hilfsschule zugleich ihre «Struktur» zu erfassen. Dazu ein Beispiel:

«Die Hilfsschulen waren in den letzten drei Jahrzehnten einem mehrfachen Strukturwandel unterworfen. Schon die Änderung des Namens in einigen Bundesländern in ‹Sonderschule› oder in ‹allgemeine Sonderschule› deutet diesen Wandel an.»[46]

Ebenso kann die Zusammensetzung der Schüler, die immer wieder von den Hilfsschulvertretern als Beweis für den ‹Strukturwandel› der Hilfsschule angeführt wird, allenfalls den Anlaß für eine strukturelle Veränderung einer Schulform darstellen, jedoch keineswegs als Prozeß des Strukturwandels selbst begriffen werden, sobald man unter Struktur die «Menge der die Elemente eines Systems miteinander verknüpfenden Relationen»[47] versteht. Darüber hinaus läßt sich das Phänomen «Strukturwandel», wie es in der sonderpädagogischen Literatur beschrieben wird, nicht nachweisen, da «ein objektiver Aufschluß darüber, in welchem Maße sich die Zusammensetzung der Hilfsschüler verändert hat», nicht zu gewinnen ist.[48] Allein aus der Tatsache, daß im Laufe der Zeit der Leistungsaspekt auch in der Hilfsschule immer stärker akzentuiert wurde und sich daraus konsequenterweise die Ausschulung der schwächsten

«Leistungs- und Gesittungsschule», wie er von Gustav Lesemann geprägt wurde.
46 W. Schade, Was leistet die Hilfsschule? In: Z. f. Heilpäd. 13. Jg. 1962, S. 389.
47 G. Klaus/M. Buhr (Hg.) Marxistisch-Leninistisches Wörterbuch der Philosophie, Bd. 3, Hamburg 1972, S. 1046.
Zu einer möglichen wissenschaftlichen Anwendung des Strukturbegriffes vgl. auch: U. Jaeggi: Ordnung und Chaos, Strukturalismus als Methode und Mode, in: H. Blumenberg u. a. (Hg.): Theorie 2, Frankfurt 1968, besonders S. 35 ff.
48 Vgl. E. Beschel, a. a. O., S. 123.
S. Gehrecke führt in seinem obengenannten Buch verschiedene Beispiele dafür an, wie widersprüchlich die statistischen Angaben über die intelligenzmäßige Zusammensetzung der Hilfsschüler seit der Jahrhundertwende sind (vgl. ebd., S. 39 ff).

Hilfsschüler sowie eine «Grenzverschiebung nach oben»[49] ergab, läßt sich kein *grundsätzlicher* Wandel in der *Zusammensetzung* der Schüler ableiten, wie die Strukturwandel-These es suggeriert. Kennzeichnend für die Institution der Hilfsschule ist vielmehr nach wie vor die Heterogenität ihrer Schüler.

Deshalb scheint es auch nicht verwunderlich, wenn einer «Reihe von Aussagen» Hofmanns nicht wissenschaftliche Beweiskraft, sondern lediglich «der Charakter von Vermutungen zugesprochen werden kann»[50]. Angesichts dieser Erkenntnisse scheint auch allen weiteren Untersuchungen, die beabsichtigen, den «Strukturwandel» als historisches Faktum zu belegen bzw. zu widerlegen, von vornherein die Basis für eine wissenschaftliche Analyse entzogen zu sein.[51]

Aus der Perspektive ideologiekritischen Erkenntnisinteresses ist es allerdings von Bedeutung, daß die Strukturwandel-These erstmals nach dem Zweiten Weltkrieg und vor allem in den fünfziger Jahren vertreten wurde. Der zeitlich enge Zusammenhang zwischen den philosophisch-pädagogischen Bemühungen um eine «menschenwürdigere» Einstellung zum behinderten Kind sowie um eine neue Definition des Hilfsschülers und dem Bewußtwerden des sogenannten «Gestaltwandels» bzw. «Strukturwandels» legt die Vermutung nahe, daß auch Gemeinsamkeiten in den ideologischen Funktionen der beiden theoretischen Ansätze bestehen. Läßt sich diese Vermutung bestätigen, so sind auch Äußerungen über den «Strukturwandel» in Beziehung zu setzen zu den Versuchen der Hilfsschulpädagogik in der Nachkriegszeit, die Existenzberechtigung der Hilfsschule zu sichern und gleichzeitig die ideologische Basis für die Legitimation einer erweiterten Aussonderung von Hilfsschülern zu schaffen, die als Entlastung der Volksschule infolge des Verzichts auf eine grundlegende Schulreform in der BRD und infolge der zunehmenden Kluft zwischen den materiellen Bedingungen des Volksschulwesens und dem Anspruch an sein Ausbildungsniveau immer notwendiger erschien.

49 E. Schomburg, a. a. O., S. 99.

50 S. Ellger-Rüttgart: Methodologische Überlegungen zur erziehungswissenschaftlichen Forschung im Bereich der Lernbehindertenpädagogik, in: Zeitschrift f. Heilpädagogik, 24. Jg. 1973, S. 609.

51 Insofern kann auch die «Ergänzung bzw. Kritik durch weitere (historische, I. A.) Quellen», die Ellger-Rüttgart vorschlägt, wenig zur wissenschaftlichen Erhellung des Phänomens «Strukturwandel» beitragen.

Neuere Untersuchungen zum «Strukturwandel» liegen vor von A. Möckel: Von der Hilfsschule zur Sonderschule für Lernbehinderte – Zum Strukturwandel in der Hilfsschule, in: Z. f. H., 23. Jg. 1972, S. 145 ff und

N. Myschker: Strukturwandel der Hilfsschule? Kritische Gedanken zur Strukturwandel-These, in: Z. f. H., 23. Jg. 1972, S. 159 ff.

Tatsächlich deuten viele Formulierungen zur Strukturwandel-These auf diesen ideologischen Zusammenhang hin. So betont beispielsweise Hofmann,

die Hilfsschule «diene der Erziehung solcher Kinder, die infolge von Hemmungen und Störungen dem Bildungsgang der Volksschule nicht folgen können. Leider seien heute noch viele Menschen – vor allem zahlreiche Eltern – über das Wesen der Hilfsschule im unklaren, weil der Name Hilfsschule noch mit einer schweren Hypothek belastet ist. Dieses Vorurteil rührt daher, daß bei der Gründung der ersten Hilfsschulen auch solche Schwachsinnige aufgenommen worden sind, die eigentlich in eine Anstalt gehört hätten. Heute ist dagegen die Hilfsschule eine Schule für schulleistungsschwache Kinder und Schulversager. Sie nimmt außer Kindern mit Mängeln intellektueller auch solche mit Gefühls- und Willens-anomalien auf.»[52]

In ähnlicher Weise wie Reyer gegen die «abfälligen Urteile» über Hilfs-schüler zu Felde zog, wandte sich Hofmann gegen das negative «Vorur-teil», das in der Öffentlichkeit der Hilfsschule schade. Wie Reyer führte er die Abwertung der Hilfsschule nicht auf die reale gesellschaftliche Minderbewertung ihrer Schüler zurück, die mit der negativen Selektion der Hilfsschüler beginnt und sich später in ihren Berufschancen manife-stiert. Im Unterschied zu Reyer macht Hofmann jedoch nicht die Schwachsinnstheorie bzw. die «Idee» der geistigen Minderwertigkeit für das öffentliche Vorurteil (das in Wirklichkeit kein Vorurteil, sondern eine realistische, den gesellschaftlichen Normen entsprechende Einschät-zung ist) verantwortlich, sondern die institutionelle Praxis der Hilfsschu-le als Schwachsinnigenanstalt, die außer «lernbehinderten» Schülern auch «geistigbehinderte» umfaßte.

Insofern geht Hofmanns These vom Strukturwandel der Hilfsschule in seiner ideologischen Funktion über Reyers Bemühungen um eine Auf-wertung des Hilfsschülers hinaus: Sie zielt nicht nur auf die ideologische Rechtfertigung des gesellschaftlich notwendigen Wiederaufbaus der Hilfsschulinstitution, sondern sichert gleichzeitig die schulpolitischen Bestrebungen zur Leistungssteigerung der Hilfsschule, die bereits in den zwanziger Jahren begannen und dann durch den Faschismus verstärkt wurden, ideologisch ab.

Möckel schreibt in diesem Zusammenhang:

«Wilhelm Hofmann hat nach dem Weltkrieg schon relativ früh auf die ‹grund-sätzliche Wandlung› in der Hilfsschule hingewiesen und zwei Merkmale dieses Wandels hervorgehoben. Der Wandel drücke sich in der Zusammensetzung der Schülerschaft aus. Hofmann befürwortete die Aufnahme schwachbegabter und

52 W. Hofmann: Sinn und Bedeutung der Sonderschule als heilpädagogische Einrichtung (Gründungsversammlung des Landesverbandes Saar), in: Z. f. H., 8. Jg. 1957, S. 191.

183

schulleistungsschwacher Kinder in der Hilfsschule; er lehnte die Aufnahme schwachsinniger Schüler ab und forderte für sie besondere Einrichtungen. Ferner ließe sich der Wandel an der Konzeption der Schule und des Unterrichts ablesen. Die Hilfsschule mit dem Charakter der Bewahranstalt habe sich zu einer Schule der Leistung und Gesittung gewandelt.

Hofmann hat mit der Hervorhebung dieser beiden Merkmale den Strukturwandel nicht nur beschrieben, sondern gleichzeitig herbeiführen wollen. Die beiden genannten Merkmale sind in gleicher Weise Beschreibungskriterien und schulpolitische Postulate.»[53]

Der «Strukturwandel» der Hilfsschule, der in «den meisten Definitionen ... ohne Reflexion einfach als Tatsache betrachtet» wird[54], lenkt wirkungsvoll von der in der Realität sich vollziehenden Restauration des Hilfsschulwesens nach dem Kriege ab. Kontinuierliche Entwicklungen wie beispielsweise die mit dem gesellschaftlichen Fortschritt und der Organisation des gesamten Bildungswesens einhergehende allmähliche Anhebung des Leistungsniveaus in der Hilfsschule erscheinen bei der die Sonderpädagogik der fünfziger Jahre kennzeichnenden, verkürzten historischen Sichtweise der Restaurationsphase als «Strukturwandel».

Es läßt sich jedoch nicht übersehen, daß verstärkter Leistungsdruck und verschärfte Auslese – wie sie in der sonderpädagogischen Literatur der fünfziger Jahre als Charakteristika eines strukturellen Wandels angeführt beziehungsweise als Forderungen an eine zukünftige Entwicklung der Hilfsschule erhoben wurden – gerade die herkömmlichen Mittel sind, um strukturelle Veränderungen der Schule zu vermeiden, und nicht, wie die Strukturwandel-These es unterstellt, als Basis für den Wandel schulorganisatorischer Strukturen angesehen werden können. Zudem widerspricht die These vom «Strukturwandel» der wirklichen Entwicklung insofern, als sie die «Idee» von der Eigenständigkeit der Hilfsschule als «Wirklichkeit» voraussetzt. Eine isolierte Strukturveränderung der Hilfsschule ist jedoch angesichts ihrer in der Realität engen funktionalen Bindung an die Volksschule nicht denkbar. Das allgemeinbildende Schulwesen zeichnete sich aber während der Rekonstruktionsphase der deutschen Wirtschaft, wie wir gesehen haben, gerade durch restaurative Tendenzen und somit durch den Verzicht auf Strukturveränderungen aus.

3.3. Die Bildungsreform der sechziger Jahre

Nachdem sich das westdeutsche Bildungswesen in den fünfziger Jahren durch Stagnation und Restauration ausgezeichnet hatte, geriet es seit dem Beginn der sechziger Jahre in Bewegung. «Dies dokumentiert sich in

53 A. Möckel, a. a. O., S. 146.
54 Vgl. S. Gehrecke, a. a. O., S. 46.

der Didaktik, der Bildungsökonomie, der öffentlichen Diskussion über das Bildungswesen, aber auch in bildungspolitischen Maßnahmen und nicht zuletzt – wenngleich mit zeitlicher Verzögerung – in der tendenziellen Umstrukturierung des Bildungswesens selber.»[1] Im folgenden soll zunächst diese Reformbewegung in groben Zügen skizziert und dann nach ihren gesellschaftlichen Ursachen gefragt werden. Dabei stellt sich insbesondere das Problem, weshalb das Sonderschulwesen zunächst aus der Reformdiskussion ausgeklammert wurde und erst gegen Ende der sechziger Jahre vereinzelte Versuche unternommen wurden, den Anschluß der Sonderschulpädagogik an die Reformbewegung herzustellen.

Der «Deutsche Ausschuß für das Erziehungs- und Bildungswesen»[2] hatte 1959 einen «Rahmenplan zur Umgestaltung und Vereinheitlichung des allgemeinbildenden öffentlichen Schulwesens» vorgelegt. Die «tiefgreifenden Veränderungen in der theoretischen Beschäftigung mit Unterricht und Bildungswesen»[3], die seit dem Beginn der sechziger Jahre stattfanden, lassen sich u. a. daran ablesen, daß dieser umfassende Schulreformplan keineswegs als Grundlage der Reformdiskussion akzeptiert, sondern im Gegenteil selbst Gegenstand der sich ausweitenden Kritik an traditionellen Bildungskonzeptionen wurde. Der Deutsche Ausschuß mußte sich den Vorwurf fehlenden wissenschaftlichen Sachverstandes gefallen lassen.[4] v. Hentig kommentierte:

«Wir messen am Gewohnten, das es doch gerade kritisch zu prüfen gilt. Solange uns eigene Erfahrungen mit neuen, der modernen Gesellschaft angepaßten Schulformen im größeren Rahmen fehlen, sind wir darauf angewiesen, die Erfahrungen anderer Länder genau zu beachten und richtig zu interpretieren.»[5]

In der Tat fiel der Rückstand der westdeutschen Sozial- und Erziehungswissenschaften vor allem auf dem Gebiet der empirischen Forschung immer krasser ins Auge. In den USA zum Beispiel hatte u. a. der Sputnik-Schock dazu geführt, daß die Bedeutung des Bildungssystems für das Wirtschaftswachstum, die Geschwindigkeit des technischen Fortschritts und die gesellschaftliche Entwicklung intensiv erforscht wurde. Die Auf-

1 F. Huisken: Zur Kritik . . ., a. a. O., S. 295.
2 Der Deutsche Ausschuß für das Erziehungs- und Bildungswesen war ein von Bund und Ländern berufener Sachverständigenausschuß, der als beratendes Organ der Ständigen Kultusministerkonferenz fungierte. Er wurde 1954 gegründet und erarbeitete in der Zeit von 1954–1965 eine große Anzahl von Empfehlungen.
, 3 F. Huisken: Zur Kritik . . ., a. a. O., S. 295.
4 Vgl. C. Kuhlmann, a. a. O., S. 1/135.
5 H. v. Hentig (Hg.): Die Schule zwischen Bewahrung und Bewährung. Eine amerikanische Besinnung auf die Maßstäbe eines modernen Bildungswesens (Rockefeller-Bericht und Gonant-Bericht), Stuttgart 1960, S. 4.

wendungen für wissenschaftliche Forschung und Bildung hatten hier einen beträchtlichen Aufschwung erfahren.[6] Im internationalen Vergleich stand das deutsche Bildungswesen im Hinblick auf finanzielle Zuwendungen, Struktur- und Leistungsfähigkeit ausgesprochen schlecht da.

Hier setzte zu Beginn der sechziger Jahre die Bildungsdiskussion auch im Bereich der Wissenschaft an. Die Rezeption ausländischer Forschungsergebnisse warf neue sozialwissenschaftliche, erziehungswissenschaftliche und bildungsökonomische Fragestellungen auf und regte zu ersten eigenen empirischen Untersuchungen an. Edding, der bereits 1956 versucht hatte, eine Analyse der Schulbaukosten vorzunehmen, jedoch am geschlossenen Widerstand der Kultusminister gescheitert war,[7] trat seit 1963 mit seinen Aufsätzen an die Öffentlichkeit.[8] Ebenfalls seit Beginn der sechziger Jahre begann die Milieubenachteiligung im Bildungsgespräch eine größere Rolle zu spielen. Der biologische Begabungsbegriff, wie ihn Hutz, Müller und Hartnacke in den fünfziger Jahren vertraten,[9] wich zunehmend einer dynamischen Begabungsauffassung, die sich sehr bald in der Öffentlichkeit und sogar in den Parlamenten durchsetzte. So erklärte der niedersächsische Kultusminister 1964 vor dem Landtag:

«Dem Deutschen Ausschuß für das Erziehungs- und Bildungswesen schulden wir Dank dafür, daß er uns den Begabungsbegriff neu verstehen gelehrt hat . . . (Wir müssen) uns von alten Kategorien freimachen und den Begabungsbegriff nicht als etwas Konstantes und lediglich auf den Intellekt Bezogenes nehmen, sondern auch als eine Anforderung zum Handeln, zum ‹Begaben› im eigentlichen Sinne des Wortes.»[10]

1968 verhalf schließlich das Gutachten des Deutschen Bildungsrates über

---

6 F. Huisken zitiert in seiner Abhandlung «Zur Kritik bürgerlicher Didaktik und Bildungsökonomie» auf Seite 313 den amerikanischen Unterrichtsforscher Ch. Foltz:
«Unter dem Schock der sowjetischen Erfolge im Weltraum wandelte sich das ernste Interesse (das sich für Erziehungsfragen anbahnte) in eine Art Panik. In der Suche nach einer Erklärung, wieso der sowjetische Bauer unter den Bolschewiken dem freien, in einer Demokratie lebenden Amerikaner die Schau gestohlen hatte, waren viele dazu geneigt, anzunehmen, daß die sowjetische Erziehung dies vollbracht hatte, daß die Lösung für die Vereinigten Staaten in einem ‹Blitzprogramm› für die Erziehung liege.»
7 Vgl. F. Edding: Auf dem Wege zur Bildungsplanung, in: L. Froese, u. a. (Hg.): Das Pädagogische Forum, Braunschweig 1970, S. 33.
8 Vgl. ebd., S. 5 ff.
9 Vgl. C. Kuhlmann, a. a. O., S. 1/139.
10 Zitiert bei: C. Kuhlmann, a. a. O., S. 1/138.

«Begabung und Lernen»[10a] dem dynamischen Begabungsbegriff zum Durchbruch in den Erziehungswissenschaften.

Die Ineffektivität und Chancenungleichheit westdeutscher Bildungseinrichtungen, die sich im Vergleich mit dem Ausland zeigten, alarmierten auch die Bildungspolitiker und über sie die Öffentlichkeit. «Warnungen vor dem Verlust der Konkurrenzfähigkeit der westdeutschen Wirtschaft auf dem Weltmarkt durch vernachlässigte Forschungspolitik und ein den veränderten Anforderungen der Wirtschaft nicht mehr entsprechendes Bildungswesen gehörten seit dem Beginn der sechziger Jahre zu den immer wiederkehrenden Statements.»[11] Als Picht im Jahre 1964 die Versäumnisse einer Reform des Bildungswesens unter dem Titel «Die deutsche Bildungskatastrophe» angriff und die These aufstellte, daß Bildungsnotstand zugleich wirtschaftlichen Notstand impliziere,[12] stieß sein Buch auf breites öffentliches Interesse. Die Krise des Bildungswesens, der «Bildungsnotstand», wurde Gegenstand zahlreicher programmatischer Erklärungen der Parteien und Verbände, in denen sich «Prestigegesichtspunkte und ökonomische Kalkulationen vermischten»[13].

Das durch die öffentliche Diskussion verbreitete Bedürfnis nach einer längerfristigen, an wirtschafts- und sozialpolitischen Zielen orientierten Bildungsplanung zog eine neue gesellschaftliche Bewertung der Erziehungswissenschaften in der BRD nach sich. Vergleichende und systematische erziehungswissenschaftliche Forschung und Theorienbildung sollten wissenschaftliche Grundlagen für die Bildungsplanung bereitstellen und die gesellschaftliche Funktionalität programmatischer Entwürfe absichern helfen. 1965 wurde von Bund und Ländern der Deutsche Bildungsrat mit dem Auftrag gegründet, durch die Ausarbeitung von Empfehlungen und Gutachten der Bildungspolitik Alternativen der Bildungsreform vorzulegen und längerfristig konzipierte Orientierungsrahmen vorzuschlagen. Mit der Gründung des Bildungsrates war – in der Formulierung von H. Becker – der Versuch einer «Zusammenarbeit von Politik und wissenschaftlichem Sachverstand unternommen worden». Zugleich sollte «der wissenschaftliche Sachverstand . . . als Katalysator bei dem neuen Versuch einer Kooperation von Bund und Ländern»[14] dienen.

Im letzten Drittel der sechziger Jahre lenkte schließlich die Studenten-

10a Deutscher Bildungsrat, Gutachten und Studien der Bildungskommission, Bd. 4: Bejahung und Lernen, hg. von H. Roth, Stuttgart 1968.

11 F. Huisken: Zur Kritik . . ., a. a. O., S. 313.

12 G. Picht: Die deutsche Bildungskatastrophe. Analyse und Dokumentation, Olten, Freiburg 1964, S. 17.

13 F. Huisken: Zur Kritik . . ., a. a. O., S. 313.

14 H. Becker: Der Bildungsrat – Bildungsplanung als Lernprozeß, in: Neue Sammlung, 10. Jg. 1970, H. 1 (Sonderdruck) S. 6.

bewegung den Blick der Öffentlichkeit verstärkt auf Probleme der Demokratisierung des Bildungswesens. Ihr war ein «zunehmendes Bedürfnis nach höherwertigen Bildungsabschlüssen»[15] vorausgegangen, das sich seit der Mitte der fünfziger Jahre in einem sprunghaften Ansteigen der Schülerzahlen in den Realschulen, Gymnasien und später auch der Studentenzahlen in den Hochschulen äußerte.[16] Der hierarchische Aufbau und insbesondere die «ständische Dreigliederung» des Bildungswesens, die «schichtenspezifische Auslese» in den Schulen und Hochschulen, die undemokratischen Entscheidungsstrukturen in den Universitäten und anderen Bildungsinstitutionen, autoritäre Unterrichtsmethoden etc. boten Anlaß zu massiver Kritik, die von Studenten und Schülern z. T. in wirkungsvollen Aktionen – zumeist im Kontext einer umfassenden Gesellschaftskritik – an die Öffentlichkeit getragen wurde.

Betrachtet man nun diese wissenschaftlichen und gesellschaftlichen Diskussionen um die Bildungsreform sowie ihre Auswirkungen auf die Schulpraxis im Hinblick auf die Sonderschulen, so wird die isolierte Stellung der Sonderschulen und der Sonderschulpädagogik deutlich. Im Gutachten des Bildungsrates für Gesamtschulen fanden lernbehinderte Schüler keine Beachtung. Im Strukturplan für das Bildungswesen wurden behinderte Schüler nicht berücksichtigt. Zu derselben Zeit, in der Gesamtschulversuche in der BRD durchgeführt wurden, und zwar zum Abbau des «dreigliedrigen» vertikalen Schulsystems, baute man dessen nichtbeachtete vierte Säule, das Sonderschulwesen für Lernbehinderte, isoliert weiter aus.

Heißt dies nun, daß die gesellschaftspolitischen Zielsetzungen der Bildungsreform und ihre sozial- bzw. erziehungswissenschaftliche Absicherung für Lernbehinderte nicht gültig wären und sind? «Chancengleichheit», «soziale Integration», «dynamischer Begabungsbegriff», «Abbau schichtenspezifischer Auslese» usw., waren diese Leitbegriffe der Bildungsreform auf den Sonderschulbereich nicht anwendbar?

Im Gegenteil, es ist auffällig, daß die mit diesen Begriffen bekämpften sozialen Mißstände des herkömmlichen Schulsystems gerade im Sonderschulbereich besonders kraß zutage traten. So schreibt U. Preuss (1970):

«An den Sonderschülern wird in extremer Weise deutlich, was Chancenungleichheit im deutschen Bildungswesen und in dieser Gesellschaft für die ‹Unterschicht› heißt. Sonderschüler, d. h. minderbegabt, dumm und verhaltensgestört, wird in

15 Ständige Konferenz der Kultusminister (Hg.): Lehrerbestand und Lehrerbedarf. Zweiter Bericht der Arbeitsgruppe für Fragen der Bedarfsfeststellung, I. Schüler – Klassen – Lehrer 1961 bis 1970, Dokument 20, 1967, o. O., S. 8.
16 Einen Überblick über die «Explosion scolaire» die seit der 2. Hälfte der fünfziger Jahre in der BRD wie in anderen westeuropäischen Ländern zu konstatieren war und in der bildungspolitischen Diskussion eine große Rolle spielte, gibt Huisken: Zur Kritik . . ., a. a. O., S. 314–319.

erster Linie, wessen Eltern nicht nur beruflich an unterster Stelle stehen, also auch nicht als Arbeiter qualifiziert, sondern ungelernt und angelernt sind, selber nur Hilfsschulbesuch oder die Volksschule hinter sich brachten und selbst schon in den Bereich der Asozialität geraten sind.»[17]

Nach wie vor kamen mehr als 80 % der in der Sonderschule für Lernbehinderte erfaßten Kinder aus Arbeiter- und subproletarischen Familien.[18] Ihre soziale Diskriminierung wurde durch die Isolation der Sonderschule vom übrigen Ausbildungswesen erheblich verschärft. Diese Isolierung leitete sich, wie im 1. Kapitel aufgeführt, ideologisch aus einem Schwachsinnsbegriff her, der dem dynamischen Begabungsbegriff diametral entgegengesetzt war. Die isolierte Sonderschule mußte also für die Reformbewegung der sechziger Jahre unter jedem ihrer zentralen gesellschaftspolitischen Gesichtspunkte geradezu eine Herausforderung darstellen. Gleichwohl fanden ihre Probleme bis 1970 kaum Beachtung in der Öffentlichkeit.

Die Abseitsstellung der Sonderschule in der Reformbewegung der sechziger Jahre ist nicht aus dem «Eigencharakter» dieser Institution zu erklären, sondern aus den ökonomischen, politischen und sozialen Bedingungen, welche der Reformbewegung zugrunde lagen, ihre bildungspolitische Richtung und ihr (vorläufiges?) Ende Anfang der siebziger Jahre bestimmten. Eine gründliche Analyse dieser Bedingungen selbst und ihrer Implikationen für die Sonderschulpädagogik ist im Zusammenhang dieses Abschnitts nicht möglich. Sie wäre allerdings eine notwendige Voraussetzung für eine wissenschaftliche Einschätzung der realen Entwicklungsperspektiven der Sonderschule in der BRD und stellt als solche eine sehr wichtige, noch nicht in Angriff genommene Forschungsaufgabe dar. Hier muß es genügen, die gesellschaftlichen Ursachen der Reformbewegung nach den Ergebnissen der vorliegenden Untersuchungen so-

17 U. Preuss: Zur sozialen Herkunft von Sonderschülern oder Die Chancengleichheit findet nicht statt, in: Pädagogisches Zentrum Berlin (Hg.): Gesamtschulen Informationsdienst 1/70, S. 33.

18 Vgl. dazu U. Preuss-Lausitz: Probleme der Integration von Sonderschülern in die Gesamtschule, in: Z. f. Heilpäd., 22. Jg. 1971, H. 3, S. 185:
«Die Sonderschule spiegelt – wie das vertikale Schulsystem – die soziale Schichtung unserer Gesellschaft wider. In Berlin stammten 1966 85 % der Lernbehinderten aus der Unterschicht, darunter 64 % Arbeiterkinder, 7 % Rentner und 15 %, die keinen Vater hatten oder keine Angaben machten. In Bielefeld wurden 1965 84 % der Hilfsschüler dieser Herkunft zugeordnet, wobei 39 % der Väter Hilfs- oder Gelegenheitsarbeiter waren. Ähnliches wurde 1969 in 10 Städten Baden-Württembergs ermittelt: 77 bis 96 % der rund 3000 Sonderschüler kamen aus entsprechenden Familien. Diese Kategorien verdeckten aber, daß ein großer Teil aus Obdachlosenfamilien und entsprechenden Siedlungen stammten.»
Weitere Belege zur Schichtzugehörigkeit der Hilfsschüler finden sich bei: E. Begemann, a. a. O., S. 56ff.

weit zusammenzufassen, daß die zeitweilige Ausklammerung der Son-
derschulproblematik und ihre verzögerte Einbeziehung in die Integrationsdiskussion verständlich wird. Die Darstellung muß sich in diesem
Kapitel auf die vergangene Entwicklung beschränken und sich wegen
mangelnder Forschungsvoraussetzungen des Versuchs enthalten, künftige Entwicklungsmöglichkeiten abzuschätzen.

Zur schematischen Gliederung können drei Gesichtspunkte herangezogen werden, die sich schon bei der Analyse der Entwicklung des
Bildungswesens in der zweiten Hälfte des neunzehnten Jahrhunderts als
dienlich erwiesen haben (vgl. Abschnitt 1.4.):

1. die Frage nach den gesellschaftlichen Ursachen der Bildungsreform,
   die mit den Ausbildungsfunktionen der Schulen zusammenhängen;
2. die Frage nach den gesellschaftlichen Ursachen, die mit der Erziehungsfunktion der Schule, allgemeiner mit den sozialpolitischen
   Funktionen des Bildungssystems im Hinblick auf eine Erhaltung der
   grundlegenden Produktionsverhältnisse zusammenhängen;
3. die Frage nach den Finanzierungsschranken der Bildungsreform, die
   mit dem ökonomischen Gesetz zusammenhängen, daß Bildungsausgaben als «faux frais» der kapitalistischen Produktion auf das nach
   Maßgabe vorhandener Qualifikationsbedürfnisse und sozialpolitischer Notwendigkeiten unerläßliche Minimum begrenzt werden
   müssen.

Während für die Analyse der programmatischen Entwürfe zur Bildungsreform vor allem die erste und zweite Fragestellung wichtig sind,
spielt für die Beurteilung ihrer Realisierungschancen und der tatsächlichen Entwicklung außerdem die dritte Frage eine entscheidende Rolle
(vgl. den nächsten Abschnitt). In diesem Abschnitt soll allerdings zunächst die Reformbewegung der sechziger Jahre auf der Ebene der Ziel-
diskussion und programmatischer Planung im Mittelpunkt stehen.

Eine Reihe struktureller Veränderungen in der Wirtschaftsentwick-
lung der BRD seit dem Ende der fünfziger Jahre bildeten die ökonomische
Grundlage für eine neue Einschätzung des Zusammenhangs von wirtschaftlicher Entwicklung und Ausbildungssystemen. Die hohen Zuwachsraten des Arbeitsvolumens sanken seit 1958 rapide ab.[19] Die entste-
hende Arbeitskräfteknappheit «zwang zur forcierten Substitution leben-
diger durch vergegenständlichte Arbeit»[20]. Sollte das Tempo des Wirtschaftswachstums gehalten werden, war bei beschränktem Arbeitsvolu-
men eine verstärkte Steigerung der Arbeitsproduktivität notwendig. Es
zeigte sich jedoch, daß trotz steigender Investitionsquote die Zuwachsrate der Arbeitsproduktivität stagnierte und im Vergleich mit den Jahren

19 Vgl. E. Altvater: Perspektiven . . ., a. a. O., S. 14.
20 F. Huisken: Zur Kritik . . ., a. a. O., S. 339.

1951/55 sogar gesunken war.[21] Die einseitig auf die Rolle der Kapitalinvestitionen fixierten Wachstumstheorien der bürgerlichen Ökonomie schienen angesichts dieser Entwicklung revisionsbedürftig. So schlußfolgerte Altvater, den Thesen Jánossys folgend, in seiner Analyse der «Perspektiven jenseits des Wirtschaftswunders»:

«Der das Wachstum limitierende Faktor scheint daher tatsächlich die Qualifikationsstruktur der Arbeitskraft zu sein und nicht der Faktor Kapital, wie eine weitverbreitete Ansicht meint.»[22]

Die verschärfte Konkurrenz auf dem Weltmarkt und der eindeutige technologische Vorsprung der USA «in den gesamt- und außenwirtschaftlich immer wichtiger werdenden forschungsintensiven Industriezweigen»[23] lenkte zusammen mit der soeben apostrophierten Wachstumsproblematik die Aufmerksamkeit der Wirtschaftspolitiker auf die Qualifikationserfordernisse und Ausbildungsvoraussetzungen des beschleunigten technischen Fortschritts. Die bürgerlichen Wirtschaftswissenschaften prägten den Begriff des «Human capital», um diesen Gesichtspunkt formell ihren Wachstumstheorien integrieren zu können. Der 1963 gegründete «Sachverständigenrat zur Begutachtung der gesamtwirtschaftlichen Entwicklung» betonte, daß für die Hebung der Arbeitsproduktivität «Investitionen in den Menschen nicht weniger als Investitionen in Sachkapital» wichtig seien.[24] In seinem Jahresgutachten 1965/66 erläuterte er die Notwendigkeit einer Bildungspolitik, die eine Anpassung der Qualifikationsstruktur der Arbeitskraft an die Erfordernisse der forcierten technischen Umwälzung der Produktionsprozesse sicherstellt, an einem Beispiel:

«Die Einführung neuer Erzeugungsmethoden kann leicht auf Hindernisse stoßen, wenn dazu berufliche Qualifikationen gebraucht werden, die nicht oder nur in unzureichendem Maße vorhanden sind und nur in langer Ausbildungszeit erworben werden können. Anlagen zur elektronischen Datenverarbeitung zum Beispiel haben nur wenig Zweck, wenn die Unternehmer nur unzureichend erkennen,

21 Vgl. dazu das Jahresgutachten 1964/65 des Sachverständigenrates zur Begutachtung der gesamtwirtschaftlichen Entwicklung, S. 52:
«Die Abnahme der Bedeutung des Arbeitsvolumens für das Wirtschaftswachstum ist nicht durch entsprechend rasche Zunahme der Arbeitsproduktivität – des realen Bruttoinlandsprodukts je Arbeitsstunde der Erwerbstätigen – ausgeglichen worden. Die Zuwachsrate der Arbeitsproduktivität ist vielmehr seit Mitte der fünfziger Jahre gleichgeblieben; im Vergleich zu den Jahren 1951–1955 ist sie sogar etwas gesunken.»
22 E. Altvater: Perspektiven . . ., a. a. O., S. 15.
23 Bundesbericht Forschung II, Bonn 1967, S. 137.
24 Vgl. Jahresgutachten des Sachverständigenrates, 1964/65, S. 52.

welche Aufgaben sie damit lösen können, oder wenn es an Mitarbeitern fehlt, die diese Aufgaben präzisieren, und an Programmierern und Technikern, die die hochgezüchteten elektronischen Anlagen warten und bedienen können.

Hieran ist ersichtlich, wie sehr die Produktivität der Investitionen in Sachkapital davon abhängt, ob zuvor genügend Mittel für Ausbildung, Forschung und technische Entwicklung eingesetzt wurden.»[25]

Der Wandel in der Einschätzung der Bedeutung des Bildungswesens für die wirtschaftliche Entwicklung nährte Zweifel an der Funktionalität des bestehenden Schulsystems in der BRD und motivierte die Ausarbeitung neuer Konzepte für das gesamte Bildungswesen, die auf Langzeitanalysen und -prognosen basierten. Dies hatte zunächst auch eine überproportionale Erhöhung der Bildungsausgaben in der BRD zur Folge. Der Anteil der Nettoausgaben für Schulen und Hochschulen am gesamten Bruttosozialprodukt stieg zum Beispiel von 2,5 % (1959) auf 3,3 % (1967).[26] Wie beim Übergang der Großindustrie zu Methoden der relativen Mehrwertproduktion in der zweiten Hälfte des 19. Jahrhunderts, schlugen jedoch auch nach der Beendigung des extensiven Wachstums der Rekonstruktionsperiode keineswegs, wie Hirsch behauptet, die «von den Bedingungen des kapitalistischen Kapitalverwertungs- und Wachstumsprozesses erzwungene technische Innovationsrate . . . unmittelbar auf die Struktur und die Inhalte des Erziehungs- und Ausbildungssystems durch»[27]. Die reale Entwicklung zeigt vielmehr, daß dieser Durchsetzungsprozeß sehr vermittelt und widersprüchlich verlief, sich sehr unterschiedlich in den verschiedenen Bereichen des Ausbildungssektors auswirkte und einige dieser Bereiche kaum tangierte.

Dies erklärt sich folgendermaßen: Wie in der zweiten Hälfte des 19. Jahrhunderts führte der beschleunigte technische Fortschritt keineswegs zu einer allgemeinen, gleichmäßigen Anhebung des erforderlichen Qualifikationsniveaus auf allen Arbeitsplätzen. Im Bereich gesellschaftlicher Durchschnittsarbeit zum Beispiel konnten empirische industriesoziologische Untersuchungen keine dramatischen Veränderungen der Qualifikationserfordernisse feststellen. So konstatierten Kern und Schumann,

25 Jahresgutachten des Sachverständigenrates 1965/66, S. 175.
26 Vgl. F. Huisken: Zur Kritik . . ., a. a. O., S. 343. Vgl. außerdem: Bericht der Bundesregierung zur Bildungspolitik, Bildungsbericht '70. Bonn 1970, S. 20: «Im Zeitraum von 1955 bis 1968 sind die Aufwendungen der öffentlichen Haushalte für Bildung und Wissenschaft fast um das Vierfache gestiegen. Ihr Anteil an den öffentlichen Gesamthaushalten ist im gleichen Zeitraum von 8,9 % auf 13,4 % – – also um etwa die Hälfte – angewachsen.»
27 J. Hirsch: Wissenschaftlich-technischer Fortschritt und politisches System, Frankfurt/M. 1970, S. 86.

«daß der aktuelle technische Wandel im Bereich der Industriearbeit im Regelfall mit keinen harten Qualifikationsproblemen verbunden ist. Die Qualifikationsreserven der Industriearbeiterschaft reichen normalerweise aus, um auch in den Fällen, in denen technische Neuerungen die Anforderungen an das Wissen und Können der Arbeiter erhöhen, den gestellten Ansprüchen Rechnung zu tragen».[28]

Inhaltlich neue Qualifikationsansprüche ergaben sich vor allem für jene schon höherqualifizierten Arbeitskräfte, die neue Technologien entwickeln, einrichten und instandhalten mußten. Demgemäß konzentrierten sich die staatlichen Anstrengungen – wie schon im Zeitraum 1860 bis 1900 (vgl. 1.4.) – auf die höheren und mittleren Bildungsanstalten, auf Universitäten, Hochschulen und Fachschulen. Von 1959 bis 1969 sank der Anteil der Schulen an den «Nettoausgaben für Schulen und Hochschulen» von 79,6 auf 71,0 %, während der Anteil der Hochschulen entsprechend von 20,4 auf 29,0 % anstieg.[29] Diese Schwerpunktbildung entsprach auch den Forderungen der Unternehmerverbände.[30]

Gleichwohl beschränkten sich die Reformprogramme und -experimente nicht auf jene Schwerpunkte im Bildungswesen, deren Ausbau ökonomisch vordringlich war. So darf man wohl die These wagen, daß die Reformvorstellungen, die der Bildungsrat mit seinem Strukturplan vorlegte, erheblich über die aktuellen Qualifikationserfordernisse der Wirtschaft hinausgingen.[31] Einer nur auf den Gesichtspunkt der ökonomischen Qualifikationserfordernisse fixierten Analyse müßten hier notwendig Fehlinterpretationen unterlaufen, weil jene Reformpläne bei Berücksichtigung der wirtschaftlichen Strukturveränderungen maßgeblich von den gesellschaftspolitischen Funktionen des Bildungswesens her konzipiert waren.[32] Ihnen zugrunde lag die ideologische Vorstellung, daß

28 H. Kern/M. Schumann: Industriearbeit und Arbeiterbildung, Teil I, Frankfurt/M. 1970, S. 280.

29 Quelle: F. Huisken: Zur Kritik . . ., a. a. O., S. 343.

30 Vgl. M. Baethge: Abschied von Reformillusionen, in: betrifft: erziehung, 5. Jg. 1972, H. 11, S. 27.

31 Dies ist von den im Umkreis der Studentenbewegung entstandenen Untersuchungen zur Schul- und Hochschulreform, die sich am Stichwort der «Technokratischen Hochschulreform» orientierten, nicht klar genug erkannt worden. Zugleich haben diese Versuche die Realisierungschancen der mit diesem Schlagwort belegten Reformkonzepte nicht realistisch eingeschätzt. Die rapide Veränderung des staatlichen Finanzierungsspielraums auf Grund der verschärften konjunkturellen Krisen war in dem jetzt absehbaren Ausmaß auch kaum vorhersehbar; wohl aber, daß mittel- und langfristige Planungen des bürgerlichen Staates, an welchen gesellschaftspolitischen Zielsetzungen sie auch immer orientiert seien, jederzeit durch die Gesetzmäßigkeiten der Kapitalverwertung zur Revision gezwungen werden können.

32 Sogar in den ökonomischen Modellstudien zur Bildungsplanung wurden

der Staat als Sozialstaat in seinem Ausbildungssystem die Klassenstruktur der Gesellschaft, die Benachteiligung der sozial Schwachen aufheben und dem Arbeiterkind Chancengleichheit mit dem Kind aus großbürgerlicher Familie vermitteln könne. Die Konzeption eines solchen Bildungssystems entsprach dem propagierten Selbstbildnis des über den gesellschaftlichen Klassen stehenden neutralen Sozialstaates und war geeignet, in der Bevölkerung die Idee einer durch das Bildungssystem vermittelten sozialen Gerechtigkeit zu verankern. Angesichts der Manifestation der «Bildungskrise» nicht nur auf der «Abnehmerseite», sondern auch auf der Seite derjenigen, die um Bildung nachfragten, konnte das traditionelle Schulsystem mit seinen offen zutage liegenden Selektionsprinzipien seine soziale Funktion nicht mehr recht erfüllen. Die «explosionsartig» ansteigende Nachfrage nach Bildung traf auf die unterentwickelten Kapazitäten des westdeutschen Bildungssystems und ließ vorhandene Bildungsprivilegien bzw. -barrieren, die die Klassenstruktur der westdeutschen Gesellschaft widerspiegelten, klarer hervortreten. Je mehr sich dieser Widerspruch zwischen Bildungsnachfrage und Bildungskapazitäten zuspitzte, desto deutlicher formulierte die sich entwickelnde Studenten-, Schüler- und Lehrlingsbewegung das allgemeine Recht auf eine qualifizierte Ausbildung, das einzulösen das traditionelle Bildungssystem keine Möglichkeit mehr bot.

Damit geriet ein weiterer Pfeiler westdeutscher Nachkriegsideologie ins Wanken. Nachdem die Wirtschaftskrise 1966/67 den Glauben an die Krisenfestigkeit staatsinterventionistischer Wirtschaftspolitik erschüttert hatte, brachte die Bildungskrise das Dogma von der «nivellierten Mittelstandsgesellschaft»[33] zu Fall. Die sehr offen zutage liegenden Klassenschranken des westdeutschen Bildungswesens traten in das Bewußtsein der Öffentlichkeit und wurden von sozial engagierten Verfechtern einer Bildungsreform zum Teil recht heftig angegriffen. Sollte die Schule

ausdrücklich umfassende ideologische Zielsetzungen der Gesellschaftspolitik als Leitziele der Planung angegeben. So deduzierte etwa H. P. Widmaier in seiner Schrift: «Bildung und Wirtschaftswachstum, eine Modellstudie zur Bildungsplanung im Auftrag des Kultusministeriums von Baden-Württemberg», Villingen 1966, aus den «übergeordneten Zielen der Gesellschaftspolitik» auf einer ersten Stufe bildungspolitische Leitziele und daraus operationelle Ziele der Bildungsplanung, Beispiel:

1. Gesellschaftspolitisches Ziel:	Gerechtigkeit
2. Bildungspolitisches Ziel:	Chancengleichheit
3. Operationelles Ziel:	Statt 8 % sollen 15 % eines Altersjahrgangs das Abitur machen

Vgl. F. Huisken: Zur Kritik . . ., a. a. O., S. 164 ff.

33 Zur inhaltlichen Bestimmung dieses Begriffs vgl. H. Schelsky: Schule und Erziehung in der industriellen Gesellschaft, Würzburg 1957.

weiterhin ihre Funktion als Institut sozialer Integration und Legitimation bestehender Produktionsverhältnisse erfüllen, so schien eine wenigstens formelle Demokratisierung des Bildungswesens geboten. Das bedeutete jedoch u. a., daß den Ideen der Chancengleichheit und sozialer Integration ein höherer Verbindlichkeitsgrad in der Struktur des Schulwesens selbst verliehen werden mußte. In diesem Sinne haben verschiedene Autoren die offiziellen Reformprogramme für das westdeutsche Ausbildungswesen aus der gesellschaftspolitischen Intention abgeleitet, durch eine Reorganisation des Schulwesens dessen gefährdete Funktion, loyale und von der sozialen Gerechtigkeit der kapitalistischen Gesellschaftsordnung überzeugte Staatsbürger zu erziehen, wiederherzustellen. So schreibt Baethge:

«Zu deutlich war der Klassencharakter des Bildungssystems im Vergleich vor allem mit sozialistischen Ländern geworden, in denen sehr viel mehr Arbeiterkinder auf höheren Bildungseinrichtungen und Universitäten waren. Der Legitimationsdruck der bürgerlichen Gesellschaft, wie er sich am deutlichsten im Postulat der Chancengleichheit äußert und der manifest wurde, als die Studenten-, Schüler- und Lehrlingsbewegung dieses Postulat zur Durchsetzung ihrer Ausbildungsinteressen aufgriff und gegen die reale Ausbildungspolitik der Gesellschaft wandte, forderte sicherlich auch eine Veränderung des Ausbildungssystems in einer Richtung, die weniger offensichtlich die soziale Diskriminierung manifestierte.»[34]

Zu einer ähnlichen Einschätzung kommt Offe in seinem Gutachten «Bildungssystem, Beschäftigungssystem und Bildungspolitik»:

«Unter den Impulsen der Bildungspolitik, die von den internen Strukturproblemen des politischen Systems generiert sind, dürfte allerdings das Problem der Chancengleichheit und damit der Sicherung der politischen Legitimationsbasis von der größten Bedeutung sein.»[35]

Die institutionelle Form, in der sich die ökonomischen Zwecke und die sozialpolitischen Absichten der Reformprogramme konkretisierten, war und ist die Gesamtschule. Ihre horizontale Organisationsstruktur vermittelt den Eindruck konsequenter sozialer Integration, Chancengleichheit, Individualisierung und Förderung des einzelnen, unabhängig von seiner sozialen Herkunft. Eine genaue Analyse ihrer Differenzierungsformen zeigt jedoch, daß größere Durchlässigkeit und bessere Selektionsmechanismen in erster Linie auf die Erschließung der ökonomisch erforderlichen «Begabungsreserven» zielen und weniger auf die besondere

34 M. Baethge, a. a. O., S. 27.
35 C. Offe: Bildungssystem, Beschäftigungssystem und Bildungspolitik, Starnberg 1973 (Gutachten), S. 36.

Förderung soziokulturell benachteiligter Schülergruppen, wie die Begriffe Chancengleichheit und soziale Integration es suggerieren.

Eine kritische Auseinandersetzung mit dem Konzept der Gesamtschule ist hier jedoch weder möglich noch nötig.[36] Festzuhalten bleibt, daß dieses Konzept bisher nur experimentell in einigen Schulversuchen erprobt wird und eine Umwälzung des dreigliedrigen Schulsystems durch die Einführung der Gesamtschule als Regelschule nicht abzusehen ist. Gegenwärtig erscheint es eher, als würden die Gesamtschulen gerade als vereinzelte Modellversuche ihre bildungspolitische Funktion am besten erfüllen, indem sie gegenüber der öffentlichen Kritik am Ausbildungssystem der BRD staatliche Reformbereitschaft demonstrieren und zugleich – bei unzureichender personeller und materieller Ausstattung – die großen Schwierigkeiten dokumentieren, die allen Innovationen im Bildungsbereich entgegenstehen und insofern zur Vorsicht bei der Veränderung überkommener Strukturen mahnen.

Jedenfalls bewirkte die mit viel Engagement geführte Reformdiskussion der sechziger Jahre keineswegs eine eingreifende Umgestaltung des Volksschulwesens. Zwar löste sie auch in der Volksschule gewisse organisatorische Veränderungen aus (zum Beispiel Einführung der Beobachtungsstufe), diese Veränderungen zielten jedoch – entsprechend den oben angedeuteten ökonomischen Triebkräften der Bildungsreform – weniger auf eine veränderte Qualifikationsstruktur des Durchschnittsschülers als auf die effektivere Förderung überdurchschnittlich leistungsfähiger Schüler. «Vom Kapitalinteresse her kann sie (die Bildungsreform, I. A.) deswegen diese Akzentuierung haben, weil die Qualifikationsveränderungen der Arbeiter nicht so dramatisch sind, daß sie eine große Bildungsreform erforderten»[37].

Es versteht sich, daß unter diesem Gesichtspunkt die Reform der Sonderschule noch geringere Dringlichkeit beanspruchen konnte. Volksschulversager gehörten von ihrer durchschnittlichen Berufsperspektive her nicht zum Potential jener Arbeitskräfte, die technologische Innovationen hervorbringen oder handhaben mußten. Dementsprechend gering war auch das ökonomische Interesse an einer Veränderung ihrer Ausbildung. So wurden die Probleme der Sonderschule in der Frühphase der Reformdiskussion kaum beachtet. Daß trotz der evidenten inhaltlichen Relevanz der Reformdiskussion für die Sonderschule auch die Studen-

36 Es liegen bereits mehrere ausführliche Analysen der Gesamtschule vor. Vgl. etwa: Volker Hoffmann: Der Klassencharakter der Gesamtschule. Bildungsökonomische, soziologische und erziehungswissenschaftliche Analysen zu einem schulpolitischen Reformprojekt im Spätkapitalismus, Berlin 1972; oder R. Heinrich: Zur politischen Ökonomie der Schulreform. «Leistungsdifferenzierung» und «soziale Integration» in der Gesamtschule, Frankfurt/M. 1973.

37 M. Baethge, a. a. O., S. 27.

ten- und Schülerbewegung – die gerade die gesellschaftspolitischen Aspekte stärker akzentuierte – die Abseitsstellung der Sonderschule nicht beachtete, war zweifellos auch eine Folge der organisatorischen Isolation des Sonderschulwesens vom gesamten übrigen Ausbildungssystem. Die soziale Randstellung der Sonderschüler fand gerade darin ihren zugespitzten Ausdruck, daß die gesellschaftskritische Reformbewegung, welche die bildungspolitischen Rechte der unterprivilegierten Bevölkerungsschichten einklagen wollte, die Problematik der Sonderschüler übersehen konnte.

Die zeitweilige Ausklammerung der Sonderschule aus der Reformdiskussion hatte auch negative Folgen für die wissenschaftliche Entwicklung auf diesem Gebiet. Die veränderte Interpretation des Begabungsbegriffs sowie die Ergebnisse der Begabungsforschung, die eine völlig neue Definition des Hilfsschülers ermöglicht hätten, wirkten sich zunächst auf die Theoriebildung innerhalb der Lernbehindertenpädagogik kaum aus. Durch die Vernachlässigung sozialwissenschaftlicher, interdisziplinärer und ideologiekritisch orientierter Forschungsprojekte sowie durch das völlige Fehlen methodologisch zureichender vergleichender Untersuchungen geriet sie in einen immer größeren Rückstand zur allgemeinen Erziehungswissenschaft.

Allerdings konnte die Sonderpädagogik nicht auf Dauer von den öffentlichen Diskussionen um die Bildungsreform unberührt bleiben. Seit dem Ende der sechziger Jahre waren es zunächst vor allem Vertreter des Sonderschulbereichs aus Wissenschaft und Lehrerverbänden selbst, die mit zunehmendem Nachdruck forderten, daß die Sonderschule in die Bildungsreform und besonders in den Integrationsprozeß der verschiedenen Schularten einzubeziehen sei. Vor allem der Verband Deutscher Sonderschullehrer und die betreffenden Fachverbände der GEW drangen nunmehr darauf, die Problematik der lernbehinderten und verhaltensgestörten Schüler bei der Diskussion und Erprobung des Gesamtschulkonzepts zu berücksichtigen.[38] Der Gesamtschulinformationsdienst des Pädagogischen Zentrums widmete 1970 ein Heft ausschließlich der Frage: «Lern- und verhaltensgestörte Schüler in der Gesamtschule»[39]. Hier wurde ausdrücklich auf die mit der schulorganisatorischen Separation verbundene soziale Diskriminierung und berufliche Benachteiligung der Sonderschüler hingewiesen.[40] Nachdem der Anschluß einmal hergestellt

38 Als ein Beispiel seien hier die «Empfehlungen zur Teilintegration von Sonderschulen für Lernbehinderte in Gesamtschulen» der Fachgruppe Sonderschulen in der GEW Niedersachsens angeführt. Vgl. Pädagogisches Zentrum (Hg.): Gesamtschulen, Informationsdienst, 3/69, Berlin 1969, S. 28 ff.

39 Pädagogisches Zentrum (Hg.): Gesamtschulen, Informationsdienst 1/70, Berlin 1970.

40 Vgl. die Aufsätze von J. Lohmann und U. Preuss, ebd., S. 9 ff und 31 ff.

war, trug die Gesamtschuldiskussion dazu bei, das Bewußtsein von der gesellschaftlichen Problematik der isolierten Sonderschule zu verbreiten und zu schärfen, während umgekehrt das Gesamtschulkonzept im Hinblick auf die Integration behinderter Schüler problematisiert wurde. Unter diesem Gesichtspunkt erhielt die Einbeziehung der Grundstufe eine besondere Bedeutung. Die unentschiedene Haltung des Bildungsrates in dieser Frage spiegelte noch die derzeitige Ausklammerung der Behindertenprobleme. Darauf machte Bleidick in seinem Aufsatz «Die Struktur der Gesamtschule im Hinblick auf Unterricht und Erziehung von Behinderten» (1971) aufmerksam:

«Die mit laufenden Gesamtschulversuchen konform gehende Empfehlung der Bildungskommission des Deutschen Bildungsrates: ‹Die Zugehörigkeit einer Grundstufe ist wünschenswert, aber nicht notwendig . . .› dürfte die größte konzeptionelle und organisatorische Hürde für eine sinnvolle Einbeziehung der Behinderten in Gesamtschulen darstellen. Eine kompensatorische Erziehung im Elementarbereich und ein System von Fördermaßnahmen im Primarbereich in einer reformierten Grundschule sind die unerläßlichen Bedingungen, um überhaupt eine Verbindung von Sonderschule und Gesamtschule herzustellen. Gesamtschulen müssen daher eine Grundstufe umfassen.»[41]

Während auf der Ebene der Wissenschaft und der öffentlichen Reformdiskussion das Thema «Isolation oder Integration der Behindertenausbildung» an Gewicht gewann, blieb auf Grund der primär ideologischen Funktion der proklamierten gesellschaftspolitischen Zielsetzungen der Bildungsreform deren praktische Umsetzung im Sonderschulbereich noch weit hinter den zaghaften Reformversuchen im «Normalschulbereich» zurück. Während unter dem Einfluß der sozialwissenschaftlichen Erkenntnisse, der Wiederentdeckung gesellschaftlicher Ursachen für Schulversagen, der zunehmenden Vergleichsmöglichkeit mit dem Ausland in der sonderpädagogischen Literatur in zunehmendem Maße kritische Stimmen auftauchten, die auf eine umfassende Revision der Sonderpädagogik in der BRD abzielten und eine aktive Mitbeteiligung der Sonderpädagogen an der praktischen Entwicklung der Gesamtschulen forderten, war von praktischen Integrationsversuchen, wie der folgende Abschnitt 3.4. zeigen wird, wenig zu hören.

Das Gutachten der KMK vom Jahre 1971 verteidigte noch einmal ausdrücklich die isolierte Sonderschule als Form der Lernbehindertenausbildung:

«Die Sonderschule in ihren verschiedenen Typen ist eine eigenständige Schulform. Die organisatorische Gliederung der Sonderschulen richtet sich nach der

41 U. Bleidick: Die Struktur der Gesamtschule im Hinblick auf Unterricht und Erziehung von Behinderten, in: Z. f. Heilpäd., 22. Jg. 1971, S. 85 ff.

Behinderungsart und den Fähigkeiten der Schüler. Wegen der Besonderheit der pädagogischen Arbeit sollten Sonderschulen grundsätzlich als Ganztagsschulen geführt werden. Die Einrichtung von zweizügigen Schulen ist anzustreben. Auch dort, wo aus zwingenden Gründen kleine Schulen nicht zu vermeiden sind, werden sie als selbständige Sonderschulen geführt.»[42]

Das Gutachten empfahl die «Vereinheitlichung und den Ausbau der bestehenden Einrichtungen». Die KMK hielt es für «unrealistisch, bereits jetzt Empfehlungen für die Eingliederung der behinderten Schüler in die Gesamtschulen zu geben», da «die Gesamtschule zu ihrer inneren Verwirklichung noch vor manchen Problemen steht und ihre endgültige Gestalt noch nicht gefunden hat»[43]. Sie bestätigt damit die Absicht, das Sonderschulwesen weiterhin aus dem Prozeß eventueller struktureller Neugliederung des allgemeinbildenden Schulwesens auszuklammern.[44]

Dieses Konzept lief darauf hinaus, auch nach eventueller Umstrukturierung des Normalschulwesens die Sonderschulen als isolierte Auffanginstitution für Normalschulversager zu erhalten. Mit dem Mangel an Erfahrungen war allerdings kaum zu begründen, weshalb nicht durch die praktische Inangriffnahme von Integrationsversuchen Erfahrungen gesammelt werden sollten. Hinter dem konservativen Konzept steht vielmehr das Faktum, daß es weder ein akutes wirtschaftliches Interesse an einer Verbesserung des Ausbildungsniveaus der Lernbehinderten noch einen hinreichenden Druck der Öffentlichkeit und der Lehrerverbände gab, der Maßnahmen zur Aufhebung der Isolation der Sonderschulen und zur Verringerung der gesellschaftlichen Diskriminierung ihrer Schüler erfordert hätte.

42 Ständige Konferenz der Kultusminister der Länder in der Bundesrepublik Deutschland, Gutachten zur Ordnung des Sonderschulwesens, o. O. 1971, S. 8.

43 Ebd., S. 32.

44 Die strukturellen Veränderungen des allgemeinbildenden Schulwesens beschränken sich zunächst auf den Normalschulbereich. Erst das endgültige Konzept der Gesamtschule soll darüber entscheiden, ob auch ein gewisser Prozentsatz lernbehinderter Schüler integrierbar ist. Die Hilfsschüler selbst treten als Adressaten der Schulreform überhaupt noch nicht in Erscheinung, ihre institutionelle Erziehung bleibt wie bisher abhängig von den Möglichkeiten und Entwicklungen der Erziehungsinstitutionen im Normalschulbereich.

3.4. Die gegenwärtige Reformdiskussion in der Sonder-
pädagogik und ihre Auswirkungen auf die Praxis

Ist die gegenwärtige Praxis der Lernbehindertenerziehung auch noch so gut wie ausschließlich geprägt durch die separierte Hilfsschulinstitution (vgl. auch 3.3.), so lassen sich jedoch gewisse Integrationsbemühungen nicht übersehen. In den letzten Jahren sind die Begriffe «Isolation» und «Integration» zu immer häufiger angewandten Schlagworten in der Behindertenpädagogik und auch in der Öffentlichkeit geworden. Abhandlungen in wissenschaftlichen Zeitschriften und in der Presse legen davon Zeugnis ab. Die Begriffe «Integration» und «Isolation» werden vor allem von Befürwortern struktureller Wandlungen im Sonderschulwesen im Sinne einer Kritik an herkömmlichen Institutionen in die wissenschaftliche und öffentliche Diskussion getragen.

Nicht zuletzt durch die Empfehlung der Bildungskommission des Deutschen Bildungsrates[1], die Ende 1973 veröffentlicht wurde, erhielt die Integrationsdiskussion auch bildungspolitische Relevanz. Mit ihrer «Empfehlung» legte die Bildungskommission eine «Art Strukturplan für die pädagogische Förderung behinderter und von Behinderung bedrohter Kinder und Jugendlicher»[2] vor, der dem Gutachten der Kultusminister-Konferenz (KMK) konzeptionell entgegenstand. Es heißt in der «Empfehlung»:

«Für diese neue Empfehlung mußte die Bildungskommission davon ausgehen, daß behinderte Kinder und Jugendliche bisher in eigens für sie eingerichteten Schulen unterrichtet wurden, weil die Auffassung vorherrschte, daß ihnen mit besonderen Maßnahmen in abgeschirmten Einrichtungen am besten geholfen werden könne. Die Bildungskommission folgt dieser Auffassung nicht. Sie legt in der vorliegenden Empfehlung eine neue Konzeption zur pädagogischen Förderung behinderter und von Behinderung bedrohter Kinder und Jugendlicher vor, die eine weitmögliche gemeinsame Unterrichtung von Behinderten und Nichtbehinderten vorsieht und selbst für behinderte Kinder, für die eine gemeinsame Unterrichtung mit Nichtbehinderten nicht sinnvoll erscheint, soziale Kontakte mit Nichtbehinderten ermöglicht. Damit stellt sie der bisher vorherrschenden schulischen Isolation Behinderter ihre schulische Integration entgegen.[3]

Im Gegensatz zur «kurzfristigen» Bildungsplanung der KMK-Empfehlung von 1972 entwirft die Bildungskommission in einer «langfristigen»

1 Vgl. Deutscher Bildungsrat, Empfehlungen der Bildungskommission: Zur pädagogischen Förderung behinderter und von Behinderung bedrohter Kinder und Jugendlicher, Bonn 1973. Im folgenden wird die Veröffentlichung der Bildungskommission abgekürzt als «Empfehlung» bezeichnet.
2 Ebd., S. 11.
3 Ebd., S. 16.

Perspektive den Plan einer zunehmenden Integration von Behinderten-gruppen in die Regelschule.[4] Sie betrachtet die «Reform des Sonderschul-wesens» als «Fortschreibung des Strukturplans» und stützt sich im we-sentlichen auf die «Vorgaben», die im «Strukturplan für das Bildungswe-sen» (1970) gegeben sind:

«– die horizontale Gliederung, die der Strukturplan für die künftige Organisation des Schulwesens vorsieht,
– die Individualisierung der Lernanforderungen, zu der es durch die Curriculum-entwicklung im Unterricht kommen soll,
– die Betonung früher Lernprozesse, deren Bedeutung durch die Forschung in den vergangenen Jahren aufgewiesen wurde.»[5]

Mit ihren Forderungen, Behinderte «als gleichberechtigte Mitglieder der Gesellschaft anzusehen und dementsprechend in die gesellschaftlichen und staatlichen Förderungsmaßnahmen einzubeziehen», um sie «soweit wie möglich in die Gesellschaft zu integrieren»[6], orientiert sich die «Empfehlung» der Bildungskommission an den schulpolitischen Zielvor-stellungen der späten sechziger Jahre (vgl. 3.3.). Zu den gegenwärtigen bildungspolitischen Entwicklungstendenzen steht dieses pädagogisch fortschrittliche Konzept allerdings im Widerspruch, denn es rezipiert die Leitgedanken der Reformbewegung in einer Zeit, in der diesen Zielvor-stellungen die materielle Basis weitgehend entzogen ist.

Die widerspruchsvolle Beziehung zwischen den auf den sonderpädago-gischen Bereich bezogenen Reformideen und ihren Realisierungsmög-lichkeiten erfordert eine nähere Betrachtung. Was bedeutet die schulor-ganisatorische Integration der Lernbehinderten und welches sind ihre materiellen institutionellen, unterrichtsorganisatorischen und curricula-ren Voraussetzungen?

Die vom Regelschulwesen separierte Hilfsschulinstitution ist – wie im ersten Kapitel aufgezeigt wurde – als Abspaltungsprodukt der sich konso-lidierenden Volksschule entstanden. Sie ist daher funktional an das tradi-tionelle vertikale Schulsystem gebunden. Solange das herkömmliche allgemeinbildende Schulwesen unangetastet blieb, wurde auch die sepa-rierte Hilfsschule nicht problematisiert, sondern in ihrem «Eigencharak-ter» gefestigt. Schulorganisatorische Veränderungen im Sonderschulbe-reich setzen Veränderungen der Schulstruktur im Regelschulbereich voraus.

Umgekehrt zeigt sich die funktionelle Abhängigkeit der Sonderschule für Lernbehinderte vom Regelschulwesen darin, daß Strukturverände-

4 Vgl. ebd., S. 22 f.
5 Ebd., S. 16.
6 Ebd., S. 12.

rungen im allgemeinen Bildungssystem notwendigerweise auch auf den Bereich des Sonderschulwesens einwirken. Das läßt sich am Modell der Gesamtschule erläutern. Ein auf der Basis der Gesamtschule errichtetes Bildungswesen wäre mit der isolierten Hilfsschulinstitution und ihrer herkömmlichen Entlastungs- und Sozialisationsfunktion nicht vereinbar.

Zum einen erscheint die separierte Hilfsschulinstitution unter bildungsökonomischem Aspekt angesichts einer Gesamtschule, die die Grundsätze des «Strukturplans»: Einheit des Bildungswesens, durchlässige Bildungsgänge, individuelles Lernen, verwirklicht, dysfunktional. Ihre ökonomische Effektivität als Hilfsinstitution der Regelschule erhält die Sonderschule für Lernbehinderte ja wesentlich dadurch, daß sie grundsätzliche Mängel des allgemeinen Schulwesens in der Unterrichtsorganisation, materiellen Ausstattung und personellen Besetzung der Schulen auf begrenztem Gebiet zu kompensieren sucht und damit zugleich erhebliche Kosten für eine grundlegende Verbesserung des Regelschulwesens einsparen hilft.

Gewährleistet nun eine zukünftige Gesamtschule, wie sie etwa der Strukturplan vorsieht, selbst die Möglichkeit zur Individualisierung des Lernens und zur besseren Förderung des einzelnen, so widerspräche es einer optimalen Nutzung der hierfür aufzuwendenden finanziellen Mittel, wenn lernbehinderte Schüler weiterhin in besonderen, zusätzliche Kosten verursachenden Institutionen unterrichtet würden.[7] Teure Spezialeinrichtungen wie Lehrküchen, Werkstätten, Turnhallen könnten von Lernbehinderten und Regelschülern gemeinsam genutzt werden.[8]

Zum anderen würde ein Fortbestehen der isolierten Lernbehindertenerziehung sowohl die Sozialisationsfunktion der Gesamtschule als auch der Sonderschule gefährden, da beide Institutionen – getrennt voneinander – nicht in der Lage wären, die sozialen Verhaltensweisen zu vermitteln, die die Schule nach der Meinung der Reformvertreter jedem Kind anerziehen müsse.[9] So schreibt etwa Mastmann (1968):

«Die Gesamtschule fördert durch die Begegnung von Schülern mit unterschiedlichen Befähigungen und Interessen das gegenseitige Verstehen und die Rücksicht-

7 Vgl. auch S. Graf, a. a. O., S. 90 ff.

8 Vgl. N. Myschker: Sonderschule und Gesamtschule. Zur Integration behinderter Kinder in Gesamtschulsysteme, in: Z. f. Heilpäd., 21. Jg. 1970, H. 6, S. 307.

9 So heißt es etwa in den Informationen des hessischen Kultusministers zur Gesamtschule: «Schüler unterschiedlicher sozialer Herkunft lernen gemeinsam, um in die Lage versetzt zu werden, die in der industriellen Leistungsgesellschaft an sie gestellten Forderungen zu erfüllen.» (B. Frommelt: «Soziale Integration» – Anmerkungen zu einem Schlagwort, in: Der Hessische Kultusminister, Informationen Gesamtschule III, o. O. 1971, zitiert bei: R. Heinrich, a. a. O., S. 155).

nahme aufeinander. – Die Schüler sind vorzubereiten auf eine Welt zunehmender Abstraktion, Verflechtung, Veränderlichkeit, die Zusammenarbeit, Toleranz und gegenseitiges Verstehen erfordert. Diese Vorbereitung kann nur erfolgen durch systematische Einübung der Kooperation.»[10]

Zudem würde die separierte Hilfsschulinstitution, die ihre Schüler durch negative Selektion in die soziale Randständigkeit abdrängt, die Glaubwürdigkeit des bildungspolitischen Reformprogramms in Frage stellen, das die Gesamtschule als Modell für die allgemein zu verwirklichende «Chancengleichheit» hinstellt. Bei der Realisierung eines horizontalen, integrierten Regelschulwesens würde sich die Diskriminierung der Lernbehinderten durch eine weiterhin isolierende Erziehung erheblich verschärfen. In diesem Falle erschiene die Sonderschule für Lernbehinderte nicht mehr als ein pädagogischer «Schonraum», sondern als ein «Getto, das dem hier einmal eingeschulten Kind keine reelle Chance des Entrinnens gibt. Die Isolation präjudiziert zumeist lebenslange soziale Deprivation».[11] Damit wäre jedoch die Eingliederung der Lernbehinderten in die Gesellschaft – wie die Bildungskommission feststellt – «nur unbefriedigend erreicht»[12], also auch die Sozialisationsfunktion der eigenständigen Sonderschule in Frage gestellt.

Daraus folgt, daß eine tiefgreifende Umstrukturierung des gesamten Bildungswesens nach dem Modell der Gesamtschule auch im Sonderschulbereich zu verstärkten Integrationstendenzen führen muß. Materielle Voraussetzungen für die Integration von Lernbehinderten wären allerdings eine grundlegende Strukturreform im Elementar- und Primarbereich (in den bisherigen Gesamtschulversuchen ist die Grundschule bis auf wenige Ausnahmen nicht mit einbezogen)[13], eine erhebliche Verbesserung der Lehrer-Schüler-Relation, ein ausgebautes System von Fördermaßnahmen verbunden mit finanziell aufwendigen technischen Apparaturen, Medien, individuellen Lernprogrammen und vor allem psychologisch und therapeutisch geschulten Fachkräften sowie ausgebildeten Sozialpädagogen. Diese Maßnahmen, die sämtlich enorme Kosten verursachen würden, könnten nur durch «eingreifende bildungspolitische Entscheidungen»[14] verwirklicht werden.

10 H. Mastmann, in: H. Mastmann (Hg.): Gesamtschule. Ein Handbuch, Frankfurt/M. 1968.
11 A. Grunwald: Überlegungen zur Problematik der schulischen Isolation behinderter Kinder, in: Z. f. Heilpäd., 24. Jg. 1973, H. 9, S. 631.
12 Deutscher Bildungsrat: Empfehlung, a. a. O., S. 26.
13 Vgl. Pädagogisches Zentrum, Gesamtschul-Informationen, 4. Jg. 1971, H. 4, S. 4 ff.
14 Deutscher Bildungsrat: Empfehlungen der Bildungskommission, Strukturplan für das Bildungswesen, Stuttgart 1970, S. 291.

Aber gerade in der gegenwärtigen wirtschaftlichen Depression «schwindet offensichtlich der fiskalische Spielraum»[15] für derartige Entscheidungen «auf Grund des progressiven Einsatzes größerer Anteile der staatlichen Haushalts- und Steuermittel unmittelbar oder mittelbar zugunsten des Kapitals»[16]. In der aktuellen Situation dominiert der Kostengesichtspunkt alle übrigen gesellschaftlichen Bestimmungsgründe für die Entwicklung des Schulwesens. Zwar behalten die gesellschaftlichen Motive, die für die Bildungsreform in den sechziger Jahren sprachen, zum Beispiel internationale Konkurrenzfähigkeit, notwendige technologische Innovationen, Mobilität und Kooperationsfähigkeit der Arbeitskraft, nach wie vor ihre Gültigkeit, und die Realisierung dieser Zielsetzungen brächte langfristig der Wirtschaft durch die Erhöhung der Arbeitsproduktivität Vorteile, aber die Kosten («faux frais»), die dafür notwendig wären, können gegen den Widerstand der in dieser Konjunkturkrise vorherrschenden kurzfristigen Kapitalinteressen nicht aufgebracht werden (vgl. 1.3.). Daß die gesamte Staatstätigkeit und somit auch sozialstaatliche Reformen von Grund auf mit der wirtschaftlichen Situation verflochten sind, zeigt sich für jedermann offenkundig in Zeiten konjunktureller Krisen. In diesem Zusammenhang schreibt Arno Combe in seinem Aufsatz: «Wohin treibt die Bildungspolitik?»:

Eine der auffälligsten Tatsachen der Bildungsreform ist jedenfalls die ökonomische und konjunkturelle Begrenztheit des Quantums staatlicher Haushaltsmittel, die für längerfristige Strategien der Bildungsplanung und den Ausbau des öffentlichen Bildungswesens zur Verfügung stehen. *Weil Einnahmen und Ausgaben des Staates in hohem Maße mit dem konjunkturzyklischen Marktgeschehen verflochten sind, ist die staatliche Bildungspolitik dazu verurteilt, in den Grenzen eines vorgegebenen und kaum wesentlich zu erweiternden Finanzrahmens Investitionen «optimal» einzusetzen.*[17]

Der Rückzug der staatlichen Bildungspolitik angesichts der anhaltenden konjunkturellen Depression macht sich zunächst in drastischen Sparmaßnahmen auf dem Bildungssektor bemerkbar.

Im Etat des Bundesministeriums für Bildung und Wissenschaft sind für das Jahr 1976 343 Millionen DM weniger vorgesehen als für das Jahr 1975. Die Einsparungen sollen 1977 sogar auf 408 Millionen DM ansteigen.[18] In diesem Zusammenhang heißt es in der Erklärung des Hauptausschusses der GEW:

15 A. Combe: Wohin treibt die Bildungspolitik? in: b:e, 8. Jg. 1975, H. 3, S. 37.

16 Ebd.

17 Ebd., Hervorhebungen im Original.

18 Vgl. Erklärung des Hauptausschusses der GEW, Verschärfung des sozialen Numerus clausus, in: Erziehung und Wissenschaft, 27. Jg. 1975, Nr. 10, S. 13.

«Nach den Sparbeschlüssen des Bundeskabinetts soll der Haushalt 1976 des Bundesministeriums für Bildung und Wissenschaft, der 1975 noch einen Umfang von knapp 4,4 Mrd. DM (das sind 2,7 Prozent des Bundeshaushaltes) hatte, um −11,4 Prozent auf 3,9 Mrd. DM gekürzt werden.»[19]

Mit dem 1973 erschienenen Bildungsgesamtplan der Bund-Länder-Kommission[20] werden zwar formal noch die Weichen gestellt für eine mittel- bzw. langfristige schrittweise Reformierung des Bildungswesens, gleichzeitig werden jedoch dort, wo die Reformen finanzielle Mehraufwendungen erfordern, Finanzierungsvorbehalte geäußert. So heißt es in dem Ergebnisprotokoll der Besprechung der Regierungschefs des Bundes und der Länder vom 20. September:

«Die Regierungschefs stimmen mit der Bund-Länder-Kommission für Bildungsplanung darin überein, daß die Kostenannahmen des Bildungsbudgets für den Zeitraum bis 1985 als *Entscheidungshilfen* für die Fortschreibung der mittelfristigen Finanzpläne anzusehen sind. *Soweit die bildungspolitischen Zielvorstellungen für diesen Zeitraum finanzielle Auswirkungen haben, erfolgt ihre Festlegung in quantitativer und zeitlicher Hinsicht in Abstimmung mit den mittelfristigen Finanzplanungen.»[21]

Die materielle Basis für die Einlösung des Strukturplans ist – wie die Finanzierungsvorbehalte der Bund-Länder-Kommission zeigen – in absehbarer Zukunft nicht gewährleistet. Ein einigender Beschluß der Regierungschefs «in den Fragen der Gesamtschule, der Orientierungsstufe und der Lehrerbildung» ist «nicht zustande gekommen»[22]. Das bedeutet, daß den institutionellen Voraussetzungen für die Integration lernbehinderter Schüler in den «im Bildungsgesamtplan enthaltenen Zielvorstellungen im Rahmen der gesamtstaatlichen Aufgaben»[23] keine Priorität zugemessen wird. Aber selbst die im Bildungsgesamtplan vorgesehenen Reformmaßnahmen im Bereich der Sonderschule, zum Beispiel

«– Entwicklung von Materialien, Unterrichtsverfahren und Organisationsformen zur Förderung behinderter Schüler auch innerhalb des allgemeinen Bildungswesens,
– Ausbau der Bildungsforschung, der Bildungsberatung und Unterrichtstechnologie im Bereich der Sonderpädagogik,
– Besondere Fördermaßnahmen zur Vermeidung von Ausleseprozessen im allgemeinen Bildungswesen»[24],

19 Ebd.
20 Bund-Länder-Kommission für Bildungsplanung: Bildungsgesamtplan, Bd. I, Stuttgart 1974.
21 Ebd., S. XIII.
22 Ebd., S. XII.
23 Ebd., S. XII.
24 Ebd., S. 35.

haben in dem geplanten Zeitraum kaum Realisierungschancen, weil sie mit erheblichen Kosten verbunden sind. Diese Kosten würden sich vor allem im Personalbereich auswirken, in dem gegenwärtig vorrangig Gelder eingespart werden sollen.[25] Stellte der «Nachwuchs an Lehrern» und die Lehrerbildung «ein Schlüsselproblem» der Bildungsreform dar,[26] so spiegelt sich die gegenwärtige Eindämmung der Reformen gerade darin wider, daß in den «Bedarfsplänen einzelner Länder (zum Beispiel in Hessen und Nordrhein-Westfalen) ... bereits ein Lehrerüberschuß prognostiziert wird»[27] und im Hinblick auf eine zukünftige «Lehrerschwemme»[28] die Zahl der Lehrerstudenten durch Einführung des Numerus clausus an Universitäten und Hochschulen eingeschränkt wird.

Es ist daher nicht erstaunlich, daß der Generalsekretär im Hauptvorstand der GEW, Ernst Reuter, zu der folgenden pessimistischen Einschätzung des Bildungsgesamtplans gelangt:

«Was wir zur Zeit erleben, erweckt nicht den Eindruck, daß in den Ländern auf eine optimale Verwirklichung der für 1985 angesetzten Planziele hingearbeitet wird, sondern daß man umgekehrt die für 1975 angesetzten Planziele dazu mißbraucht, das Entwicklungstempo zu bremsen. ... Die Entscheidung darüber, ob die Zielwerte des Bildungsgesamtplanes erreicht werden, wird also nur in einem Jahr für Jahr sich wiederholenden politischen Kampf für die Bereitstellung der finanziellen Mittel zur Einstellung aller Hochschulabsolventen und gegen den Numerus clausus für Bewerber um ein Lehramtsstudium fallen können. Und er wird geführt werden müssen gegen dieselben Vertreter der Finanz- und Innenbürokratie, die den Bildungsgesamtplan in der Bund-Länder-Kommission mit beraten und beschlossen haben.»[29]

Im Bereich der Bildungsplanung manifestiert sich das vorläufige Scheitern der Bildungsreform in der Auseinandersetzung um die Auflösung des Deutschen Bildungsrates.[30] Der Bildungsrat, der aus einer Bildungs-

25 So steht zum Beispiel in der Zeitschrift «Erziehung und Wissenschaft», 26. Jg. 1974, Nr. 9, S. 3: «Zum Schuljahresbeginn 1974/75 wurden in Frankfurt die nach dem geltenden Berechnungsschlüssel von 1:32 den Grundschulen zustehenden Lehrerzuweisungen erheblich, z. T. bis zu 20 Prozent, gekürzt.»

26 Vgl. Deutscher Bildungsrat, Empfehlungen der Bildungskommission: Strukturplan ..., a. a. O., S. 215.

27 E. Reuter: Wie verbindlich ist der Bildungsgesamtplan? in: b:e, 6. Jg. 1974, H. 3, S. 39.

28 Vgl. M. Rux: Baden-Württemberg: Einstellungsstopp noch vor Beginn der «Lehrerschwemme», in: Erziehung und Wissenschaft, 26. Jg. 1974, Nr. 8, S. 10.

Im Hinblick auf die Lehrerschwemme werden bereits gegenwärtig viele Lehrer nicht eingestellt. Vgl. dazu die Artikel in: Erziehung und Wissenschaft, 27. Jg. 1975, Nr. 10, S. 4: «Hilfe für die arbeitslosen Lehrer» und «Arbeitslose Lehrer warten auf Anstellung».

29 E. Reuter, a. a. O., S. 39.

30 Vgl. dazu etwa: H.-J. Petzold/H. Scherer: Bildungsrat: So nicht mehr

und Regierungskommission besteht, erwies sich während der Bildungsreformbewegung der sechziger und zu Anfang der siebziger Jahre als ein wichtiges unabhängiges Beratungsgremium. Die Verdienste dieses Gremiums sind weniger an den praktischen Auswirkungen der zehnjährigen Bildungsratsarbeit zu messen als an ihrem Einfluß auf die «reformerische Bildungsdiskussion und -planung»[31]. Ein Großteil der Empfehlungen der Bildungskommission wurde bisher – ähnlich wie der Strukturplan – nur ansatzweise oder gar nicht realisiert.

Angesichts dieser Restriktionen im Bereich der praktischen Schulpolitik klingt die Einschätzung der Realisierungschancen ihrer programmatischen Entwürfe, die die Bildungskommission in ihrer «Empfehlung» gibt, sehr optimistisch:

«Eine reelle Chance für die Verwirklichung der neuen Konzeption sieht die Bildungskommission unter anderem darin, daß sich das bestehende allgemeine Schulwesen in einer umfassenden Reform befindet und daß das bestehende Sonderschulwesen eines erheblichen weiteren Ausbaus bedarf, der nicht in traditionellen Formen vorgenommen werden muß, sondern im Sinne der integrativen Konzeption eingeleitet werden kann.»[32]

Insofern ist es verständlich, daß der «Empfehlung» von ihren Kritikern «Realitätsferne»[33] bzw. das Festhalten an «idealistischen Grundpositionen»[34] vorgeworfen wird.

Auch wenn es im Rahmen dieser Darstellung nicht möglich ist, eine analytische Basis für eine wissenschaftliche Prognose zukünftiger Entwicklungen im Sonderschulbereich herzustellen, sondern allenfalls einige Informationen gegeben werden können, welche mögliche Entwicklungsrichtungen der Lernbehindertenerziehung andeuten und auf eventuelle Folgen für die institutionelle Betreuung lernbehinderter Schüler hinweisen, gibt es doch genügend Anhaltspunkte, um die These zu wagen, daß in nächster und weiterer Zukunft die Integration lernbehinderter Schüler in das Regelschulwesen kaum Fortschritte machen wird. Veränderungen im Bereich des Sonderschulwesens wird es nur dort geben, wo Kosten eingespart werden können oder auf Gebieten, wo keine wesentlichen Kosten notwendig sind. Bereits der Verlauf der sonderpäd-

gewünscht, in: b:e, 8. Jg. 1975, H. 6, S. 6.
    Der Bildungsrat hat Anfang Juli 1976, nachdem er seine letzte Veröffentlichung mit dem Titel «Bericht '75» herausgegeben hatte, seine Arbeit eingestellt.
    31 Ebd., S. 6.
    32 Deutscher Bildungsrat: Empfehlung, a. a. O., S. 16.
    33 G. Klein/A. Möckel: Zur Institutionalisierung sonderpädagogischer Maßnahmen für Behinderte, in: Z. f. Heilpäd., 26. Jg. 1975, H. 5, S. 251.
    34 W. Jantzen: Behindertenpädagogik am Scheideweg? in: Demokratische Erziehung, 1. Jg. 1975, H. 1, S. 64.

agogischen Reformdiskussion zeigt deutlich, wie die Reformvorstellungen und -forderungen sich an diese Rahmenbedingungen anzupassen beginnen.

Diese These und die Anpassung der Reformdiskussion an ihre materiellen Bedingungen soll im folgenden unter den vier Aspekten der «Schulorganisation», der «Definition des lernbehinderten Schülers», des «Curriculum» und der «Lehrerausbildung» illustriert werden.

1. Aspekt: Schulorganisation

Die funktionelle Abhängigkeit der Sonderschule für Lernbehinderte von dem allgemeinbildenden Schulwesen, die noch während der Restaurationsphase und selbst zu Beginn der Bildungsreform in den sechziger Jahren von den Sonderschulvertretern außer acht gelassen wurde, ist im Bewußtsein gegenwärtiger Sonderpädagogen inzwischen fest verankert und bildet eine wichtige Erkenntnisgrundlage für die sonderpädagogischen Reformdiskussion. So heißt es etwa bei Kanter:

«Es soll damit noch einmal zum Ausdruck gebracht werden, daß eine wirksame Bildungsreform im Bereich der Sonderpädagogik ohne Reform der Allgemeinbildung undenkbar ist.»[35]

Unter den Experten der Lernbehindertenpädagogik herrscht daher auch weitgehend Einigkeit darüber, daß Integrationstendenzen im Bereich der Sonderpädagogik notwendig mit Veränderungen der Regelschule einhergehen müssen. Obwohl in der sonderpädagogischen Debatte die Integrationsbemühungen in der Regel von allen Vertretern der Lernbehindertenpädagogik begrüßt werden und entsprechende Forderungen zur Veränderung der «Normalschule» erhoben werden, zeigen doch die mündlichen und schriftlichen Beiträge zur Integrationsdiskussion erhebliche Unterschiede im Hinblick auf Motivationen und Zielvorstellungen. Das breite Spektrum der Meinungsäußerungen reicht von der Einbeziehung gesellschaftskritischer Aspekte und gesellschaftspolitischer Engagements bis hin zur pragmatischen Anpassung der Integrationsbemühungen an die gegenwärtige Schulstruktur.

Zu Beginn der Integrationsdiskussion in der Sonderpädagogik war der Einfluß sozialpolitischer Motive, die die Studenten- und Schülerbewegung in den sechziger Jahren veranlaßt hatte, verstärkt auf die Benachteiligung der Arbeiterkinder im westdeutschen Bildungssystem hinzuweisen (vgl. 3.3.), deutlich spürbar. Vor allem die Forderungen einiger Gesamtschulvertreter[36] nach einer schulorganisatorischen Integration

35 G. Kanter: Bildungsreform und Sonderschule, a. a. O., S. 505.
36 Hier sind in erster Linie die Mitarbeiter des Pädagogischen Zentrums in

lernbehinderter und verhaltensgestörter Schüler in eine zukünftige Gesamtschule gingen über die rein pädagogisch geführte Diskussion alternativer Modelle der Lernbehindertenerziehung weit hinaus und zielten auf den Abbau der sozialen Randständigkeit und auf Chancengleichheit behinderter Kinder im gegenwärtigen Ausbildungswesen der BRD:

«Man wird einen Teil der miserablen sozialen Lage, in der verhaltensgestörte, lernbehinderte und sonstige körperlich und geistig behinderte Kinder stecken, nicht durch bloßen Ausbau der Sonderschuleinrichtungen aufheben können; wenigstens ein Teil der sozialen Isolierung, der Vorurteile gegen sie und ihrer eigenen daraus folgenden Aggressivität und Verhaltensstörungen wird durch eine organisatorische und vor allem bewußt pädagogische und didaktische Integration in eine Schule für die gesamte heranwachsende Jugend beseitigt werden können.»[37]

Indem diese Vertreter einer Integration die gesellschaftliche Realität der Sonderschüler zuallererst ins Blickfeld der sonderpädagogischen Debatte rückten, war überhaupt erst die Voraussetzung für eine «realistische Wendung» (vgl. 3.3.) auch in der sonderpädagogischen Diskussion gegeben.[38] In Verkennung dieser Tatsache wurden jedoch den Kritikern der herkömmlichen Sonderschulen von traditionsbewußten Sonderpädagogen «sozial-romantische Intentionen»[39] und «bedenklicher Illusionis-

Berlin, U. Preuss-Lausitz und Joachim Lohmann zu nennen. Sie sind Mitarbeiter des Heftes «Lern- und verhaltensgestörte Schüler in der Gesamtschule» (Gesamtschulen, Informationsdienst 1/70).
37 U. Preuss-Lausitz: Zur sozialen Herkunft . . ., a. a. O., S. 36.
38 Vgl. dazu das Referat von U. Preuss-Lausitz zum Thema «Isolation und Integration behinderter Kinder» auf der 7. Arbeitstagung der Hochschullehrer (1971):
«Schließlich ist zu betonen, daß die Frage nach dem Sinn und der Form einer Integration von Sonderschülern nicht erörtert werden darf, wenn nicht *die gesellschaftlichen Ursachen* von Verhaltensstörungen und Lernbehinderungen, ja z. T. auch von Sinnesschäden und körperlichen Gebrechen in Angriff genommen werden. Es kann ja den Lehrern nicht nur um den sog. Abbau von Vorurteilen z. B. gegenüber Obdachlosenfamilien gehen – das ändert an deren Situation überhaupt nichts. . . . Es wäre naiv, unpolitisch und wirkungslos, nur für die Beseitigung der Diskriminierung unterprivilegierter Familien zu plädieren, ohne die Unterprivilegierung selbst verändern zu wollen. Gleichfalls kann man von der Integration der Behinderten in die Gesamtschule keinen gesellschaftlichen Wandel erwarten.» (Abgedruckt in: Z. f. Heilpäd., 22. Jg. 1971, H. 3, S. 191, Hervorhebungen im Original)
39 H. Bach: Integrierung oder Isolierung der Sonderschulen? in: Mitteilungen des Verbandes Deutscher Sonderschulen Landesverband Rheinland-Pfalz 1/1970, S. 12, 13, 15, zitiert bei: U. Preuss-Lausitz: Probleme der Integration von Sonderschülern in die Gesamtschule, in: Z. f. Heilpäd., 22. Jg. 1971, H. 3, S. 188.

mus»[40] unterstellt. So sagte etwa Prof. H. Bach auf der 7. Arbeitstagung der Hochschullehrer an sonderpädagogischen Studienstätten der BRD (1970):

«Begeistert von der Idee einer optimalen Integration beeinträchtigter Kinder, fasziniert von den allmählich in den Blick kommenden außerordentlichen Möglichkeiten der Fördererziehung und in schroffer Abwendung von traditionsgebundenen Besonderungstendenzen werden in der Gegenwart in Übersteigerung eines ‹Normalisierungsprinzips› mancherorts die Grenzen der Fördererziehung und die Notwendigkeit einer Sondererziehung übersehen.
Es wäre den Beeinträchtigten wenig gedient, würde von der Überbewertung des individuellen Gesichtspunktes der Erziehung nun ein Pendelschlag zur Überbewertung des sozialen Aspektes führen und dort, wo Sondererziehung, d. h. umfängliche Erziehung auf Dauer vonnöten ist, in naivem Optimismus lediglich Fördererziehung im genannten Sinne angeboten werden.»[41]

Der gesellschaftliche Aspekt der Integrationsdiskussion, der bezeichnenderweise in erster Linie von fachfremden Wissenschaftlern[42] in die sonderpädagogische Debatte getragen wurde, verkürzt sich in dieser Argumentation Bachs zu einer Sichtweise, die lediglich die schulorganisatorische Seite der «Integration» beachtet. Damit geraten zugleich die gesellschaftlichen Verhältnisse, «die es möglich machen, daß 40–80 % aller Obdachlosen Sonderschüler werden» und daß «gerade in Obdachlosenvierteln ... Dummheit, Asozialität und Kriminalität produziert und dieser Bevölkerungsteil weder für politische noch berufliche Aufgaben qualifiziert wird»[43], als Ursache für die soziale Diskriminierung von lernbehinderten Schülern aus dem sonderpädagogischen Problemkreis, und die Diskriminierung lernbehinderter Schüler wird reduziert auf ein schulorganisatorisch-institutionelles Problem.
Abgehoben von der Reflexion gesellschaftlicher Veränderungen und losgelöst von der politischen Forderung der Umstrukturierung des *gesamten* Ausbildungswesens erscheint die Integration lernbehinderter Schüler in das Regelschulwesen eher als «Gefahr» denn als Nutzen für den potentiellen Hilfsschüler. Angesichts der engen finanziellen Grenzen sonderpädagogischer Reformpläne in der gegenwärtigen gesellschaftlichen Situation könnte sich die schulische und soziale Lage der Lernbehinderten durch eine forcierte Integration nur verschlechtern. So warnt Jensen in der «Hamburger Lehrerzeitung»:

40 Vgl. ebd.
41 H. Bach: Möglichkeiten und Grenzen eines Systems der Fördererziehung, in: Z. f. Heilpäd., 22. Jg. 1971, H. 3, S. 181.
42 U. Preuss-Lausitz ist diplomierter Soziologe.
43 U. Preuss-Lausitz: Probleme der Integration ..., a. a. O., S. 191.

«Die große Gefahr, die dadurch entsteht, daß jetzt in Presse und von manchen prominenten Wissenschaftlern und Sonderpädagogen die bestehenden Einrichtungen im Sonderschulwesen radikal in Zweifel gestellt werden, liegt m. E. darin, daß bei den für das Schulwesen Verantwortlichen der Eindruck entstehen könnte, die Integration aller Behinderten in das Regelschulwesen sei möglich und wäre in absehbarer Zeit zu realisieren. Die in ihrem Ausmaß nicht abzuschätzende Folge wäre, daß die so notwendigen Ausgaben für den Ausbau und die Ausstattung der Sonderschulen als verlorene Investitionen angesehen werden und Tausenden von Behinderten auf Jahre hinaus die entsprechende Förderung vorenthalten wird.»[44]

Allerdings liegt die Gefahr, die Jensen sieht, weniger darin, daß die Sonderschule grundsätzlich in Frage gestellt wird als vielmehr darin, daß sie von den meisten Sonderpädagogen eben nicht als *gesellschaftliche* Bildungseinrichtung überhaupt kritisiert, sondern lediglich für einen bestimmten Prozentsatz von Sonderschülern als unangemessene Schulform angesehen wird. Erst die Beschränkung der Integrationsforderungen auf einen Teil der Lernbehinderten ermöglicht die Mißverständnisse, die Jensen befürchtet. So äußert etwa der Fachmann für Sonderschulen im Kultusministerium NRW in einem Telefoninterview mit der «Neue Deutsche Schule»:

«Zunächst ist der Kreis der Schüler, die Sonderschulen für Lernbehinderte besuchen, einzuengen auf jene Schüler, die man mit ‹endogen lernbehindert› bezeichnen kann. Das wird einen Anteilsatz von ca. 3–3,5 v. H. an der Gesamtschülerschaft ausmachen. Das heißt also, daß wir gegenwärtig in NW einige tausend Lernbehinderte zuviel in Sonderschulen erziehen. In den nächsten fünf bis sechs Jahren müßte sich also der Anteil der Lernbehinderten an der Gesamtschülerschaft um 1–2 v. H. senken.»[45]

Obwohl es zunächst begrüßenswert erscheint, daß einem Teil der Schüler die Diskriminierung als Sonderschüler erspart werden soll, so weist doch gerade die Reduzierung der Sonderschulen für Lernbehinderte und nicht ihre Aufhebung darauf hin, daß es vorrangig darum geht, Kosten für den Ausbau des Sonderschulwesens einzusparen, und nicht darum, durch strukturelle Umwandlungen der Lernbehindertenerziehung im Rahmen einer umfassenden Bildungsreform – wie sie die Gesamtschulvertreter fordern – die soziale Isolation aller Sonderschüler mit Hilfe schulorganisatorischer Maßnahmen soweit es möglich ist einzudämmen.

War mit Beginn der Bildungsreform die Zahl der Lernbehinderten erheblich angestiegen,[46] so scheint jetzt am Ende der Reformphase ein

44 T. Jensen: Integration Behinderter in das Regelschulwesen, in: Hamburger Lehrerzeitung (HL), 26. Jg. 1973, H. 7, S. 232.

45 Abgedruckt bei: B. Wittmann: Zu viel Lernbehinderte in NW, in: neue deutsche Schule, 24. Jg. 1973, H. 12/13, S. 324.

46 Vgl. etwa die Expertenschätzungen bei: A. Sander: Die statistische Erfas-

bildungspolitisches Interesse zu bestehen, die Anzahl der lernbehinderten Schüler zu reduzieren. Die gegenwärtige sonderpädagogische Integrationsdiskussion reflektiert dieses Interesse, indem sie stärker als die gesellschaftlichen Ursachen und die gesellschaftliche Umstrukturierung des Bildungswesens die Fördermaßnahmen des Regelschulwesens und damit rein pragmatische Vorschläge betont. Ein besonders deutliches Beispiel liefert wiederum Heinz Bach mit seinen «Formen der Fördererziehung»[47]. In seinem Vortrag «Notwendigkeiten und Grenzen eines Systems der Fördererziehung» sagt Bach:

«Es hieße die Möglichkeiten der Grund- und Hauptschulen bedenklich überschätzen, wenn man von ihnen erwarten würde, daß sie alle didaktischen, methodischen, ausstattungs- und ausbildungsmäßigen Voraussetzungen erfüllen könnten, die erforderlich sind, um behinderte Kinder pädagogisch angemessen zu betreuen.

Allein angesichts ihrer besonderen Aufgabenstellung, ihrer Lehrpläne und ihrer Klassenfrequenzen vermag die Grund- und Hauptschule für schwerer beeinträchtigte Kinder nicht viel mehr anzubieten als eine Minuspädagogik.»[48]

Wenn in dieser Konsequenz – wie hier bei Bach – die herkömmliche Grund- und Hauptschule zum Maßstab für alle Integrationsbestrebungen genommen wird, ist es allerdings fraglich, ob selbst Fördermaßnahmen für sog. «Grenzfälle» nicht pädagogisch ebenso ineffektiv bleiben müssen wie etwa die Berliner Nebenklassen um die Jahrhundertwende (vgl. 3.5.). Zudem lassen die gegenwärtigen Restriktionen auf dem Bildungssektor nicht einmal die Hoffnung zu, daß in nächster Zeit überhaupt spezielle Fördereinrichtungen in der Regelschule im notwendigen Ausmaß zur Verfügung stehen werden. So scheint die Befürchtung nicht unrealistisch, daß gegenwärtige Integrationstendenzen darauf hinauslaufen müssen, einige leistungsschwache Schüler vor der diskriminierenden Aussonderung zu bewahren, um damit den Ausbau der Hilfsschulinstitutionen auf ein bildungsökonomisch effektives Ausmaß zu beschränken. Steigt die Zahl der «Grenzfälle», die während der Bildungsreform der sechziger Jahre erheblich zugenommen hat, weiter an, so wird der Ausbau des Hilfsschulwesens von einem gewissen Umfang an, ökonomisch gesehen, unrentabel, da ein Hilfsschüler erheblich mehr Kosten verursacht als ein «Normalschüler». Sobald die Kosten für den Ausbau des Sonderschulwesens sich den notwendigen Kosten für Reformen im Regelschulwesen (die eine stärkere Integration von lernbehinderten

sung von Behinderten in der Bundesrepublik Deutschland, in: J. Muth (Hg.): Behindertenstatistik, Früherkennung, Frühförderung, Stuttgart 1973, S. 16 ff.

47 H. Bach, a. a. O., S. 177.
48 Ebd., S. 181 f.

Schülern ermöglichen) angleichen, verliert die Hilfsschulinstitution unter bildungsökonomischem Aspekt ihre Entlastungsfunktion für die Regelschule.

Gegenwärtig sind allerdings im Bereich der Schulpraxis noch keine Integrationstendenzen zu beobachten. Von praktischen Integrationsversuchen ist nur wenig zu hören.[49] Ebensowenig liegen empirische Untersuchungen vor, die mit ihren Ergebnissen eine etwaige Grundlage für praktische Perspektiven bilden könnten. Die wenigen Versuche zur Integration lernbehinderter Schüler, die in den letzten acht Jahren durchgeführt wurden, bezogen sich entweder auf besonders begünstigte Privatschulen[50] oder – sofern sie an staatlich organisierten Schulen stattfanden – scheiterten sie zumeist an den nicht vorhandenen materiellen Voraussetzungen bzw. an dem zu engen Spielraum, den die starre Struktur des herkömmlichen Regelschulwesens oder die Leistungsnormen der Gesamtschule für Handlungsalternativen nur zuließen.[51]

2. Aspekt: Definition des lernbehinderten Schülers

Die Definition des Hilfsschülers, die seit Entstehung der ersten Hilfsschulen zu den maßgeblichen Problemen der sonderpädagogischen Diskussion gehörte (vgl. 1.5. bzw. 1.7.) spielt auch in der gegenwärtigen

49 Vgl. A. Grunwald: Überlegungen zur Problematik . . ., a. a. O., S. 619.

50 Vgl. z. B. S. Prell/P. Link: Das Münchener Modell der schulischen Integration behinderter und nichtbehinderter Kinder. Schulversuch nach Maria Montessori, in: Z. f. Heilpäd., 25. Jg. 1974, H. 10, S. 619ff.

51 Da alle bisherigen Integrationsversuche nur vereinzelt stattfanden und daher wirkungslos blieben, können sie im Rahmen dieser Arbeit unberücksichtigt bleiben. Es soll hier lediglich auf zwei Beispiele verwiesen werden, die die unterschiedlichen Schwerpunkte der Integrationsdiskussion – Kritik am traditionellen Schulsystem versus Anpassung der Integrationsbestrebungen an die Rahmenbedingungen des bestehenden Schulwesens – sehr konkret widerspiegeln und illustrieren. Als Integrationsversuch, der die soziale Situation lernbehinderter und verhaltensgestörter Schüler nicht außer acht läßt, sondern sie geradezu zum Gegenstand pädagogischer Bemühungen macht, ist die in den Jahren 1967–69 in der Ernst-Reuter-Schule in Frankfurt eingerichtete Kleinklasse – mit 19 lern- und verhaltensgestörten Kindern im Alter von 11 bis 14 Jahren – anzusehen. Zur genaueren Information über diesen Versuch vgl.: H. Tschampa: Verhaltens- und lerngestörte Kinder in einer Kleinklasse einer Gesamtschule, der Ernst-Reuter-Schule in Frankfurt/M., in: Pädagogisches Zentrum (Hg.): Gesamtschulinformationen 4. Jg., 1971, H. 2, S. 74ff.

Als Beispiel für die von vornherein zum Scheitern verurteilten rein pragmatischen Integrationsbemühungen kann der von W. Bachmann beschriebene Schulversuch: «Die Integration von Grenzfällen zwischen Sonderschule und Gesamtschule», in: Päd. Rundschau, 28. Jg. 1974, S. 718ff dienen.

Integrationsdiskussion, wie die folgenden Ausführungen zeigen werden, eine bedeutende Rolle.

«Die Bezeichnung Hilfsschulkind ist ein pädagogisch-schulorganisatorischer Begriff. Hilfsschulkinder sind die in Hilfsschulen zum Zwecke der Erziehung und des Unterrichts zusammengefaßten Kinder.»[52]

In dem Maße, in dem Hilfsschulen je nach den lokalen Verhältnissen zur Verfügung stehen oder fehlen, schwankt die Zahl der Hilfsschüler. Ihr genauer prozentualer Anteil an den Zugängen der Jahresklassen ist nicht feststellbar, im allgemeinen werden in Westdeutschland 4 bis 6 % der Gesamtschülerschaft als Hilfsschulbedürftige betrachtet.[53]

Die Vielzahl unterschiedlicher, zunehmend allgemein gehaltener Charakterisierungen des Hilfsschulkindes belegt den Mangel an intersubjektiv vermittelten Auslesekriterien, mit deren Hilfe Hilfsschulbedürftigkeit bzw. Lernbehinderung eindeutig nachzuweisen ist.[54] Die Folge ist, daß zufällige Faktoren wie «unterschiedliches Angebot an Lernbehindertenschulen», «Geschlechtszugehörigkeit», unterschiedliche Handhabung des Auslesemaßstabes «Intelligenzschwäche» oder «Schulversagen» zu entscheidenden Voraussetzungen für die Abstempelung eines Volksschulversagers zum Hilfsschüler werden.[55]

Hilfsschulbedürftigkeit ist demnach eine Kategorie, die nicht durch die isolierte und eindeutige Bestimmung individueller Merkmale wie organischer Mangelerscheinungen, sinnlich erfahrbarer Auffälligkeiten oder psychischer Eigenarten gewonnen wird; Hilfsschüler lassen sich nur im Verhältnis zu gesellschaftlichen Normen, in Abhängigkeit von lokalen Milieuverhältnissen, ökonomischen, schulorganisatorischen Bedingungen als «sonderschulbedürftig» definieren.

Dennoch bemüht sich die Hilfsschulpädagogik seit ihrer Begründung und bis in die Gegenwart hinein darum, den Hilfsschüler aus seiner Eigenart heraus, aus individuellen Verhaltenseigentümlichkeiten und

---

52 S. Gehrecke, a. a. o., S. 58.
53 Vgl. A. Sander, a. a. O., S. 27.
54 Selbst das scheinbar zuverlässigste Meßinstrument, der Intelligenztest, stellt keine objektive Entscheidungsgrundlage dar: Schon der Testverlauf variiert mit der subjektiven Einstellung des Versuchsleiters, ebenso die Testauswertung und in noch stärkerem Maße die Testergebnisse. Noch breiter ist schließlich der Ermessensspielraum der aufnehmenden Sonderschule bei der Gewichtung des so gewonnenen IQ für das abschließende Prüfungsurteil. Versuche, eine obere IQ-Grenze verbindlich festzusetzen, scheitern daran, daß in der Praxis andere Faktoren, wie etwa die Förderungsmöglichkeiten der Regelschule und des Elternhauses, stärker bewertet werden als der IQ des betreffenden Schülers.
55 Vgl. dazu: U. Bleidick: Die Struktur . . ., a. a. O., S. 117 ff.

psychischen Konstellationen heraus, zu bestimmen (vgl. auch 1.7.). Der Versuch, den Hilfsschüler mit einem «Eigencharakter» zu versehen, entspricht dem Bemühen der traditionellen Hilfsschulpädagogik um die «Eigenständigkeit der Hilfsschule». Dieser Zusammenhang läßt sich umgekehrt nachweisen in der jüngsten pädagogischen und bildungspolitischen Integrationsdiskussion, in der sowohl die Eigenständigkeit der Hilfsschulinstitution als auch der «Eigencharakter» des Hilfsschulkindes immer stärker problematisiert wird.

Legt das Gutachten der KMK, das den Ausbau des bestehenden separierten Sonderschulwesens fördern will, noch eine Definition des lernbehinderten Schülers zugrunde, die auf einem statischen Begabungsbegriff fußt («Schüler mit vorübergehenden partiellen oder milieubedingten Leistungsbehinderungen dürfen nicht in die Sonderschule für Lernbehinderte aufgenommen werden»[56]), so bemüht sich die «Empfehlung» der Bildungskommission darum, die Ergebnisse der modernen Begabungsforschung und der schichtspezifischen Sozialisationsforschung in ihrer Bestimmung der Lernbehinderten zu berücksichtigen:

«Als lernbehindert im Schulalter gelten Kinder und Jugendliche, die infolge mangelhafter Entwicklung oder einer Schädigung des zentralen Nervensystems oder soziokultureller Deprivation bei erheblich verminderten Intelligenzleistungen vornehmlich in ihren schulischen Lernleistungen soweit beeinträchtigt sind, daß die Aufnahme, Speicherung und Verarbeitung von Lerninhalten nicht in altersentsprechender Weise gelingt. Soziale Determinanten und biologische Faktoren interagieren oft in der Weise, daß die Entstehungsursachen der Lernbehinderung nicht eindeutig aufweisbar sind.»[57]

Erst das verstärkte bildungspolitische Interesse der Reformdiskussion an der Integration Lernbehinderter in die Regelschule verhilft also dem dynamischen Begabungsbegriff in der Sonderpädagogik zum Durchbruch und lenkt die Augen sonderpädagogischer Wissenschaftler verstärkt auf die soziale Benachteiligung der Schüler an Sonderschulen für Lernbehinderte. Begemann veröffentlicht 1970 sein Buch «Die Erziehung der soziokulturell benachteiligten Schüler»[58] und schafft damit ein wirkungsvolles Synonym zum «lernbehinderten Schüler». Indem Begemann allerdings die «soziokulturell Benachteiligten» als einen Teil der Lernbehinderten von den «organisch bedingten Leistungsschwachen»[59] trennt, leistet er späteren Mißverständnissen Vorschub.

56 Ständige Konferenz der Kultusminister der Länder . . .: Gutachten zur Ordnung des Sonderschulwesens, a. a. O., S. 45.
57 Deutscher Bildungsrat: Empfehlung, a. a. O., S. 38.
58 A. a. O.
59 E. Begemann, a. a. O., S. 68.

So wird in der nachfolgenden bildungspolitischen und sonderpädagogischen Diskussion von mehreren Fachleuten die Auffassung vertreten, die «soziokulturell Benachteiligten» sollten von den «primär Intelligenzgeschädigten» bzw. den «endogen Lernbehinderten» oder «echt Lernbehinderten» (Bach) getrennt werden. Entgegen Begemanns Intention, soziokulturelle Benachteiligung für den weitaus größten Prozentsatz der Lernbehinderten nachzuweisen und damit eine neue Definition des Hilfsschülers zu ermöglichen, wird der Begriff «soziokulturell benachteiligt» von diesen Sonderpädagogen gerade auf die Gruppe von Schülern angewandt, die ihrer Meinung nach nicht in die Hilfsschule gehören und infolgedessen auch nicht zu den Lernbehinderten zählen. Ein Beispiel hierfür gibt Sander in seinem 1973 vom Deutschen Bildungsrat herausgegebenen Gutachten:

«Die Definition der Hilfsschulbedürftigkeit, die man nach dem heutigen Stand der Diskussion als pädagogisch-optimistische und progressive bezeichnen kann, zieht eine erhebliche Verringerung des Prozentsatzes der Lernbehinderten nach sich, weil sie die sozio-kulturell Deprivierten ausschließt.»[60]

Die Beschränkung der Lernbehinderten auf alle «primär Intelligenzgeschädigten»[61] ist nun keineswegs so progressiv, wie Sander es suggerieren möchte: Bereits die preußischen Hilfsschulbestimmungen um die Jahrhundertwende legen Wert darauf, daß sich die Zahl der Hilfsschüler auf die «abnorm Schwachbegabten» beschränkt und daß die «häuslich vernachlässigten Kinder» nicht aufgenommen werden. Wissenschaftlich ist der Begriff der «primären Intelligenzschädigung» genausowenig haltbar wie der Schwachsinnsbegriff, da sich «primäre Intelligenzschädigung» mit Hilfe standardisierter Tests nicht feststellen läßt. Darüber hinaus herrscht in der wissenschaftlichen Literatur, wie bereits angedeutet, noch keineswegs Einigkeit über exakte Werte, die das Intelligenzniveau von Hilfsschülern festlegen.[62]

Auch aus pädagogisch-schulorganisatorischen Erwägungen erscheint eine Trennung zwischen soziokulturell benachteiligten Schülern und «primär Intelligenzgeschädigten» wenig sinnvoll, wie Gerhard Klein es glaubhaft in seiner Untersuchung über die soziale Benachteiligung der Lernbehinderten im Vergleich zu den Hauptschülern nachweist:

«Wollte man etwa die Abgrenzung der echt Lernbehinderten von den soziokulturell Benachteiligten mit der Intelligenzmarke IQ 85 vornehmen, so würde sich nur zeigen, daß die sozio-kulturelle Benachteiligung der ‹echt Lernbehinderten› noch

60 A. Sander, a. a. O., S. 27.
61 Ebd.
62 Vgl. U. Bleidick: Die Struktur . . ., a. a. O., S. 117.

größer ist als die der soziokulturell Benachteiligten. Ebensowenig gerechtfertigt ist die Annahme, bei sozial benachteiligten Kindern sei der verbleibende pädagogische Spielraum für ausgleichende Erziehung größer als bei organisch oder genetisch bedingter Lernbehinderung, denn auch soziale Benachteiligung kann irreversible Schäden setzen und umgekehrt kann für Organiker bei entsprechend günstigem Milieu die Kompensation der Behinderung eher möglich sein als für sozial Benachteiligte unter entsprechend ungünstigen Bedingungen. Wozu lernbehinderte Kinder letztlich noch befähigt werden können und wozu nicht mehr, das kann jeweils nur der Unterrichtsversuch zeigen, und zwar Unterricht, der sich nicht von einem festen Vorwissen über Fähigkeiten und Unfähigkeiten der Schüler leiten läßt, sondern alle Möglichkeiten wahrnimmt, die Kinder zu fördern.»[63]

Definitionen des Hilfsschülers, wie sie Sander und andere Verfasser geben, scheinen weniger pädagogisch-wissenschaftlicher Argumentation als einem gesellschaftlichen Bedürfnis zu folgen. Die bildungspolitische Intention zielt, wie der nordrhein-westfälische Ministerialrat Backes es deutlich ausspricht, auf eine Reduzierung der Lernbehinderten in den nächsten Jahren. Da weder das bestehende Regelschulwesen genügend auf die Integration von Lernbehinderten eingestellt ist, noch für die nächste Zeit wesentliche Veränderungen im Regelschulwesen zu erwarten sind, die eine Integration Lernbehinderter aus pädagogischer Sicht sinnvoll erscheinen lassen, müssen gegenwärtige Integrationsbestrebungen notwendig darauf hinauslaufen, daß die leistungsfähigsten Schüler der Sonderschulen für Lernbehinderte als sog. «Grenzfälle» in der Regelschule bleiben bzw. wieder in sie integriert werden, ohne daß ihnen dort die Fördermaßnahmen zur Verfügung stehen, die für ihre Integration unabdingbar wären.

So entgehen unter den soziokulturell benachteiligten Schülern diejenigen, die gemäß der «modernen» Definition des Hilfsschülers nicht zugleich als «endogen lernbehindert» bzw. «primär intelligenzgeschädigt» gelten, zwar der Diskriminierung als «Hilfsschüler», haben aber kaum eine Chance, der Diskriminierung als «Schulversager» zu entgehen.

Es muß allerdings darauf hingewiesen werden, daß in jüngster Zeit einige Sonderpädagogen versuchen, den Begriff der Behinderung neu zu definieren. So schreibt W. Jantzen:

«Behinderung kann nicht als naturwüchsig entstandenes Phänomen betrachtet werden. Sie wird sichtbar und damit als Behinderung erst existent, wenn Merkmale und Merkmalskomplexe eines Individuums auf Grund sozialer Interaktion und Kommunikation in Bezug gesetzt werden zu jeweiligen gesellschaftlichen Minimalvorstellungen über individuelle und soziale Fähigkeiten. Indem festge-

63 G. Klein: Die soziale Benachteiligung der Lernbehinderten im Vergleich zu den Hauptschülern, in: G. Heese/A. Reinartz (Hg.): Aktuelle Probleme der Lernbehindertenpädagogik, Berlin 1973, S. 20.

stellt wird, daß ein Individuum auf Grund seiner Merkmalsausprägung diesen Vorstellungen nicht entspricht, wird Behinderung offensichtlich, sie existiert als sozialer Gegenstand erst von diesem Augenblick an.»[63a]

Ein gesellschaftlich fundierter Begriff der Behinderung, wie er hier gegeben wird, könnte – zumindest auf theoretischer Ebene – dazu beitragen, der sozialen Integration lernbehinderter Schüler vorzuarbeiten.

3. Aspekt: Curriculum

Die traditionelle Hilfsschulpädagogik begründete die Eigenständigkeit der Hilfsschulinstitution einerseits mit der «Eigenart» des Schülers, andererseits mit der Notwendigkeit eines «besonderen» Lehrplanes und einer «spezifischen Methode». So schreibt einer ihrer namhaften Vertreter, K. J. Klauer, im Handbuch der Sonderpädagogik: «Man kann einer Sonderschule nur dann Existenzberechtigung zuerkennen, wenn sie sich um eine spezifische, auf die jeweilige Schädigung zugeschnittene Pädagogik bemüht.»[64]

Bis in die jüngste Gegenwart hinein werden «‹sonderpädagogische Prinzipien› erstellt und verteidigt»[65]. Das läßt sich u. a. durch das Gutachten der KMK aus dem Jahre 1972 belegen:

«Die Schule für Lernbehinderte hat die Aufgabe, ihren Schülern unter Anwendung sonderpädagogischer Maßnahmen eine angemessene Bildung zu vermitteln. Durch besondere Erziehungs- und Unterrichtsmethoden, durch sozialpädagogische Fürsorge und durch Bereitstellung therapeutisch wirksamer Situationen soll die geistig-seelische und körperliche Entfaltung der Lernbehinderten gewährleistet werden. Der Bildungsplan der Schule für Lernbehinderte darf nicht eine Verkürzung oder Vereinfachung des Bildungsplanes der Grund- und Hauptschule sein. Er muß auf den dem lernbehinderten Schüler gegebenen Möglichkeiten aufbauen.»[66]

Auch die Hamburger Richtlinien für die Erziehung und den Unterricht an Sonderschulen für Lernbehinderte (SoL) aus dem Jahre 1971 wiederholen die seit 100 Jahren tradierten methodischen Prinzipien der Hilfsschule:[67]

63a W. Jantzen: Sozialisation und Behinderung, a. a. O., S. 21 f.
64 K. J. Klauer, a. a. O., S. 21.
65 A. Grunwald: Kritische Anmerkungen zu den «sonderpädagogischen Prinzipien» in der Lernbehindertenschule, in: Sonderpädagogik, 4. Jg. 1974, H. 1, S. 5.
66 Ständige Konferenz der Kultusminister der Länder . . .: Gutachten zur Ordnung des Sonderschulwesens, a. a. O., S. 44 f.
67 Ausgehend von den von Stötzner im Jahre 1864 aufgestellten «Hauptregeln» für den Unterricht in «Schulen für schwachbefähigte Kinder» wurde im

«Die oftmalige Repetition innerhalb der einzelnen Unterrichtsstunde sowie die konzentrische Wiederkehr der lebensdienlichen Stoffe . . . sind ein bezeichnendes Moment der Unterrichtsarbeit.

Dem entspricht die Unterrichtsform der kleinsten Schritte, des lückenlosen, langsamen Fortschreitens auf der sicheren Basis des Gekonnten und die Isolierung der Schwierigkeiten. Der Lehrer hat immer zu fragen, wie es noch einfacher geht. So darf auch das Prinzip der Ganzheit, der Zusammenfassung von gesamtunterrichtlich angeordneten Bildungseinheiten, nicht dazu verleiten, zu ausgedehnte Komplexe an die Stelle der Übung aufgegliederter Details zu setzen.»[68]

Diese methodischen Prinzipien basieren, entsprechend der historischen Verquickung der Hilfsschulpädagogik mit der Schwachsinnstheorie (vgl. 1.7.) auf der Annahme einer spezifischen, pädagogisch und psychologisch bestimmbaren Lernweise des schwachbegabten Kindes, die in der gegenwärtigen Sonderpädagogik noch keineswegs revidiert ist. So heißt es beispielsweise in den Hamburger Richtlinien:

«Die methodische Zurüstung des Bildungsgutes hat die anschauliche, konkrete, motorisch-handelnde, bedürfnisorientierte und langsame Lernweise der Kinder zu berücksichtigen. Das schwachbegabte Kind erschließt sich die Welt des Gegenständlichen im direkten Umgang mit den Sachen.»[69]

Kanters Feststellung: «Die Zeit, in der man den Eigencharakter der Hilfsschule in einer ‹hilfsschulspezifischen Methodik› begründet sah, ist längst vorüber»,[70] greift insofern einer möglichen Zukunft ein gutes Stück voraus.

Allerdings hat die sonderpädagogische Reformdiskussion der letzten Jahre den statischen Begriff der «Minderbegabung» als Legitimation einer «eigenständigen» Hilfsschule in Frage gestellt. Mit der Erschütterung des traditionellen Selbstverständnisses der eigenständigen, separierten Hilfsschule gerieten folgerichtig auch die darauf basierenden sonderpädagogischen Prinzipien ins Kreuzfeuer der Kritik. Grunwald zum Beispiel stellt fest, «daß ‹sonderpädagogische Prinzipien› sich bei

Verlauf der Hilfsschulgeschichte ein Kanon besonderer Prinzipien der Hilfsschulmethode ausgearbeitet und weitergegeben, der bis heute seine Geltung nicht verloren hat. Vgl. die Zusammenstellung solcher Prinzipien bei: S. Gehrecke, a. a. O., S. 67 ff.

68 Richtlinien für die Erziehung und den Unterricht an Sonderschulen für Lernbehinderte (SoL), Hamburg 1971, S. 7.

69 Ebd.

70 G. Kanter: Lernbehinderungen, Lernbehinderte, deren Erziehung und Rehabilitation, in: Deutscher Bildungsrat, Gutachten und Studien der Bildungskommission, Bd. 34, Stuttgart 1974, S. 203.

näherer Betrachtung entweder als Prinzipien der allgemeinen Pädagogik oder als Leerformeln oder gar als gar nicht spezifisch methodische Forderungen»[71] erweisen. Andererseits sieht Begemann in den Unterrichtsprinzipien der Hilfsschule eine Diskriminierung der Schüler. Er schreibt: «Diese traditionelle Hilfsschulmethodik verurteilt die Hilfsschüler, weil man sie geistig als minderbefähigt und deshalb nur als in der gelenkten Art aufnahmefähig voreinschätzte, zu einer geistig rezeptiven, passiven Unterrichtshaltung».[72] In diesem Sinne stellt auch Nestle die Frage, ob nicht die Didaktik der Schule für Lernbehinderte sich mehr an die Defizite der Schüler anpasse, als daß sie diese Defizite durch besseren Unterricht aufzuheben trachte.[72a]

Das Unterrichtsexperiment Gehreckes und Mohrs, Lernbehinderten eine Physik-Unterrichtseinheit der Regelschule zu vermitteln, zeigt, daß Lernbehinderte durchaus dieselben Lernziele erreichen können wie Regelschüler, wenn der Stoff didaktisch entsprechend gut aufgearbeitet wird.[72b]

Allerdings reicht allein die Angleichung an das Regelschulcurriculum für die Aufhebung der Diskriminierung nicht aus, solange nicht gleichzeitig die Voraussetzungen dafür im Selbstbewußtsein der lernbehinderten Schüler geschaffen werden. Diesen Gedanken berücksichtigt Rohr in ihrem didaktischen Alternativkonzept. Sie formuliert hier unter anderen das folgende Lernziel:

«Die Schüler sollen erkennen, daß ‹mehr Wissen›, das heißt ein höheres schulisches Qualifikationsniveau eine Höherqualifizierung der Arbeitskraft garantiert und somit zu einer Verringerung sozialer Randständigkeit beitragen kann. Die Schüler sollen durch Situationserkenntnis zur Einsicht in die Notwendigkeit intensiven Lernens gebracht werden.»[73]

Neben der Kritik sonderpädagogischer Fachvertreter an der herkömmlichen Hilfsschulmethodik entstanden Anfang der siebziger Jahre auch

71 A. Grunwald: Kritische Anmerkungen . . ., a. a. O., S. 11.

72 E. Begemann: Die Bildungsfähigkeit der Hilfsschüler, Berlin 1968, S. 70 f.

72a W. Nestle: Probleme und Aufgaben der Didaktik der Schule für Lernbehinderte, in: Z. f. Heilpäd., 26. Jg. 1975, H. 9, S. 525. Ähnlich bemerken Funke und Hofmann, daß es zwar Untersuchungen zur Intelligenzstruktur der Lernbehinderten gibt, aber keine Didaktik, die auf eine Weiterentwicklung ihrer Intelligenz zielt. E. H. Funke/C. Hofmann: Sonderschüler und Sonderschuldidaktik, in: G. Heese/A. Reinartz, a. a. O., S. 37 f.

72b S. Gehrecke/C. Mohr: Adaption von Curricula von einem Schulbereich auf einen anderen . . ., in: K. Frey (Hg.): Curriculumhandbuch Bd. 1, München 1975, S. 251.

73 B. Rohr: Kritische Erziehungswissenschaft – eine Herausforderung an die Didaktik der Lernbehinderten, in: Z. f. Heilpäd., 26. Jg. 1975, H. 9, S. 520.

bildungspolitische Aktivitäten, die auf eine umfassende Revision der Lehrpläne an SoL abzielten. Am 29./30. März 1973 beschloß der Schulausschuß der Ständigen Konferenz der Kultusminister der Länder in der Bundesrepublik Deutschland, Kommissionen für die Erarbeitung von Rahmenrichtlinien für den Unterricht an Sonderschulen einzusetzen.[74] Damit wurde der erste Versuch unternommen, die Lehrpläne an den SoL zu vereinheitlichen. Das entsprach den Zentralisierungsbestrebungen der Kulturpolitik, die sich in der Gesamtschulentwicklung und in der Arbeit der Bildungskommission des Deutschen Bildungsrates zeigten.

Als Arbeitsgrundlage zur Erstellung eines Rahmenplanes für die SoL diente der nordrhein-westfälische Versuchsplan der SoL von 1972.[75] Dieser umfängliche und detaillierte Lehrplan sucht in seiner Erarbeitung konkreter Lernziele und Lerninhalte sowie seiner Offenheit für ständige Revisionen den Anschluß an die moderne Curriculumforschung. Da er in vieler Hinsicht richtungsweisend auch für die in anderen Bundesländern zu erarbeitenden Lehrpläne sein wird, soll er im folgenden als Beispiel der Lernbehindertenpädagogik vorzugsweise behandelt werden.

In Übereinstimmung mit der «Empfehlung» der Bildungskommission (keineswegs zufällig, weil einige Autoren an beiden Werken mitgearbeitet haben) betonen die nordrhein-westfälischen Richtlinien und Lehrpläne die Abhängigkeit der SoL vom allgemeinen Schulwesen und von gesellschaftlichen Voraussetzungen:

«Die Schule für Lernbehinderte steht im allgemeinen gesellschaftlichen Feld, von dem aus sie ihre bildungs- und schulpolitische Rolle ständig zu überprüfen hat. Sie muß in Verbindung mit dem allgemeinen Schulwesen gesehen werden und darf ihre Aufgabe nicht in einem abgesonderten pädagogischen Raum lösen wollen.»[76]

Die Berücksichtigung einer engeren Verknüpfung der Lernbehindertenschule mit dem allgemeinbildenden Schulwesen reflektiert die bildungspolitischen Zielsetzungen des Curriculums, die Durchlässigkeit der Regelschule zu erhöhen und durch Fördermaßnahmen in der Grundschule die Sonderschule zu «entlasten» bzw. die Notwendigkeit des Sonderschulausbaus zu verhindern. Diesem Ziel dienen auch Zusatzlernprogramme, die ausschließlich für «lernfähigere Schüler» im Rahmen des «gemeinsamen Curriculums» bereitgestellt werden:

74 Vgl. Näheres bei U. Bleidick: Zur Lage der Lehrplanerstellung f. Lernbehindertenschulen i. d. BRD (Bericht), in: Z. f. Heilpäd., 24. Jg. 1973, H. 12, S. 1030ff.

75 Vgl. ebd., S. 1033.

76 Richtlinien und Lehrpläne für die Schule für Lernbehinderte (Sonderschule) in Nordrhein-Westfalen, Düsseldorf, o. J., S. 1.

«Der ‹erweiterte Plan› sollte nicht zu übersteigerten Leistungsforderungen in der Schule für Lernbehinderte verführen. Er soll dem Anliegen dieser Richtlinien Rechnung tragen, lernstärkeren Schülern in einigen Fächern die Chance zu geben, sich stellenweise den Lernstoff der Hauptschule vorbereitend für Schulübergänge zu erarbeiten.»[77]

Bei einer näheren Betrachtung der Schülergruppen, die als Adressaten des erweiterten Planes in Frage kommen, zeigt sich, daß vor allem «soziokulturell Deprivierte» darunter fallen, die entsprechend der gegenwärtig aktuellen Definition des Hilfsschülers von den «eigentlich Lernbehinderten», «Intelligenzgeschädigten» getrennt werden (vgl. den vorhergehenden Abschnitt):

«Diese Schülergruppe hat einen anderen, oft größeren Lernnachholbedarf als beispielsweise das auf Grund organischer Defekte oder konstitutioneller Insuffizienzen intelligenzgeschädigte Kind. Motivationale Hilfe, psycho- und verhaltenstherapeutische Maßnahmen sowie Nachholtraining als ‹Förder- und Umerziehung› stehen hier im Vordergrund gegenüber methodischen Hilfen zur Kognition im Lernprozeß, wie sie bei intelligenzgeschädigten Schülern vordringlich sind.»[78]

Integrationsmaßnahmen im Bereich des Curriculum beziehen sich also nur auf die Schülergruppe, die ohnehin nicht die überkommenen Kriterien der Hilfsschulbedürftigkeit erfüllt, nämlich auf die Gruppe der «Grenzfälle», die je nach den bildungspolitischen Tendenzen bestimmter gesellschaftlich-historischer Epochen stärker der einen oder anderen Schulform zugerechnet wird. So wurden beispielsweise im Zuge des Nationalsozialismus und der Restauration des Bildungswesens nach dem Zweiten Weltkrieg (vgl. 3.2.) immer mehr Volksschulversager mit knapp durchschnittlicher Intelligenz zu Hilfsschülern. Diese sollen gegenwärtigen Reformforderungen zufolge erneut in das Regelschulwesen integriert werden. Für die größere Gruppe der ‹lernbehinderten Schüler›, die laut Definition «umfänglich und dauerhaft in ihren Lernleistungen beeinträchtigt erscheinen»[79], ist weiterhin die Sonderschule für Lernbehinderte vorgesehen, deren organisatorische Struktur sogar noch durch die «Entlastung» von den ‹Grenzfällen› verbessert werden soll.

Damit wird gewissermaßen der «Normalschule» die gleiche Entlastungsfunktion für die Sonderschule zuerkannt, die bisher die Hilfsschulinstitution für das Regelschulwesen übernommen hatte. Unter bildungsökonomischem Gesichtspunkt scheinen gegenwärtig vorbeugende Förderungsmaßnahmen im Regelschulwesen vorteilhafter als der Ausbau des Sonderschulwesens. Zudem kommen Fördereinrichtungen im

77 Ebd., S. 12.
78 Ebd., S. 3.
79 Ebd.

Normalschulbereich den sozial motivierten Integrationsforderungen, die in den letzten Jahren in der Öffentlichkeit und in sonderpädagogischen Fachkreisen verstärkt erhoben werden, scheinbar entgegen, indem sie wirkungsvoll von dem weiterhin bestehenden isolierten Sonderschulwesen ablenken.

Daß die gegenwärtige Curriculum-Konstruktion – soweit sie die nordrhein-westfälischen Lehrpläne und Richtlinien zum Vorbild nimmt – eher auf eine Konsolidierung der separierten Hilfsschule hinausläuft, als daß sie bereits selbst die Kooperation von Sonderschule und Regelschule einleitet, zeigt sich nicht zuletzt an dem Festhalten der Lehrpläne an den traditionellen Hilfsschulprinzipien. So heißt es etwa in dem Abschnitt über «Erziehung und Unterricht» in fast wörtlicher Übereinstimmung mit den Hamburger Richtlinien aus dem Jahre 1971:[80]

«Die oftmalige identische wie auch variierende Repetition innerhalb der einzelnen Unterrichtsstunden sowie die in einer Curriculumspirale erfolgende Wiederkehr der bedeutsamen Lerninhalte sind ein bezeichnendes Moment der Unterrichtsarbeit . . . Zu den Unterrichtsgrundsätzen gehört auch das Vorgehen in kleinsten Schritten, ein lückenloses, langsames Fortschreiten auf der Basis des Gekonnten und die Isolierung der Schwierigkeiten . . . Der Lehrer hat darüber hinaus gleichsam immer zu fragen, «wie es noch einfacher geht». So darf auch das oft falsch verstandene Prinzip der Ganzheit, der Zusammenfassung von fachübergreifend angeordneten Lerneinheiten, nicht dazu verleiten, zu ausgedehnte Komplexe an die Stelle aufgegliederter Inhalte zu setzen.»[81]

Die Kooperation der SoL mit dem Regelschulwesen – wie sie das nordrhein-westfälische Curriculum intendiert – bedeutet demnach nicht bereits einen ersten Schritt in Richtung auf eine stärkere Integration lernbehinderter Schüler in die Regelschule, sondern schafft lediglich die schulorganisatorische Voraussetzung für die zahlenmäßige Einschränkung der Hilfsschüler bzw. ihre präzisere Abgrenzung von den Regelschülern. Nicht die Integration der Lernbehinderten, sondern die größere Durchlässigkeit für «Grenzfälle» soll mit Hilfe neuer Curricula erreicht werden. Aber selbst diese Zielsetzung bleibt weitgehend eine formale Forderung, solange die Inhalte und Lernziele des Sonderschulcurriculums so wenig auf vergleichbare Inhalte in der Regelschule bezogen sind und es letztlich nach wie vor dem praktizierenden Sonderschullehrer überlassen bleibt, ob er sich individuell informiert und selbständig einen Lehrplanvergleich zwischen Regel- und Sonderschule vornimmt, um Standort und Zielsetzung seiner Arbeit im Rahmen des allgemeinbildenden Schulwesens bestimmen zu können.

80 Auch die Hamburger Richtlinien sind inzwischen durch neue ersetzt worden.
81 Richtlinien und Lehrpläne . . . in Nordrhein-Westfalen, a. a. O., S. 14.

4. Aspekt: Lehrerausbildung

Bis Ende der sechziger Jahre wurden zum Sonderschulstudium ausschließlich Lehrer zugelassen, die in der Regel ihre 2. Staatsprüfung an einer Volksschule absolviert und somit bereits mehrere Jahre Praxiserfahrungen hatten. Obwohl die Studieneinrichtungen in Westdeutschland nach Dauer der Ausbildung, Formen und personeller Besetzung der Studienstätten zum Teil erheblich differierten,[82] lag doch allen Ausbildungsstätten die gleiche Konzeption eines postgradualen Studiums zugrunde.[83]

Verständlich wird die Konzeption des Sonderschulstudiums als Zusatzstudium bei einem kurzen Rückblick auf die geschichtliche Entwicklung. Es waren zunächst Volksschullehrer, die sich autodidaktisch mit der Erziehung von Hilfsschülern befaßten. Der Erfahrungsaustausch dieser Lehrer führte schließlich zur Begründung des Verbandes der Hilfsschulen Deutschlands (VdHD) (1898) (vgl. 1.7.), der jetzt an Stelle der autodidaktischen Bemühungen Lehrgangskurse setzte, die sich im Laufe der Zeit zum viersemestrigen wissenschaftlichen Studium hin entwickelt haben.

Als im Zuge der Bildungsreform der sechziger Jahre die Lehrerbildung immer deutlicher als das «Schlüsselproblem» der Reformbestrebungen auf dem Ausbildungssektor erkannt wurde, rückte auch die Ausbildung der Sonderschullehrer in den Vordergrund der Reformdiskussion. Der Nachwuchs an ausgebildeten Sonderschullehrern schien durch das Aufbaustudium nicht mehr gewährleistet.[84] Es waren zu wenig Lehrer bzw.

---

82 Vgl. U. Bleidick: Aufgabe und Aufbau des sonderpädagogischen Studiums, in: Z. f. Heilpäd., 20. Jg. 1969, H. 1, S. 1 ff.

83 So heißt es im Gutachten zur Ordnung des Sonderschulwesens, erstattet vom Schulausschuß der Ständigen Konferenz der Kultusminister der Länder in der Bundesrepublik Deutschland, Bonn und Bad Godesberg 1960, S. 10:
«Zur Ausbildung werden grundsätzlich nur Lehrer zugelassen, die die erste und zweite Lehrerprüfung abgelegt, sich im Schuldienst bewährt und die Arbeit an einer Sonderschule kennengelernt haben. Besonderes Gewicht ist bei der Zulassung sowohl auf die fachliche als auch auf die menschliche Eignung zu legen.»
Eine Ausnahme bildete Baden-Württemberg. Hier war die 2. Dienstprüfung nicht die Voraussetzung für die Zulassung zum Studium. (Vgl. W. Hofmann: Zukunftsaufgaben des sonderpädagogischen Studiums – dargestellt am Beispiel des Landes Baden-Württemberg, in: Z. f. Heilpäd., 20. Jg. 1969, H. 1, S. 28 ff.

84 Heese, Klages und Solarova beschreiben die Situation der Sonderschulen in Niedersachsen, Ende der sechziger Jahre, wie folgt:
«Die Sonderschullehrer-Stellen im Bundesland Niedersachsen sind gegenwärtig nur zu 50 % mit postgradual ausgebildeten Sonderschullehrern besetzt. Alle anderen Inhaber von Sonderschullehrerstellen haben diese Ausbildung nicht. Wir versagen es uns, diesen Zustand zu werten, weil die Bezeichnung katastrophal zu gelinde wäre.» (G. Heese/H. Klages/S. Solarova: Zum grundständigen Studium

Lehrerinnen bereit, nach einigen Jahren der Praxis ein Zweitstudium zu beginnen, und die ausgebildeten Sonderschullehrer standen durch ihr relativ fortgeschrittenes Alter den Sonderschulen nur mit einer verhältnismäßig geringen Anzahl Dienstjahre zur Verfügung. Dennoch mußte der Staat «hohe Summen für das viersemestrige Studium bei weiterlaufender Besoldung aufwenden»[85].

Diese Nachteile des Aufbaustudiums führten schließlich dazu, daß die mehrjährige Tätigkeit an der Regelschule nicht mehr als unabdingbare Voraussetzung für die Qualifizierung eines Sonderschullehrers angesehen wurde. Um mehr «Studenten schneller an das sonderpädagogische Studium»[86] heranzuführen, wurde Anfang der siebziger Jahre an mehreren Universitäten und Hochschulen ein achtsemestriges grundständiges Studium als zweiter Ausbildungsweg für zukünftige Sonderschullehrer eingerichtet.

Die Erfolge dieser Maßnahmen zeichnen sich heute schon ab:

«Es ist jetzt bereits mit Sicherheit festzustellen, daß die Hoffnungen auf ausreichenden Nachwuchs, der von einem grundständigen Studium erwartet wurde, sich erfüllt haben. Es ist in Frankfurt am Main ohne Werbemaßnahmen trotz ungünstiger Studienbedingungen mit einem Zugang von 150–250 Studienanfängern pro Jahr zu rechnen. Als Indiz dafür, daß sich durch das grundständige Studium eine Angleichung der Studienchancen an die anderen Lehrämter vollzogen hat, kann gelten, daß beim grundständigen Studium Frauen im gleichen Maße überrepräsentiert sind wie bei den Studiengängen für das Lehramt an Grund-, Haupt- und Realschulen.»[87]

Auch bildungsökonomische Gründe sprechen dafür, daß sich das grundständige Studium langfristig als vorrangiger Ausbildungsweg durchsetzen wird. Die Ausbildung der Studenten des Zusatzstudiums wird in erster Linie durch die Fortzahlung ihrer Dienstbezüge, aber auch durch die insgesamt zehnsemestrige Dauer der Studienzeit erheblich teurer als das achtsemestrige Grundstudium.

Um festzustellen, ob mit der Einführung des grundständigen Stu-

der Sonderpädagogik, in: Z. f. Heilpäd., 20. Jg. 1969, H. 1, S. 23) Daß der Sonderschullehrermangel in Niedersachsen innerhalb der BRD keineswegs eine Ausnahme darstellt, wird durch die «Empfehlung» der Bildungskommission von 1974 belegt, der zufolge gegenwärtig an den Lernbehindertenschulen Westdeutschlands etwa 60 % ausgebildeter Sonderschullehrer fehlen. (Vgl. Deutscher Bildungsrat: Empfehlung, a. a. O., S. 20).

85 J. Aab/T. Pfeiffer/H. Reiser/H. G. Rockemer: Sonderschule zwischen Ideologie und Wirklichkeit. Für eine Revision der Sonderpädagogik, München 1974, S. 128.

86 G. Heese/H. Klages/S. Solarova, a. a. O., S. 23.

87 J. Aab/T. Pfeiffer/H. Reiser/H. G. Rockemer, a. a. O., S. 129.

diums lediglich Kosten eingespart werden sollen oder ob gleichzeitig Fortschritte im Hinblick auf die Integration Behinderter intendiert werden, soll hier kurz auf die inhaltliche und organisatorische Gestaltung des grundständigen Studiums eingegangen werden.

Im Hinblick auf die Vereinheitlichung der Lehrerausbildung, die eine wesentliche Voraussetzung für ein horizontal gegliedertes Schulsystem sowie die Integration Behinderter in die Regelschule darstellt, kommt der Einführung des grundständigen Studiums eine gewisse Bedeutung zu. Während die Studenten des Zusatzstudiums durch ihren Beamtenstatus bereits eine feste soziale Position innerhalb der Gesellschaft erworben haben, die sie aus dem übrigen Kreis der Pädagogikstudenten heraushebt, teilen die Studenten des grundständigen Studiums die Interessen und den sozialen Status der Studenten der Erziehungswissenschaft. Über den Rahmen der studentischen Interessenvertretung hinaus werden dadurch günstige Voraussetzungen geschaffen für den Besuch gemeinsamer Veranstaltungen und die Zusammenarbeit an gleichen Forschungsaufgaben. Gleichzeitig könnte sich unter den Vertretern der allgemeinen Erziehungswissenschaft und der Sonderpädagogik eine engere Kommunikation ergeben, die die Bereitschaft zu Innovationsversuchen mit kooperativen Veranstaltungen erhöht und einer interdisziplinären Erforschung sonderpädagogischer Probleme und Praxisfelder förderlich wäre. In den meisten bisher entworfenen Studien- und Prüfungsordnungen für das grundständige Studium ist allerdings von einer Integration sonderpädagogischer und allgemeinpädagogischer Studieninhalte nur wenig zu spüren. So schreiben Aab, Pfeifer, Reiser und Rockemer in ihrem Buch «Sonderschule zwischen Ideologie und Wirklichkeit»:

«Was aber in den meisten Bundesländern als grundständiges Studium geplant oder begonnen wurde, ist in Wirklichkeit kein grundständiges Studium, sondern ein Aufbaustudium mit 4 + 4 Semestern, das heißt: vier Semester werden an einer Pädagogischen Hochschule studiert, danach kann mit oder ohne Zwischenprüfung an eine heilpädagogische Abteilung gewechselt werden.»[88]

Genausowenig wie die additiv zusammengefügten Studiengänge gewährleistet der Theorie-Praxis-Bezug im grundständigen Studium die Kenntnisse und Erfahrungen, die der zukünftige Sonderschullehrer, der an der Integration Behinderter mitwirken soll, benötigt. So wird beispielsweise durch ein einmaliges mehrwöchiges Praktikum an der Regelschule, wie es durch die Hamburger Studienordnung für das grundständige Studium festgelegt ist,[89] die Forderung nach einer hinreichenden

88 Ebd., S. 128.
89 Vgl. Studienplan zum Grundständigen Studium für Sonderschulen (erste Phase), Hamburg 1973, besonders S. 2.

Unterrichtserfahrung des Sonderschullehrers im Normalschulbereich weit schlechter erfüllt als durch die mehrjährige Berufspraxis in der Regelschule, die dem postgradualen Zusatzstudium vorangeht. Eine Weiterentwicklung des Theorie-Praxis-Bezugs im Hinblick auf die Realisierung von Integrationstendenzen wäre nur dann gegeben, wenn – ähnlich dem Bremer Reformmodell[90] – in kooperativen Innovationsprojekten Praktika sowohl der Regel- als auch der Sonderschule speziell unter dem Aspekt der Integration Behinderter durchgeführt würden.

Da die bisherigen Konzeptionen des grundständigen Studiums derartige Entwicklungen jedoch noch kaum erahnen lassen, sie dagegen hinsichtlich der Studiendauer und der Möglichkeit schulpraktischer Erfahrungen erhebliche Einschränkungen gegenüber dem Zusatzstudium aufzeigen, bleibt als einziger Vorzug der reformierten Sonderschullehrerausbildung die Einsparung der Kosten bestehen. Insofern muß die Einführung des grundständigen Studiums in engem Zusammenhang mit den Rationalisierungsmaßnahmen in der allgemeinen Lehrerausbildung gesehen werden. Die Kritik an der verschärften Reglementierung und Verkürzung der Ausbildung sowie die Zukunftsprognosen, die eher auf eine Dequalifizierung als auf eine Anhebung des Qualifikationsniveaus des Lehrers hindeuten, beziehen daher die Sonderschullehrerausbildung mit ein. Das gilt zum Beispiel auch für den kritischen Ausblick auf die zukünftige Situation des Lehrers, die Baethge am Ende seines Artikels «Abschied von Reformillusionen» entwirft:

«Von den unlösbaren Widersprüchen kapitalistischer Bildungspolitik am nächsten betroffen sein werden die Lehrer. Wir werden zwar nicht mit einer Proletarisierung, wohl aber mit einer zunehmenden Deprivilegierung der Lehrer zu rechnen haben, die sich ausdrückt in einer Verschlechterung ihrer Ausbildung (Verkürzung der Ausbildungszeit), Verschlechterung ihrer Arbeitssituation (Ausstattung der Schulen) und Arbeitsbedingungen (Arbeitsplatzsicherheit, genauer: Garantie, einen Arbeitsplatz zu erhalten), zunehmende Reglementierung ihrer Tätigkeit, wie sie sich im Ministerpräsidentenbeschluß zum Berufsverbot und in der Zunahme von Disziplinarverfahren bereits andeutet.»[91]

Auch wenn mit der Einführung des grundständigen Studiums formal die Voraussetzungen geschaffen wurden, um die Sonderpädagogik enger an die allgemeine Erziehungswissenschaft zu binden und damit der Integrationsdiskussion zumindest auf theoretischer Ebene einen höheren Verbindlichkeitsgrad zu verleihen, so legen doch die gegenwärtig knappen Ressourcen im Bereich der Ausbildung die Befürchtung nahe, daß weder

90 Vgl. z. B. E. B. Berndt u. a.: Erziehung der Erzieher. Das Bremer Reformmodell, Reinbek 1972.
91 M. Baethge, Abschied . . ., a. a. O., S. 28.

kooperative Forschungsprojekte, die zusätzliche Kosten verursachen, in Angriff genommen werden, noch die Qualifikation des Sonderschullehrers in nächster Zukunft darauf abgestellt sein wird, die in der bildungspolitischen und sonderpädagogischen Integrationsdiskussion erhobenen Forderungen zu erfüllen. Ebensowenig werden vermutlich die Studenten der allgemeinen Erziehungswissenschaft auf die Aufgabe vorbereitet werden, lernbehinderte Kinder stärker in die Regelschule zu integrieren. Da zu diesem Zweck die Studiengänge aller Lehrer inhaltlich um sonderpädagogische Fragestellungen, sozialpädagogische Problemkreise und verhaltenstherapeutische Übungen erweitert werden müßten, die im Widerspruch stehen zu den augenblicklich vorherrschenden Rationalisierungsmaßnahmen[92] in der Lehrerausbildung, werden sich Reformmodelle wie beispielsweise der sonderpädagogische Studiengang in Bremen[93], die die Integration lernbehinderter Schüler anstreben, voraussichtlich nur vereinzelt durch die individuellen Anstrengungen der Hochschullehrer durchsetzen können.

92 Angesichts dieser bildungspolitischen Tendenzen, die eine qualifizierte Ausbildung der Lehrer auch im Bereich der Sonderpädagogik gefährden, scheint es unverständlich, wenn sich sonderpädagogische Wissenschaftler wie Heese, Klages und Solarova unkritisch und unreflektiert diesen Tendenzen anschließen, anstatt sie durch wissenschaftlich begründete Forderungen aufzuhalten. In ihrem Aufsatz zum grundständigen Studium in der Sonderpädagogik schreiben sie z. B.:
    «Wenn trotz der Zeitnot, in die der sonderpädagogische Teil im grundständigen Studium geraten kann, hier nicht für ein 10semestriges Studium plädiert wird, so deshalb nicht, weil es ganz sicher ist, daß die Gesellschaft diesen Zeitraum nicht gewähren wird. Die Tendenz geht eindeutig auf eine zeitliche Raffung der Studien, und das ist gut so.» (G. Heese/H. Klages/S. Solarova, a. a. O., S. 27).
    93 Vgl. Universität Bremen, Amtliches Mitteilungsblatt 8/75.

4. Kapitel: Zur Entwicklung der gegenwärtigen Lernbehindertenerziehung in Schweden

4.0. Einleitung

Im Gegensatz zur gegenwärtigen Praxis der Lernbehindertenerziehung in der BRD zielt die schwedische Unterrichtsorganisation für behinderte Schüler auf eine fortschreitende Integration in die Regelschule. Während in der Bundesrepublik die sonderpädagogische Diskussion im Hinblick auf den institutionellen Aspekt der Lernbehindertenerziehung noch schwankt einerseits zwischen der Auffassung, daß die isolierte Sonderschule ein notwendiger «Schonraum» sei und andererseits der Vorstellung, daß sie für die meisten Schüler ein soziales «Getto» darstelle, ist in Schweden die Entscheidung längst gefallen. Nach der Ansicht der schwedischen Schulreformer stellt die diskriminierende Wirkung des organisatorisch vom Regelunterricht abgetrennten «Spezialunterrichts» nicht nur die sozialen Ziele der «grundskola» in Frage, sondern ihrer Meinung nach erschwert die Zugehörigkeit zu einer in Spezialklassen ausgegrenzten Minderheit den betroffenen Schülern auch über die Schulzeit hinaus die Anpassung an die gesellschaftlich festgelegten Normen und beeinträchtigt damit zugleich ihre Funktionsfähigkeit in den gegebenen Produktionsverhältnissen.

Wurde die Absonderung leistungsschwacher Schüler von den Regelschülern in der Vergangenheit – genau wie in Deutschland – damit begründet, daß die Eigenart und der individuelle Defekt des Kindes derartige organisatorische Maßnahmen erforderlich mache, so wurden nach der Einführung der neunjährigen Grundschule die Voraussetzungen der Schule für die Unterrichtung dieser Schüler immer stärker beachtet. Aus den «behinderten» Kindern wurden «Kinder mit Schulschwierigkeiten».[1]

So heißt es in dem 1974 erschienenen Gutachten: «skolans arbetsmiljö» (Umwelt der Schule):

«Die Grundschule ist im Unterschied zu allen anderen Tätigkeitsbereichen hingegen eine obligatorische Arbeitsumwelt für alle Kinder und Jugendlichen. Schulschwierigkeiten sind daher ein besonders ernsthaftes Problem. Sie treffen die Menschen in einem empfänglichen Alter, und sie wirken nicht selten bis weit in

1 Vgl. SOU 1974:53, Skolans arbetsmiljö, betänkande avgivet av utredningen om skolans inre arbete – (SIA), Stockholm 1974, S. 123 ff.

die Zukunft des Lebens der Individuen, sowohl durch das Einwirken auf das Selbstbewußtsein als auch dadurch, daß die Schule den gesellschaftlichen Auftrag hat, durch Zeugnisgebung Schüler zu beurteilen und zu vergleichen.

Die schulische Umwelt, die verbindlich ist für alle, zieht daher auch die unabweisliche Forderung nach sich, ihre Umwelt so zu gestalten, daß Schwierigkeiten verhindert werden oder so gering wie möglich bleiben. Von besonderer Bedeutung ist selbstverständlich, daß die schulische Umwelt nicht spezielle Belastungen für Schüler schafft, die auf Grund sozialer oder individueller Umstände eine ungünstige Ausgangsposition haben.»[2]

«Schulschwierigkeiten» gehören daher nicht mehr in erster Linie ins begrenzte Arbeitsfeld der Spezialpädagogik, sondern werden zum Problem der Regelschule überhaupt und damit Gegenstand allgemeinpädagogischer Forschung:

«Die pädagogische Forschungs- und Entwicklungsarbeit muß in erweitertem Umfang auf die Probleme der leistungsschwachen Schüler gerichtet sein, um damit die notwendigen pädagogischen Methoden zu schaffen, die diesen Schülern eine vollgültige Ausbildung geben können.»[3]

Der ideologische Hintergrund für die Forderung, leistungsschwache, lernbehinderte Schüler durch verstärkte pädagogische Anstrengungen und eine neue Verteilung der Ressourcen im Bildungswesen in das allgemeine Ausbildungskonzept der Regelschule einzubeziehen, ist in der schwedischen Gesellschaftspolitik zu suchen, die bemüht ist, soziale Unterschiede und Benachteiligungen, dort, wo sie zu kraß in Erscheinung treten, auszugleichen. So sind zum Beispiel die Voraussetzungen für behinderte Menschen, am öffentlichen und kulturellen Leben teilzunehmen, in Schweden weitaus günstiger als in der Bundesrepublik. Für körperbehinderte, an Rollstühle gefesselte Personen gibt es in Kaufhäusern und Restaurants besondere technische Einrichtungen, die ihnen einen Zutritt ohne fremde Hilfe ermöglichen. Geistig Behinderte werden nicht wie in der BRD dem Blick des «Normalbürgers» möglichst entzogen, sondern durch eine spezielle Siedlungspolitik in die Wohnbereiche der Nicht-Behinderten integriert. Eine beispielhafte Dokumentation dafür, daß die soziale Diskriminierung bestimmter Gruppen in Schweden nicht in dem gleichen Maße wie in der Bundesrepublik gesellschaftlich akzeptiert wird, ist der im Auftrag der Sozialdemokratischen Partei Schwedens entstandene «Gleichheitsreport» bzw. «Alva-Myrdal-Report»[4]. Charakteristisch für den Myrdal-Bericht ist das Ideal der «Jämlik-

2 Ebd., S. 123. Übersetzung der Verfasserin.
3 Ebd., S. 80. Übersetzung der Verfasserin.
4 Walter Menningen (Hg.): Ungleichheit im Wohlfahrtsstaat. Der Alva-Myr-

het» (Gleichheit) und die explizit hervorgehobene «Solidarität» mit den sozialen Randgruppen, die auf verschiedenen Gebieten benachteiligt sind:[5]

«Um die Entwicklung zu einer egoistischen und unsolidarischen Gesellschaft zu vermeiden, sollte der Gleichheitsgedanke zu einer Volksbewegung werden, die einen harten Kampf gegen die Interessen starker Machtgruppen und gegen elitäre Vorstellungen führen muß, die große Teile der Gesellschaft beherrschen, von der wir abhängig sind. Staatliche und kommunale ‹Politik› genügen nicht, die Gleichheitsforderung muß auf allen Ebenen erhoben werden, in Schulen, an den Arbeitsplätzen, in Organisationen, in den Familien. Die Verantwortung für mehr Gleichheit müssen alle Mitglieder der Arbeiterbewegung tragen.»[6]

Die Forderung der sozialen Integration behinderter Menschen und der Chancengleichheit aller ist also keineswegs auf den Bereich der Schule beschränkt, sondern gilt für «das ganze Leben»[7]:

«Chancengleichheit allein für die Jugend ist nur ein unzureichendes Ziel; die Sozialdemokratie tritt deshalb dafür ein, daß die Verantwortung der Gesellschaft, jedem einzelnen die gleichen Entwicklungsmöglichkeiten zu geben, während der ganzen Lebensperiode gleich groß ist.»[8]

Diese politischen Gleichheitsbestrebungen stehen allerdings in einem krassen Widerspruch zu den Produktionsverhältnissen in Schweden. Der illusionäre Charakter des sozialdemokratischen «Aktionsprogramms» tritt deutlich zu Tage, wenn es in dem Myrdal-Bericht heißt:

«Dieses Programm enthält in allen folgenden Kapiteln die Grundauffassung, daß wir eine entschlossene Politik des Ausgleichs führen können, ungeachtet der hierzulande und international vorhandenen Tendenz, die bestehenden Klassenunterschiede zu bewahren und sogar zu vergrößern.»[9]

Der aus einer idealistischen Grundposition entstandene «Gleichheitsreport» muß notwendig an der Realität vorbeigehen, da er die materiellen ökonomischen Voraussetzungen der schwedischen Gesellschaft nicht berücksichtigt. Welchem Ziel die staatlichen sozialpolitischen Maßnahmen angesichts der gegenwärtigen gesellschaftlichen Wirklichkeit in Schwe-

dal-Report der schwedischen Sozialdemokraten, Reinbek 1971. Die Originalausgabe erschien 1969 in Schweden unter dem Titel «Jämlikhet».

5 Vgl. ebd., S. 48 ff.
6 Ebd., S. 53.
7 Ebd., S. 52.
8 Ebd.
9 Ebd., S. 54.

den letztlich dienen, beschreibt das Autorenkollektiv in dem von V. Pfaff und M. Wikhäll herausgegebenen Buch «Das Schwedische Modell»:

«Dieses System, das man in Schweden selbst lange Zeit für einen Weg zu ‹Sicherheit und Gleichheit› gehalten hat, ist jedoch nichts anderes als eine Politik zur Verschleierung, nicht zur Beseitigung der Klassengegensätze, eine Politik zur bewußtseinsmäßigen Integration der Arbeiterklasse in ein System, das den Interessen der Unternehmer dient.»[10]

Trotz dieser Widersprüche, die für Schweden ebenso gelten wie für die Bundesrepublik, im Hinblick auf die gesellschaftliche Integration behinderter Schüler und Erwachsener ist Schweden ein gutes Stück voraus. Die Diskriminierung behinderter Menschen wird in Schweden als gesellschaftliches Problem erkannt, ernst genommen und weniger verdrängt als in der BRD.

In den folgenden Abschnitten dieses Kapitels kann auf die gesellschaftlichen Bestimmungsgründe für die Integration randständiger Gruppen in die Gesellschaft und behinderter Schüler in die Regelschule nicht in dem Maße eingegangen werden, wie es notwendig wäre, um kausale Zusammenhänge aufzuzeigen und Widersprüche zu analysieren. Vielmehr beschränken sich die folgenden Ausführungen auf die zum Verständnis des Schulreformprozesses nach 1945 notwendigen Hinweise zur politischen und ökonomischen Situation Schwedens in dieser Zeit und stellen im übrigen die Schulentwicklung selbst, insbesondere den Reformprozeß in der Lernbehindertenerziehung in den Mittelpunkt der Betrachtung. Dieses Vorgehen entspricht den Intentionen dieses Kapitels, den Leser in erster Linie über gegenwärtige Entwicklungstendenzen in der schwedischen Lernbehindertenpädagogik zu informieren und ihm alternative Vorstellungen zur Theorie und Praxis westdeutscher Sonderpädagogik zu vermitteln.

Während über die Entstehungsphase der schwedischen Hilfsklassen zumindest eine umfassende Publikation [11] vorliegt, gibt es über die weitere Entwicklung dieser schulorganisatorischen Institution und der Lernbehindertenerziehung in den Jahren nach 1921 weder zusammenfassende historische Darstellungen, die über grobe tabellarische Übersichten in kürzeren Aufsätzen hinausgehen, noch ausführliche historische Untersuchungen zu bestimmten Entwicklungsetappen. Das Material, das den folgenden Abschnitten über die Hilfsklassenentwicklung in den letzten 50 Jahren zugrundeliegt, beschränkt sich daher im wesentlichen auf die

10 V. Pfaff u. M. Wikhäll (Hg.) Das schwedische Modell. Texte zum Arbeiterleben und zur Klassenstruktur im Wohlfahrtsstaat von S. Lidmann u. a., Köln/Berlin 1971
11 Vgl. S. Nordström, a. a. O.

staatlichen Gutachten «Statens offentliga utredninger» (SOU) sowie pädagogische und sonderpädagogische Zeitschriften. Bezogen auf den allgemeinen Schulreformprozeß gibt es allerdings eine Fülle von Literatur[12]. Auch für die Darstellungen zur jüngeren Schulgeschichte Schwedens gilt, was bereits für die historische Forschung zur Entstehung der schwedischen Volksschule konstatiert wurde, daß in ihnen der Zusammenhang zwischen den gesellschaftlichen Bedingungsfaktoren und Entwicklungen bzw. Veränderungen im Bereich des Ausbildungssektors weitgehend vernachlässigt wird. Zumindest gibt es keine wissenschaftlichen Untersuchungen des schwedischen Schulreformprozesses, die mit den politisch-ökonomischen Analysen der Bildungsreform in der BRD in den sechziger Jahren vergleichbar wären.

Entsprechend der Gliederung des 3. Kapitels gibt der erste Abschnitt des 4. Kapitels einen Überblick über die Hilfsklassenentwicklung bis zum Ende des Zweiten Weltkrieges, um die historische Kontinuität zwischen der im 2. Kapitel ausgeführten Entwicklungsperiode und der allmählichen Reformierung der traditionellen Hilfsklasse in den letzten Jahrzehnten zu wahren. Das Ende der in diesem Abschnitt behandelten zeitlichen Epoche bezeichnet zugleich die Jahre der weitestgehenden Separationstendenzen in der schwedischen Hilfsschulgeschichte und der größten Annäherung an die deutsche Hilfsschulentwicklung.

Der Abschnitt über die schwedische Schulreform 1946–1962 (4.2.) versucht dann im Zusammenhang mit der Entstehung der «grundskola» die schrittweise Entfernung der schwedischen Hilfsklassenerziehung von der Konzeption der deutschen Hilfsschulinstitution aufzuzeigen. Maßgebliche Voraussetzungen für die gegenwärtigen Integrationstendenzen in der schwedischen Lernbehindertenerziehung werden in diesem Abschnitt geschildert. Im Hinblick auf den Vergleich mit der BRD ist es von Bedeutung, daß die hier dargestellten Reformmaßnahmen den Restaurationstendenzen in der westdeutschen Bildungspolitik nach dem Kriege entgegenstehen. Diese gegenläufige Entwicklung hat zur Folge, daß nicht mehr das deutsche Bildungswesen für Schweden, sondern umgekehrt die schwedische Schule für die Bundesrepublik zum Vorbild wird.

Im Bereich der Lernbehindertenerziehung werden die für die BRD zum Teil vorbildhaften schwedischen Reformmaßnahmen im Abschnitt 4.3. umrissen[13]. Auf einen expliziten Vergleich mit der Situation und der

12 Einige Publikationen liegen auch in deutscher Sprache vor, s. z. B. die Bücher von T. Husén/G. Boalt: «Bildungsforschung und Schulreform in Schweden» (1968) und von E. Jüttner: «Der Kampf um die schwedische Schulreform» (1969), auf die sich die folgenden Ausführungen in erster Linie stützen.

13 Auf einen expliziten Vergleich mit der Situation und der tendenziellen Entwicklung der Lernbehindertenerziehung in der BRD wird in diesem Abschnitt deswegen weitgehend verzichtet, weil ein derartiger Vergleich eine ausführliche

tendenziellen Entwicklung der Lernbehindertenerziehung in der BRD wird in diesem Abschnitt deswegen weitgehend verzichtet, weil ein derartiger Vergleich eine ausführliche Gegenüberstellung der Struktur der schwedischen «grundskola» und der westdeutschen «Gesamtschule» voraussetzen würde, die im Rahmen dieser Arbeit nicht geleistet werden kann. Sie würde jedoch in einer vergleichbaren Untersuchung, die sich zeitlich auf die Gegenwart der Lernbehindertenerziehung in Schweden und der Bundesrepublik begrenzen könnte, ihren notwendigen Platz haben und ein höchst interessantes Forschungsvorhaben darstellen.

Der 4. Abschnitt (4.4.), der zugleich die gesamte Arbeit abschließt, beschäftigt sich mit der wissenschaftlichen Forschung und Literatur, die den Reformprozeß der schwedischen Grundschule und ihre Weiterentwicklung begleitet. Das schwerpunktliche Interesse gilt dabei vor allem der Literatur, die sich auf Grundprobleme der Integration behinderter Schüler bezieht.

4.1. Überblick über die Entwicklung der schwedischen Hilfsklassenerziehung bis zur Einleitung der Bildungsreform (1921–1945)

Die schwedischen Hilfsklassen entwickelten sich in den Jahrzehnten 1920–1945 nur sehr zögernd. Ihre organisatorische und institutionelle Form konsolidierte sich erst am Ende dieser Periode. Nach wie vor stellte die deutsche Hilfsschule für schwedische Hilfsschulvertreter ein erstrebenswertes Vorbild dar. Damit verstärkte sich tendenziell auch der Gedanke der Separation der Hilfsklassenschüler von den Regelschülern und dessen Realisierung.

Ein Vergleich mit der entsprechenden Phase der deutschen Hilfsschulgeschichte zeigt für Schweden und Deutschland gegenläufige Entwicklungslinien. In der Blütezeit des Hilfsschulwesens in Deutschland (1920–33) stagnierte die Hilfsklassenentwicklung in Schweden weitgehend. Während sich dann jedoch in Deutschland die Hilfsschuleinrichtungen durch den Nationalsozialismus und die Auswirkungen des Krieges erheblich reduzierten, erfuhr der schwedische Hilfsklassenunterricht im Jahre 1942 eine umfassende gesetzliche Regelung[1] und weitete sich in der Folge

Gegenüberstellung der Struktur der schwedischen ‹grundskola› und der westdeutschen ‹Gesamtschule› voraussetzen würde, die im Rahmen dieser Arbeit nicht geleistet werden kann. Sie würde jedoch in einer vergleichbaren Untersuchung, die sich zeitlich auf die Gegenwart der Lernbehindertenerziehung in Schweden und der Bundesrepublik begrenzen könnte, ihren notwendigen Platz haben und ein höchst interessantes Forschungsvorhaben darstellen.

1 Vgl. Svensk Förf.-saml. 629/1942. Zur weiteren inhaltlichen Information

beträchtlich aus.[2]

Analog zur Unterteilung in 3.1. läßt sich der Zeitraum 1921–1945 für die schwedische Geschichte schematisch in drei Abschnitte gliedern: die Zeit des Minderheitenparlaments bis Anfang der dreißiger Jahre, die Konsolidierung sozialdemokratischer Politik nach der Weltwirtschaftskrise und die Jahre des Zweiten Weltkriegs.[3] Es wird deutlich werden, daß die schwedische Hilfsschulgeschichte diesen Etappen der politischen Geschichte folgt. Verkürzt lassen sich die entsprechenden Phasen der Hilfsschulentwicklung durch folgende Schlagworte kennzeichnen: Stagnation (zwanziger Jahre), Expertisen und Planung (dreißiger Jahre), gesetzliche Regelung – praktische Umsetzung (vierziger Jahre).

Die Epoche 1920–1933, in der es keiner politischen Partei gelang, die Mehrheit im Reichstag zu erlangen, war durch häufigen Regierungswechsel gekennzeichnet.[4] Die Regierungen, die in der Regel nur etwa 2 Jahre bestanden, hatten keine Möglichkeit, längerfristige Programme zu verwirklichen. Das wirkte sich naturgemäß in besonderem Maße auf die Sozial- und Schulpolitik dieser Zeit aus. Mit Recht charakterisieren S. Hadenius, B. Molin und H. Wieslander in einer der wenigen Darstellungen der jüngeren politischen Geschichte Schwedens diese Zeit als eine «Zeit sozialpolitischer Stagnation»[5].

Dennoch wurde 1927 eine Schulreform durchgesetzt, in der einige alte schulpolitische Forderungen der Sozialdemokraten von 1918 – allerdings mit erheblichen Abstrichen – Gesetz wurden. Die Schulreform spiegelte das labile Kräftegleichgewicht im Reichstag deutlich wider. «Sie wurde durchgeführt gegen den Widerstand der Rechten, aber mit Billigung des Bauernverbandes und der Sozialdemokraten, nach langen, eingehenden, auf Kompromisse bedachten Ausschußverhandlungen.»[6] Die schwedische Geschichtsschreibung charakterisiert die Politik dieser Zeit sehr anschaulich als «vågmästarpolitik» (Wiegemeisterpolitik)[7].

vgl. 1940 års skolutredning, ang.åtgärder för särskild undervisning och omvårdnad av psykiskt efterblivna i barn- och ungdomsåren (hjälpklassundervisning m. m.), o. O. 1942.

2 Vgl. G. Stenberg: Specialundervisningen i Sverige under 50 år, in: Nord. Tidskr. f. Spec. Ped. 50. Jg. 1972, S. 296.

3 Vgl. zu dieser zeitlichen Einteilung S. Hadenius/B. Molin/H. Wieslander: Sverige efter 1900. En modern politisk historia, Stockholm ⁵1972, S. 95 ff.

4 Vgl. ebd., S. 95 ff.

5 Ebd., S. 97: «Gemeinsam hatten Liberale und Sozialdemokraten eine Reihe sozialpolitischer Reformen durchgeführt – zuletzt die alte sozialdemokratische Forderung nach einer 48stündigen Arbeitswoche – aber die Periode von 1920 bis zur Krisenvereinbarung 1933 kann am ehesten charakterisiert werden als eine Zeit sozialpolitischer Stagnation.» Übersetzung der Verfasserin.

6 Ebd., S. 112. Übersetzung der Verfasserin.

7 Vgl. ebd., S. 110 ff.

Die ersten vier Volksschulklassen wurden mit der Schulreform zur «obligatorischen Grundstufe für alle (weiterführenden) Schultypen»[8]. Durch den sogenannten doppelten Übergang war der Eintritt in die vierjährige Realschule nach der 6. Volksschulklasse und in die fünfjährige Realschule nach der 4. Volksschulklasse möglich. Die Anhänger der sechsjährigen Grundschule waren mit dieser Kompromißlösung keineswegs einverstanden.[9]

Die traditionelle Forderung der sozialdemokratischen Partei nach einer *Aufhebung* des Parallelschulsystems war nicht erfüllt worden.

Wenn mit der Einführung der gemeinsamen Grundschule in Schweden auch eine vergleichbare schulorganisatorische Ausgangsposition für die Entwicklung der Hilfsklassen geschaffen wurde wie in Deutschland nach dem Ersten Weltkrieg, so zeitigte sie in Schweden doch keineswegs die gleichen Konsequenzen. Während in Deutschland mit der Grundschulreform im Jahre 1920 eine verstärkte Aussonderung der Schulversager in Hilfsschulen einsetzte, wodurch die organisatorische Konsolidierung und theoretische Begründung dieser Schulform forciert wurde, konnte in Schweden die durch die Schulreform bewirkte Erhöhung des Unterrichtsniveaus in der Grundschule durch andere Formen der Leistungsdifferenzierung, zum Beispiel durch eine Vermehrung der bereits bestehenden B-Klassen, Extraklassen oder Schwachklassen erreicht werden.

Obwohl es auch in Schweden in den zwanziger Jahren durchaus Initiativen gab, die sich eine abgesonderte Institutionalisierung der Hilfsklassen zum Ziel setzten (vgl. 2.6.) schien hier jedoch durch weit geringere Klassenfrequenzen und die Aufteilung der Volksschule in unterschiedliche Begabungslinien eine straffere Organisation der Hilfsklassen weniger dringlich als in Deutschland. Außerdem hatte – wie bereits erwähnt – die geringe Bevölkerungsdichte in den mittelgroßen und kleinen Städten sowie der krasse Gegensatz zwischen den wenigen Großstädten und den zahlreichen ländlichen Gemeinden eine regional sehr unterschiedliche Entwicklung der Hilfsklasseninstitution zur Folge. Nur in den wenigen Großstädten setzten sich ähnliche Organisationsformen der Hilfsschule wie in Deutschland durch. In Stockholm gab es bereits seit 1924 siebenklassige Hilfsschulen.[10] Im Jahre 1933 erhielten die Hilfsklassen hier sogar einen eigenen Schulleiter.[11] Ähnlich verlief die Entwicklung in

8 O. Anweiler u. a.: Europäische Bildungssysteme zwischen Tradition und Fortschritt. Struktur und Entwicklungsprobleme des Bildungswesens in sechs europäischen Ländern, Mühlheim 1971, S. 104.

9 Vgl. Göteborgs Handels- och Sjöfartstidning vom 23. 11. 1935, zitiert bei: E. Jüttner: Der Kampf um die schwedische Schulreform, Berlin 1970 (Diss.), S. 86.

10 Vgl. R. Claëson: Något om hjälpskolans utveckling i Sverige, a. a. O., S. 54.

11 Vgl. ebd.

Göteborg.[12]

Die Hilfsschüler verteilten sich daher etwa zur einen Hälfte auf die 5 größten Industrie- und Handelsstädte: Stockholm, Göteborg, Malmö, Norrköping und Gävle, zur anderen Hälfte auf 44 der übrigen 112 Städte Schwedens und 7 größere Gemeinden.[13] Anna Tengstrand kommentiert diesen Tatbestand in ihrem Aufsatz: «Die Organisation der Hilfsschule in ländlichen Ortschaften», wie folgt:

«In Großstädten lassen sich Einrichtungen des Hilfsschulwesens vergleichsweise leicht schaffen. Das Verständnis dafür ist bedeutend größer als in ländlichen Ortschaften, die Anzahl der Kinder ermöglicht eine zweckmäßige Aufteilung, und eine richtige Absonderung in Hilfsklassen kann stattfinden, wenn es dort Bestimmungen darüber gibt, welche Schüler dorthin gehören und wenn genügend qualifizierte Hilfe für die Abgesonderten vorhanden ist. Physischen Defekten kann abgeholfen werden solange die Hilfsmittel reichen, und eine Überführung von Kindern, die der Anstaltspflege bedürfen, geht gewiß bedeutend leichter und schneller als in ländlichen Ortschaften.»[14]

In den Augen schwedischer Hilfsschulvertreter erschien die Hilfsklassen-entwicklung in den Großstädten als ein erstrebenswertes Vorbild auch für die ländlichen Regionen. Klagen über organisatorische Unzulänglich-keiten des Hilfsklassenunterrichts bezogen sich daher in erster Linie auf weniger große Städte und Landgemeinden.

Hatte die in Jahresklassen organisierte, vollausgebaute Hilfsschule in Deutschland eine weitergehende Differenzierung der Hilfsschüler nach ihrem Leistungsvermögen zur Folge (vgl. 3.1.), so schritt dieser Differen-zierungsprozeß in Schweden nur sehr langsam voran. Da die Schüler, die in ein und dieselbe Hilfsschulklasse überwiesen wurden, in der Regel von unterschiedlichen Volksschullehrern begutachtet und getestet wurden, differierten die Auslesekriterien selbst innerhalb einer Hilfsschulklasse erheblich.[15] Hinzu kam, daß unterschiedliche Entwicklungsstufen und Altersjahrgänge häufig in einer Klasse zusammengefaßt waren, da die dezentralisierte Einrichtung von Hilfsklassen in den jeweiligen Volks-schulen eine Aufteilung in mehrere Klassen wegen der geringen Schüler-zahl nicht zuließ.

Neben der Heterogenität der Schüler bereitete die bereits dargestellte Unsicherheit in der lehrplanmäßigen und stundenplanmäßigen Organi-sation des Hilfsklassenunterrichts den praktizierenden Lehrern große

12 Vgl. ebd.
13 Vgl. A. Tengstrand: Hjälpskolans organisation i landsorten, in: Hjälpsskolan, 4. Jg. 1926, S. 54.
14 Ebd., S. 53, Übersetzung der Verfasserin.
15 Ebd., S. 55.

Schwierigkeiten. Hinzu kam, daß auch die Ausbildung der Hilfsklassenlehrer noch keineswegs befriedigend gelöst war. Deutschland, wo die Ausbildung der Hilfsschullehrer allmählich durch die Errichtung heilpädagogischer Seminare und besonderer Ausbildungswege an den Universitäten voranschritt, mußte den schwedischen Hilfsklassenlehrern als Vorbild erscheinen.

Das Bemühen schwedischer Lehrervereine führte dazu, daß in den Jahren zwischen 1926 und 1932 regelmäßig Kurse für Hilfsklassenlehrer an dem Volksschullehrerseminar in Stockholm eingerichtet wurden.[16] Diese Kurse, die jeweils nur einem geringen Prozentsatz der in Hilfsklassen tätigen Lehrer zugute kamen, wurden jedoch aufgelöst, als sich die fiskalischen Einnahmen im Zuge der Depressionsjahre 1931/32 drastisch verminderten.[17] So gab es bis zu Beginn der dreißiger Jahre keine wesentlichen Fortschritte in der schwedischen Hilfsklassenentwicklung, die dem Streben der Hilfsschulvertreter nach einer strafferen Organisation entsprochen hätten. Die Weltwirtschaftskrise machte sich in Schweden erst verhältnismäßig spät bemerkbar. Anfang der dreißiger Jahre stieg die Arbeitslosigkeit, besonders in der exportabhängigen Industrie, erheblich an.[18] Zu der Krise in der Landwirtschaft trat die konjunkturelle Depression, die im Jahre 1932 mit dem Zusammenbruch des Kreuger-Konzerns, «der über zweihundert Unternehmen und sechzig Prozent der Weltzündholzproduktion kontrollierte»[19], ihren Höhepunkt erreichte. Die Regierungskrise, die sich infolge der Erschütterung des schwedischen Wirtschaftsgefüges im Jahre 1932 einstellte, führte zu Neuwahlen, aus denen die Sozialdemokraten eindeutig als Sieger hervorgingen. Die vierte sozialdemokratische Minderheitsregierung wurde gebildet.[20] Durch das Bemühen um eine enge Zusammenarbeit mit dem Bauernverband gelang es den Sozialdemokraten schließlich, eine stabile Majorität im Reichstag zu schaffen.[21] Die Zeit des Minderheitenparlaments und der «vågmästarpolitik» war damit beendet.

Die stabilere Machtstellung der sozialdemokratischen Partei im Parlament ermöglichte es, längerfristige sozialpolitische Zielsetzungen ins Auge zu fassen, die auch Veränderungen im Bereich des Schulwesens

16 Vgl. SOU: 69, Utbildning av lärare för utvecklingshämmade och svårfostrade barn jämte förslag till inrättande av ett statens speciallärarinstitut, 1946 års hjälp- och särklasslärarutredning, Stockholm 1947, S. 19 f.

17 Die Schulbehörde führte in ihrer Aufstellung der Unterstützungsforderungen für 1933 den «Zustand der Staatsfinanzen» als Grund für die vorübergehende Einstellung dieser Kurse an. (Vgl. ebd., S. 20).

18 Vgl. S. Hadenius/B. Molin/H. Wieslander, a. a. O., S. 120 ff.

19 W. Dufner: Geschichte Schwedens, Stockholm 1967, S. 226.

20 Vgl. S. Hadenius u. a., a. a. O., S. 125 ff.

21 Vgl. ebd., S. 128 f.

begünstigten.

Anfang der dreißiger Jahre wurden Schulversuche mit einer stärker auf die Praxis ausgerichteten vierjährigen Realschule durchgeführt, die als «Fortsetzungsschule» an der sechsjährigen Volksschule anknüpfte.[22] Im Jahre 1936 beschloß der Reichstag die Ausdehnung der Schulpflicht auf sieben Jahre.[23] Neben diesen Veränderungen in der äußeren Organisation des Schulwesens wurden auch Verbesserungen im Bereich der Unterrichtsorganisation und Didaktik sowie in der Lehrerausbildung angestrebt.[24] So erhielt im Jahre 1932 ein Expertengremium den Auftrag, eine Untersuchung über die Organisation der Volksschullehrerausbildung an den Seminarien einzuleiten und Vorschläge zu einer Umstrukturierung zu unterbreiten.[25] In dem Arbeitsauftrag dieses Ausschusses sahen die Vertreter der Hilfsklassen eine Chance, daß auch ihr Interesse an einer verbesserten Hilfsklassenlehrerausbildung und einer einheitlichen Organisation der Hilfsklassen öffentliche Beachtung fände. Wiederholte Anträge des nordischen Hilfsschulverbundes (schwedische Abteilung), des südschwedischen Hilfsschulvereins und der Zentralstelle des SAF bewirkten, daß die Hilfsklassenexperten Alfred Hässelberg und Ruth Claëson im Jahre 1934 dem zwei Jahre zuvor berufenen Expertengremium beitreten konnten.[26] Die Arbeit dieser Gutachtenkommission charakterisiert die Phase der Planung und Konzeptionsbildung in der schwedischen Hilfsschulgeschichte der dreißiger Jahre.

1936 legte die Sachverständigenkommission von 1932 (1932 års seminarsakkunniga) ihr Gutachten «Maßnahmen für besonderen Unterricht und besondere Ausbildung psychisch Zurückgebliebener im Kindes- und Jugendalter»[27] vor. Da dieses Gutachten ein wesentliches Dokument in der schwedischen Hilfsschulgeschichte darstellt, das den organisatori-

22 Vgl. J. Orring: Skolan i Sverige, Stockholm 1967, S. 28. Bereits nach einigen Jahren Versuchstätigkeit wurde im Jahre 1934 ein Reichstagsbeschluß über die Organisation und Ausgestaltung der neuen Schulreform gefaßt.

23 Eine ausführliche Darstellung über das Zustandekommen der siebenjährigen Schulpflicht findet sich bei: V. Fredriksson/L. Hofstedt/S. Paradis: Det svenska folkundervisningsväsendet 1920–1942, in: Svenska folkskolans historia, S. 98 ff., Bd. V, Stockholm 1950. Vgl. ferner: SOU 1935:58, Betänkande och förslag angående det svenska skolväsendets organisation, verkställd av inom Kungl. Ecklesiastik departementet tillkallade sekkunniga, Stockholm 1936.

24 Vgl. V. Fredriksson u. a., a. a. O., S. 435 ff.

25 Näheres über die Zusammensetzung und die Aufgabenstellung des Expertengremiums steht bei V. Fredriksson u. a., a. a. O., S. 232 ff.

26 Vgl. SOU: 1936 (29–33) 31, Betänkande med utredning och förslag angående åtgärder för särskild undervisning och utbildning av psykiskt efterblivna i barn- och ungdomsåren, avgivet av 1932 års seminariesakkunniga, Stockholm 1936, S. 7 ff.

27 A. a. O., S. 194.

schen Rahmen des Hilfsunterrichts zu jener Zeit absteckt und zugleich eine wichtige Grundlage für spätere gesetzliche Entwürfe zur Hilfsklassenorganisation bildet, sollen hier einige maßgebliche Grundsätze und Vorschläge kurz referiert werden.

Das Gutachten der Sachverständigen von 1932 orientierte sich in den wichtigsten Punkten an deutschen Hilfsschulkonzeptionen der Weimarer Republik. Im Hinblick auf Lehrerausbildung, schulorganisatorische, institutionelle Einrichtungen, unterrichtsmethodische und didaktische Maßnahmen stellte die deutsche Hilfsschule der zwanziger Jahre, die zu jener Zeit internationale Anerkennung besaß, auch für schwedische Hilfsschulexperten immer noch ein Vorbild dar. Obgleich das Expertengremium die Entwicklung der deutschen Hilfsschule nach 1933 sehr kritisch beurteilte,[28] widmete es in seinem zu dieser Zeit entstandenen Gutachten der Darstellung deutscher Hilfsschulverhältnisse einen breiten Raum. Wesentliche konzeptionelle Übereinstimmungen zwischen den organisatorischen Plänen der Gutachter und der deutschen Hilfsschulinstitution lassen sich u. a. im Hinblick auf die Schulorganisation, die gesellschaftlichen Funktionen des Hilfsunterrichts und die nachschulische Betreuung von ehemaligen Hilfsschülern nachweisen.

Die Expertenkommission von 1932 hielt genau wie die deutschen Hilfsschulvertreter die ständige unterrichtliche Separierung der Hilfsklassenschüler von den Regelschülern für eine unabdingbare Voraussetzung, um die Befähigung dieser Schülergruppe zu späterer Lohnarbeit zu gewährleisten.[29] Die Trennung der Hilfsklassenschüler von den Regel-

28 So schreiben die Sachverständigen über die Entwicklung der deutschen Hilfsschule nach 1933:
«Die deutsche Hilfsschule ist in und mit dem neuen Zeitabschnitt, der durch das Jahr 1933 markiert ist, in eine für ihre Aufgabe und Stellung kritische Periode eingetreten. Die Richtlinien für ihre fortgesetzte Tätigkeit sind wohl noch nicht voll ausgeformt, aber so viel ist schon deutlich, daß rassenbiologische Gesichtspunkte in hohem Maße bestimmend für ihre Arbeit sein werden. (Ebd., S. 155. Übersetzung der Verfasserin).
29 Der Tendenz zur größtmöglichen Eigenständigkeit der Hilfsklassen entsprach der Wunsch nach einheitlichen präzisen Übergangskriterien. Die Sachverständigen arbeiteten genaue Richtlinien für die Überweisung von Hilfsklassenschülern aus (vgl. ebd., S. 34 ff). Sie betonten die Notwendigkeit der Anwendung einer für Schweden standardisierten Testskala.
Ein weiteres Zeichen für das Streben nach relativer Eigenständigkeit der Hilfsklassen ist die Definition des Hilfsschülers. Zwar bemühten sich die Gutachter um eine weniger diskriminierende Bezeichnung der Hilfsklassenschüler als in Deutschland, aber sie unterschieden die «psychisch zurückgebliebenen» Hilfsklassenschüler doch deutlich von den «normalen» Volksschülern:
«Wo wirkliche psychische Zurückgebliebenheit vorliegt, fehlen in größerem oder geringerem Ausmaß die Voraussetzungen für eine normale Entwicklung.

schülern wurde von den Gutachtern mit den gleichen Argumenten gerechtfertigt wie von deutschen Hilfsschulvertretern. Die Hilfsklasse sollte die Regelklasse entlasten und gleichzeitig die schwierigen Schüler sozialisieren:

«Einer der Gründe für die Einrichtung besonderer Klassen für psychisch zurückgebliebene Kinder ist folglich die Rücksichtnahme auf die übrigen Schüler der Schule, welche offenbar einen effektiveren Unterricht erhalten können, wenn die normalen Schulklassen von dem hemmenden Einfluß befreit werden, den die Anwesenheit der erstgenannten Kinder darstellt. Die Hilfsklassen sollen indessen von noch größerer Bedeutung für die Zurückgebliebenen selbst sein. Der gewöhnliche Unterricht ist nämlich vorzugsweise eingerichtet, um den Kindern Kenntnisse und Fertigkeiten in theoretisch betonten Lehrfächern: Lesen, Schreiben, Rechnen etc. zu vermitteln. Für die Schwachbegabten sind indessen die Möglichkeiten, von einem Unterricht dieser Art zu profitieren, stark begrenzt. Auf jeden Fall können sie dem Unterricht nicht in solcher Geschwindigkeit oder in dem Umfang folgen, der im Klassenunterricht für normale Kinder gefordert werden muß . . . Aber die größten Nachteile bestehen doch nicht darin, daß ein solcher Unterricht für Kinder dieser Art ohne ein nennenswertes Resultat bleibt. Schlimmer ist, daß die täglich wiederholten Erfahrungen, nicht ausreichend erfüllen zu können, was gefordert wird, in hohem Grade zersetzend auf Selbstvertrauen und Arbeitsfreude wirken. Dadurch wird das ohnehin geringe Leistungsvermögen vermindert, nicht nur in der Frage der Schularbeit sondern sogar im Hinblick auf die Arbeit überhaupt und folglich sogar auf die Möglichkeiten zukünftiger Versorgung.»[30]

Wie deutsche Hilfsschulvertreter den Nachhilfeunterricht, so lehnten die Sachverständigen einen Staatsbeitrag für stundenweise erteilten Hilfsunterricht ab, der im Jahre 1926 vom Schwedischen Volksschullehrerverband (SAF) vor allem für geringer besiedelte Ortschaften gefordert wurde:

«Eine solche Verordnung würde indessen nicht auf eine zufriedenstellende Weise die Ausbildung der zurückgebliebenen Kinder verbessern können, sondern würde wahrscheinlich bis zu einem gewissen Grad das Zustandekommen von zweckmäßigeren Maßnahmen verhindern oder verzögern. Was die psychisch zurückgebliebenen Kinder benötigen, sind nicht einige wenige zusätzliche Stunden in Lesen, Schreiben und Rechnen. Ein ihnen angemessener Unterricht muß in erster

Die Zurückgebliebenheit ist konstitutiv, dauerhaft und kaum in nennenswerter Weise beeinflußbar durch therapeutische Maßnahmen . . . Im Vordergrund stehen die rein intellektuellen Defekte . . . Die psychisch Zurückgebliebenen pflegen im Hinblick auf den Grad ihrer Defekte in drei Gruppen eingeteilt zu werden: Idioten, Imbecille und Debile. Die Grenzen zwischen diesen Gruppen sind selbstverständlich fließend, und die Aufteilung hat in erster Linie ein praktisches Ziel.» (Ebd., S. 34 f. Übersetzung der Verfasserin).

30 Ebd., S. 10. Übersetzung der Verfasserin.

Linie auf eine umfassende und gründliche Einübung von guten Gewohnheiten sowie ein nötiges Training von solchen Fertigkeiten zielen, welche sie instand setzen können, sich in der Zukunft selbst zu versorgen.»[31]

Die Sachverständigen stimmten allerdings einem obligatorischen Hilfsklassenunterricht, wie er bereits seit 1924 von dem südschwedischen Hilfsschulverein gefordert wurde, nicht zu. Nach ihrer Meinung war den einzelnen Gemeinden eine staatlich erzwungene Einrichtung von Hilfsklassen nicht zuzumuten.[32] Das Zustandekommen von Hilfsklassen sollte jedoch durch die Zusammenarbeit benachbarter Schuldistrikte und einen Staatsbeitrag für Schulfahrten und Pflegestellen erleichtert werden.[33] Außerdem forderten die Sachverständigen, daß die Errichtung von Hilfsklassen durch das Volksschulgesetz begünstigt und durch die kommunale Schulverwaltung stimuliert werde. Zu diesem Zweck schlugen sie vor, den ersten Paragraphen des Volksschulgesetzes durch die folgenden Sätze zu komplettieren:

«Für Schüler, die, ohne geistig behindert zu sein, doch auf Grund psychischer Zurückgebliebenheit außerstande waren, dem normalen Unterricht in der Schule zu folgen, kann besonderer für sie angemessener Unterricht in sogenannten Hilfsklassen angeordnet werden, wenn Größe und Verhältnisse des Schulwesens es gestatten.»[34]

Die Sachverständigen stimmten ferner mit deutschen Hilfsschulexperten darin überein, daß der Hilfsklassenunterricht in erster Linie der Erziehung und weniger der Vermittlung von Kenntnissen diene. So heißt es in dem V. Kapitel: «Richtlinien für den Unterricht in Hilfsklassen»:

«Die Aufgabe, die Schüler in der Schule mit Rücksicht auf ihre Charakterentwicklung zu erziehen und zu leiten, gilt in besonderem Maße für zurückgebliebene Kinder. Ihre Schwierigkeit, Menschen und Zusammenhänge zu verstehen, macht sie in einem gewissen Grad für asoziales Auftreten disponibel. Es ist deshalb notwendig, während der ganzen Schulzeit zielstrebig alle Gelegenheiten, welche die Schularbeit, das Spiel und die Gemeinschaft im übrigen bieten zu nutzen, um die Kinder praktisch an das Verständnis für andere und den Umgang mit anderen sowie an den Respekt vor Gesetzen und Vorschriften zu gewöhnen. Es ist von besonderer Wichtigkeit, daß die ethischen Vorstellungen auf eine für die Kinder begreifliche Weise direkt an ihren eigenen Erfahrungen anknüpfen. Selbst in dieser Hinsicht ist unmittelbare Einübung durch praktische Anwendung notwendig für wirkliche Aneignung. Es liegt in der Natur der Sache, daß die Hilfsschule

31 Ebd., S. 33. Übersetzung der Verfasserin.
32 Vgl. ebd., S. 27.
33 Vgl. ebd.
34 Ebd., Übersetzung der Verfasserin.

ihren Schülern nicht ein größeres Maß an Wissen und Können vermitteln kann. Von desto größerer Bedeutung ist es, daß gute Gewohnheiten eingeübt sowie Arbeitsfreude und Verantwortungsgefühl geweckt und entwickelt werden.»[35]

Wie in den Jahren nach dem Ersten Weltkrieg deutsche Hilfsschulvertreter vor allem die Sozialisationsfunktion der Hilfsschule hervorhoben, so betonte auch das Gutachten der Sachverständigen von 1932, die ihre Arbeit in einer Zeit begannen, in der Arbeitslosigkeit und die schwierige Versorgungslage in Schweden die sozialen Spannungen erhöhten, in besonderem Maße die Notwendigkeit der Entwicklung von «Arbeitstugenden» bei Hilfsklassenschülern.

Nach der Meinung der Gutachter reichte die Schulzeit allerdings nicht aus, um intellektuell retardierte Kinder zur «Selbstversorgung» zu erziehen. Mit der Begründung, daß die meisten Hilfsklassenschüler aus ärmlichen Familienverhältnissen kämen und daher nach der Schulentlassung wenig Unterstützung von ihrem Elternhaus erwarten könnten, wiesen die Sachverständigen auf die Notwendigkeit einer über die Schulzeit hinausgehenden unterrichtlichen und sozialen Betreuung ehemaliger Hilfsklassenschüler hin.[36] Ruth Claëson, ein Mitglied der Gutachterkommission, hatte bereits im Jahre 1930 in der Zeitschrift «Hjälpskolan» die im Vergleich mit Deutschland hohe Anzahl nicht erwerbsfähiger ehemaliger Hilfsklassenschüler herausgestellt.[37] Während nach einer Veröffentlichung des Verbandes Deutscher Hilfsschulen in den Jahren 1918–1925 nur etwa 9 % ehemaliger Hilfsschüler nicht erwerbsfähig waren, wiesen Untersuchungen in Schweden für denselben Zeitraum ca. 20 % Hilfsschüler auf, die keiner Beschäftigung nachgingen.[38] Claëson kommentierte die Untersuchungsergebnisse mit den Worten:

«Wenngleich die Untersuchungen auf Grund ihres ungleichen Umfangs nicht ohne weiteres verglichen werden können, dürfte doch die in der deutschen Statistik auffallend größere Anzahl Erwerbstätiger eine Tatsache sein. Wahrscheinlich beruht dieser Unterschied darauf, daß während der Nachkriegsjahre außerordentliche Anstrengungen unternommen wurden für die Ausbildung und Bereitstellung von Arbeitsmöglichkeiten, selbst für ‹Erwerbsbeschränkte›. Ju-

35 Ebd., S. 47. Übersetzung der Verfasserin.
Im Unterschied zu deutschen Hilfsschulvertretern, die immer wieder die hilfsschulspezifische Methodik und Didaktik hervorhoben, schlugen die Gutachter von 1932 allerdings vor, daß die Hilfsklassenschüler in denselben Fächern unterrichtet werden sollten wie die Volksschüler und betonten damit gerade das Gemeinsame zwischen Hilfsklassen- und Volksschulunterricht.
36 Vgl. ebd., S. 62.
37 Vgl. R. Claëson: Undersökning rörande förutvarande hjälpsklasselever, in: Hjälpskolan, 8. Jg., 1930, S. 2 ff.
38 Vgl. ebd., S. 6 f.

gend- und die Wohlfahrtsämter haben hier zusammengearbeitet.»[39]

Zu der Zeit als die Expertenkommission mit ihrer Gutachtertätigkeit begann, war das Berufsschulwesen in Deutschland bereits sehr viel weiter entwickelt als in Schweden. Während in Preußen zum Beispiel schon seit 1923 eine gesetzliche Berufsschulpflicht bestand,[40] war es in Schweden keineswegs die Regel, daß Volksschüler nach Beendigung ihrer obligatorischen Schulzeit eine Berufsschule besuchten.[41] Noch viel weniger hatten Hilfsklassenschüler die Möglichkeit, Kenntnisse, die sie für ihren Beruf benötigten, in Fortsetzungsschulen zu erwerben. Mit Ausnahme von Stockholm gab es für «intellektuell zurückgebliebene Jugendliche» keine schulisch organisierte Berufsausbildung.[42]

Deutsche Hilfsberufsschulen (zum Beispiel in Berlin) und Lehrwerkstätten für erwerbsbeschränkte Jugendliche (zum Beispiel in Düsseldorf) wurden daher von den Gutachtern als vorbildhafte Einrichtungen für die nachschulische Betreuung und Unterrichtung ehemaliger Hilfsklassenschüler angesehen.[43]

Die Gutachter forderten ähnliche Berufsschuleinrichtungen, wie sie in Deutschland bestanden, auch für Schweden[44] und setzten sich darüber hinaus für Beratungsstellen[45] ein, die den ehemaligen Hilfsschülern bei ihrer Suche nach einem Arbeitsplatz behilflich sein und weiterhin eine Vermittlungsfunktion zwischen dem Arbeitgeber und dem angestellten Hilfsschüler übernehmen sollten.

Das Gutachten und die Forderungen der 1932 gebildeten Expertenkommission wirkten sich in den folgenden Jahren kaum auf die praktische Organisation des Hilfsklassenunterrichts aus. Trotz der verstärkten Expertentätigkeit im Laufe der dreißiger Jahre sprechen alle Anzeichen dafür, daß die Stagnation der schwedischen Hilfsklassenentwicklung sich auf den Ebenen der Schulorganisation, der Schülerzahlen[46] und der

39 Hjälpskolan 1930, S. 7. Übersetzung der Verfasserin.

40 Vgl. K. H. Günther u. a.: Geschichte der Erziehung, a. a. O., S. 589 f.

41 Vgl. Dust-Kommittén: Samverkan-Mitwirkung. Ett resultat av ett svenskt-västtyskt samarbete Betänkande av kommittén rörande demokratisering av utbildningsväsendet i Sverige och Förbundsrepubliken Tyskland, in: Utbildningsdepartementet 1973:12, Stockholm 1973, S. 30.

42 Vgl. SOU 1936:31, a. a. O., S. 68 f.

43 Vgl. ebd., S. 69 f.

44 Vgl. ebd., S. 74 ff. Die Gutachter schlugen vor, diese Fortsetzungsschulen in Analogie zu dem Begriff «hjälpklass» «hjälpfotsättningsskola» (Hilfsfortsetzungsschule) oder «fortsättningshjälpskola» (Fortsetzungshilfsschule) zu nennen. (Ebd., S. 76)

45 Vgl. ebd., S. 78 ff.

46 So stieg beispielsweise die Anzahl der Hilfsklassenschüler von 1935 bis 1940 lediglich von 3794 auf 4002 Schüler an.

Lehrerausbildung[47] fortsetzte. Als eine maßgebliche Bedingung dieser Stagnation wurde bereits die Einrichtung von «Schwachklassen» seit 1920 hervorgehoben. Einen weiteren Faktor stellten die von 1920–1940 ständig abnehmenden Klassenfrequenzen in den Regelklassen dar, die mit dem Sinken der Geburtenzahlen in den zwanziger und dreißiger Jahren eng zusammenhingen.[48] Im Vergleich mit Deutschland war die Absonderung der Hilfsklassenschüler in Schweden kein so dringendes schulorganisatorisches Problem, weil leistungsschwache Schüler bei Klassenstärken von nur 20–25 Schülern hinreichend berücksichtigt werden konnten. Dementsprechend blieb die schwedische Hilfsklasse in dieser Zeit eine relativ inkohärente, mehr an regionalen Bedürfnissen orientierte Einrichtung, für die zusätzliche Ressourcen nicht bereitge-

47 Erst im Frühjahr 1939 wurde nach dem Vorschlag der Gutachter ein Fortbildungskurs in Göteborg und ein Ausbildungskurs für Hilfsklassenlehrer in Stockholm eingerichtet, aber auch diese Kurse wurden nach Kriegsausbruch wegen der «staatsfinanziellen Situation» wieder aufgelöst. (Vgl. SOU 1947:69, a. a. O., S. 22 ff.)

48 Diesen Zusammenhang beleuchten die folgenden Tabellen:

Tabelle der Geburtenziffern 1920–1938

Jahr	Anzahl der Geburten
1920	138753
1922	118946
1924	109946
1926	102007
1928	97868
1930	94220
1932	89779
1934	85092
1936	88983
1938	93946

Quelle: Statistik Årsbok för Sverige 1945, utgiven av Statistiska Centralbyrån, Stockholm 1945, S. 52 f, zitiert bei: E. Jüttner, a. a. O., S. 85.

Durchschnittliche Anzahl der Schüler je Klasse in ausgebauten Volksschulen:

1920	1930	1940
31,3	29,1	24,9

Anzahl der Schüler je Klasse in der småskola (Kleinschule)

1920	1930	1940
24,4	23,3	20,3

Quelle: V. Fredriksson/L. Hofstedt/S. Paradis, a. a. O., S. 95.

stellt wurden.[49] Es ist bezeichnend, daß eine straffere Organisierung und präzisere Definition des Hilfsklassenunterrichts in Schweden erst in einer Zeit eingeleitet wurde, als der Rationalisierungsdruck der Kriegswirtschaft und -Politik die Schulverhältnisse in Schweden denen Deutschlands im Hinblick auf die Lehrer-Schüler-Relation annäherte und die Entlastungsfunktion der Hilfsschule für die Volksschule in den Vordergrund trat.[50]

Über die Rationalisierungsmaßnahmen, die im Jahre 1940 das gesamte schwedische Volksschulwesen transformierten, schreiben V. Fredriksson, L. Hofstedt und S. Paradis in «Svensk Folkskolans Historia» (Geschichte der schwedischen Volksschule):

«Der Kriegsausbruch im Herbst 1939 bedeutete für unser Land eine unerhörte ökonomische Belastung. Alle Ressourcen mußten anscheinend in Anspruch genommen werden, wenn es überhaupt eine Möglichkeit geben sollte, eine Verteidigungsbereitschaft zu erzielen, die notwendig war, um Schweden aus dem Weltkrieg herauszuhalten. Eine intensive Arbeit begann, um Staatsausgaben im civilen Verwaltungsbereich einzusparen. Was das Volksschulwesen betrifft, so wurde eine besondere Expertenkommission für Sparmaßnahmen mit dem Unterrichtsrat Josef Wejne als Wortführer beauftragt, die Möglichkeiten zur Senkung der Kosten für dasselbe zu ermitteln.»[51]

Bereits im Jahre 1940 erfolgten die ersten von der Expertenkommission vorgeschlagenen Sparmaßnahmen. Nahezu 1200 Lehrer wurden eingespart.[52] Die Klassenfrequenzen, die seit 1920 kontinuierlich abgenom-

49 So schreibt G. Stenberg in ihrem historischen Überblick über die Hilfsklassenentwicklung in der Zeit der Gutachtertätigkeit: «Aber die Zeiten waren unruhig und die staatsfinanziellen Ressourcen knapp. Die vorgelegten Pläne konnten kaum in die Praxis umgesetzt werden.» (G. Stenberg, a. a. O., S. 295).

50 Im Vergleich zu den Gutachtern von 1932, die besonders die Sozialisationsfunktion der Hilfsklasse hervorgehoben hatten, rückte das Schulkomitee, das sich zu Beginn der vierziger Jahre mit der Neuordnung der Hilfsklassenorganisation befaßte, stärker die Entlastungsfunktion der Hilfsklassen für die Volksschule in den Vordergrund. In ihrem 1942 erschienenen Gutachten heißt es:
«Seitdem die Volksschule nunmehr in größtem Ausmaß die Kenntnisse zugrunde legen muß, auf welche die höhere Schule ihren Unterricht aufbauen muß, ist der Wunsch, den Hilfsunterricht zu ordnen, in wachsendem Maße hervorgetreten. Es ließe sich sagen, daß eine zufriedenstellende Lösung der Frage nach dem Unterricht für zurückgebliebene Kinder eine wichtige Voraussetzung dafür ist, damit die Volksschule ihre Aufgabe als allgemeine Staatsbürgerschule und als Grundschule für höhere Lehranstalten unterschiedlicher Art befriedigend erfüllen kann.» (Ebd., S. 10. Übersetzung der Verfasserin).

51 V. Fredriksson/L. Hofstedt/S. Paradis, a. a. O., S. 94. Übersetzung der Verfasserin.

52 Vgl. ebd., S. 95.

men hatten, stiegen wieder an. Eine Klasse mit altershomogenen Schülern, die noch im Jahre 1940 durchschnittlich 25 Schüler aufgenommen hatte, sollte in den Jahren 1941–46 bis zu 35 Schüler umfassen.[53] Extraklassen, die seit den zwanziger Jahren für leistungsschwache Schüler entstanden waren und lediglich 20 Schüler pro Klasse beherbergten, wurden aufgelöst.[54]

Mit dem Steigen der Klassenfrequenzen und dem Verschwinden der B-Klassen oder «Schwachbegabten-Klassen» (die immerhin 20% aller Volksschüler umfaßten), mußte der «hemmende Einfluß» leistungsschwacher Schüler auf den Regelunterricht stärker ins Gewicht fallen. So ist es nicht erstaunlich, daß das Schulkomitee, das im Jahre 1940 unter dem Vorsitz des Universitätsprofessors und Erziehungsministers Bagge zur Neuordnung des Schulwesens berufen wurde,[55] relativ schnell die Aufgabe einer effektiveren Gestaltung des Hilfsunterrichts in Angriff nahm. In den Direktiven für die Arbeit dieser Kommission wurde unter den anstehenden aktuellen Fragen und Problemstellungen als 3. von 7 Punkten der Hilfsunterricht angeführt:

«Die allgemeine Volksschule muß eine nicht geringe Anzahl von Kindern aufnehmen, welche sicherlich nicht mit Erfolg am gewöhnlichen Schulunterricht teilnehmen können, welche jedoch nicht so schwach ausgestattet sind, daß sie in besonderen Anstalten unterrichtet werden müssen. Der Unterricht dieser Kinder in einer gewöhnlichen Schulklasse zusammen mit normal entwickelten Kindern bringt für beide Kategorien von Schülern Nachteile. Der Unterricht für die normalbegabten wird erschwert durch den hemmenden Einfluß der Kinder, die die Voraussetzungen nicht besitzen, von dem gewöhnlichen Unterricht zu profitieren. Diese Kinder wiederum erhalten oftmals einen Unterricht und eine Erziehung, die ihrer Eigenart angemessen sind und die dazu beitragen können, den Minderwertigkeitsgefühlen und der Trägheit, die bei ihnen nicht selten durch Mißgeschicke in der Schule hervorgerufen werden, entgegenzuarbeiten oder zu überwinden.»[56]

Eine im Oktober 1940 von der Schulbehörde veröffentlichte Untersu-

53 Vgl. ebd.

54 Vgl. SOU 1946:11, 1940 års skolutrednings betänkande och utredningar IV, Skolpliktstidens skolformer. 2. Folkskolan. A. Allmän del, Stockholm 1946, S. 50 ff.

55 Vgl. Näheres über die Zusammensetzung und die Arbeit des Komitees bei: E. Jüttner, a. a. O., S. 102 ff. E. Jüttners Dissertation «Der Kampf um die schwedische Schulreform» gehört zu den informativsten Darstellungen der schwedischen Kommissionsarbeit in deutscher Sprache.

56 SOU 1944:20, 1940 års skolutrednings betänkande och utredningar I, Skolan i samhällets tjänst. Frågeställningar och problemläge, Stockholm 1944, S. 13. Übersetzung der Verfasserin.

chung, der zufolge ca. 10 500 Kinder, «welche von ihren Lehrern als psychisch zurückgeblieben beurteilt wurden»[57], weiter in Regelklassen unterrichtet wurden, bot den konkreten Anlaß für ein rasches Bemühen um eine straffere einheitliche nationale Organisation des Hilfsklassenunterrichts.

Im Februar schloß das Komitee sein Gutachten «Maßnahmen für besondere Unterweisung und Erziehung psychisch Zurückgebliebener im Kindes- und Jugendalter»[58] (Hjälpklassundervisning m. m.) ab. Schon im Juni desselben Jahres schuf der Reichstag die gesetzliche Grundlage, um die Vorschläge des Schulkomitees zur Ausdehnung und festeren Organisation des Hilfsunterrichts in die Praxis umzusetzen. Anfang 1943 gab die Schulbehörde die hierfür erforderlichen Vorschriften und Pläne heraus:

«1. Vorschriften den besonderen Hilfsunterricht betreffend
2. Richtlinien für die Aussonderung von Kindern in Hilfsklassen
3. Provisorischer Normalunterrichtsplan für die Hilfsklassen der Volksschule.»[59]

Mit dieser ersten umfassenden verfassungsmäßigen Regelung des Hilfsklassenunterrichts war «einer der wesentlichen Meilensteine in dieser Unterrichtsgeschichte»[60] gesetzt.

Die Vorschläge des Schulkomitees von 1940 bezogen sich weitgehend auf das Gutachten der Sachverständigen von 1932. In einem für die spätere Entwicklung der Lernbehindertenerziehung in Schweden wesentlichen Punkt unterschieden sich allerdings die Vorstellungen und Einschätzungen der beiden Expertengremien. Im Gegensatz zu den Gutachtern von 1932 propagierte das 1940 konstituierte Schulkomitee in besonderem Maße einen *stundenweise* erteilten Hilfsunterricht als Alternative zum Hilfs*klassen*unterricht. So heißt es in ihrem Gutachten:

«Wir möchten hervorheben, daß die Zentralverwaltung des Schwedischen Allgemeinen Volksschullehrervereins genauso wie einige Volksschulinspektoren vorgeschlagen haben, daß hilfsklassenmäßige Kinder, wo die Verhältnisse nicht geeignet sind, um Hilfsklassen einzurichten, in einigen Stunden einen besonderen Unterricht erhalten, während sie im übrigen mit normal begabten Kindern zusammen unterrichtet werden. Die Einwände, die von den Sachverständigen gegen eine solche Einrichtung vorgebracht wurden, scheinen uns nicht schwerwiegend genug. Daß diese Möglichkeit zur Verfügung steht, ist nach unserer Auffassung von großer Bedeutung, wenn es darum geht, den Bedarf an Hilfsunterricht, der in ländlichen Schulen für intellektuell Zurückgebliebene besteht, zu

57 G. Stenberg, a. a. O., S. 295.
58 1940 års skolutredning, a. a. O.
59 G. Stenberg, a. a. O., S. 296.
60 Ebd.

decken, weswegen wir uns veranlaßt sehen, Vorschläge in dieser Richtung zu unterbreiten.»[61]

Das Schulkomitee von 1940 intendierte mit der Einführung eines stundenweise erteilten Hilfsunterrichts keineswegs zugleich auch inhaltlich-konzeptionelle Veränderungen. Der sog. «besondere Hilfsunterricht»[62] sollte lediglich in ländlichen Ortschaften, wo die Einrichtung einer Hilfsklasse zu kostspielig werden würde, den Hilfsklassenunterricht *ersetzen*.

Nach der Auffassung des Komitees mußte eine Schule mindestens 10 Schüler aufweisen, die nach dem Lehrerurteil und dem Testergebnis potentielle Hilfsklassenschüler waren, um einen staatlichen Zuschuß für die Errichtung einer Hilfsklasse beantragen zu können.[63] Das bedeutete – wenn der Prozentsatz an Hilfsschülern von den gesamten schulpflichtigen Kindern mit 2–3 % berechnet wurde –, daß nur Städte mit ca. 5000 Einwohnern oder mehr die Voraussetzungen für die Errichtung einer Hilfsklasse erfüllten.[64]

Nun gab es aber gerade in Schweden sehr viele Ortschaften – und keineswegs nur Landgemeinden – welche 2000 bis 4000 Einwohner mit etwa 250 bis 350 schulpflichtigen Kindern hatten.[65] In den Schulen solcher Ortschaften, die genau wie die Schulen in größeren Städten in die Rationalisierungsbestrebungen einbezogen wurden, stiegen infolge der Umwandlung von ausgebauten in wenig gegliederte Schulformen die Klassenfrequenzen ebenfalls an. Damit verstärkte sich auch hier die Notwendigkeit, die schwächsten Schüler der Klasse, die den Regelunterricht erschwerten, abzusondern. Für diese Schüler sollte nach dem Vorschlag des Schulkomitees ein staatszuschußberechtigter «besonderer Hilfsunterricht» eingeführt werden.

Die im Vergleich mit Deutschland weitaus geringere Bevölkerungsdichte in Schweden bildete also einen wesentlichen Grund für die Einführung des «besonderen Hilfsunterrichts», der später in der Form des Klinikunterrichts das wichtigste Gegenmodell zur isolierten, voll ausgebauten Hilfsschule in der BRD darstellt. Daß der stundenweise erteilte Hilfsunterricht nicht aus der Kritik an der Aussonderung leistungsschwacher Schüler entstand, zeigt sich daran, daß er zu dieser Zeit noch

61 1940 års skolutredning, a. a. O., S. 25 f. Übersetzung der Verfasserin.
62 Ebd., S. 28. Der Begriff «besonderer Hilfsunterricht» ist die wörtliche Übersetzung der schwedischen Bezeichnung «särskild hjälpundervisning», wie sie von dem 1940er Schulkomitee geprägt wurde.
63 Vgl. ebd., S. 12 f und Författningsförslag, 2. Förslag till vissa bestämmelser rörande hjälpundervisning i folk- och småskolor, § 3, o. S.
64 Vgl. H. Haage: Hjälpundervisningens ordnande i mindre och medelstöra städer och samhällen, in: Hjälpskolan, 22. Jg. 1944, S. 100 f.
65 Vgl. Hjälpskolan, 22. Jg. 1944, S. 100 f.

ausschließlich eine Ersatzfunktion hatte. Sowohl von dem Schulkomitee selbst als auch von den Vertretern der Hilfsklassen und der Schulbehörde wurde der «besondere Hilfsunterricht», der während der Kriegsjahre an vielen Schulen eingeführt wurde, lediglich als eine Notmaßnahme angesehen, um angesichts der belastenden Kriegssituation und der staatlich geforderten Sparmaßnahmen eine vorläufige Lösung des Hilfsklassenproblems in kleineren Städten zu erwirken.[66]

Eine wichtige Funktion der Hilfsklassen – die Kompensation der häuslichen Verhältnisse, auf die noch die Gutachter von 1932 besonderen Wert gelegt hatten – war bei dem «besonderen Hilfsunterricht» nicht gegeben. Aus diesem Grunde lehnte besonders das «Jugendpflegekomitee», das im Jahre 1944 ein Gutachten mit dem Titel «Unterstützung für entwicklungsgehemmte Jugendliche»[67] veröffentlichte, den stundenweise erteilten Hilfsunterricht ab. Statt des «besonderen Hilfsunterrichts» forderte das Jugendpflegekomitee, dessen Hauptaufgabe es war, «dem Aufkommen und der Entwicklung von sozialer Unangepaßtheit und Asozialität in der Jugend vorzubeugen»[68], die Errichtung von Internaten und Schulheimen.

Der Gedanke, Hilfsschulheime für Hilfsklassenschüler aus kleinen und mittelgroßen Ortschaften zu gründen, fand in den vierziger Jahren ebenfalls unter den Hilfsschulexperten viele Befürworter.[69] Für die Rechtfertigung ihrer Zielsetzung, leistungsschwache Schüler in besonderen Internaten zu isolieren, bedienten sich die schwedischen Hilfsschulvertreter der gleichen Argumentation wie die Vertreter der eigenständigen Hilfsschule in Deutschland. So sagt etwa H. Haage auf einem Hilfsschultreffen in Ljungskile im Jahre 1944:

«Viele Hilfsklassenkinder haben wenig vorteilhafte Elternhäuser und würden von einem Milieuwechsel profitieren. Ein gutes Pflegeheim, das das Kind an gute Manieren gewöhnt und es hinführt zu gesunden Gedanken, könnte eine Verstärkung der Widerstandskraft des Kindes gegen schlechte Einflüsse bedeuten, denen jugendliche Hilfsklassenschüler ja so leicht zum Opfer fallen, nicht zuletzt dank der schlechten moralischen Grundlage von zu Hause.

Die Frage ist nur, wie man ein geeignetes Pflegeheim findet. Die beste Art, einen Milieuwechsel für Hilfsklassenschüler zu regeln, ist sicherlich die Form des Schulheims . . . Würden Verbrechen unter debilen Individuen sich durch die

66 Vgl. 1940 års skolutredning, a. a. O., S. 11.
67 SOU 1947:17, Umgdomsvårdskommitténs betänkande del V, Stöd åt utvecklingshämmad ungdom, Stockholm 1947.
68 SOU:30, Umgdomsvårdskommitténs betänkande I med utredning och förslag angående psykisk barn – och ungdomsvård, Stockholm 1944, S. 20.
69 Vgl. dazu: R. Jungner, Hjälpskolefrågan på landsbygden. Särskild hjälpundervisning eller hjälpskolehem? in: Hjälpskolan, 25. Jg. 1947, S. 85 ff.

Erziehung im Schulheim verringern lassen, wäre dieses Schulheim sogar ökonomisch begründet.»[70]

Auch wenn – allerdings sehr vereinzelt – derartige Schulheime für Hilfsklassenschüler entstanden, so erwies sich doch insgesamt die Einschätzung des Schulkomitees, daß die Errichtung von Heimen zu kostspielig und daher nur in Ausnahmefällen zu ermöglichen sei,[71] als realistisch. Statt dessen setzte sich die Inanspruchnahme des «besonderen Hilfsunterrichts» immer stärker durch.

Im Frühjahr 1945 war der stundenweise erteilte Hilfsunterricht bereits in 170 Schuldistrikten eingeführt, und im Jahre 1947 berichtete die Hilfsschulkonsulentin Ragnhild Jugner in der Zeitschrift «Hjälpskolan» zum erstenmal – nachdem sie sich einen Überblick über die Einschätzung des Hilfsunterrichts in verschiedenen Schuldistrikten verschafft hatte – über Erfahrungen mit dieser neuen Methode der «Nachhilfe».

«Einen ganzen Teil von Antworten habe ich inzwischen erhalten, und es hat mich überrascht, daß diese durchgehend positiv waren. Man hat seine Freude über diesen Hilfsunterricht ausgedrückt und darauf hingewiesen, daß die Kinder sich nicht nur wissensmäßig verbesserten, sondern daß sie auch eine zufriedenere und bessere Einstellung zur Schule und zur Schularbeit im ganzen erhielten. Viele Lehrer, Oberlehrer und Inspektoren wünschen, daß die Zeit für den Hilfsunterricht zunehmen würde und daß dieser besondere Hilfsunterricht auch solchen Kindern zugute kommen könnte, die ohne hilfsklassenbedürftig zu sein, besondere Schwierigkeiten aufwiesen, in erster Linie Kinder mit Lese- und Rechtschreibschwierigkeiten.»[73]

Obwohl in diesen Worten bereits der Wunsch deutlich hervortrat, den «besonderen Hilfsunterricht» auch als zusätzlichen «Stützunterricht» für leistungsschwache nicht «hilfsklassenmäßige» Schüler heranzuziehen, übernahm der «stundenweise erteilte Hilfsunterricht» in den vierziger Jahren noch nicht die Funktion des späteren Klinikunterrichts, die Grenzfälle vor einer Aussonderung in Hilfsklassen zu bewahren. Nur wenn aus ökonomischen Gründen weder die Einrichtung einer Hilfsklasse noch die Organisation einer zentralen Hilfsschule möglich war, sollte ein Staatszuschuß für «besonderen Hilfsunterricht» gewährt werden. Daran zeigt sich deutlich die Ersatzfunktion des «besonderen Hilfsunterrichts», die bis in die fünfziger Jahre hinein bestehen blieb.[74]

70 H. Haage, a. a. O., S. 102 f. Übersetzung der Verfasserin.
71 Vgl. 1940 års skolutredning, a. a. O., S. 25.
72 Vgl. R. Jungner, a. a. O., S. 85.
73 Ebd., S. 86. Übersetzung der Verfasserin.
74 Vgl. Svensk författningssamling Nr. 263 vom 9. Juni 1956, § 6, S. 591.

4.2. Die schwedische Schulreform 1946–1962

Ein Vergleich zwischen den bisher behandelten Abschnitten der schwedischen Hilfsschulgeschichte und den zeitlich entsprechenden Phasen der deutschen Hilfsschulentwicklung zeigte, daß schwedische Hilfsschulexperten sich immer wieder am deutschen Vorbild orientierten, um die Hilfsklassenentwicklung im eigenen Land voranzutreiben. Dieser Vorbildcharakter der deutschen Hilfsschulinstitution ging jedoch seit dem Beginn der nationalsozialistischen Herrschaft zunehmend verloren. Im Zusammenhang mit dem ökonomischen und politischen Wiederaufbau Deutschlands nach dem Kriege wurde das gesamte Schulwesen und auch die Hilfsschule im «Geiste deutscher Tradition»[1] vor 1933 restauriert. In Schweden dagegen fand zur gleichen Zeit eine umfassende Schulreform statt, die auch die Voraussetzungen für organisatorische und konzeptionelle Veränderungen im Bereich der Hilfsschulerziehung schuf. Während das westdeutsche Bildungswesen infolge seiner Restauration zu einem der rückständigsten unter denen der wichtigsten Industrienationen wurde, gewann das schwedische Schulwesen durch seine strukturellen Reformen internationales Ansehen und galt fortan auch westdeutschen Pädagogen und Sonderpädagogen als vorbildhaftes Modell.

Der Reformprozeß des schwedischen Schulwesens begann mit der Arbeit der Schulkommission von 1946[2] und schloß im Jahre 1962 mit der gesetzlichen Proklamation der neunjährigen «grundskola»[3] (Grundschule) seine Experimentierphase ab. Diese Etappe der Neuorientierung und langjährigen Versuchstätigkeit in der schwedischen Schulreform bildet den zeitlichen Rahmen für den im folgenden darzustellenden Abschnitt der schwedischen Hilfsklassenentwicklung.

Zunächst soll auf einige ökonomische, politische und gesellschaftliche Faktoren hingewiesen werden, welche die mit den Verhältnissen in der BRD (nach 1945) kontrastierende schwedische Schulentwicklung verständlicher machen.[4] Ein flüchtiger Rückblick auf die wirtschaftliche

---

1 W. Fleischmann u. a., a. a. O., S. 119.

2 Im allgemeinen wird der Beginn der schwedischen Schulreform bereits mit der Bildung des 1940er Schulkomitees festgesetzt. (Vgl. E. Jüttner, a. a. O., S. 80 ff) Die Arbeit dieses aus Experten zusammengesetzten Komitees führte jedoch nicht zu einheitlichen Beschlüssen und erwirkte keine Reformentscheidungen. (Vgl. Näheres bei E. Jüttner, a. a. O., S. 102 ff und T. Husén/G. Boalt: Bildungsforschung und Schulreform in Schweden, Stuttgart 1968, S. 35 ff.)

3 In den vierziger und fünfziger Jahren wurde in erster Linie der Begriff «enhetsskola» (Einheitsschule) zur Bezeichnung der neunjährigen Pflichtschule angewandt. Im Jahre 1962 wurde die Bezeichnung Einheitsschule durch den Begriff Grundschule offiziell ersetzt. Vgl. E. Jüttner, a. a. O., S. 105.

4 Ausführlicher werden die gesellschaftlichen Bedingungszusammenhänge

Situation Westdeutschlands nach dem Kriege bringt in Erinnerung, daß hier starke Wachstumsraten in erster Linie durch die «extensive Nutzung»[5] der Arbeitskräfte erzielt wurden. Arbeitskräfte standen in ausreichendem Maße zur Verfügung. Bei einer Arbeitslosenquote von ca. 10 %[6] waren die Arbeitnehmer gezwungen, ihre Lohnforderungen niedrig zu halten. Wegen der zerstörten Arbeitsplätze und der Kriegsverwüstungen, die «spezifische Aufräum- und Wiederaufbauarbeiten»[7] erforderlich machten, konnten viele Arbeitskräfte nicht ihren Qualifikationen entsprechend eingesetzt werden. Solange die Entwicklung der Arbeitsplatzstruktur in dieser Weise hinter der Berufsstruktur zurückblieb, erübrigte sich weitgehend eine Ausbildung von Arbeitskräften für neue Berufe.[8]

Im Gegensatz zur Rekonstruktionsperiode in der BRD nahm die Zahl der Arbeitslosen in Schweden, die noch vor dem Zweiten Weltkrieg ca. 9 % betrug, in der Nachkriegszeit rasch ab und sank in den fünfziger Jahren zeitweilig sogar unter 2 %.[9] Åke Elmer deutet in seinem Buch «Från fattigsverige till välfärdsstaten» (Vom Armen-Schweden zum Wohlfahrtsstaat) die wirtschaftlichen Folgen der Verknappung an Arbeitskräften an, wenn er schreibt:

«Während bestimmter Nachkriegsjahre war der Prozentsatz an Arbeitslosen so niedrig, daß er tatsächlich einen Mangel an voll arbeitsfähigen und besonders an berufskundigen Arbeitskräften bedeutete. Daß diese Situation den Arbeitern eine sicherere Stellung als früher verschaffte und zu erheblichen Lohnsteigerungen führte, liegt auf der Hand.»[10]

Der Mangel an Arbeitskräften konnte nur durch effektivere Leistungen des einzelnen, also durch eine Erhöhung der Arbeitsproduktivität erreicht werden.[11] Der Staat legte daher in seiner Wirtschaftspolitik den Schwerpunkt auf die Verbesserungen der wirtschaftlichen Wachstumsbedingungen «durch einen fortschreitenden Ausbau der Infrastruktur

für die Schulreform bei E. Jüttner dargestellt. Zur näheren Information sei daher auf sein a. a. O. zitiertes Buch, besonders auf die Seiten 320–390 verwiesen.

5 F. Huisken, a. a. O., S. 311.

6 Quelle: Jahresgutachten 1773 des Sachverständigenrates zur Begutachtung der gesamtwirtschaftlichen Entwicklung, Wiesbaden 1973, S. 206.

7 S. v. Flatow: Ausbildung der Arbeitskraft und wirtschaftliches Wachstum (Jánossy), in: E. Altvater/F. Huisken (Hg.): Materialien zur politischen Ökonomie des Ausbildungssektors, S. 171.

8 Vgl. ebd.

9 Vgl. Å. Elmer, Från fattigsverige till välfärdsstaten, Lund 1963, S. 64.

10 Ebd., S. 65. Übersetzung der Verfasserin.

11 Vgl. E. Westerlind/R. Beckmann, a. a. O., S. 47ff.

mit besonderem Gewicht auf dem Bildungswesen»[12].

Auch die schwedische Wirtschaft, die zunehmend auf Umwandlungen der Produktionsstruktur und eine fortschreitende Technisierung und Mechanisierung des Produktionsprozesses angewiesen war, um auf dem Weltmarkt konkurrieren zu können, stimmte einer «Reformierung und Modernisierung der Pflichtschule» grundsätzlich zu.[13] Während in der BRD die restaurativen Tendenzen des Bildungswesens sich in der Zufriedenheit wirtschaftlicher Interessenverbände mit dem traditionellen Schulsystem widerspiegelten, zeugten die Äußerungen ökonomischer Interessenverbände in Schweden umgekehrt von dem Interesse der Wirtschaft an einer Umwandlung des herkömmlichen Schulwesens.

So heißt es in einem Gutachten des Studienverbandes «Wirtschaftsleben und Gesellschaft»[14] aus dem Jahre 1950:

«Von der Industrie und den städtischen Erwerbszweigen wird im allgemeinen die Notwendigkeit einer Schulreform unterstrichen, die die Begabungsreserven ausnutzt, die zu einem guten Gleichgewicht zwischen theoretischen und praktischen Berufen beiträgt, die die Elementarkenntnisse effektiver vermittelt, die für eine bessere Gesellschaftsorientierung sorgt und sich die Forderung einer Charaktererziehung und Persönlichkeitsbildung zu eigen macht.»[15]

Die positive Einstellung der schwedischen Wirtschaftsverbände zu den bildungspolitischen Reformbestrebungen war nicht allein zurückzuführen auf ihr Bemühen, die Organisation des Produktionsprozesses zu rationalisieren, sondern war ebenfalls eine Folge der veränderten Berufsstruktur. Während zum Beispiel der Anteil der in der Landwirtschaft beschäftigten Bevölkerung von 1940 bis 1963 um fast zwei Drittel sank, stieg der Anteil der Beamten- und Angestellten-Berufe (Gruppe 2 und 3) um das Doppelte:

Veränderung der Beschäftigtenverteilung. Angaben in Prozent[16]

Beschäftigungszweige	1940	1950	1963
1. Landwirtschaft	31,9	23,4	11,6
2. Öffentliche Verwaltung und freie Berufe	7,6	9,6	17,1
3. Verkehr und Handel	18,2	21,5	27,0
4. Bergbau und Industrie	35,7	41,0	42,1
5. Sonstige	6,6	4,5	2,2

12 E. Jüttner, a. a. O., S. 322.

13 Vgl. ebd., S. 338. Einer Schulpflichtverlängerung auf 9 Jahre standen die wirtschaftlichen Interessenverbände teilweise skeptisch gegenüber, weil sie dadurch eine Produktionsminderung befürchteten (vgl. ebd., S. 337).

14 Studieförbundet näringsliv och samhälle, Skolreformen och näringslivet. Synpunkter på försöksverksamheten, Stockholm 1950.

15 Ebd., S. 3. Übersetzung der Verfasserin.

16 Quelle: E. Jüttner, a. a. O., S. 336f.

Auch in der Industrie nahm die Zahl der Angestellten in dieser Zeit rasch zu. Kamen im Jahr 1940 noch 150 Angestellte auf 1000 Arbeiter, so waren es 1963 schon 308.[17]

Ermöglichte einerseits die wirtschaftliche Entwicklung durch die Erhöhung des Lebensstandards[18] breiteren Bevölkerungsschichten eine bessere und längere Ausbildung, so förderten auf der anderen Seite die Veränderungen in der Berufsstruktur auch die Nachfrage der Bevölkerung nach einer verbesserten Schulausbildung. Der stärkere Ansturm auf weiterführende Schulen in der Nachkriegszeit[19] ist außerdem unter dem Aspekt der demographischen Entwicklung zu betrachten. Nachdem die Geburtenzahlen Mitte der dreißiger Jahre bis auf 85 092 zurückgegangen waren, begannen sie Ende der dreißiger Jahre und vor allem in den vierziger Jahren stark anzusteigen. «Mit 135 373 lebend Geborenen wurde im Jahre 1945 ein Höhepunkt erreicht.»[20]

Die verstärkte Nachfrage nach erhöhten Bildungsabschlüssen offenbarte die Mißstände des bestehenden Schulwesens und vor allem die Diskrepanz zwischen dem Bildungsangebot in Städten und ländlichen Gemeinden. Die Unzufriedenheit der ländlichen Bevölkerung mit dem Schulwesen stellte eine wichtige Voraussetzung dar für die Forderung der Reformer, die ökonomischen, sozialen und geographischen Schranken des herkömmlichen Schulwesens abzubauen und eine grundsätzliche Umstrukturierung des Bildungswesens anzustreben.[21]

In der Reformdiskussion der vierziger und fünfziger Jahre in Schweden spielten die wirtschaftlichen Gründe für die Transformierung des Schulwesens nur am Rande eine Rolle, auch wenn der technologische Entwicklungsstand der Produktivkräfte und die günstige konjunkturelle Entwicklung der schwedischen Wirtschaft in der Nachkriegszeit wesentlich dazu beitrugen, daß sich die Reformgedanken in die Praxis umsetzten. Maßgeblicher für die Initiierung der Schulreform waren sozialpolitische Ziele, die in engem Zusammenhang standen mit den politischen Machtverhältnissen in Schweden nach dem Zweiten Weltkrieg.

Im Jahre 1945 übernahmen die schwedischen Sozialdemokraten allein

17 Vgl. ebd., S. 337.
18 Die Erhöhung des Lebensstandards zeigt sich beispielhaft an der Steigerung der Reallöhne. Von 1950 bis 1963 stieg der Reallohn eines Industriearbeiters um ca. 66 % an. (Vgl. H. Löwbeer: Das Bildungsgemeinwesen, Stockholm 1965, S. 3.)
19 Vgl. E. Jüttner, a. a. O., S. 325: «Im Jahre 1940 gingen 20,1 % der Jugendlichen eines Jahrganges in die erste Klasse einer Realschule, 5,8 % in die erste Klasse eines Gymnasiums, im Jahre 1954 waren es bereits 37,8 % bzw. 15,2 %.»
20 Vgl. Statistisk Årsbok för Sverige 1945, Statistiska Centralbyrån, Stockholm 1945.
21 Vgl. E. Jüttner, a. a. O., S. 324.

die Regierung.[22] Nach der Regierungsneubildung begannen sie sofort – gemäß ihrem sozialen und ökonomischen Nachkriegsprogramm – mit einer umfassenden Reformarbeit.[23] Dazu gehörte auch die Reformierung des Bildungswesens, die sie bereits seit der Gründung ihrer Partei (1889) anstrebten und während der Zeit der Minderheitsregierung (in den zwanziger Jahren) sowie der Koalitionsregierung (seit 1932) nie aus den Augen gelassen hatten, die sie jedoch wegen der Kräfteverhältnisse im Reichstag nicht durchsetzen konnten.

Während die Sozialdemokratische Partei Schwedens seit 1932 ununterbrochen an der Regierung beteiligt war, wurden in Deutschland die Sozialdemokraten nach den Jahren des Faschismus mit der politischen Restauration (unter Führung der Christdemokraten) zunächst lange Zeit in die Opposition gedrängt. Es mag mit der im Vergleich zur westdeutschen SPD relativ stabilen langfristigen Machtstellung der schwedischen Sozialdemokraten zusammenhängen, daß ihr Reformprogramm gegenüber den kurzfristigen, den jeweiligen konjunkturellen Schwankungen unterworfenen bildungspolitischen Forderungen der westdeutschen Sozialdemokraten in sich konsistent und konsequent entwickelt erscheint.

Schuf die politische Situation Schwedens nach dem Zweiten Weltkrieg zuallererst die parlamentarische Möglichkeit, umfassende Reformen auf dem Ausbildungssektor zu initiieren und zu planen, so begünstigten weiterhin die gesetzlichen Grundlagen für die Organisation des Bildungswesens die Planung und praktische Durchführung der Schulreform. Dazu schreibt Ludwig Liegle in einer vergleichenden Untersuchung verschiedener europäischer Bildungssysteme über die Verhältnisse in Schweden:

«Die Tatsache, daß ein zentrales Ministerium – das Kultus- bzw. Erziehungsministerium – für die Planung und oberste Leitung des gesamten schwedischen Bildungswesens verantwortlich ist, war für die konsequente Durchführung der Schulreformen zweifellos von großer Bedeutung; dies um so mehr, wenn man berücksichtigt, daß Schweden ein flächenmäßig großes Land (. . . etwa doppelt so groß wie die BRD) mit einer äußerst geringen Bevölkerungsdichte ist.»[24]

Inwieweit die Zuständigkeit eines zentralen Ministeriums für das gesamte Schulwesen den Verlauf der Schulreform erheblich erleichterte, läßt sich am ehesten durch einen Vergleich mit den Reformtendenzen in der BRD veranschaulichen, die in den sechziger Jahren zu den ersten Ge-

22 Vgl. S. Hadenius/B. Molin/H. Wieslander, a. a. O., S. 179 ff.
23 Vgl. ebd., S. 182 ff. Zum Nachkriegsprogramm der Sozialdemokratischen Partei Schwedens vgl.: Arbetarrörelsens efterkrigsprogramm. Sammanfattning i 27 punkter, o. O. 1946.
24 L. Liegle: Schweden, in: O. Anweiler u. a., a. a. O., S. 109.

samtschulversuchen führten. Der in Schweden zentral gelenkten Versuchsphase mit der neunjährigen «enhetsskolan» (Einheitsschule), die zu einer sukzessiven wissenschaftlich kontrollierten Ausdehnung der Schulversuche führte, stehen in der BRD durch den Kulturföderalismus bedingte uneinheitliche Gesamtschulversuche gegenüber, die wegen der schleppenden Zusammenarbeit zwischen den Kultusministerien der Bundesländer notwendigerweise den Anschein der Vereinzelung und Inkohärenz erwecken müssen.

Da der Verlauf der schwedischen Schulreform bereits in verschiedenen wissenschaftlichen Publikationen[25] ausführlich dargestellt worden ist, seien hier lediglich Gesamtverlauf und maßgebliche Ziele als Bezugsrahmen für die Hilfsklassenentwicklung kurz skizziert.

Der schwedische Schulreformprozeß ist wesentlich durch die Arbeit der von der Regierung hierzu berufenen Kommissionen geprägt worden. Die schwedischen Schulkommissionen hatten ähnlich wie der deutsche Bildungsrat die Aufgabe, zwischen pädagogischer Forschung und Bildungspolitik zu vermitteln.[26] Im Unterschied zu den Empfehlungen des deutschen Bildungsrates übten in Schweden die Gutachten der Sculkommissionen einen großen Einfluß auf die Schulpolitik und den Verlauf der Reformen aus.

«Die verschiedenen Schulkomitees waren Beratungs- und Planungsgremien, in denen wichtige Vorentscheidungen für die späteren Schulgesetze fielen. Sie nahmen auf Grund ihrer personellen Zusammensetzung und ihrer Arbeitsweise eine Schlüsselposition im Beschlußprozeß der Reform ein. Sie setzten Standpunkte fest, schlossen Kompromisse und übten den größten Einfluß auf den demokratischen Beschlußprozeß aus.»[27]

Der größere Einfluß der schwedischen Schulkommissionen auf die Bildungsreform ist also vor allem darauf zurückzuführen, daß sie Beratungs- und Planungsfunktion in sich vereinigten. In der BRD dagegen stellte der Bildungsrat der Bundesregierung lediglich ein länderübergreifendes Beratungsgremium dar, das von den Planungsgremien der Länder vollständig getrennt arbeitete.

Im Jahr 1946 berief der sozialdemokratische Kultusminister Tage Erlander eine Schulkommission, die sich aus Repräsentanten der politi-

25 Vgl. die folgenden Bücher in deutscher Sprache: T. Husén/G. Boalt, a. a. O.; E. Jüttner, a. a. O.; S. Marklund/P. Söderberg: Die neunjährige Grundschule in Schweden. Werdegang und Organisation; Weinheim 1969; H. Hörner: Die Demokratisierung der Schule in Schweden. Genese, Deskription und Explikation, Weinheim 1970.

26 Vgl. T. Husén/G. Boalt, a. a. O., S. 17.

27 E. Jüttner, a. a. O., S. 352.

schen Parteien zusammensetzte. Diese Kommission wurde unterstützt von einem Expertenrat, der anfangs 30, später 80 Mitglieder umfaßte.[28] Die Direktiven für ihre Arbeit erhielt die 1946er Schulkommission von der sozialdemokratischen Regierung. Da zudem ihre personelle Zusammensetzung sich an den Mehrheitsverhältnissen im Reichstag orientierte, deckten sich Zielsetzungen und Vorschläge der Kommission weitgehend mit den traditionellen sozialdemokratischen Forderungen.

Zu diesen Forderungen gehörte in erster Linie die Aufhebung des Parallelschulsystems:

«Die Zeit scheint nun reif zu sein für die Aufhebung des alten Dualismus und die Verwirklichung des Einheitsschulgedankens, den sich die 1918er Schulkommission zu eigen machte. Die 1946er Schulkommission schlägt daher vor, daß die Volksschule und die Realschule zu einer Schule, einer 9jährigen Staatsbürgerschule (medborgarskola) vereinigt werden.»[29]

In ihrem 1948 erschienenen Hauptgutachten entwarf die Schulkommission den organisatorischen Plan für eine zukünftige achtjährige Einheitsschule und stellte allgemeine Richtlinien für die Schulreform auf. In Übereinstimmung mit diesen Vorschlägen beschloß der Reichstag im Jahre 1950 «die allgemeine Schulpflicht auf neun Jahre zu verlängern und Schulversuche mit der neunjährigen Einheitsschule durchzuführen». Damit wurden die Empfehlungen der Schulkommission von 1946 «zur offiziellen Regierungspolitik erhoben».[30]

Für die Entwicklung der Hilfsklassen ist von Bedeutung, daß die Schulkommission eine frühzeitige Aufteilung der Schüler in unterschiedliche Ausbildungszüge ablehnte. Die Zielvorstellung einer einheitlichen neunjährigen Grundausbildung aller Schüler wurde von der Schulkommission mit der weiteren Empfehlung abgesichert, vor dem 9. Schuljahr keine Differenzierung nach «mehr praktischen» bzw. «mehr theoretischen» Ausbildungswegen vorzunehmen.[31] Die Kommission trat lediglich für eine Differenzierung nach Wahlfächern in der 7. und 8. Klasse ein:

«Eine strikte Aufteilung nach Zügen, in denen die Schüler nach der Art der Ausbildung auf die Klassen verteilt werden, ist nicht ratsam vor dem 15. Lebensjahr, d. h. nach der 8. Klasse. Die richtige Form der Differenzierung in den früheren Klassen ist nach der Meinung der Kommission nicht die Aufteilung nach

28 Vgl. ebd., S. 135.
29 SOU 1948:27, 1946 års skolkommissions betänkande med förslag till riktlinjer för det svenska skolväsendets utveckling, Stockholm 1948, S. 8. Übersetzung der Verfasserin.
30 L. Liegle, a. a. O., S. 106.
31 Vgl. SOU 1948:27, a. a. O., S. 9.

Zügen, welche im übrigen immer zu grob ist und nie ganz den vielen unterschiedlichen Arten von Begabungen gerecht werden kann, die unter den Schülern repräsentiert ist, sondern die *Individualisierung* des Unterrichts, so daß den Voraussetzungen und den Fähigkeiten jedes Schülers die gebührende Aufmerksamkeit gezollt werden kann.»[32]

«Individualisierung des Unterrichts» und «soziale Integration», die Leitziele der westdeutschen Bildungsreform in den sechziger Jahren gehörten ebenfalls zu den Zielsetzungen der schwedischen Schulreformer. In Schweden wurden diese Ziele allerdings zwanzig Jahre früher angestrebt als in der BRD und gründeten sich zudem auf die Konzeption einer Einheitsschule, die im Unterschied zur westdeutschen Gesamtschule keine frühzeitige Leistungsdifferenzierung (nach der 4. Klasse) vorsah. Die Verlängerung der Schulpflicht und das Differenzierungsmodell der Schulkommission erforderten schulorganisatorische Maßnahmen, die erhebliche Konsequenzen für die Kommunalverwaltungen nach sich zogen. Da jeder Schuldistrikt nach der Auffassung der Schulkommission mindestens eine Zentralschule haben sollte, in der alle Schüler der Oberstufe (Klasse 7–9) zusammengefaßt werden konnten, waren die kleinen Gemeinden gezwungen, sich zu einer größeren Einheit zusammenzuschließen. E. Jüttner kommentiert diese Zentralisierungsbestrebungen wie folgt:

«Die Zentralisierung war also als Maßnahme gedacht, die Einheitsschule einzuführen und dadurch auch das Bildungsniveau der Landbevölkerung zu heben. Die Landbevölkerung sollte nach den Intentionen der Reformer den größten Nutzen von einer Schulreform haben.»[33]

Die Vorschläge der Schulkommission stellten weitaus höhere Ansprüche an den Bildungshaushalt als das traditionelle Schulsystem. Hinzu kam, daß die Schülerzahl zwischen 1950 und 1960 um knapp 40 % anstieg und ohnehin höhere Kosten für das Pflichtschulwesen verursachte.[34] Besonders in den Landgemeinden erhöhten sich entsprechend den Intentionen der Schulreformer die Aufwendungen für das Schulwesen erheblich. So stiegen die Ausgaben je Schüler auf dem Lande in der Zeit von 1949–58 «nominell um 105 %», in den Städten dagegen um 65 %.[35]

Die Versuchsphase mit der neunjährigen Einheitsschule erstreckte sich auf die Jahre von 1949 bis 1962. Sie ist gekennzeichnet durch eine ständige Zunahme der regionalen Versuchsschulen. Von ursprünglich 14

32 Ebd.
33 E. Jüttner, a. a. O., S. 167.
34 Vgl. ebd., S. 338.
35 Vgl. ebd., S. 339.

Schuldistrikten (im Jahre 1949) stieg die Anzahl der an den Schulversuchen beteiligten Gemeinden im Jahre 1959/60 auf 217 Schulbezirke an.[36] Wissenschaftliche Kontrolluntersuchungen über die «Bewährung von unterschiedlichen Formen der Differenzierung, über die Auswirkungen der neuen Schulorganisation auf die Leistungen»[37] und die soziale Auslese in den höheren Ausbildungsstufen begleiteten die Schulversuche und sollten dazu beitragen, die Ziele der neuen Einheitsschule: soziale Mobilität, «Chancengleichheit», Ausnutzung der Begabungsreserven, abzusichern.

Schon im Jahre 1950, als der Reichstag beschlossen hatte, nach der Beendigung einer Versuchsphase die neunjährige Einheitsschule einzuführen, war als Voraussetzung für die endgültige Gestaltung der neuen obligatorischen Schule die Einsetzung eines staatlichen Komitees ins Auge gefaßt worden. Dieser Schulausschuß, der sich diesmal nicht nur aus Parlamentariern, sondern auch aus Repräsentanten unterschiedlicher Interessenverbände zusammensetzte,[38] wurde 1957 ins Leben gerufen. Seine Aufgabe bestand vor allem darin, die praktischen Erfahrungen und die wissenschaftlichen Kontrolluntersuchungen auszuwerten und daraufhin definitive und detaillierte Vorschläge zu unterbreiten. In seinem 1961 herausgegebenen Hauptgutachten schloß sich der Schulausschuß im wesentlichen den bildungspolitischen Zielvorstellungen der Schulkommission von 1946 an. Er schlug eine neunjährige Pflichtschule mit der Bezeichnung «grundskola» (Grundschule) vor, neben der keine anderen Schulformen bestehen sollten.[39] Unter- und Mittelstufe (Klasse 1–6) sollten nicht nach Zügen differenziert werden.[40] In der 7. und 8. Klasse blieben die Schüler während der gemeinsamen Pflichtfächer im Klassenverband und wurden lediglich in den Wahlfächern nach Alternativkursen aufgeteilt. Erst die neunte Klasse sollte in neun auf spätere Berufe ausgerichtete Züge aufgeteilt werden.[41]

36 Vgl. T. Husén/G. Boalt, a. a. O., S. 80.

37 L. Liegle, a. a. O., S. 107.

38 Zur Information über die Zusammensetzung der Schulkommission vgl. E. Jüttner, a. a. O., S. 227 f. und T. Husén/G. Boalt, a. a. O., S. 22 f.

39 Vgl. SOU 1961:30, Grundskolan, Betänkande avgivet av 1957 års skolberedning IV, Stockholm 1961, S. 312 ff.

40 Vgl. ebd.

41 Vgl. ebd., S. 334. Folgende neun Züge sollte es geben:
einen auf das Gymnasium vorbereitenden Zug (9g),
einen «humanistischen» Zug (9h),
einen allgemeinpraktischen Zug (9p),
einen technischen Zug (9t),
einen mechanischen Zug (9mek),
einen kaufmännischen Zug (9m),

Bei einer statistischen Betrachtung der *Hilfsklassenentwicklung* in dieser Zeit des Schulreformprozesses fällt zunächst eine Parallele zur Entwicklung der bundesrepublikanischen Lernbehindertenschule in den sechziger Jahren ins Auge. Wie mit den bildungspolitischen Reformtendenzen in der BRD der Ausbau des Sonderschulwesens einherging und die Anzahl lernbehinderter Schüler weiter zunahm, so stiegen auch die Hilfsklassen in Schweden während der Schulreform beständig und zu Beginn der sechziger Jahre sprunghaft an. Die mit der Schulreform einhergehende Vereinheitlichung und Zentralisierung des Schulwesens führte dazu, daß in wachsendem Maße auch leistungsschwache Schüler aus entlegenen Landgebieten als Hilfsklassenschüler erfaßt wurden. Der prozentuale Anteil der Hilfsklassenschüler an der Gesamtheit der Pflichtschüler stieg in den Schuljahren 1945/46 bis 1961/62 von 1,11 auf 3,05 % an.[42] Die Zunahme der Hilfsklassen in Schweden bis Anfang der sechziger Jahre verschärfte jedoch nicht in der gleichen Weise wie der Ausbau der isolierten Lernbehindertenschule in der BRD den Trennungsprozeß zwischen Regelschülern und Hilfsklassenschülern. Der Grund dafür liegt vor allem darin, daß die Schwierigkeiten und Probleme der Hilfsklassenschüler in Schweden im Rahmen der Versuchstätigkeit mit der neunjährigen Einheitsschule Berücksichtigung fanden, während westdeutsche Lernbehinderte von der Gesamtschuldiskussion ausgeschlossen blieben. Diese Entwicklung war im Hinblick auf die jeweiligen Reformabsichten und schulorganisatorischen Voraussetzungen in beiden Ländern durchaus konsequent. Einerseits umfaßte die schwedische «grundskola» auch die ersten vier Schuljahre, in denen lernbehinderte Schüler in der Regel ausgesondert werden, während in der BRD die Gesamtschulen – bis auf wenige Ausnahmen – erst mit der fünften Klasse beginnen und daher mit dem Problem lernbehinderter Schüler gar nicht konfrontiert werden. Andererseits erschwerte die lokale Isolation der Sonderschule in der BRD die Einbeziehung der Lernbehindertenerziehung in konkrete Reformmaßnahmen, in Schweden dagegen waren durch die enge Verknüpfung der Hilfsklassen mit der Regelschule tiefgreifende Veränderungen der Regelschule ohne Berücksichtigung der Hilfsklassenschüler gewissermaßen nicht durchzuführen.

Die Ausklammerung der westdeutschen Lernbehindertenerziehung aus der Bildungsreform der sechziger Jahre hatte unter anderem darin

einen sozialwirtschaftlichen Zug (9s) und
einen hauswirtschaftlichen Zug (9ht).
(Zitiert bei: E. Jüttner, a. a. O., S. 265).

42 Vgl. B. Gustafsson/E. Stigbrandt: Vad kännetecknar undervisning i hjälpklass. En jämförelse mellan undervisningsprocesser i hjälpklass och vanlig klass, DPA-projektet 3, Rapport nr. 29, Göteborg 1972, S. 6.

ihren Ausdruck gefunden, daß lernbehinderte Schüler in den Empfehlungen der Bildungskommission (Strukturplan etc.) ignoriert wurden. Dagegen bezogen die schwedischen Schulkommissionen explizit die Reorganisation der Sonder- und Hilfsklassen in ihre Gutachten mit ein. Sie schlugen eine Reihe von Maßnahmen vor, die mit der zunehmenden Betreuung von Schülern in Hilfsklassen eine schrittweise Annäherung der Hilfsklassenschüler an die Regelschüler ermöglichen sollten.

Der allmähliche Abbau schulorganisatorischer Trennungsmerkmale zwischen dem Hilfsklassen- und dem Regelunterricht stellte eine wesentliche Voraussetzung für die Integrationstendenzen in den sechziger Jahren dar. Dieser Prozeß ist für den Vergleich mit der BRD von besonderem Interesse, weil er die Probleme und Schwierigkeiten in der gegenwärtigen Integrationsdiskussion der westdeutschen Sonderpädagogik veranschaulichen und konkretisieren kann. Die wichtigsten Merkmale der Integrationsbemühungen in der Zeit des Schulreformprozesses bis 1962 sollen daher im folgenden anhand der Berichte und Gutachten der Schulkommissionen sowie der Lehrpläne dieser Zeit dargestellt werden.

Das Schulkomitee von 1940 hatte mit seinen konkreten Maßnahmen zur Vereinheitlichung und festeren Organisation des Hilfsunterrichts, die sich an dem Gutachten der Sachverständigen von 1932 orientierten, zugleich den Trennungsprozeß zwischen Hilfsklassenschülern und Regelschülern verschärft. Die 1946er Schulkommission schuf dagegen durch die Anregung einer intensiven psychologischen und pädagogischen Forschungsarbeit die Voraussetzungen für eine veränderte, weniger diskriminierende Einstellung gegenüber leistungsschwachen Schülern. Untersuchungen von sozialen Determinanten der Begabung und die Ermittlung von Begabungsreserven, die der argumentativen Absicherung einer Reformierung und Demokratisierung der Schule dienten, rückten auch den Hilfsklassenschüler in ein anderes Licht. Die gesellschaftlichen Auswirkungen rigider klassenspezifischer Auslese wurden nach dem Zweiten Weltkrieg zu einem Diskussionsgegenstand in der schwedischen Öffentlichkeit und in wissenschaftlichen Publikationen:

«Um die Mitte der vierziger Jahre wurde damit begonnen, das ‹soziale Handicap› auf seine Wirkung hin zu untersuchen... Untersuchungen dieser Art führten zu Zweifeln an der angeblichen Überlegenheit eines Auslese- und Konkurrenz-Schulsystems in einer Gesellschaft mit wachsender Wirtschaft und starkem Bedarf an Massenausbildung auf dem oberen Sekundarschulniveau. Wägt man die Vorteile eines Auslesesystems gegen die eines Einheitssystems ab, so hat man den Preis zu berücksichtigen, der für die Qualität jener Minorität gezahlt wird, die die oberste Sprosse der Leiter erreicht. Soziale Sperren in den Auslese- und Prüfungsverfahren waren offensichtlich.»[43]

43 T. Husén/G. Boalt, a. a. O., S. 22.

In diesem Zusammenhang erfuhr auch – im Unterschied zu den Reformtendenzen der sechziger Jahre in der BRD – die Separierung der Hilfsklassenschüler zunehmend gesellschaftspolitische Kritik.

Die Schulkommission von 1946, die grundsätzlich eine frühzeitige Differenzierung der Schüler nach unterschiedlichen «Begabungstypen» ablehnte und statt dessen einen individualisierenden Unterricht forderte, strebte damit allerdings noch keine Aufhebung der Hilfsklasseneinrichtung an:

«Denn gewiß kann ein Lehrer den Unterricht individualisieren, aber das bedeutet nicht, daß er in einer Klasse von normaler Größe genug Zeit hat, den am schwächsten begabten Kindern so viel persönliche individuelle Hilfestellung zu geben wie sie eigentlich benötigen.»[44]

Prinzipiell sah die Schulkommission zwar die Möglichkeit, mit Hilfe eines individualisierenden Unterrichts auch Hilfsklassenschüler in die Regelklassen zu integrieren, aber nach ihrer Auffassung stießen die «Bemühungen, auf diesem Wege ein befriedigendes Ausbildungsresultat für die allerschwächsten Schüler zu erzielen, auf so große praktische Schwierigkeiten, daß ein System von Hilfsklassen an den Plätzen, an denen die organisatorischen Möglichkeiten es erlauben, vorzuziehen sei»[45]. Die Schulkommission sah aber deutlich das soziale Problem der Diskriminierung, welches mit der Separierung der Hilfsklassenschüler verbunden war:

«Als Folge der gewöhnlichen Einschätzung von theoretischer Begabung ist es nicht zu vermeiden, daß ein Hilfsklassenzug eine gewisse Geringschätzung erleidet. Es ist wichtig, daß Normalklassenlehrer niemals durch Äußerungen vor den Schülern solche Einstellung unterstützen.»[46]

Um dieser Diskriminierung entgegenzuwirken, schlug die Schulkommission eine Reihe kosmetischer Maßnahmen vor, die dem westdeutschen Leser in ähnlicher Weise aus der bundesrepublikanischen Integrationsdiskussion bekannt sind:

Die Hilfsklassen sollten sich nach der Auffassung der Schulkommission in ihrer Bezeichnung nicht von anderen Klassen unterscheiden und die Überweisung von Schülern in die Hilfsklasse sollte möglichst unauffällig vor sich gehen.[47] Um Vorbehalte der Eltern gegen die Einschulung ihres Kindes in die Hilfsklasse abzuschwächen, sollten diese ausdrücklich

44 Vgl. SOU 1948:27, a. a. O., S. 144. Übersetzung der Verfasserin.
45 Ebd., S. 144.
46 Ebd., S. 144 f. Übersetzung der Verfasserin.
47 Vgl. ebd., S. 145.

darauf hingewiesen werden, daß es sich bei der Umschulung nicht um eine endgültige Entscheidung handele, sondern daß ein späterer Übergang in die Normalklasse möglich sei, sobald das Kind durch den speziellen Förderunterricht seine Schwierigkeiten überwunden habe.[48]

Die 1946er Schulkommission schuf allerdings auch materielle Voraussetzungen für eine größere Angleichung des Hilfsklassenschülers an die Regelschule. Im Unterschied zu Deutschland waren in Schweden Hilfsklassen und Regelklassen unter einem Dach vereint, aber zwischen den verschiedenen Klassenzügen bestand eine deutliche Trennung, die sich unter anderem in dem Abgangszeugnis der jeweiligen Schüler niederschlug: Regelschüler, die ihre Schulzeit vollendet und die oberste Klasse der Volksschule durchlaufen hatten, erhielten ein Abgangszeugnis nach dem Paragraphen 47. Hilfsklassenschüler dagegen verließen genau wie Schüler, die das Ziel der Volksschule nicht erreichten, die Schule nach dem Paragraphen 48 des Volksschulgesetzes. Diese für den entlassenen, Arbeit suchenden Hilfsklassenschüler «unvorteilhafte Sonderstellung»[49] sollte nach der Auffassung der Schulkommission durch eine veränderte Regelung des Abgangszeugnisses aufgehoben werden:

«Eine veränderte Regelung des Abgangszeugnisses ist wünschenswert, um die strenge Grenzziehung zwischen Hilfsklassenschülern und der Normalgruppe aufzuheben, aber dennoch die Möglichkeiten für Hilfsklassenschüler beizubehalten, ein abgestuftes Zeugnis anstelle eines ganz und gar minderwertigen zu erhalten.

Hilfsklassenschüler sollen wie bisher ein Zeugnis über verkürzte Kurse erhalten, wobei die gewöhnliche Zeugnisskala ausgenutzt wird. Aber die Hilfsklassenschüler, die in irgendwelchen Fächern die Mindestforderung der Normalklasse erfüllen, können außerdem auf dem Abgangszeugnis einen Vermerk erhalten, daß sie in diesen Fächern die Note für den Normalkurs angerechnet bekommen.»[50]

Nach dem Vorschlag der Schulkommission sollte also die personelle Zuordnung zur Hilfsklasse bzw. Normalklasse, wie sie bisher im Abgangszeugnis ihren Ausdruck gefunden hatte, einer leistungsmäßigen Differenzierung nach Fächern weichen. Damit sollte einerseits einem pauschalen Vorurteil der Arbeitgeber gegenüber Hilfsklassenschülern vorgebeugt und zugleich die Integration dieser Schüler in den Arbeitsprozeß erleichtert werden:[51]

48 Vgl. ebd., S. 145.
49 Ebd.
50 Ebd., S. 145 f. Übersetzung der Verfasserin.
51 Vgl. ebd.

«Der Arbeitgeber bekommt alle notwendigen Informationen dadurch, daß für jedes Fach angegeben wird, ob die abgestufte Note einem verkürzten oder einem Normalkurs gilt.»[52]

Diese Regelung des Abgangszeugnisses wurde noch in demselben Jahr, in dem die Schulkommission ihr Hauptgutachten herausgab (1948), zu einer gesetzlichen Bestimmung.[53]

Zieht man in diesem Zusammenhang einen Vergleich zur Lernbehindertenerziehung in der BRD, so wird deutlich, wie gegenwärtige Integrationsbemühungen in der Sonderpädagogik durch die Trennung des Sonderschulwesens vom Regelschulwesen erschwert werden. Schwedische Hilfsklassenschüler hatten bereits kurz nach dem Zweiten Weltkrieg die Möglichkeit, in den jeweiligen Fächern entsprechend ihrem Leistungsvermögen gefördert zu werden. Lernbehinderten Schülern in der BRD steht auch heute noch – selbst bei erheblichen Leistungsschwankungen in den unterschiedlichen Fächern – ausschließlich der im Vergleich mit der Volksschule reduzierte Unterrichtsplan der Sonderschule offen. Einem Schüler beispielsweise, der im Rechnen durchaus die Leistungen eines Regelschülers erzielt, stehen innerhalb der Sonderschulinstitution (SoL) weder die Lehrmittel der Regelschule noch die Lehrerstunden zur Verfügung, die ihm in diesem Fach einen Regelabschluß ermöglichen könnten.[54]

Eine weitere Annäherung der schwedischen Hilfsklassenschüler an die Regelschüler kam durch die schulorganisatorischen Vorschläge der Schulkommission von 1957 zustande. Diese Vorschläge enthielten zwei neue, eng miteinander verkoppelte Momente, die die gegenwärtige Situation lernbehinderter Schüler in der schwedischen Regelschule wesentlich vorbereiteten:

1. die funktionelle Differenzierung der Behindertenerziehung entsprechend der noch in der Regelschule vorhandenen Art der Behinderung (Verhaltensgestörte, Lernbehinderte etc.),
2. die Erkenntnis, daß Lernbehinderung ein generelles Problem des pädagogischen Interaktionsprozesses darstellt, das folglich in verschiedenen Abstufungen auch den Regelunterricht betrifft.

52 Ebd., S. 146. Übersetzung der Verfasserin.
53 Vgl. G. Sivgård: Allmänna bestämmelser om hjälpundervisning och annan specialundervisning, in: H. Norman (Hg.): Menthalhygien och pedagogik, Stockholm 1965.
54 Allerdings versuchen einige Sonderschulen (SoL) ihre Schüler z. B. im Rechnen nach Leistungen zu differenzieren, so daß die höchste Leistungsgruppe die Chance hat, annähernd die Kenntnisse zu erwerben, die in der Volksschule von den Kindern verlangt werden. Das bedeutet jedoch nicht, daß diese Schülergruppe im Fach Rechnen einen Regelschulabschluß erhält.

Auf diese Weise gelangte die Schulkommission von 1957 zu einer Kritik an einer Behindertenpädagogik, die sich in erster Linie auf den Hilfsklassenunterricht fixierte.[55] Dem Hilfsklassensystem stellte die Schulkommission das Konzept eines weit gefächerten Sonderunterrichts entgegen, der einerseits differenziert auf die unterschiedlichen Behinderungsarten abgestimmt war, andererseits zeitlich flexibel nach den jeweiligen im Regelunterricht auftretenden Schwierigkeiten einzelne Schüler unterstützte:

«In einem Schulsystem, in dem alle Einrichtungen das gemeinsame Ziel haben, jedem einzelnen Schüler einen glücklichen und harmonischen Schulgang zu ermöglichen mit dem Erwerb von Wissen und Fertigkeiten in dem Umfang, den die persönlichen Voraussetzungen des Schülers erlauben und mit einer Entwicklung der Persönlichkeit zur Selbständigkeit, fähig, eigene Verantwortung zu übernehmen und Zutrauen zur eigenen Kraft zu fassen, hat ein reich differenziertes System von Sonderunterrichtseinrichtungen seinen gegebenen Platz. Die Einrichtung von Sonderunterricht bietet daher einen wichtigen Beitrag zu dem Streben der Schule, die Voraussetzungen für einen Studiengang zu schaffen, der sich nach den Voraussetzungen und dem Bedürfnis der einzelnen Schüler richtet.»[56]

Die Isolierungstendenzen, die in den vierziger Jahren besonders stark gewesen waren und sich in dem Wunsch der Hilfsklassenvertreter nach eigenen selbständigen Schulen manifestiert hatten, wichen in den fünfziger Jahren mehr und mehr dem Integrationsgedanken der modernen Grundschule.

Der «besondere Hilfsunterricht», der im Jahre 1942 lediglich als notdürftiger Ersatz für den Hilfsklassenunterricht eingeführt wurde, übernahm gegen Ende der Versuchsjahre mit der neunjährigen Einheitsschule zusätzlich die Aufgabe eines Stützunterrichts. Auch wenn die 1957er Schulkommission die Einrichtung der Hilfsklasse nicht grundsätzlich in Frage stellte, legte sie doch größeres Gewicht auf die Sonderunterrichtsformen, die dem Schüler das Verbleiben in der Regelklasse ermöglichten. Für alle Behinderungsarten breitete sich der stundenweise erteilte Sonderunterricht, der in Analogie zum Begriff «särskild hjälpundervisning» (besonderer Hilfsunterricht) «särskild specialundervisning (besonderer Spezialunterricht) genannt wurde, daher weiter aus. Diese Form des Sonderunterrichts bot sich nach der Auffassung der Kommission vor allem für die Therapie kurzfristig auftretender, leichterer Störungen an, während für schwerere Grade der Behinderung Sonderklassen zuständig sein sollten.[57] Gleichzeitig wurde der stundenweise erteilte Sonderunter-

55 Vgl. SOU 1961:30, a. a. O., S. 391.
56 Ebd., S. 389. Übersetzung der Verfasserin.
57 Vgl. ebd., S. 391 f.

richt als eine wichtige organisatorische Voraussetzung für die pädagogische Betreuung mehrfach behinderter Kinder angesehen. Die 1957er Schulkommission setzte sich besonders auch in diesem Zusammenhang für eine Ausweitung des «besonderen Spezialunterrichts» ein.[58]

Im Hinblick auf die gegenwärtige Lernbehindertenpädagogik in Schweden erhält der «besondere Spezialunterricht» (Hilfsunterricht) seine wesentliche Bedeutung dadurch, daß er neben seiner Ersatzfunktion zunehmend die Funktion übernimmt, leistungsschwache Schüler vor der Aussonderung aus der Regelklasse zu bewahren bzw. ihre erneute Integration nach einem Hilfsklassenaufenthalt vorzubereiten.

Der Lehrplan für die neunjährige Grundschule aus dem Jahre 1962 läßt diese Funktionen des «besonderen Spezialunterrichts» deutlich erkennen:

«Besonderer Spezialunterricht muß eingerichtet werden für intellektuell entwicklungsgehemmte Schüler . . .; die Einrichtung ist teils dort geeignet, wo die Anzahl der Schüler für die Bildung einer Spezialklasse nicht ausreicht, teils dort, wo der besondere Spezialunterricht als passendere Arbeitsform angesehen wird als die Zusammenführung der Schüler in besondere Klassen, teils dort, wo die Schüler nicht so große Schwierigkeiten haben, daß sie zur Spezialklasse überwiesen werden müssen, teils auch als unterstützender Unterricht, wenn sie die Spezialklasse verlassen und zur gewöhnlichen Klasse überwechseln.»[59]

Den schulorganisatorischen Intentionen, lernbehinderte Schüler in die Reformmaßnahmen und Schulversuche einzubeziehen, entsprach die Diskussion im Bereich der Lehrinhalte. Curriculumdiskussion und Lehrplanrevision, die im Laufe der Schulreform an Bedeutung gewannen, umfaßten gleichermaßen die Hilfsklassen wie die Regelklassen. Nur so war es möglich, daß Hilfsklassenschüler auch noch nach einiger Zeit der Trennung von der Regelklasse befähigt werden konnten, in einem bestimmten Fach dem Unterrichtsgang in der Normalklasse zu folgen bzw. überhaupt in die Normalklasse überzuwechseln.

Zunächst fanden die curricularen Integrationstendenzen lediglich in der Zusammenlegung des Hilfsklassenlehrplans mit dem Regelschullehrplan ihren formellen Ausdruck. In dem Entwurf des neuen Unterrichtsplans für Schwedens Volksschulen aus dem Jahre 1953 erschienen die Stunden- und Lehrpläne für den Sonderunterricht zum erstenmal als ein besonderer Abschnitt des allgemeinen Volksschullehrplanes.[60] Damit sollte hervorgehoben werden, «daß dieser Unterricht als eine feste Alter-

58 Vgl. ebd., S. 392.

59 Läroplan för grundskolan. Kungl. Skolöverstyrelsen 6, 1962, 4. Auflage, Falköping 1966, S. 68 f. Übersetzung der Verfasserin.

60 Vgl. G. Sivgård, a. a. O., S. 161.

native in den Unterricht der Volksschule eingehen sollte»[61]. Da die Schulbehörde diesem Vorschlag zustimmte, enthielt der neue Unterrichtsplan für schwedische Volksschulen, der am 22. Januar 1955 herauskam, einen gesonderten Abschnitt über die Aufgaben der Hilfsklassen, über Richtlinien für die Überführung von Schülern in Hilfsklassen, über Arbeitsanweisungen, Stunden- und Lehrpläne.[62]

Die 1957er Schulkommission trat dafür ein, daß die Lehrpläne für Hilfsklassen sich auch inhaltlich sukzessive den Stunden- und Unterrichtsplänen der Normalschüler anglichen. Die Lehrpläne, die während der Reformphase in enger Verbindung mit der Kommissionsarbeit entstanden, belegen dies deutlich. Dazu schreibt Österling:

«Die Verfügungen im *Lehrplan für Hilfsklassen* (1943), im *Unterrichtsplan für die Volksschulen des Reiches* (1955), in den *Vorbildern zu den Stunden- und Lehrplänen für die Oberstufe der Hilfsklassen* (1956) und im *Lehrplan für die Grundschule* (1962) zeigen eine graduell sich verringernde Trennung zwischen den Regelklassen und den Lernbehindertenklassen, im Hinblick auf Unterrichtsgegenstände, Stundenplan-Zuweisungen etc. Die Kurse und Stundenpläne in dem zuletzt genannten Lehrplan sind im Prinzip identisch für Regelklassen und Lernbehindertenklassen. Es ist wahr, daß innerhalb der Kurse Modifikationen vorgenommen werden können, aber diese Möglichkeit, zu modifizieren, findet nicht nur in Lernbehindertenklassen Anwendung; sie bezieht sich auf jeden Unterricht ungeachtet seiner organisatorischen Form und nach verkürzten Lehrgängen kann in Regel- und in Hilfsklassen gelernt werden.»[63]

Im Bereich des Curriculums zeigen sich die Unterschiede in der gegenwärtigen Lernbehindertenpädagogik in der BRD und der Hilfsklassenerziehung in Schweden besonders kraß. Hier könnte ein detaillierterer Vergleich, als er im Rahmen dieser Arbeit möglich ist, dazu beitragen, das Verständnis der gegenwärtig unterschiedlichen Konzeptionen der Lernbehindertenerziehung in Schweden und in der BRD zu vertiefen.

Seit 1962 werden schwedische Hilfsklassenschüler nach demselben Lehrplan unterrichtet wie Regelschüler. Didaktische Einschränkungen und Verzögerungen in den vorgegebenen Lernzielen können vom Hilfsklassenlehrer nach den Fähigkeiten jedes einzelnen Schülers reguliert werden. In der BRD dagegen muß sich jeder Schüler, der in die SoL überwiesen wird, immer noch von vornherein mit einem stofflich reduzierten «Sonderschulcurriculum» zufriedengeben.

61 Ebd.
62 Vgl. ebd.
63 O. Österling: The efficacy of special education. A comparative study of classes for slow learners, Uppsala 1967, S. 25. Übersetzung und Hervorhebungen von der Verfasserin.

Der Übergang von der äußeren Differenzierung (nach Schularten) zu einer inneren, stärker individuumszentrierten Differenzierung, die den Zielen der neuen Grundschule entsprach, setzte vor allem eine Intensivierung und Verbesserung der Lehrerausbildung, besonders auch für Speziallehrer voraus. Tatsächlich waren die Ausbildungsorganisation und die Qualität der Ausbildung für Hilfsklassenlehrer völlig unzureichend. Die bereits von dem 1932er Gutachtenkomitee erhobene Forderung nach einer institutionellen Konzentration der Sonderschullehrerausbildung[64] war in der Praxis ohne Folgen geblieben. Bis 1962 mußten sich die Sonderschullehrer mit einer höchstens 20wöchigen Ausbildung zufriedengeben.[65] Zudem kamen nach einer Untersuchung der Schulbehörde aus dem Jahre 1955 bei weitem nicht die Hälfte der in Sonderklassen tätigen Lehrer in den Genuß einer solchen Ausbildung.[66]

Wie in der Bildungsreform der sechziger Jahre in der BRD die Lehrerausbildung einen zentralen Punkt der Reformdiskussion darstellte, so setzten sich auch die schwedischen Schulreformer 20 Jahre früher für eine Verbesserung der Lehrerausbildung und Sonderschullehrerausbildung ein. Im Jahre 1946 wurde ein besonderes Expertenkomitee gebildet, das sich mit der Neuordnung der Hilfsklassen- und Sonderlehrerausbildung befassen sollte.[67] In seinem ein Jahr später veröffentlichten Gutachten schloß es sich den Forderungen der Sachverständigen von 1932 im wesentlichen an und schlug die Errichtung eines staatlichen Speziallehrerinstituts vor.[68] Auch die 1957er Schulkommission beklagte die unzureichenden Ausbildungsmöglichkeiten für Speziallehrer:

«Gleichzeitig, da der Mangel an ausgebildeten Lehrern den Ausbau des Sonderunterrichts verhindert, werden gegenwärtig jährlich fast die Hälfte, die sich zur Sonderlehrerausbildung melden, auf Grund der unzureichenden Kapazität der Ausbildungsorganisation abgewiesen.»[69]

Sie schlug aus ökonomischen und pädagogischen Gründen eine weitgehend integrierte Ausbildung für Sonderschullehrer unterschiedlicher Behinderungsarten vor:

«Die moderne Sonderpädagogik unterstreicht die Notwendigkeit einer Gesamt-

64 Vgl. SOU 1935:31, a. a. O., S. 83 ff.
65 Vgl. G. Stenberg, a. a. O., S. 301.
66 Vgl. SOU 1961:30, a. a. O., S. 394.
67 SOU 1947:69, 1946 års hjälp- och särklasslärarutredning, Utbildning av lärare för utvecklingshämmade och svårfostrade barn jämte förslag till inrättande av ett statens speciallärarinstitut, Stockholm 1947.
68 Vgl. ebd., S. 47 ff.
69 SOU 1961:30, a. a. O., S. 395, Übersetzung der Verfasserin.

schau für die Erziehung und den Unterricht behinderter Kinder und damit auch den Wunsch, daß der Lehrer auf anderen Gebieten als dem eigenen Spezialgebiet gut orientiert ist . . . In einer fester aufgebauten Organisation der Ausbildung von Sonderklassenlehrern und Kliniklehrern könnte die theoretische Grundausbildung vorteilhaft zu großen Teilen gemeinsam für unterschiedliche Lehrerkategorien durchgeführt werden. Pädagogischen und ökonomischen Interessen dürfte hierdurch gleichermaßen gedient sein und eine größere Mobilität unter den Lehrergruppen könne ermöglicht werden.»[70]

Zugleich trat die Schulkommission von 1957 dafür ein, daß auch der Regelschullehrer während seiner Studienzeit mit sonderpädagogischen Probleminhalten und Fragestellungen konfrontiert werden müsse, um rechtzeitig vorbeugende Maßnahmen ergreifen zu können, die eine spätere Therapie voll entwickelter Störungen bzw. Behinderungen nicht notwendig werden lassen:

«Im Zusammenhang mit der Frage der Sonderschullehrerausbildung muß man sogar die Bedeutung beachten, die darin liegt, daß der Lehrer der Regelklassen eine gewisse Ausbildung in den diesbezüglichen Fragen erhält. Jeder Lehrer kann in seiner Klasse Schüler mit Problemen antreffen. Der einzelne Lehrer muß hinreichend befähigt sein, in einem frühen Stadium Schwierigkeiten zu erkennen, so daß schnell eingesetzte Hilfsmaßnahmen verhüten können, daß primäre Schwierigkeiten die Ursache für vielleicht schwerwiegendere Folgeprobleme werden. Mitunter erscheint die Überführung eines Schülers in die Sonderklasse nicht geeignet oder möglich. Sie wird vielleicht auch nicht notwendig, wenn der Lehrer der Normalklasse eine geeignete Ausbildung erfährt, um unmittelbar gewisse helfende Maßnahmen ergreifen zu können. Die Ausbildung *sämtlicher* Lehrer muß daher verstärkt den Unterricht für Schüler mit Anpassungsschwierigkeiten, bzw. Lese- und Schreibschwierigkeiten miteinbeziehen.»[71]

Die Einbeziehung sonderpädagogischer Studieninhalte in die allgemeine Lehrerausbildung gehörte zu den wesentlichen Forderungen der Schulreformer, die eine verstärkte Integration lernbehinderter Schüler in das Regelschulwesen ermöglichen sollten. Diese Forderung, die bereits auf eine enge Zusammenarbeit der Regelschullehrer mit den Sonderschullehrern abzielte und eine Vermischung der pädagogischen und sonderpädagogischen Tätigkeitsbereiche intendierte, ließ die isolierte Ausbildung der Sonderschullehrer in einem «Speziallehrerinstitut» als unzweckmäßig erscheinen.

Statt eines abgesonderten Instituts wurde im Studienjahr 1962/63 ein Ausbildungszug für Sonderschullehrer an den Lehrerhochschulen in Stockholm, Göteborg und Malmö eingerichtet. Damit waren die Intentionen der 1957er Schulkommission weitgehend erfüllt.

70 Ebd. Übersetzung der Verfasserin.
71 Ebd., S. 396. Übersetzung der Verfasserin.

4.3. Formen integrierter Lernbehindertenerziehung in der schwedischen Grundschule seit 1962 Entwicklung – Probleme – Tendenzen

Mit der gesetzlichen Einführung der neunjährigen Grundschule war der Prozeß der schwedischen Bildungsreform noch keineswegs abgeschlossen. Einerseits mußte jetzt, nach der Experimentierphase der Jahre 1949–62, die vom Reichstag beschlossene Umgestaltung des schwedischen Schulwesens im Landesmaßstab verwirklicht werden. Zum anderen zeigte sich in diesem Prozeß der Umgestaltung, was bereits wissenschaftliche Kontrolluntersuchungen der Experimentierphase ergeben hatten: Die neue Schulform erzeugte neue Probleme und Widersprüche, die ihrerseits weitere Reformversuche nach sich zogen.

Die mit der Reform verknüpften gesellschaftspolitischen Zielvorstellungen – das erwies die Praxis – wurden keineswegs schon mit der Einführung der neunjährigen Grundschule erreicht. Ein Teil dieser Ziele war in zweifacher Hinsicht illusorisch:

1. Sie gingen davon aus, daß durch pädagogische Maßnahmen die Klassenstruktur der schwedischen Gesellschaft und ihre Folgen für Sozialisation und Ausbildung der Kinder im Bereich der Schule neutralisiert bzw. kompensiert werden könnte.
2. Sie begriffen die gesellschaftlich organisierte Erziehung als Veranstaltung eines über den Klassen stehenden Staates und demgemäß die Schule als einen gegen die Einflüsse der gesellschaftlichen Machtverhältnisse abgeschirmten Bereich, in dem sozialpolitische Ziele verfolgt werden könnten, die unter den gegebenen Produktionsverhältnissen keine reale Basis haben.

Das muß auch E. Jüttner in seiner recht unkritischen Einschätzung der Grundschulreform indirekt zugeben:

«Die Forderung nach Gleichheit der Bildungschancen wurde gleichermaßen von allen Parteien erhoben, wenn auch mit unterschiedlicher Aktivität von den einzelnen Parteien verfochten. Besonders von den Sozialdemokraten wurde diese Forderung mit der Gleichheit in der Gesellschaft in Zusammenhang gebracht und dadurch vor allem zu einem allgemeinpolitischen Ziel von größter Wichtigkeit. Als Ursache für die bestehende Ungleichheit der Bildungschancen sah man vor allem ökonomische und geographische Schranken. Mit der Einführung der Grundschule, zum Teil aber auch schon früher, wurden diese Hindernisse zwar weitgehend überwunden. Die unteren sozialen Schichten sind trotzdem noch stark unterrepräsentiert in den ‹theoretischen› Zügen der Grundschule und des Gymnasiums.»[1]

1 E. Jüttner, a. a. O., S. 303.

Vielleicht darf man die These wagen, daß der notwendige Widerspruch zwischen illusorischen (reformistischen) gesellschaftspolitischen Zielen und den jeweiligen Ergebnissen der Reformpraxis als eine treibende Kraft der anhaltenden Reformbewegung in Schweden zugrunde liegt. Jedenfalls entspricht dem – wenn auch unbegriffen – die Selbstdarstellung der Reformpolitik.

Die Innovationen im Bildungsbereich wurden nicht als zeitlich terminierter Akt der Anpassung überkommener Schulverhältnisse an die gesellschaftliche und wirtschaftliche Entwicklung begriffen, sondern als rollender Prozeß, welcher der Dynamik des gesellschaftlichen Wandels folgt.[2] Das Modell einer permanenten Schul- und Curriculumrevision wurde zum Leitbild der Bildungspolitik:

«Die Gesellschaft ändert sich rasch, und ebenso rasch ändern sich die Ansprüche, die von der Gesellschaft selbst und von den einzelnen Bürgern an die Schule gestellt werden. Die Grundschule und ihre Einführung muß im Hinblick auf die Tatsache gesehen werden, daß die gesellschaftliche Entwicklung eine fortschreitende Schulreform erforderlich macht: Von Zeit zu Zeit muß man Änderungen verschiedener Art durchführen, die sich aus mehreren Gründen als zweckmäßig erweisen können. In einer sich wandelnden Gesellschaft kann die Schule nicht während vielleicht mehrerer Jahrzehnte eine unveränderliche Institution bleiben.»[3]

Dieses Selbstverständnis der Bildungspolitik entsprach der Dynamik der realen gesellschaftlichen Entwicklung Schwedens zu jener Zeit. Den Wirtschaftshistorikern gilt die Zeit von 1960–65 als eine Periode der raschesten ökonomischen Entwicklung in der schwedischen Geschichte.[4] Das Bruttosozialprodukt stieg im Durchschnitt der Jahre 1960–65 um jährlich 5,5 % (im Zeitraum 1950–60 waren es nur 3,4 % gewesen).[5] Im Bereich der industriellen Produktion steigerte sich die Rate des durchschnittlichen Produktivitätswachstums von 3,3 % auf 5,2 %.[6] Um hohe Wachstumsraten zu garantieren, war eine ständige Erhöhung der Arbeitsproduktivität erforderlich, da die Gesamtarbeitszeit stagnierte und die Arbeitsreserven weitgehend erschöpft waren.[7]

2 Bezeichnenderweise trug ein Kapitel des Hauptgutachtens von 1961 die Überschrift: «Das Ziel der Schule in einer sich verändernden Gesellschaft» (Vgl. SOU 1961:30, a. a. O., S. 143).

3 Reichsamt für Schulwesen (Hg.): Die neue Schule in Schweden. Ziele, Aufbau und Arbeitsweise, Stockholm 1964. Schwedische Originalauflage: Den nya skolan, Stockholm 1962.

4 Vgl. E. Westerlind/R. Beckman, a. a. O., S. 11 f und S. 43.

5 Vgl. ebd., S. 46.

6 Vgl. ebd.

7 Die Zahl der Arbeitslosen (Anteil registrierter Arbeitsloser) sank während

Unter dem Einfluß dieser günstigen ökonomischen Entwicklung, der anhaltenden Steigerung der Reallöhne und fortschreitenden Änderung der Berufsstruktur, stabilisierte sich der bereits im vorhergehenden Kapitel dargestellte Trend einer verstärkten Bildungsnachfrage. Alle diese Faktoren schufen ein günstiges Klima für die Bildungsreform. Der rasche Anstieg der fiskalischen Einnahmen[8] ermöglichte eine zügige Umsetzung der vom Reichstag beschlossenen Reformmaßnahmen. Die Bildungsausgaben wuchsen dabei überproportional mit dem erweiterten Volumen der öffentlichen Haushalte. Ihr Anteil an den gesamten Staatsausgaben stieg von 10,1 % im Jahre 1954 auf 13,2 % im Jahre 1965 an.[9] Zwischen 1950 und 1964 zeigt ein Vergleich der Kosten des Ausbildungswesens im Verhältnis zum Bruttosozialprodukt einen Zuwachs von mehr als 100 %, nämlich von 1,7 % vom BSP im Jahre 1950 auf 3,6 % im Jahre 1964.[10]

Als dann in der zweiten Hälfte der sechziger Jahre in einer veränderten konjunkturellen Situation die Zuwachsraten der schwedischen Industrie leicht zurückgingen,[11] bedeutete dies keinen Rückschlag für die Bildungsreform. Die schwedische Wirtschaft versuchte mit Unterstützung der Regierung durch eine forcierte Veränderung der Produktionsstruktur und eine Beschleunigung des technischen Innovationsprozesses die Profit- und Wachstumsraten aufrechtzuerhalten.[12] Da seit dem Ende des Zweiten Weltkrieges in Schweden die Bildungspolitik einen integralen Bestandteil langfristiger Wirtschaftspolitik im Bereich der Infrastruktur bildete, förderte die Abschwächung der Konjunktur noch das staatliche Interesse an den weiteren Möglichkeiten der Schulreform.

Die wenigen verkürzten Bemerkungen über die ökonomische Situation Schwedens in den sechziger Jahren fordern einen Vergleich mit den Entwicklungsbedingungen der Bildungsreform in der BRD heraus. Der wesentliche materielle Unterschied erhellt bereits aus der Differenz der zeitlichen Abfolge. Waren in der BRD die Vorboten der Wachstumskrise allererster Anlaß einer *Reformdiskussion*, so vertieften sie in Schweden den schon laufenden *Reformprozeß*, dessen erste Etappe mit der landesweiten Einführung der «grundskola» bereits abgeschlossen war. So kam

dieser Hochkonjunkturperiode im Jahresdurchschnitt unter 1 % (vgl. ebd., S. 19f).

8 So verdoppelte sich in der Zeit von 1950–1972 der Anteil an Steuern und staatlichen Abgaben am Bruttonationalprodukt. (Vgl. E. Westerlind/R. Beckman, a. a. O., S. 87).

9 Quelle: Statistical Yearbook 1964. United Nations, New York 1965, S. 638.

10 Quelle: Resultat och reformer. Riktlinjer för socialdemokratisk politik, Stockholm 1964, S. 37.

11 Vgl. E. Westerlind/R. Beckman, a. a. O., S. 46.

12 Vgl. ebd., S. 48.

es, daß die tiefergreifende wirtschaftliche Krise der siebziger Jahre, die mit gewissen Unterschieden alle westlichen Industrieländer umfaßte, in Schweden auf ein reformiertes Bildungswesen traf, während sie in der BRD den ohnehin sehr inkohärenten Reformansätzen vollends den Boden entzog.

Im folgenden beschränke ich mich darauf, die Auswirkungen der Reichstagsbeschlüsse von 1962 und die Fortführung der schwedischen Bildungsreform *im Bereich der Lernbehindertenerziehung* zu skizzieren. Für eine Darstellung des Gesamtprozesses muß auf die Darstellungen von Husén, Jüttner, Hörner[13] u. a. verwiesen werden. Die Reformbewegung dieser Zeit kulminiert in zwei offiziellen Dokumenten: in dem 1969 erschienenen «Läroplan för grundskolan»[14] und in der Veröffentlichung des Gutachtens «Skolans arbetsmiljö»[15], das nach dreijähriger Arbeit eines parlamentarischen Ausschusses unter der Leitung von Jonas Orring im Sommer 1974 abgeschlossen wurde und ein umfangreiches Konzept zur inneren Umstrukturierung der schwedischen Grundschule darstellt.

Nach Einführung der neunjährigen Grundschule setzte für die Erziehung lernbehinderter Schüler eine entscheidende Entwicklungsperiode ein. Eine Reihe von Gründen führte dazu, daß die Organisationsform der Hilfsklasse, die noch den beiden bedeutenden Schulkommissionen von 1946 und 1957 als unverzichtbare Institution für den Unterricht leistungsschwacher Schüler erschienen war, immer stärker in Frage gestellt wurde. Leitende Gesichtspunkte der Kritik waren: die soziale Integration der Schüler, die Verbesserung der didaktischen Effektivität, der ökonomischere Einsatz der Lehrer mit Spezialqualifikationen und eine rationellere Anwendung der dem sonderpädagogischen Bereich zur Verfügung stehenden Ressourcen.

1. Das Hilfsklassensystem wurde im Hinblick auf die sozialpolitischen Zielsetzungen und die didaktische Konzeption der neuen Schule immer fragwürdiger. Hierzu schrieb Sixten Marklund in seinem Aufsatz «Die neue Schule und Sonderunterricht»:[16]

«Die eigentliche Ursache einer besonderen Organisation mit Spezialklassen für leistungsschwache Schüler war also, daß diese Schüler *die Forderung der Schule nicht erfüllten* . . . Durch die Grundschulreform ist indessen prinzipiell eine neue Situation entstanden. Das Ziel der neuen Schule ist es, dem einzelnen Schüler

13 A. a. O.

14 Skolöverstyrelsen (Hg.): Läroplan för grundskolan, Allmän del, Stockholm ²1973.

15 SOU 1974:53, Skolans arbetsmiljö, Betänkande avgivet av utredningen om skolans inre arbete – SIA, Stockholm 1974.

16 S. Marklund: Den nya skolan och specialundervisningen, in: Nord. tidsk. f. spec. ped., Jg. 44, 1966, S. 167 ff.

einen individuellen Unterricht zu geben, der in jeder Beziehung entwicklungsfördernd ist und sich nach seinen eigenen Voraussetzungen richtet. Die Individualisierungsforderung, die in der älteren Schule ein besonderes Kennzeichen des Spezialunterrichts war, gilt nunmehr generell. Man kann daher nicht mehr sagen, daß ein Schüler nicht die Forderung der Schule erfüllt. Es ist umgekehrt so, daß die Schule die Forderung der Schüler erfüllen soll.»[17]

Noch deutlicher wies Olle Holmberg in seinem ironisch provozierenden Artikel in der «Schwedischen Schulzeitung»: «Ich hasse Hilfsklassen»[18] auf den Widerspruch zwischen den «fortschrittlichen» sozialen Zielen der Grundschule und der traditionellen Hilfsklasseneinrichtung hin:

«Wenn man ihre Leitvorstellungen betrachtet, sind die Sonderklassen in unseren Schulen die letzten autorisierten Reste eines Auswahlsystems mit uralten Vorfahren.»[19]

Um die soziale Diskriminierung von Hilfsklassenschülern nach ihrer Schulentlassung zu demonstrieren, setzte er die folgende fingierte Annonce auf:

«ANNONCE
KOMM UND KAUFE UNAUSGEBILDETE
ARBEITSKRAFT! KAUFE, BEUTE SIE AUS
UND WERFE SIE WEG! SIE ERHALTEN SIE BILLIG:
SIE KANN ALLES TUN, WAS KEIN ANDERER TUN WILL!»[20]

Die negative Selektion der Hilfsklassenschüler bedeutete für die Schüler und ihre Eltern nach Einführung der *einheitlichen* Grundschule eine besondere soziale Diskriminierung. Soziale Desintegration und persönliche Minderwertigkeitsgefühle waren in der Regel die Folge der schulorganisatorischen Separation und des dadurch vermittelten Bewußtseins, einer isolierten Minoritätsgruppe anzugehören.[21] Trotz der im Verhält-

17 Ebd., S. 168. Übersetzung der Verfasserin.
18 O. Holmberg: Jag hatar Hjälpklasserna, in: Lärartidningen – Svensk skoltidning 1967, nr. 12–13, S. 19ff.
19 Ebd., S. 19. Übersetzung der Verfasserin.
20 Ebd., S. 20. Übersetzung der Verfasserin.
21 So schreibt O. Holmberg (ebd., S. 20): «Wenn diese Hilfsklassenschüler in die Pubertät kommen (in der Regel in der 8. Klasse), wird das geschützte, isolierte Spezialklassenmilieu eine drohende Gefahr für ihre Möglichkeiten, ein normales Leben zu führen. Sie fühlen sich ausgestoßen, sie rotten sich zusammen in ihrem aufkeimenden Haß und versuchen sich den anderen gegenüber durch asoziale Streiche Geltung zu verschaffen, sie suchen Kontakt mit ‹Ebenbürtigen› außerhalb der Schule.» Übersetzung der Verfasserin.

nis zur BRD weitaus günstigeren Interaktionsmöglichkeiten zwischen Hilfsklassenschülern und Regelschülern erfuhren auch die schwedischen Hilfsklassenschüler in der Schule wie im späteren Arbeitsleben die deklassierende Wirkung einer mit dem Stigma unterdurchschnittlicher Ausbildung behafteten Unterrichtsform. Immer häufiger wurde daher von den Befürwortern der modernen Grundschule gefordert, durch neue organisatorische Formen die negativen Auswirkungen des Hilfsklassenunterrichts zu eliminieren.[22]

2. Im Hinblick auf die pädagogische Effektivität des Hilfsklassenunterrichts traten zunehmend Zweifel auf. Amerikanische und in zunehmendem Maße auch schwedische Forschungsergebnisse hatten erbracht, daß der Hilfsklassenunterricht bei intellektuell zurückgebliebenen Schülern keineswegs bessere Lerneffekte erzielte als der Unterricht in Regelklassen.[23] Im kognitiven Bereich wurde sogar eine eindeutige Überlegenheit leistungsschwacher Schüler in Regelklassen gegenüber Hilfsklassenschülern (mit gleichem IQ) festgestellt.[24]

Zudem erschwerte – zumal in ländlichen Ortschaften – die feste institutionelle Organisation einer Hilfsklasse ein flexibleres Eingehen auf Kinder mit zeitlich begrenzten Schwierigkeiten bzw. mit anderen Behinderungsarten. Häufig saßen in den Hilfsklassen der Landschulen nicht nur intellektuell retardierte Schüler, sondern auch sehbehinderte, hörgeschädigte, sprachbehinderte Schüler, die weder im Regelunterricht noch im Hilfsklassenunterricht eine spezifische pädagogische Förderung erhielten.[25]

3. Unter bildungsökonomischen Aspekten bedeutete die ausschließliche Tätigkeit eines ausgebildeten Sonderschullehrers in einer Hilfsklasse mit geringen Schülerzahlen (10–13) – in ländlichen Gemeinden noch weniger – eine sehr wenig effektive Ausnutzung seiner speziellen Qualifikationen. Einerseits stand der speziell ausgebildete Lehrer nur einer begrenzten Anzahl von Schülern zur Verfügung, andererseits konnte der Speziallehrer in der Hilfsklasse nur bei einem geringen Teil seiner Arbeit

22 Ein Beispiel dafür gibt der Schulinspektor Lars Elam aus Linköping:
«Aber das wichtigste ist, daß der Unterricht für Behinderte in solcher Form vor sich geht, daß er es diesen Schülern unmöglich macht, zu glauben, ‹anders› zu sein als die Mehrzahl der Gleichaltrigen oder sich einer isolierten Minderheitsgruppe zugehörig zu fühlen.»
L. Elam, I stället för hjälpklass, in: Nord. tidskr. f. spec. ped., 48. Jg. 1970, S. 218. Übersetzung der Verfasserin.
23 Vgl. G. Stangvik: Effekter av specialundervisning. En kritisk studie og et eget empirisk bidrag, Pedagogiska Institutionen, Lärarhögskolan i Göteborg, Rapport nr. 18, Oktober 1970, S. 1 ff.
24 Vgl. ebd., S. 17 ff.
25 Vgl. L. Elam, a. a. O., S. 219 f.

seine Spezialkenntnisse anwenden.[26] Als Klassenlehrer verbrachte er einen großen Teil seiner wöchentlichen Pflichtstunden mit allgemein pädagogischen Aufgaben.

In derselben Zeit, in der sich die Kritik an der Hilfsklasseninstitution verstärkte, nahm der stundenweise neben dem Regelunterricht erteilte Sonderunterricht erheblich zu. Diese strukturelle Veränderung in der Lernbehindertenerziehung markiert den Wandel von der Separation der Hilfsklassenschüler zum Versuch einer Integration leistungsschwacher Schüler in das Regelschulwesen. Mit Hilfe der folgenden Tabelle[27] läßt sich dieser Wandel veranschaulichen:

Hilfsklassenentwicklung in Schweden in den Jahren 1945–1970[28]

Schuljahr	Prozentualer Anteil der Hilfsklassenschüler an der gesamten Pflichtschülerzahl	Anzahl der Hilfsklassen
1945/46	1,11	436
1947/48	1,26	523
1949/50	1,49	683
1951/52	1,68	858
1953/54	1,88	1.150
1955/56	2,16	–
1957/58	2,33	1.447
1959/60	2,35	1.684
1961/62	3,05	2.073
1963/64	3,15	2.289
1965/66	2,94	2.373
1967/68	2,72	2.329
1969/70	2,48	2.251

Während der Anteil der Hilfsklassenschüler an der gesamten Pflichtschülerzahl noch unmittelbar vor Einführung der neunjährigen Grund-

26 Vgl. ebd.
27 Allerdings ist es sehr schwierig, exakte Daten über die Anzahl der Hilfsklassen und Hilfsklassenschüler zu gewinnen, da diese Klassen in vielen Schulen nicht äußerlich als Hilfsklassen erkennbar waren, sondern unterschiedliche Bezeichnungen, wie z. B. B-Klassen, trugen oder auch unter den übrigen Regelklassen registriert wurden. Aber selbst wenn die folgenden statistischen Angaben nicht absolut exakte Werte darstellen, läßt sich die Tendenz der Hilfsklassenentwicklung dadurch beleuchten.
28 Quelle: B. Gustafsson/E. Stigebrandt: Vad kännetecknar undervisning i hjälpklass. En jämförelse mellan undervisningsprocesser i hjälpklass och vanlig klass. Pedagogiska institutionen, Lärarhögskolan, i Göteborg, Rapport nr. 29, Mai 1972, S. 6.

schule sprunghaft anstieg, zeigte die Entwicklung nach 1963/64 erstmalig eine rückläufige Tendenz. Mit derselben Regelmäßigkeit, mit der die Anzahl der Hilfsklassenschüler seit 1945 angestiegen war, nahm sie jetzt ab. Daß die absolute Zahl der Hilfsklassen in derselben Zeit sich nur unerheblich verringerte, hing mit der Senkung der Klassenfrequenzen zusammen. Von 1945 bis 1960 umfaßten die Hilfsklassen ziemlich konstant 13 Schüler, Ende der sechziger Jahre waren es nur noch 10.[29]

In der gleichen Periode, in der die Anzahl der Hilfsklassen zu sinken begann, wurde der mit dem Regelunterricht koordinierte Sonderunterricht weiter ausgebaut. So erhielten im Schuljahr 1965/66 2824 Schüler diese Form des Sonderunterrichts, dagegen waren es im Jahre 1969/70 schon fast 25 000 Schüler.[30]

Zugleich mit dem Ausbau dieses Sonderunterrichts veränderte sich seine Funktion. Der mit dem Regelunterricht «koordinierte Spezialunterricht»[31], wie er jetzt hieß, hatte in den sechziger Jahren nicht mehr die Ersatzfunktion des traditionellen «besonderen Hilfsunterrichts», sondern wurde – wie der Begriff bereits andeutet – ausschließlich als Ergänzungs- und Stützunterricht angesehen. Er wurde die wesentliche schulorganisatorische Maßnahme, um lernbehinderten Schülern das Verbleiben in der Regelklasse zu ermöglichen. Die Aufgabe des Sonderunterrichts bestand demnach nicht mehr darin, die Kinder *durch Absonderung speziell zu fördern*, sondern *durch spezielle Förderung zu integrieren*.

Dies formulierte auch der Lehrplan von 1969:

«Bei der Organisation und Anordnung des Unterrichts für intellektuell Entwicklungsgehemmte muß man daher immer zuerst die Möglichkeit untersuchen, den Schüler in der Regelklasse zu lassen und ihm die Hilfe zu geben, die er eventuell in der Form des koordinierten Spezialunterrichts benötigt. Eine planmäßige Ausnutzung des individualisierenden Unterrichts in der Regelklasse verbunden mit zusätzlichem koordiniertem Spezialunterricht könnte eine Herabsetzung der Schülerzahl bewirken, die in die Hilfsklasse überwiesen wird und würde eine Einschränkung der Anzahl Spezialklassen bedeuten zugunsten irgendeiner Form von koordiniertem Spezialunterricht.»[32]

29 Vgl. ebd., S. 6.
30 Vgl. ebd., S. 5.
31 Der stundenweise erteilte Sonderunterricht wurde nicht mehr «särsild special-undervisning» (besonderer Spezialunterricht) genannt, sondern «samordnad specialundervisning» (koordinierter Spezialunterricht).
32 Skolöverstyrelsen (Hg.): Läroplan för grundskolan, II Supplement specialundervisning. Kompletterande anvisningar och kommentarer, Stockholm 1969, S. 12. Übersetzung der Verfasserin.

Der «koordinierte Spezialunterricht» konnte in unterschiedlichen Organisationsformen erteilt werden, die im 1969 revidierten Lehrplan genau beschrieben werden:

«Koordinierter Spezialunterricht kann so organisiert werden, daß der Speziallehrer die Arbeit eines oder mehrerer Schüler anleitet, während gleichzeitig der Klassenlehrer die übrigen Schüler in der Klasse unterrichtet. Der komplettierende und stützende Unterricht findet entweder im zuständigen Klassenraum statt oder in einem angrenzenden Raum. Koordinierter Spezialunterricht kann sogar in einen für diesen Zweck besonders ausgerüsteten Raum, in eine sogenannte Klinik verlegt werden.»[33]

In den sechziger Jahren gewann unter den Formen des «samordnad specialundervisning» der *Klinikunterricht* eine immer stärkere Bedeutung. Mit einer «explosionsartigen Geschwindigkeit»[34] breitete sich diese Organisationsform des Sonderunterrichts in der schwedischen «grundskola» aus und beherrschte in zunehmendem Maße die sonderpädagogische Debatte. Auch jenseits der schwedischen Grenzen, so zum Beispiel in der Bundesrepublik, fand der Klinikunterricht als Kennzeichen einer reformierten Sonderpädagogik und als alternatives Modell zu den isolierten Sonderschulinstitutionen in der BRD immer mehr Beachtung.

Im allgemeinen verstand man unter Schulklinik einen besonderen Raum, der für die Therapie verschiedener Behinderungen mit einer speziellen Unterrichtstechnologie ausgestattet war.[35] Schüler, die einige Stunden in der Woche (maximal 8 Stunden) die Schulklinik besuchten, wurden hier von einem besonders dafür ausgebildeten Lehrer unterrichtet und verbrachten die übrige Unterrichtszeit in der Regelklasse.[36] Der Vorteil der Schulklinik gegenüber der Spezialklasse lag nach der Auffassung ihrer Verteidiger darin, daß sie dazu beitrug, schwereren Behinderungen vorzubeugen, und daß leistungsschwache Schüler dem diskriminierenden Aussonderungsverfahren entgingen bzw. weiterhin an der sozialen Gemeinschaft der Regelklasse teilhaben konnten.

Obwohl der Klinikunterricht in den sechziger Jahren im Zentrum des sonderpädagogischen Interesses stand und sich der Unterstützung des Reichsschulamtes und der Schulbehörde erfreute,[37] herrschte über seine organisatorischen Voraussetzungen und seine didaktische Einbettung in

33 Ebd., S. 11. Übersetzung der Verfasserin.
34 V. Lund: Klinikundervisningens organisationsformer, in: Nord. tidskr. f. spec. ped., 44. Jg. 1966, S. 206.
35 Vgl. ebd., S. 211 f.
36 Vgl. V. Lund, a. a. O., S. 210.
37 Vgl. ebd., S. 207.

den Regelunterricht noch weitgehend Unklarheit. Er wurde zum modischen Leitbegriff integrativer Tendenzen in der schwedischen Sonderpädagogik und dementsprechend unpräzise und pauschal verwendet. Häufig bildete der Begriff «Klinikunterricht» nur ein Synonym, um den stundenweise erteilten Sonderunterricht überhaupt zu bezeichnen. Valter Lund wies in seinem 1966 erschienenen Aufsatz «Organisationsformen des Klinikunterrichts»[38] auf diesen Mangel an inhaltlicher Bestimmtheit des Begriffs hin und hob zugleich die unzureichenden materiellen und organisatorischen Voraussetzungen hervor:

«Indessen scheint man übersehen zu haben, daß dieser Unterricht nicht nur ein prinzipielles, programmäßiges Interesse fordert, sondern ebenfalls weitreichende materielle Einsätze in der Form von geeigneten Räumen, detaillierten Anweisungen für die Anordnung des Unterrichts, Revision früherer Vorschriften, Vorschlägen zu und Einkauf von geeignetem Unterrichtsmaterial, organisatorischen Versuchen etc.»[39]

In den siebziger Jahren rückte dann eine neue Form des «koordinierten Spezialunterrichts» in den Vordergrund sonderpädagogischer Diskussion und Forschung, eine Form des «team-teaching», der Versuch mit dem «kompänjonlärare».[40] Die Aufgabe des Speziallehrers in diesen Unterrichtsversuchen bestand darin, den Lehrer der Regelklasse in seiner Arbeit zu unterstützen. Das konnte einmal dadurch geschehen, daß der Speziallehrer besondere Unterrichtsprogramme für schwierige, behinderte Schüler entwarf, und zum anderen dadurch, daß er selbst in die Regelklasse hineinging und mit Hilfe spezieller Methoden bzw. einer spezifischen Unterrichtstechnologie einzelne Schüler, die sonderpädagogische Betreuung benötigten, an Ort und Stelle unterrichtete.

Versuche mit dem «kompänjonlärare» hatte es bereits seit Mitte der sechziger Jahre gegeben, als die Kritik an dem traditionellen Hilfsklassensystem immer lauter wurde.[41] In dieser Zeit war jedoch die Diskussion um die Wahl der Organisationsformen: «Spezialklasse» oder «Klinik», vorrangig. Erst als mit Beginn der siebziger Jahre das Interesse an der inneren Struktur der Schule, an dem «Arbeitsmilieu»[42], zunahm und statt der organisatorischen Formen des Sonderunterrichts seine Methoden und Inhalte ins Blickfeld rückten, gewannen Versuche mit dem

38 A. a. O.
39 Ebd., S. 207. Übersetzung der Verfasserin.
40 Vgl. L. Elam, a. a. O., S. 222 ff.
41 Vgl. ebd., S. 217.
42 Der Begriff «arbetsmiljö» (Arbeitsmilieu) wird Anfang der siebziger Jahre zu einem Schlüsselwort der pädagogischen Forschungs- und Entwicklungsarbeit in Schweden. So trägt auch das Gutachten der parlamentarischen Kommission (SIA) den Titel «Skolans arbetsmiljö».

«kompänjonlärare» an Aktualität. Die intensive pädagogische Debatte, die in dieser Zeit über die Arbeitsbedingungen in der Schule einsetzte, war ausgelöst worden durch eine Reihe im Reichstag eingegangener Anträge, in denen die Effektivität der neuen Grundschule angezweifelt wurde. Es entstand der Eindruck, «daß man vielerorts ernsthafte Unruhe über Mängel im Arbeitsmilieu der Schule empfinde»[43]. Die Folge war, daß auf Initiative des Reichstages im Jahre 1970 ein parlamentarischer Ausschuß berufen wurde, der die Probleme und Schwierigkeiten der modernen «grundskola» aufzeigen und wissenschaftlich analysieren sollte. Der Ausschuß sollte außerdem Vorschläge unterbreiten, wie die Lernsituation der Schüler und die Arbeitsverhältnisse der Lehrer zu verbessern bzw. die Anwendung der Ressourcen im Schulwesen zu effektivieren seien. Im Sommer 1974 veröffentlichte die Kommission ihr ca. tausend Seiten umfassendes richtungweisendes Gutachten: «Skolans arbetsmiljö» (SIA).[44]

Da sich dieses Gutachten auf «Schüler mit Schwierigkeiten»[45] konzentriert, ist es zur Illustration des gegenwärtigen Standes der Lernbehindertenerziehung in Schweden und der zukünftigen Entwicklungstendenzen in diesem Bereich besonders geeignet. Allerdings bereitet eine derartige Darstellung einige methodische Probleme. Einerseits lassen sich die methodischen und organisatorischen Vorschläge des parlamentarischen Ausschusses zur inneren Umstrukturierung der Schule nicht auf ein Teilgebiet, wie etwa auf den Spezialunterricht, begrenzen, andererseits kann die gegenwärtige Entwicklung der Lernbehindertenerziehung in Schweden hier nicht im Rahmen des gesamten Umgestaltungskonzeptes behandelt werden, da eine derart umfassende Darstellung über die Intentionen dieser Arbeit hinausginge. In der vorliegenden Arbeit soll die Lernbehindertenerziehung im Mittelpunkt der Betrachtung stehen. Komplexe Zusammenhänge müssen daher notwendig vereinfacht und schematisiert dargestellt werden.

Das SIA-Gutachten stellt den bisher weitestreichenden Vorschlag zur Integration lernbehinderter Schüler in das allgemeine Schulwesen dar. Es setzt dabei an der *Auflösung der traditionellen, an Durchschnittsleistungen orientierten Regelklasse* in der Unter- und Mittelstufe an:

43 SOU 1974:53, a. a. O., S. 63. Dieses Zitat ist einem Abschnitt über den Hintergrund der Gutachtertätigkeit entnommen.

44 Vgl. ebd., S. 31 ff, außerdem: Utbildningsdepartementet 1974:1, Skolan som arbetsplats, rapporter från undersökningar genomförda av utredningen om skolans inre arbet – SIA, del I, Stockholm 1974 und Utbildningsdepartementet 1974:2, Problem och svarigheter i skolan, rapporter från undersökningar genomförda av utredningen om skolans inre arbete – SIA del II, Stockholm 1974.

45 Vgl. ebd., a. a. O., S. 31 ff.

«Ein wichtiges Motiv dafür, das Personal der Schule in Arbeitsteams und die Schüler in Arbeitseinheiten zu organisieren anstelle der Organisation in Einlehrer-Systeme und in Klassen, ist die dadurch geschaffene Möglichkeit, im Rahmen der Arbeitseinheiten – und ohne ‹Ausstoßungsmechanismen› – Teile des Spezialunterrichts zu integrieren.»[46]

Eine Arbeitseinheit soll sämtliche Schüler eines Jahrgangs in einem Schuldistrikt zusammenfassen.[47] Nach dem Vorschlag der Gutachter besteht sie aus zwei oder mehreren Basisgruppen (basgrupp) bzw. Klassen, die im Gegensatz zur traditionellen Regelklasse jedoch an keine gemeinsamen Leistungsnormen gebunden sind, sondern in erster Linie eine integrierende Sozialisationsfunktion übernehmen.[48] Die Schüler einer Basisgruppe sollen zum Beispiel gemeinsam Exkursionen und Studienreisen machen, Probleme der Schülermitverwaltung diskutieren und hin und wieder auch in einigen – vornehmlich musischen – Fächern gemeinsam unterrichtet werden.[49] Jeder Basisgruppe wird ein «Kontaktlehrer» zugeteilt, der für die Elternarbeit, für die Zusammenarbeit mit der Schülerhilfe und der Schulgesundheitspflege verantwortlich ist.[50] Die Zusammensetzung der Basisgruppen ist nicht an bestimmte Mindestzahlen gebunden, die Schülerzahl der Basisgruppen kann je nach den lokalen Verhältnissen erheblich variieren.[51]

Im Unterschied zur traditionellen Regelklasse mit einem Klassenlehrer verschafft die Organisation in Arbeitseinheiten den Schülern Kontakt zu mehreren Erwachsenen und Lehrern, die als Gruppe für eine Arbeitseinheit verantwortlich sind. Zu der Lehrergruppe gehören je nach der Anzahl der in einer Arbeitseinheit zusammengefaßten Schüler zwei oder drei Grundschullehrer bzw. Hauptschullehrer, ein Speziallehrer und ein Freizeitpädagoge. Der Unterricht findet in Arbeitsgruppen statt, die in der Größe je nach Fächern, dargebotenem Stoff, nach Methoden oder individuellen Bedürfnissen der Schüler variieren. So heißt es in dem Abschnitt: «Flexible Schülergruppierung»:

46 Ebd., S. 582 f. Übersetzung der Verfasserin.
47 Vgl. ebd., S. 579 ff.
48 Vgl. ebd., S. 585 f.
49 Vgl. ebd., S. 586.

Auffällig an diesem Organisationsmodell ist, daß «Ausbildung» und «Sozialisation» der Schüler nicht mehr in *einer* Klasse stattfinden, sondern beide Funktionen auf unterschiedliche Schülergruppen verteilt werden. Ausbildungs- und Sozialisationsfunktion der Schule lassen sich offenbar nicht mehr in ein und demselben Organisationsrahmen erfüllen.

50 Vgl. ebd.
51 Vgl. ebd.

«Man kann in Großgruppen arbeiten – mit der gesamten Arbeitseinheit; in Teilgruppen, deren Umfang höchst unterschiedlich sein kann: halbe Arbeitseinheiten von 22–55 Schülern, größere oder kleinere Gruppen als halbe Arbeitseinheiten, Paararbeit und individuelle Arbeit.»[52]

Es leuchtet unmittelbar ein, daß eine derartige flexible Unterrichtsorganisation weit eher als die traditionelle Klasseneinteilung und das Einlehrer-System dazu geschaffen sind, Teile des bisherigen Spezialunterrichts zu integrieren. Der Anspruch des Spezialunterrichts, die jeweilige Didaktik und Methode den individuellen Voraussetzungen der Schüler anzupassen, wird in dieser Organisationsform zum Leitprinzip des Regelunterrichts:

«Die Forderung nach Spezialunterricht entstammt demselben Anspruch, der für den gesamten Unterricht der Schule erhoben wird: daß Lehrinhalte, Arbeitsgeschwindigkeit, Forderungen und Erwartungen entsprechend den Voraussetzungen der Schüler individualisiert werden können.»[53]

Diese Art der Individualisierung bedeutet keineswegs, daß leistungsschwache Schüler – wie in der Bundesrepublik die «Lernbehinderten» – von Anfang an nach einem reduzierten Curriculum unterrichtet werden sollen. Für alle Schüler gilt der gleiche Lehrplan, dessen Einhaltung durch die Individualisierung der Methoden und des Arbeitstempos möglichst gewährleistet werden soll:

«Die Schule kann nicht darauf bauen, daß dieselben Arbeits- und Lehrmethoden für alle Schüler gleich geeignet sind. Eine größere Individualisierung des Unterrichts, so, daß der gleiche Lehrstoff mit unterschiedlichen Methoden und mit unterschiedlichem Arbeitstempo behandelt wird, ist deshalb notwendig. Die Schule muß sich in ihrem Unterricht nach unterschiedlichen Begabungstypen richten, ohne auf die Forderung zu verzichten, daß den Schülern ein gemeinsamer Wissens- und Empfehlungsrahmen gegeben wird.»[54]

Statt der zentral geregelten Organisationsform des Spezialunterrichts schlägt der SIA-Ausschuß vor, daß sonderpädagogische Methoden in steigendem Maße den Regelunterricht prägen sollen. Behinderung wird nicht mehr als «Eigenart» einzelner Schüler angesehen, sondern als Problem der Unterrichtspraxis überhaupt erkannt. In diesem Zusammenhang kritisiert die Gutachter-Kommission die sonderpädagogische Diskussion der sechziger Jahre, die sich in erster Linie mit den Organisationsformen des Spezialunterrichts als Unterrichtsform einer ausgrenzbaren Schülerkategorie befaßte:

52 Ebd. Übersetzung der Verfasserin.
53 Ebd., S. 583. Übersetzung der Verfasserin.
54 Ebd., S. 64. Übersetzung der Verfasserin.

«Man hat zwischen Spezialpädagogik als einer qualitativen methodischen Hilfe in der Schule und Spezialunterricht als einer Organisationsform (Spezialklasse oder koordinierter Spezialunterricht) keinen klaren Unterschied gemacht. In ihren Maßnahmen für Schüler mit Schwierigkeiten muß die Schule nach einer bestmöglichen Ausnutzung der spezialpädagogischen Methodik streben. Diese an eine geringe Zahl organisatorischer Formen zu binden, ist nicht vereinbar mit der Forderung nach Effektivität und Anpassung an das variierende Bedürfnis der Schüler.»[55]

Nach der Auffassung der SIA-Gutachter lassen sich die meisten Schwierigkeiten der Schüler im Rahmen der in den Arbeitseinheiten möglichen spezialpädagogischen Methoden und Maßnahmen beseitigen. Dennoch wird es auch nach den Vorstellungen der SIA-Kommission weiterhin eine kleine Gruppe von Schülern geben, die sich nur in einer dauerhaften, festen Gruppe außerhalb der Arbeitseinheiten günstig entwickeln können:

«Unter einer festen Gruppe versteht die SIA-Kommission Schüler, die eine eigene Unterrichtsgruppe in mehr als einem Fach und länger als ein Schuljahr bilden. Die festen Gruppen entsprechen teilweise den gegenwärtigen Spezialklassen in der Schule.»[56]

Als Gründe für die Bildung einer festen Gruppe nennt die SIA folgende Punkte:

«– Der Unterricht erfordert einen speziell zugeschnittenen Raum oder umfassende technische Ausrüstung, die fest installiert sein muß.
– Der Unterricht erfordert eine umfassende spezialpädagogische Betreuung.
– Die Schüler haben ein ausgesprochenes Bedürfnis, in kleinen Gruppen von einem oder einigen Lehrern betreut zu werden.»[57]

Außer für Kinder mit physischen Behinderungen sind feste Gruppen auch für Schüler mit ausgeprägten Verhaltens- und Lernstörungen vorgesehen, die bisher die Beobachtungs- und Hilfsklassen besucht haben. Die Anzahl der Schüler, die in «festen Gruppen» unterrichtet werden müssen, läßt sich jedoch nach Ansicht der Gutachter-Kommission *durch die Ausbreitung sonderpädagogischer Maßnahmen und Methoden im Regelunterricht erheblich reduzieren.*

Es versteht sich, daß die *Integration der Sonderpädagogik in die Regelschulpädagogik,* die Einbeziehung des Behindertenproblems in die Praxis des Regelunterrichts einschneidende Konsequenzen für die Lehrerausbil-

55 Ebd., S. 160. Übersetzung der Verfasserin.
56 Ebd., S. 378. Übersetzung der Verfasserin.
57 Ebd., S. 378. Übersetzung der Verfasserin.

dung haben muß. Das SIA-Gutachten berücksichtigt diesen Gesichtspunkt, seine diesbezüglichen Vorschläge zeigen allerdings deutlich die bildungsökonomischen Schranken auf, die der Verwirklichung der weitgesteckten Reformansprüche entgegenstehen. Es begnügt sich damit, für jeden Lehrer der Unter- und Mittelstufe eine vierwöchige obligatorische Zusatzausbildung in Sonderpädagogik vorzuschlagen:

«Diese soll sich inhaltlich auf die Methode der Lese-Rechtschreibschwierigkeiten sowie die Anpassungsstörungen konzentrieren, d. h. auf die Schwierigkeiten, die bei den Schülern in den regulären Arbeitseinheiten der Schule dominieren.»[58]

Hinter der Forderung einer vierwöchigen Zusatzausbildung für Regelschullehrer steht selbst noch einmal ein bildungsökonomisches Motiv: die Absicht, den Einsatz der «teuren» Speziallehrer rationeller zu gestalten. Eine stärkere Verbreitung sonderpädagogischer Kenntnisse unter den Regelschullehrern soll einerseits die Zusammenarbeit mit den Spezialpädagogen erleichtern und andererseits den letzteren mehr Freiraum schaffen für diagnostische Untersuchungen und den Entwurf sonderpädagogischer Unterrichts- und Trainingsprogramme.

«Es kann in diesem Arbeitsbereich notwendig und natürlich sein, daß die Arbeitszeit der Speziallehrer weniger in Anspruch genommen wird für den eigenen Unterricht als für Programmentwürfe.»[59]

Um die Anzahl der Speziallehrer, die für diese Organisation des Unterrichts nötig sind, zu erhöhen und gleichzeitig die hohen Kosten, die die Speziallehrerausbildung dem Staat verursacht, zu reduzieren, schlägt die Kommission vor, das Durchschnittsalter für Sonderpädagogikstudenten zu senken.[60] Aus demselben Grunde war Ende der sechziger Jahre in der BRD das postgraduale Studium durch das grundständige Studium ergänzt worden und ist gegenwärtig in einigen Bundesländern bereits die Möglichkeit eines sonderpädagogischen Zusatzstudiums abgeschafft worden.

Erst die Umsetzung des SIA-Gutachtens in konkrete schulorganisatorische Veränderungen wird zeigen, in welchem Maße es mit Hilfe der vorgeschlagenen Umstrukturierung der Schule gelingt, lernbehinderte Schüler, die bisher Hilfsklassen besuchten, in Regelklassen zu integrieren. Aber das Gutachten selbst stellt bereits einen weiteren Schritt zur Integration behinderter Schüler dar, indem es die ideologische Vorarbeit für die Aufhebung der Stigmatisierung leistungsschwacher Schüler lei-

58 Ebd., S. 763. Übersetzung der Verfasserin.
59 Ebd., S. 764. Übersetzung der Verfasserin.
60 Ebd., S. 762.

stet und Behinderung nicht mehr in erster Linie als Defekt eines Individuums definiert, sondern auch soziale und schulorganisatorische Faktoren in Betracht zieht, die Behinderungen verursachen, auffällig werden lassen und verstärken. So heißt es in dem Gutachten:

«Schwierigkeiten einzelner Schüler haben ihre Wurzel ebenso in mangelnder Individualisierung in der Schule, in methodischen Schwierigkeiten, in Störungen unterschiedlicher Art. Der Begriff Schüler mit Schwierigkeiten kann in gewisser Weise ersetzt werden durch den Begriff Schule mit Unterrichtsschwierigkeiten.»[61]

Es ist festzuhalten, daß hier eine völlig neue Definition von «Behinderung» bzw. «Schulschwierigkeit» vorliegt, die dem traditionellen Behinderungsbegriff diametral entgegensteht. «Behinderung» ist nicht mehr die individuelle Eigenschaft einzelner Schüler, sondern ein Phänomen der gesellschaftlich organisierten Erziehung, das sich in den Mängeln der Struktur des Ausbildungswesens und seiner Anpassung an die gesellschaftliche Entwicklung widerspiegelt.

Dieser Definition von «Behinderung» entspricht die Forderung der Gutachter, «leistungsschwache» Schüler nicht nur innerhalb der Schule sonderpädagogisch zu betreuen, sondern ihnen auch therapeutische Hilfen bereitzustellen und soziale Lernsituationen zu schaffen:

«Lernschwierigkeiten müssen auf breiterer Grundlage in Angriff genommen werden. Es gilt die gesamte Bedarfssituation des Schülers zu berücksichtigen und Veränderungen in seinem gesamten Erlebnisfeld zu bewirken. Es reicht folglich nicht, eine Anzahl isolierter Klinikstunden in der Woche zu erteilen, wenn ein Schüler beispielsweise Anpassungsschwierigkeiten oder Lese-Rechtschreibschwierigkeiten hat. Das Streben muß darauf zielen, sogar die Situation des Schülers im übrigen – sowohl innerhalb als auch außerhalb der Schule – zu beeinflussen.»[62]

Lernbehinderte als besondere Behindertenkategorie wird es in Schweden nach dem Vorschlag der Gutachter nicht mehr geben. Während in der Bundesrepublik die gesellschaftlichen, schulorganisatorischen und wissenschaftlichen Voraussetzungen für die Integration lernbehinderter Schüler in das Regelschulwesen noch nicht einmal in Ansätzen verwirklicht sind, ist für Schweden zu erwarten, daß das SIA-Gutachten Ausgangspunkt mannigfaltiger Forschungsvorhaben wird, die sich mit der Entwicklung neuer Methoden und Lernsituationen für leistungsschwache Schüler befassen werden, die eine zunehmende Integration dieser Kinder in den Regelunterricht und später in die Gesellschaft gewährleisten.

61 Ebd., S. 126. Übersetzung der Verfasserin.
62 Ebd., S. 154. Übersetzung der Verfasserin.

4.4. Ausblick auf einige Fragestellungen und Ergebnisse der neueren sonderpädagogischen Forschung in Schweden

Parallel zur westdeutschen Reformbewegung in den sechziger Jahren führte auch die schwedische Schulreform – allerdings zehn Jahre früher als in der BRD – zu einem neuen Selbstverständnis der Pädagogik. Geisteswissenschaftliche Fragestellungen und hermeneutische Methoden wichen mehr und mehr einem Wissenschaftsverständnis, nach dem der wissenschaftlichen Theorie die Aufgabe zufiel, Realität systematisch zu beobachten, empirisch zu erforschen und Verfahren sowie Strategien zu entwickeln, die zur Planung und Lenkung der Praxis genutzt werden konnten. Diese sozialwissenschaftlich-pragmatische Orientierung der Pädagogik in Schweden wurde vor allem durch die Forschung in den Vereinigten Staaten beeinflußt.[1] Aus den USA importierte behavioristische und neopositivistische Theorien beeinflußten die Theoriebildung und Forschung in den Erziehungswissenschaften.

Im Gegensatz zur Bundesrepublik, wo der positivistische Wissenschaftsbegriff durch die Anhänger der «Kritischen Theorie» (Frankfurter Schule)[2] und durch Vertreter des wissenschaftlichen Sozialismus[3] einer relativ gründlichen Kritik unterzogen wurde, gab es in Schweden kaum Widerstände gegen die sich in den Vordergrund drängende positivistische Wissenschaftsauffassung. Hier fanden grundsätzliche wissenschaftstheoretische Auseinandersetzungen mit dem Positivismus, wie sie Ende der sechziger Jahre an den westdeutschen Universitäten üblich waren, kaum Beachtung. Statt dessen bemühten sich die schwedischen Sozialwissenschaftler zunehmend um die Entwicklung und Verfeinerung des handwerklichen bzw. technischen Instrumentariums zur Erhebung, Analyse und Evaluation von Daten.

Die Erziehungswissenschaft entwickelte sich auf diese Weise mehr und mehr zu einer «Gebrauchswissenschaft», die ihre Forschungsprogramme und -ergebnisse in den Dienst der Schulreform stellte, ohne die gesellschaftlichen Bedingungen, theoretischen Grundlagen und methodologischen Prämissen ihrer Untersuchungen zu hinterfragen.[4]

1 Vgl. A. Gullberg: Till den svenska sociologins historia, Stockholm 1972, S. 29 ff.

2 Vgl. etwa die Abhandlungen J. Habermas: Erkenntnis und Interesse, Frankfurt 1968 und: Gegen einen positivistisch halbierten Rationalismus, in: Kölner Zeitschrift für Soziologie und Sozialpsychologie, 16. Jg. 1964, S. 635 ff oder M. Horkheimer, Traditionelle und kritische Theorie, Vier Aufsätze, Frankfurt 1968.

3 Zum Beispiel: Autorenkollektiv Wissenschaftspsychologie: Materialistische Wissenschaft und Psychologie, Köln 1975.

4 Vgl. J. F. Blichfeldt: Om Forskning og bruk av skoleforskning, in: Nord. tids.

Umfassend projektierte empirische Untersuchungen sollten dazu beitragen, bildungspolitische Ziele der Reformer abzusichern. Aktuelle Fragen und Probleme der Schulreform wurden zum Gegenstand empirischer
Forschung gemacht und damit objektive Handhaben für sozialpolitische
Entscheidungsprozesse geschaffen.

Der bereits konstatierten Gleichzeitigkeit der institutionellen Reformen im Regel- und Sonderschulwesen entsprach es, daß sich die sonderpädagogische Forschung in Schweden – im Unterschied zur BRD – in
engem Zusammenhang mit der Allgemeinpädagogik entwickelte. Die
Ziele der «grundskola», leistungsschwache Schüler nach Möglichkeit der
Regelklasse zu integrieren, bildeten den Ausgangspunkt für eine Reihe
empirischer Forschungsvorhaben, die eine wissenschaftliche Evaluation
des Hilfsklassenunterrichts erbringen sollten.[5]

Diese wissenschaftlichen Publikationen zeigen einen deutlichen Vorsprung der schwedischen vor der westdeutschen sonderpädagogischen
Forschung im Bereich empirischer Analyse an. Sie liefern einen interes-
santen Beitrag zur gegenwärtigen Integrationsdiskussion in der BRD.
Deshalb sollen einige Untersuchungen, die in diesem Zusammenhang
bedeutsam erscheinen, vorgestellt werden. Die folgenden Ausführungen
beschränken sich allerdings darauf, Fragestellungen und Ergebnisse der
jeweiligen Untersuchungen zu referieren. Methodologische Probleme,
die sich etwa auf die Schwierigkeit beziehen, Persönlichkeitsvariablen
empirisch zu erforschen, müssen unbeachtet bleiben. Es sollen hier lediglich grundsätzliche methodologische Vorbehalte gegenüber dem Instrumentarium, mit dem psychische Zustände operationalisiert werden, ausgesprochen werden.

Die empirischen Untersuchungen, über die im folgenden berichtet
wird, knüpfen im wesentlichen an die «Effektivitätsstudien»[6] an, die in
den USA durchgeführt wurden. Gunnar Stangvik gibt in seiner Arbeit:
«Effekter av specialundervisning»[7] einen Überblick über diese in den
Vereinigten Staaten vorliegenden Forschungsarbeiten, deren methodisches Instrumentarium schwedische Sonderpädagogen zum Teil rezipiert
und zum Teil in eigenen Forschungsansätzen weiterentwickelt haben.
Die schwedischen Untersuchungen auf diesem Gebiet lassen sich in drei

f. spec. ped., 52. Jg. 1974, H. 4, S. 247 ff.

5 Einen Überblick über diese Forschung geben A. Lewerth und G. Stangvik in:
Aktuell specialpedagogisk forskning i Danmark, Norge och Sverige år 1966–1969,
Pedagogiska Institutionen, Lärarhögskolan i Göteborg, rapport nr. 26, Göteborg
1971.

6 In der schwedischen Literatur werden empirische Arbeiten, in denen Hilfsklassenschüler mit Regelklassenschülern verglichen werden, unter dem Begriff
«effektstudier» (Effektivitätsstudien) zusammengefaßt.

7 G. Stangvik: Effekter av specialundervisning, a. a. O.

unterschiedliche Gruppen einteilen:

1. Studien, die kognitive Kenntnisse und soziale Anpassung bei leistungsschwachen Schülern (IQ 70–85) in Regel- und Hilfsklassen miteinander vergleichen («Effektivitätsstudien»),
2. Studien, die den Unterrichtsprozeß in Hilfs- und Regelklassen miteinander vergleichen,
3. Langzeituntersuchungen, die die Auswirkungen der jeweiligen Unterrichtsform auf Berufswahl und Berufsanpassung ehemals leistungsschwacher Schüler miteinander vergleichen.

Die bedeutendste schwedische Untersuchung im Bereich der «Effektivitätsstudien» ist die Dissertation von Olle Österling: «The efficacy of special education»[8]. Österling verglich «Kenntnisstand und allgemeine Anpassung» bei leistungsschwachen Schülern mit gleichem Intelligenzniveau (70–85) in Hilfs- und Regelklassen.[9] Er führte eine Voruntersuchung als ex-post-facto-Analyse[10] und eine Hauptuntersuchung unter Anwendung von zufallsgesteuerten Auswahlverfahren (random sampling) durch.[11] Testvariablen waren: Alter, Geschlecht, Klassengröße, Intelligenz und Länge des Aufenthaltes in den jeweiligen Schulformen.[12]

Da die Überführung von leistungsschwachen Schülern in Hilfsklassen von pädagogischer, aber auch medizinischer Seite vor allem damit begründet wurde, daß diese Kinder in der Regelklasse psychischen Schaden nehmen würden, legte Österling besonderen Wert darauf, die psychischen Folgen aufzuzeigen, die der Hilfs- bzw. Regelklassenaufenthalt nach sich zog. Die Ergebnisse seiner Vor- und Hauptuntersuchung unterstützten die Argumentation der Hilfsklassen-Kritiker. Die Kontrollgruppe in der Regelklasse wies signifikant bessere Leistungen im Rechnen und im Schwedischen auf als die Gruppe der Hilfsklassenschüler.[13] Im Hinblick auf psychische und soziale Verhaltensweisen der Schüler waren die Ergebnisse nicht so eindeutig. In der Voruntersuchung ergaben sich bei den Mädchen keine Unterschiede. Die Jungen in Hilfsklassen waren «zufriedener» mit ihrer Schulsituation als die Jungen in großen Regelklassen, gleichzeitig waren sie jedoch «aggressiver».[14] Die Ergebnisse der Hauptuntersuchung deuteten darauf hin, daß leistungsschwache Schüler sowohl in Regel- als auch in Hilfsklassen ihre Schulsituation als frustrierend erlebten.[15] Die in Hilfsklassen untergebrachten Schüler

8 O. Österling, a. a. O.
9 Vgl. ebd., S. 81 ff.
10 Vgl. ebd., S. 65.
11 Vgl. ebd., S. 109.
12 Vgl. ebd., S. 109 ff.
13 Vgl. ebd., S. 140 ff.
14 Vgl. ebd., S. 104 f.
15 Vgl. ebd., S. 238.

reagierten jedoch auf diese Situation mit stärkerer «Unangepaßtheit» und «Aggressivität» als die Schüler in Regelklassen.[16]

Österlings Interpretation dieser Ergebnisse scheint einleuchtend:

«Die Versetzung in eine Hilfsklasse schließt die Überweisung in ein schonenderes Erziehungsmilieu ein . . ., das mehr Möglichkeiten für ein abreagierendes Verhalten bietet. Dieses Schonklima besteht fort, verliert aber im Laufe der Zeit an Bedeutung für die Anpassung des Schülers. Er entdeckt, daß die Hilfsklasse ihm bis zu einem gewissen Grade eine Sonderstellung eingetragen hat, der Erfolg bleibt hinter den Erwartungen zurück . . ., die Enttäuschung seiner Eltern dauert an und hat allmählich negative Auswirkungen auf sein Selbstvertrauen . . . Das Regelklassenmilieu an sich mag für das leistungsschwache Kind frustrierender sein als das Hilfsklassenmilieu im engeren Sinne . . . In Anbetracht der Gesamtsituation (Schule, Zuhause, Eltern und andere soziale Faktoren zusammengenommen) besteht jedoch Grund zu der Annahme, daß das leistungsschwache Kind im allgemeinen in einer Regelklasse weniger ernsten Frustrationen ausgesetzt ist.»[17]

Österlings Untersuchungsergebnisse decken sich nur teilweise mit den Forschungsergebnissen, die in den Vereinigten Staaten auf Grund ähnlicher empirischer Studien gewonnen wurden. Eine weitgehende Übereinstimmung mit der amerikanischen Forschung besteht darin, daß die leistungsschwachen Schüler in Regelklassen den Hilfsklassenschülern wissensmäßig überlegen waren.[18] Widersprüchlich sind jedoch die Aussagen, die sich auf das psychische bzw. soziale Verhalten der Schüler beziehen. Während Österling eher bei den Hilfsklassenschülern «unangepaßtes Verhalten» feststellte, waren nach den meisten amerikanischen Untersuchungsergebnissen Hilfsklassenschüler «angepaßter» als leistungsschwache Schüler in Regelklassen.[19]

Bei einem Gesamtüberblick über die vorliegenden Forschungsarbeiten im Bereich der «Effektivitätsuntersuchungen» zeigt sich, daß eine wissenschaftlich begründete Antwort auf die Frage, welches Klassenmilieu (Hilfsklasse oder Regelklasse) für leistungsschwache Kinder günstiger sei, nicht gegeben werden kann: «Man hat sowohl Ergebnisse, die für, als auch Ergebnisse, die gegen eine Überweisung in die Hilfsklasse sprechen, herausgefunden.»[20]

Diese Unsicherheit hinsichtlich der Effektivität des Hilfsklassenunterrichts hatten Sparks und Blackman im Jahre 1965 veranlaßt, die Frage zu

16 Vgl. ebd., S. 238 f.

17 Ebd., S. 215. Übersetzung der Verfasserin.

18 Vgl. die Übersicht über die amerikanischen Forschungsergebnisse, die G. Stangvik in seiner Abhandlung: «Effekter av specialundervisning», S. 3 f, gibt.

19 Vgl. ebd., S. 3 f.

20 H. Dahlgren: Svagbegåvade elever från hjälpklass och vanlig klass, Göteborg 1972 (Diplomarbeit), S. 10. Übersetzung der Verfasserin.

stellen: «What is special about special education?»[21] Im Zusammenhang mit der Differenzierungsdebatte der sechziger Jahre und den Integrationsbestrebungen in der «grundskola» gewann diese Frage auch in der pädagogischen Diskussion in Schweden an Bedeutung.

Im Jahre 1966 forderte Stukát, daß die «Effektivitätsstudien» durch Analysen der Unterrichtsprozesse ergänzt werden müßten.[22] U. Dahllöf wies in seiner Abhandlung «Ability grouping, content validity and curriculum process analysis»[23] darauf hin, daß die Schulleistung nicht als Resultat der Organisationsform des Unterrichts angesehen werden dürfe, sondern vielmehr ein Ergebnis der aktuellen Unterrichtsprozesse sei. Nach Dahllöf sollte daher die pädagogische Forschung den Variablen des Unterrichtsprozesses mehr Aufmerksamkeit schenken.

Diesem Forschungsbereich widmete sich der dritte Teil des DPA-Projektes (Didaktisk processanalys) der Lehrerhochschule in Göteborg.[24] Björn Gustafsson und Eva Stigbrandt geben in ihrer Abhandlung «Was kennzeichnet den Unterricht in Hilfsklassen» die folgende Zusammenfassung ihres Forschungsvorhabens:

«Das Ziel der vorliegenden Untersuchung ist es, den Unterschied zwischen dem Unterricht in Hilfs- und Regelklassen aufzudecken. Dem Lehrplan entsprechend soll der Hilfsklassenunterricht gegenüber dem allgemeinen Unterricht in der Grundschule durch bestimmte Qualitätsunterschiede gekennzeichnet sein. Ausgehend von den Bestimmungen des Lehrplans, die sich auf die spezielle Charakteristik des Hilfsklassenunterrichts beziehen, sind Erwartungen über die Durchführung dieses Unterrichts aufgestellt worden. Es ist überprüft worden, inwieweit sich der Hilfsklassenunterricht von dem Regelklassenunterricht im Hinblick auf die Lehrplanvorschriften unterscheidet. Außerdem sind Unterschiede und Übereinstimmungen zwischen dem Unterricht in Hilfs- und Regelklassen – in einem mehr unvoreingenommenen Vergleich zwischen den Schulformen – anhand einer Reihe von Variablen zum Lehrer- und Schülerverhalten aufgezeigt worden.»[25]

Das Resultat der Untersuchung bestätigte weder die in den Hilfsklassenunterricht gesetzten Erwartungen noch die für Hilfsklassen lehrplanmäßig festgesetzten Unterrichtsprinzipien. Im Gegensatz zu dem vom Lehr-

21 H. L. Sparks/L. S. Blackman: What is special about special education? Revisited: The mentally retarded, in: Exceptional Children, 31. Jg. 1965, S. 242 ff.

22 Vgl. K. G. Stukát: Lekskolans inverkan på barns utveckling, Stockholm 1966, S. 16.

23 Vgl. U. Dahllöf: Ability grouping, content validity and curriculum process analysis. Projekt Compass 13, in: Reports from the Institute of Education, Göteborg 1969.

24 B. Gustafsson/E. Stigbrandt, a. a. O.

25 Ebd., S. 204. Übersetzung der Verfasserin.

plan geprägten Eindruck der Hilfsklassenlehrer, die den Hilfsklassenunterricht deutlich als vom Regelunterricht verschieden erlebten, unterschied sich der Unterricht nach den Untersuchungsergebnissen in den beiden Klassentypen nicht nennenswert voneinander, auf jeden Fall nicht in den Punkten, in denen der Lehrplan eine Unterscheidung vorsah.[26]

So war das Unterrichtsmilieu in Hilfs- und Regelklassen weitgehend identisch.[27] In beiden Klassentypen nahm der Frontalunterricht fast zwei Drittel des Gesamtunterrichts ein.[28] Die Arbeitsmethoden wechselten in den Hilfsklassen nicht häufiger als in den Normalklassen. «Lehrmittel mit hohem Konkretionsgrad», zum Beispiel Anschauungsgegenstände und Filme wurden in den verglichenen Klassen gleich selten angewandt.[29] Gustafsson und Stigbrandt kommen daher zu dem Schluß:

«Man kann also die Frage «What is special about special education?», die Sparks und Blackman sich 1965 stellten, mit der Feststellung beantworten ‹Nicht besonders viel im Hinblick auf die Aspekte, die in dieser Untersuchung beleuchtet wurden.›»[30]

Ein Unterschied zwischen dem Unterrichtsprozeß in der Hilfs- und Regelklasse wird dennoch von den Autoren konstatiert: In Hilfsklassen findet häufiger als in Regelklassen Einzelunterricht statt, der den Schülern einen intensiveren Kontakt mit dem Lehrer ermöglicht. Eine Folge ist, daß der Hilfsklassenschüler mehr positive Verstärkungen erhält als der Regelklassenschüler.[31]

Diese Möglichkeit des Einzelunterrichts ausgenommen, scheint es auf Grund der vorliegenden empirischen Untersuchungen keine pädagogischen Argumente zu geben, die eine Überführung leistungsschwacher Schüler in die Hilfsklasse rechtfertigen könnten. Aus bildungsökonomischen Gründen und im Hinblick auf die soziale Integration leistungsschwacher Schüler liegt es eher nahe, diese Schüler in der Regelklasse zu belassen und ihnen durch die zeitweise Betreuung eines Speziallehrers – in der Form des team-teaching – die Vorteile des Einzelunterrichts zu verschaffen. Das entspräche genau der geschilderten Tendenz in der Lernbehindertenerziehung in Schweden.

Eine weitere schwedische Untersuchung, die die Integration von leistungsschwachen Schülern in Regelklassen unterstützt, ist die Diplomarbeit von Hans Dahlgren: «Schwachbegabte Schüler aus Hilfs- und Regel-

26 Vgl. ebd., S. 49 ff und S. 196 ff.
27 Vgl. ebd., S. 198.
28 Vgl. ebd., S. 201.
29 Vgl. ebd., S. 200.
30 Ebd., S. 198. Übersetzung der Verfasserin.
31 Vgl. ebd., S. 198 f.

klassen»[32]. Dahlgrens Untersuchung knüpft an die «schwedische Individualstatistik» an.[33] Im Jahre 1961 begann Dahlgren Angaben über Schüler zu sammeln, die jeweils am 5., 15. oder 25. jedes Monats im Jahre 1948 geboren waren. Bei etwa einem Zehntel dieser Altersklasse vervollständigte er die Angaben durch fortlaufende Daten aus der Schulzeit. Im Jahre 1966 führte Dahlgren dann eine ähnliche Datensammlung für alle 1953 geborenen Schüler durch. Mit Hilfe dieser Unterlagen beabsichtigte Dahlgren drei Fragestellungen zu beleuchten:

«1. zwei Jahrgänge 13jähriger Hilfsklassenschüler, die 1948 bzw. 1953 geboren waren, zu vergleichen,
2. Veränderungen des Begabungsprofils und der allgemeinen Begabung zwischen dem 13. und 18. Lebensjahr bei schwachbegabten Jungen aus Regel- und Hilfsklassen zu untersuchen,
3. den Eintritt schwachbegabter Schüler ins Berufsleben, ihre Berufswahl und Berufsanpassung zu untersuchen.»[34]

Die Untersuchungsergebnisse deuteten entschieden auf Vorteile für «schwachbegabte» Schüler in Regelklassen hin. Der Vergleich zwischen den 1948 und 1953 geborenen Hilfsklassenschülern erhellte die Abhängigkeit der Überweisungskriterien von dem jeweiligen Entwicklungs- und Differenzierungsgrad der Schule. «Begabungsmäßig» waren 1953 geborene Jungen und Mädchen den 1948 geborenen signifikant überlegen.[35] «Die Unterschiede zwischen den Jahrgängen waren größer, als man auf Grund der gesamten Individualstatistik voraussagen konnte.»[36]
Im Alter von 13 Jahren hatten die «schwachbegabten» Jungen und Mädchen der Regelklasse vor den Hilfsklassenschülern einen klaren Vorsprung im verbalen Bereich, der auch noch bei den 18jährigen festzustellen war.[37] In der Allgemeinbildung bestand bei den 13jährigen kaum ein Unterschied, im Alter von 18 Jahren waren jedoch die Schüler der Regelklasse den Hilfsklassenschülern deutlich voraus.[38] Dieses Ergebnis beruht nach Dahlgren zum Teil darauf, daß die Schüler der Hilfsklasse die Schule früher verließen als die Regelklassenschüler. Ihnen kam daher nur ein geringerer Teil des Oberstufenunterrichts zugute.[39]
Ein besonderes Gewicht für die Integrationsdiskussion erhalten die

32 H. Dahlgren, a. a. O.
33 Vgl. ebd., S. 1.
34 B. Gustafsson/E. Stigbrandt, a. a. O., S. 1. Übersetzung der Verfasserin.
35 Vgl. ebd., S. 73 ff.
36 Ebd., S. 79. Übersetzung der Verfasserin.
37 Vgl. ebd., S. 73.
38 Vgl. H. Dahlgren, a. a. O., S. 79 f.
39 Vgl. ebd., S. 80.

Untersuchungsergebnisse, die Dahlgren durch den Vergleich der Berufswünsche mit den faktischen Berufen ehemals «schwachbegabter» Regelklassenschüler und Hilfsklassenschüler erzielte:

«Sowohl die Hilfsklassenschüler als auch die Regelklassenschüler hatten im Alter
von 13 Jahren Berufswünsche, die als typisch für dieses Alter angesehen werden
können. Bei ihren faktischen Berufen im Alter von 21 Jahren ergaben sich jedoch
einige Unterschiede. Die Jungen aus der Regelklasse hatten in größerem Umfang
als die Jungen aus der Hilfsklasse sogenannte ‹Stehkragenberufe›. Obwohl sehr
viele Mädchen der Hilfsklassen sich Pflegeberufe wünschten, hatten nur wenige
mit 21 Jahren solche Berufe. Dagegen ergaben sich für die Mädchengruppe aus
den Regelklassen in höherem Maße Übereinstimmungen, bezogen auf diese
Wünsche. Die Mädchen aus Regelklassen hatten sogar in höherem Umfang
Verwaltungsberufe, während Mädchen aus Hilfsklassen als Dienstmädchen und
im Verkauf tätig waren.
    Für Hilfsklassenschüler scheint es ein geringeres Angebot an Berufen zu geben
als für schwachbegabte Schüler aus Regelklassen. Die Jungen aus den Hilfsklassen
hatten nämlich bedeutend weniger individuell unterschiedliche Berufe als die
übrigen. Jungen aus Hilfsklassen hatten auch häufiger Beruf und Arbeitgeber
gewechselt als die übrigen schwachbegabten Jungen, was auf einige Schwierigkeiten der ersteren bei der Berufswahl und Arbeitsanschaffung hindeuten kann.
Dieses letzte Ergebnis kann auf eine unterschiedliche Einstellung des Arbeitge-
bers gegenüber Hilfsklassenschülern und schwachbegabten Schülern aus Regelklassen hindeuten.»[40]

Im wesentlichen bestätigte Dahlgrens Untersuchung die Ergebnisse von
empirischen Erhebungen, die in der Bundesrepublik durchgeführt wurden.[41] Die meisten Hilfsklassenschüler müssen sich auch in Schweden
mit dem niedrigsten beruflichen und sozialen Status zufriedengeben.
Ihre relative Isolation während der Schulzeit setzt sich fort als soziale und
berufliche Diskriminierung, wenn sie die Schule verlassen.
    Neben der vorrangigen Bedeutung der «Effektivitätsstudien» und
«Prozeßanalysen» ist der gegenwärtige Stand der empirischen Forschung
in Schweden vor allem durch zwei Tendenzen gekennzeichnet, die die
Aufmerksamkeit westdeutscher Sonderpädagogen verdienen:
1. Der Übergang zu immer weiter angelegten Forschungsprojekten, in
    denen Schwierigkeiten und Probleme der Schüler nicht mehr allein auf
    die Schulsituation bezogen, sondern in einen umfassenden «biologi-
    schen und sozialen Zusammenhang» gestellt werden.[42] Ein Beispiel

40 Ebd., S. 73. Übersetzung der Verfasserin.
41 Vgl. J. Lohmann: Der Lernbehinderte in der Gesamtschule, in: Pädagogisches Zentrum (Hg.): Gesamtschulen. Informationsdienst 1: Lern- und verhaltensgestörte Schüler in der Gesamtschule, Berlin 1970, S. 9 ff.
42 Vgl. K. G. Stukát: Några tendenser i svensk specialpedagogisk forskning,
in: Nord. tidskr. f. spec. ped., 52. Jg. 1974, H. 4, S. 314 ff.

dafür ist das Örebroprojekt «Anpassung, Verhalten, Leistung».[43] Unabdingbare Voraussetzung für derartige Forschungsvorhaben ist die enge Kooperation zwischen Sonderpädagogen und Vertretern anderer sozialwissenschaftlicher Fachrichtungen, die in Schweden seit langem gewährleistet ist.

2. Eine schwerpunktmäßige Verschiebung in der Betrachtung behinderter Schüler. Das vorrangige Interesse sonderpädagogischer Wissenschaftler gilt nicht mehr dem Leistungsverhalten behinderter Schüler, sondern es richtet sich auf die gesamte Persönlichkeitsentwicklung dieser Kinder. Diese Tendenz spiegelt sich unter anderem in dem Projekt: «Selbsteinschätzung von Schülern mit Lernschwierigkeiten»[44] von Stigbrandt und Gustafsson wider.

Eine systematische Auseinandersetzung mit der hier nur knapp umrissenen sonderpädagogischen Literatur würde ein eigenes Forschungsprojekt darstellen, das im Hinblick auf den gegenwärtigen Stand der Sonderpädagogik in der BRD sicherlich lohnend wäre.

43 Vgl. D. Magnusson: Anpassning, beteende och prestation – Örebroprojektet, in: Skolöverstyrelsen (Hg.): Information om skolforskning 1974:14.

44 E. Stigbrandt/B. Gustafsson: PM om självuppfattning hos elever med inlärningssvårigheter, Göteborg 1974.

rororo sachbücher

sachbuch rororo

Archäologie / Kultur- und Zeitgeschichte

LARRY COLLINS / DOMINIQUE LAPIÈRRE
O Jerusalem [6918]

GEOFFREY BIBBY
Faustkeil und Bronzeschwert. Erforschung der Frühzeit des europäischen Nordens. Mit über 100 Abb. im Text und auf Tafeln [6718]

Als Troja brannte und Babylon fiel
Das mythische Zeitalter unserer Kultur [6784]

C. W. CERAM
Enge Schlucht und Schwarzer Berg
Entdeckung des Hethiter-Reiches. Mit über 100 Abb. im Text und auf Kunstdrucktafeln [6627]

Götter, Gräber und Gelehrte im Bild
mit 310 Abb. [6725]

Götter, Gräber und Gelehrte. Roman der Archäologie. Mit 51 Abb. u. 4 Karten [6790]

Ruhmestaten der Archäologie [6902]

NIGEL DAVIES
Die Azteken. Meister der Staatskunst – Schöpfer hoher Kultur [6950]

GERHARD HERM
Die Phönizier. Das Purpurreich der Antike. Mit 35 Abb. im Text u. auf 16 Tafeln [6909]

PAUL HERRMANN
7 vorbei und 8 verweht. Das Abenteuer der frühen Entdeckungen. Mit über 100 Karten und Abb. [6646]

THOR HEYERDAHL
Expedition Ra. Mit dem Sonnenboot in die Vergangenheit. Mit 20 Abb. auf 16 Kunstdruck-Taf. [6863]

WERNER KELLER
Und die Bibel hat doch recht. Forscher beweisen die historische Wahrheit. Mit 134 Abb. im Text und auf Kunstdrucktafeln [6614]

Und die Bibel hat doch recht in Bildern.
Mit 326 Abb. im Text [6914]

GERHARD KONZELMANN
Die Reichen aus dem Morgenland.
Wirtschaftsmacht Arabien [6977]

ALAIN PEYREFITTE
Wenn sich China erhebt [6975]

HUGO PORTISCH
So sah ich Sibirien. Europa hinter dem Ural. Mit 191 teils mehrfarbigen Abb. im Text und auf Kunstdrucktafeln [6673]

HERBERT WENDT
Ich suchte Adam. Die Entdeckung des Menschen. Neu durchgesehene und erweiterte Ausgabe. Mit 93 Abb. im Text und auf Kunstdrucktafeln [6631]

Natur und Wissenschaft

Prof. Dr. HANS BENDER
Unser sechster Sinn. Telepathie, Hellsehen, Spuk. Mit 99 Abb., davon 44 mehrfarb. [6796]

WERNER BRAUNBECK
Neue Physik. Die Revolutionierung des physikalischen Weltbildes [6898]

NIGEL CALDER
Erde – ruheloser Planet. Die Revolution der modernen Erdwissenschaft [6859]

Das Lebensspiel. Die Evolution im Licht der modernen Biologie [6945]

Die Wettermaschine [7057]

HOIMAR VON DITFURTH
Zusammenhänge. Gedanken zu einem naturwissenschaftlichen Weltbild [7053]

VITUS B. DRÖSCHER
Die freundliche Bestie. Forschungen über das Tier-Verhalten [6845]

Sie töten und sie lieben sich [6998]

HANS W. FRICKE
Korallenmeer. Verhaltensforschung am tropischen Riff. Einführung: Irenäus Eibl-Eibesfeldt. Mit 66 farb. Abb. [6910]

KARL VON FRISCH
Zwölf kleine Hausgenossen [6966]

HEINZ HABER
Unser blauer Planet. Die Entwicklungsgeschichte der Erde. Mit 49 mehrfarb. und 16 einfarb. Abb. [6609]

Der Stoff der Schöpfung. Mit 56 mehrfarb. und 20 einfarb. Abb. [6625]

Der offene Himmel. Eine moderne Astronomie. Mit 54 mehrfarb. und 18 einfarb. Abb. [6691]

rororo sachbücher

Brüder im All. Von der Möglichkeit kosmischen Lebens. Mit 65 meist mehrfarb. Abb. [6720]

Unser Wetter. Einführung in die moderne Meteorologie. Mit 68 meist mehrfarb. Abb. [6831]

Stirbt unser blauer Planet? [6924]

EGMONT R. KOCH / WOLFGANG KESSLER
Menschen nach Maß. Manipulation der Erbanlagen – Eingriff in das Gehirn [6970]

ERWIN LAUSCH
Manipulation. Der Griff nach dem Gehirn. Methoden, Resultate, Konsequenzen der Gehirnforschung [6876]

JANE VAN LAWICK-GOODALL
Wilde Schimpansen. 10 Jahre Verhaltensforschung am Gombe-Strom. Fotos von Hugo van Lawick [6920]

JÜRGEN NICOLAI
Vogelleben. Einführung: Konrad Lorenz. Mit 60 farb. Abb. [6935]

BERTRAND RUSSELL
Das ABC der Relativitätstheorie [6787]

HORST STERN
Bemerkungen über Pferde. Mit 126 ein- und mehrfarb. Abb. [6841]

Bemerkungen über Hunde. Mit 92 ein- und mehrfarb. Abb [6855]

Bemerkungen über Bienen. Mit 73 mehrfarb. Abb. [6881]

Mut zum Widerspruch. Reden und Aufsätze [6974]

NIKO TINBERGEN
Tierbeobachtungen zwischen Arktis und Afrika. Forscherfreuden in freier Natur. Geleitwort von Konrad Lorenz. Mit 80 Abb. im Text und auf Tafeln [6822]

JAMES D. WATSON
Die Doppel-Helix. Ein persönlicher Bericht über die Entdeckung der DNS-Struktur. Einführung: Prof. Dr. Heinz Haber. Mit 32 Abb. und schemat. Darstellungen [6803]

KLAUS ZEEB. Pferde dressiert von Fredy Knie. Eine Verhaltensstudie [6929]

Kritische Information / Gesellschaftliche Alternativen

CARL AMERY
Das Ende der Vorsehung. Die gnadenlosen Folgen des Christentums [6874]

RUDOLF AUGSTEIN
Jesus Menschensohn [6866]

SIMONE DE BEAUVOIR
Das andere Geschlecht. Sitte und Sexus der Frau. Ungek. Ausg. [6621]

JOHN BERGER
Sehen. Das Bild der Welt in der Bilderwelt. Mit 250 Abb. im Text [6868]

JOHN BERGER / JEAN MOHR
Arbeitsemigranten. Erfahrungen, Bilder, Analysen [6946]

PETER L. und BRIGITTE BERGER
Wir und die Gesellschaft. Eine Einführung in die Soziologie – entwickelt an der Alltagserfahrung [6955]

ERNST HEINRICH VON BERNEWITZ / KONRAD VON BONIN
Das Grundgesetz verstehen [6995]

PHYLLIS CHESLER
Frauen – das verrückte Geschlecht? [7063]

ULRICH CONRADS
Umwelt Stadt. Argumente und Lehrbeispiele für eine humane Architektur [6885]

MANFRED DELLING
Bonanza & Co. Fernsehen als Unterhaltung und Politik. Eine kritische Bestandsaufnahme [6969]

KARLHEINZ DESCHNER
Abermals krähte der Hahn. Eine Demaskierung des Christentums [6788]

BERNT ENGELMANN / GÜNTER WALLRAFF
Ihr da oben – wir da unten [6990]

BETTY FRIEDAN
Der Weiblichkeitswahn oder Die Selbstbefreiung der Frau. Ein Emanzipationskonzept [6721]

ERICH FROMM
Die Revolution der Hoffnung. Für eine humanisierte Technik [6887]

Anatomie der menschlichen Destruktivität [7052]

ALLAN FROMME
Der Sexual-Report. Mit 41 mehrfarbigen und 28 einfarbigen Abb. [6662]

ROGER GARAUDY
Die Alternative. Ein neues Modell der Gesellschaft jenseits von Kapitalismus und Kommunismus [6886]

FRIEDRICH HACKER
Aggression. Die Brutalisierung der modernen Welt [6807]

Terror. Mythos, Realität, Analyse [6928]

GERD HENNENHOFER / JÖRGEN KAMM
Comeback für Hausfrauen [7054]

rororo sachbücher

rororo sachbücher

rororo sachbücher

Der Denkprozeß. Was unser Gehirn leistet und was es leisten kann. Mit 120 Abb. im Text [6911]

Dr. med. A. H. CHAPMAN
Regeln gegen Mitmenschen [6798]

GISELA EBERLEIN
Gesund durch autogenes Training [6875]
Autogenes Training für Fortgeschrittene [6925]

HANS JÜRGEN EYSENCK
Intelligenz-Test [6878]

THOMAS A. HARRIS
Ich bin o. k. – Du bist o. k. Wie wir uns selbst besser verstehen und unsere Einstellung zu anderen verändern können. Eine Einführung in die Transaktionsanalyse [6916]

KLAUS D. HEIL
Programmierte Einführung in die Psychologie. Ein Lernprogramm [6930]

**GERD HENNENHOFER /
HANS-UWE JAENSCH**
Psycho-Knigge [6994]

GERD HENNENHOFER / KLAUS D. HEIL
Angst überwinden. Selbstbefreiung durch Verhaltenstraining [6939]

RAYMOND HULL
Alles ist erreichbar. Erfolg kann man lernen [6806]

WERNER KIRST / ULRICH DIEKMEYER
Intelligenztraining. Denkspots und Lernimpulse, die alle geistigen Fähigkeiten anregen und fördern. Mit 88 Abb. [6711]
Creativitätstraining [6827]
Kontakttraining. Erfolgsprogramm für das Leben mit anderen Menschen [6867]

RAINER E. KIRSTEN / JOACHIM MÜLLER-SCHWARZ
Gruppentraining. Ein Übungsbuch mit 59 Psycho-Spielen, Trainingsaufgaben und Tests [6943]

RONALD D. LAING
Das geteilte Selbst. Eine existentielle Studie über geistige Gesundheit und Wahnsinn [6978]

PETER LAUSTER
Begabungstests [6844]
Berufstest. Die wichtigste Entscheidung im Leben richtig treffen [6961]

CARL G. LIUNGMAN
Der Intelligenzkult. Eine Kritik des Intelligenzbegriffs und der IQ-Messung. Mit 48 Abb. im Text [6792]

Prof. Dr. MAX LÜSCHER
Signale der Persönlichkeit. Rollenspiele und ihre Motive [6942]

NENA & GEORGE O'NEILL
Die offene Ehe. Konzept für einen neuen Typus der Monogamie [6891]

ERNST OTT
Optimales Denken. Trainingsprogramm [6836]

DR. G. H. RUDDIES
Psychotraining. Lebenstechnik im Alltag [6901]
Psychostudie. Von der Beobachtung zur Beurteilung des Verhaltens [6971]

GEORG SIEBER
Achtung Test. Psychologische Testverfahren – was man von ihnen erwarten darf. Mit 8 Farbtafeln [6683]

Dr. WILLIAM D. SCHUTZ
Freude. Gruppentherapie, Sensitivitätstraining, Ich-Erweiterung [6811]

FRAUKE TEEGEN / ANKE GRUNDMANN / ANGELIKA RÖHRS
Sich ändern lernen. Anleitung zur Selbsterfahrung und Verhaltensmodifikation [6931]

Erziehung und Schule

AUTORENGRUPPE ABENTEUER-SPIELPLATZ MÄRKISCHES VIERTEL
Abenteuerspielplatz – Wo verbieten verboten ist. Experiment und Erfahrung. Mit 81 Abb. im Text [6814]

KURT BADER / GERD OTTE / DETLEF STOKLOSSA
Handbuch für Kindertagesstätten [7051]

SÖNKE BAI u. a.
Die Rudolf Steiner Schule Ruhrgebiet. Leben, lehren, lernen in einer Waldorfschule. Eine Freie Schule sieht sich selbst [6985]

HEINRICH BAST u. a.
Gewalt gegen Kinder. Kindesmißhandlungen und ihre Ursachen. Handbuch für Diskussion und Aktion [6934]

MICHAEL CHARLTON u. a.
Innovation im Schulalltag. Arbeitsbuch für Lehrende und Lernende [6917]

HEINRICH DAUBER / ETIENNE VERNE (Hg.)
Freiheit zum Lernen. Alternativen zur lebenslänglichen Verschulung [6959]

HEINRICH DAUBER / HERIBERT WEBER
Eltern aktiv. Handbuch für eine humane Schule [6993]

SELMA FRAIBERG
Die magischen Jahre in der Persönlichkeitsentwicklung des Vorschulkindes. Psychoanalytische Erziehungsberatung [6794]

PAULO FREIRE
Pädagogik der Unterdrückten
Bildung als Praxis der Freiheit [6830]
Erziehung als Praxis der Freiheit [7058]

rororo sachbücher

W. FROMMLET / H. MAYRHOFER /
W. ZACHARIAS
Eltern Spielen Kinder Lernen
Handbuch für Spielaktionen [6896]

IVAN ILLICH
Die Entschulung der Gesellschaft
Entwurf eines demokratischen
Bildungssystems [6828]
Schulen helfen nicht. Über das mythen-
bildende Ritual der Industriegesell-
schaft [6778]

HELMUT KLEIN
Bildung in der DDR. Grundlagen, Entwicklungen, Probleme [6861]

HERBERT R. KOHL
**Antiautoritärer Unterricht in der Schule
von heute.** Erfahrungsbericht und praktische Anleitung [6699]

GEORGE B. LEONARD
Erziehung durch Faszination. Anschlag
auf die ordentliche Schule. Erziehung
heißt Veränderung [6809]

CHRISTOPH LINDENBERG
**Waldorfschulen: Angstfrei lernen,
selbstbewußt handeln.** Praxis eines
verkannten Schulmodells [6904]

HANS MAYRHOFER / WOLFGANG
ZACHARIAS
Ästhetische Erziehung. Lernorte für
aktive Wahrnehmung und soziale Kreativität. Modelle und Projekte [6987]

ERHARD MEUELER (Hg.)
Unterentwicklung. Arbeitsmaterialien
für Schüler, Lehrer und Aktionsgruppen.
Wem nützt die Armut in der Dritten
Welt? Bd. 1 und 2 [6906 u. 6907]

ALEXANDER SUTHERLAND NEILL
**Theorie und Praxis der antiautoritären
Erziehung.** Das Beispiel Summerhill
[6707]
**Das Prinzip Summerhill: Fragen und
Antworten.** Argumente, Erfahrungen,
Ratschläge [6690]
Summerhill: Pro und Contra [6704]

ELKE NYSSEN (Hg.)
Unterrichtspraxis in der Hauptschule.
Situationsanalysen und Unterrichtsmo-
delle [6938]

EVERETT REIMER
Schafft die Schule ab! Befreiung aus
der Lernmaschine [6795]

HANS-G. ROLFF u. a.
**Strategisches Lernen in der Gesamt-
schule.** Gesellschaftliche Perspektiven
der Schulreform [6854]

BERTRAND RUSSELL
Freiheit ohne Furcht. Erziehung für eine
neue Gesellschaft. Kreativität und Kooperation im Schulexperiment [6900]

LUTZ SCHWÄBISCH / MARTIN SIEMS
**Anleitung zum sozialen Lernen für
Paare, Gruppen und Erzieher.** Kommu-
nikations- und Verhaltenstraining [6846]

WOLFGANG WIMMER
**Nicht allen das Gleiche, sondern je-
dem das Seine** [6996]
**WOHNGRUPPE, KOMMUNE, GROSS-
FAMILIE.** Kollektive Erfahrungsberichte
[6726]

Politische Erziehung

ARBEITSGRUPPE SPORT
Schulsport im Abseits. Analysen zur
Bewegungslosigkeit [6892]

FRIEDRICH BARABAS u. a.
Jahrbuch der Sozialarbeit 1976. Projekte, Konflikte, Recht [6941]

JOHANNES BECK
Lernen in der Klassenschule. Untersuchungen für die Praxis [6820]

JOHANNES BECK / HEINER
BOEHNCKE (Hg.)
Jahrbuch für Lehrer 1977. Hilfen für die
Unterrichtsarbeit [6988]

KLAUS BERGMANN (Hg.)
Bildungsarbeit mit Erwachsenen [7059]

ELIN-BIRGIT BERNDT u. a.
Erziehung der Erzieher. Das Bremer Reformmodell. Ein Lehrstück zur Bildungspolitik [6782]

HUBERT BIERMANN u. a.
Sprachunterricht mit Ausländern. Bil-
dungsmythos – Sprachzerstörung. Kritik
der Alphabetisierung [6932]

HEINER BOEHNCKE (Hg.)
«Vorwärts und nicht vergessen» Ein Lesebuch. Klassenkämpfe in der Weimarer Republik. Mit 30 Abb. im Text [6805]

HEINER BOEHNCKE / JOHANNES
BECK (Hg.)
Das B. Traven-Buch. Lesestücke – Un-
terrichtsmaterialien [6986]

ANNA DOROTHEA BROCKMANN (Hg.)
Landleben. Ein Lesebuch von Land und
Leuten [7064]

KLAUS-JÜRGEN BRUDER u. a.
Kritik der Pädagogischen Psychologie.
Falsche Theorien einer Praxis [6948]

WENDULA DAHLE
**Deutschunterricht und Arbeitswelt:
Modelle kritischen Lernens** [6785]

G. DAHLMÜLLER / W. D. HUND / H.
KOMMER
Politische Fernsehfibel. Materialien zur
Klassenkommunikation. Strategien für
Zuschauer [6849]

rororo sachbücher

H. DAUBER / E. VERNE (Hg.)
Freiheit zum Lernen. Alternativen zur lebenslänglichen Versuchung. Die Einheit von Leben, Lernen und Arbeiten [6959]

HAMBURGER LEHRERKOLLEKTIV
Jahrbuch für Junglehrer 1975. Perspektiven für die Berufspraxis [6884]

«JETZT REDEN WIR». BETROFFENE DES MÄRKISCHEN VIERTELS
Wohnste sozial, haste die Qual. Mühsamer Weg zur Solidarisierung. Mit 55 Abb. [6912]

CH. MARZAHN / CH. SCHÜTTE / H. KAMP
Konflikt im Jugendhaus. Fortbildung für Sozialarbeiter, Sozialpädagogen, Lehrer. Arbeitsmaterialien und Handlungsmodelle [6921]

KLAUS OTTOMEYER
Ökonomische Zwänge und menschliche Beziehungen. Soziales Verhalten im Kapitalismus [7055]

PROJEKTGRUPPE ARBEITSLEHRE MARBURG
Schule, Produktion, Gewerkschaften. Ansätze für eine Arbeitslehre im Interesse der Lohnabhängigen. Vorwort: Ernst Reuter (GEW) [6908]

MALTE RAUCH / SAMUEL SCHIRMBECK
Volkserziehung in Portugal. Berichte, Analysen, Dokumente [6984]

DIETER RICHTER / JOCHEN VOGT (Hg.)
Die heimlichen Erzieher. Kinderbücher und politisches Lernen. Erfahrungen, Analysen, Vorschläge [6843]

ERIKA STÜCKRATH-TAUBERT (Hg.)
Erziehung zur Befreiung. Volkspädagogik in Lateinamerika. Paulo Freire: Rezeption und Kritik [6877]

GERHARD VINNAI
Sozialpsychologie der Arbeiterklasse
Identitätszerstörung im Erziehungsprozeß [6812]

AIDA VASQUEZ / FERNAND OURY u. a.
Vorschläge für die Arbeit im Klassenzimmer. Die Freinet-Pädagogik [6957]

Elternbücher

ULRICH DIEKMEYER
Das Elternbuch 1–6
Unser Kind im ersten Lebensjahr [6951]
Unser Kind im zweiten Lebensjahr [6952]
Unser Kind im dritten Lebensjahr [6953]
Unser Kind im vierten Lebensjahr [6980]
Unser Kind im fünften Lebensjahr [6981]
Unser Kind im sechsten Lebensjahr [6982]

GERALDINE LUX FLANAGAN
Die ersten neun Monate des Lebens
Nachwort von Adolf Portmann. Mit 115 ungewöhnlichen Abb. [6605]

HAIM G. GINOTT
Eltern und Kinder. Elternratgeber für eine verständnisvolle Erziehung [6081]

Prof. Dr. K. HOFMEIER / Prof. Dr. W. SCHWIDDER / Dr. F. MÜLLER
Alles über dein Kind. Auskunfts- und Nachschlagewerk nach Altersstufen über die körperliche und seelische Entwicklung, Pflege und Erziehung des Kindes. Band I u. II [6702; 6703]

WILHELM KALFF
Eltern lernen erziehen. Ein Übungsprogramm gegen Erziehungskrisen [6968]

URSULA UND PETER LAUSTER
Ist mein Kind schulreif? Eltern testen und fördern die Schulreife ihres Kindes. Durchgehend vierfarbig gedruckt [6856]

INGRID MITCHELL
Wir bekommen ein Baby. Ein praktisches Kursusprogramm für Übungen zu Hause während der Schwangerschaft. Mit 25 mehrfarb. Abb. auf 16 Kunstdrucktafeln und 66 einfarb. Abb. im Text [6698]

HEIKE MUNDZECK
Kinder lernen fernsehen. Was, wann, wie lange und wozu? [6834]

ERNST OTT
Vom Spielen zum Lernen. Vorschulische Intelligenzförderung. Durchgehend vierfarbig gedruckt [6801]

GENEVIEVE PAINTER
Baby-Schule. Entwicklungsanregungen für Kleinkinder [6894]

KURT WERNER PEUKERT
Sprachspiele für Kinder [6919]

FRANZ RENGGLI
Angst und Geborgenheit. Soziokulturelle Folgen der Mutter-Kind-Beziehung im ersten Lebensjahr [6958]

HORST-EBERHARD RICHTER
Patient Familie. Entstehung, Struktur und Therapie von Konflikten in Ehe und Familie [6772]
Eltern, Kind und Neurose. Die Rolle des Kindes in der Familie [6082]

Dr. ROSWITHA THEILE-SCHLÜTER
Das ungeborene Kind [6923]

ALENA K. WAGNEROVÁ / GERLINDE ŠMAUS
Mutter – Kind – Beruf. Praktischer Ratgeber [6965]

Wer hat eigentlich bei den «Sc[...] vermeintlich schonende Umbene[...] «Lernbehinderte» legt die offiziel[...] sache bei den Schülern liege. Ab[...] keine alten Notstände. Isoliert v[...] Lern- und Verhaltenserwartunger[...] entsprechen, werden soziokultur[...] schulen auf eine Beschäftigung[...] rufsskala vorbereitet. Pädagogis[...] [...] lierung verschärft jedoch eher das Problem der sozial deklassierten Schulversager, als daß es sie löst. Wer sich also für eine emanzipierende Lernbehindertenpädagogik einsetzt, hat sich mit den negativen Folgen der Isolierung genauso zu beschäftigen wie mit neuen didaktischen und methodischen Orientierungen. Am Beispiel Schweden läßt sich lernen, wie Integration der Lernbehinderten praktisch verwirklicht werden kann. An der Entstehungsgeschichte der deutschen Hilfsschulen läßt sich aufzeigen, wie vorgeblich behütende Schonraum-Pädagogik die Behinderung lerngestörter Schüler betont, anstatt Entwicklungsmöglichkeiten zu unterstützen.